KB262606

HEALING
SERIES

중국어회화에 지친 당신을 위한 위로

허극돈·송문호 공저

http://www.bookmoon.co.kr

토닥토닥 중국어 회화

초판 1쇄 인쇄   2016년 5월 16일
초판 1쇄 발행   2016년 5월 20일

지은이 허극돈·송문호
발행인 서덕일
펴낸곳 문예림

주소 경기도 파주시 회동길 366 (10881)

전화 (02)499-1281~2

팩스 (02)499-1283

E-mail info@bookmoon.co.kr

출판등록 1962.7.12 (제406-1962-1호)
ISBN 978-89-7482-868-4 (13720)

汉语会语，无师自通。

hàn yǔ huì huà wú shī zì tōng

중국어 회화는 단어와 문법만 알고 있다고 해서 말문이 쉽게 터지는 것이 아니라 일정한 <회화 실전 훈련>과 <중국어다운 표현력>을 길러야만 자연스런 회화가 가능하게 되는 것입니다. 특히 독자 여러분이 중국어 회화를 공부할 때 유의해야 할 점은 우리말 사고에서 벗어나 중국어적인 사고로 접근해야 비로소 유창한 회화를 할 수 있는 능력이 갖추어지게 되는 법입니다. 또한 중국어 발음은 우리와 전혀 다른 성조와 다양한 운모와 성모로 이루어져 있으므로 무척 까다롭습니다. 따라서 네이티브(Native)의 정확한 발음으로 녹음된 히어링 테이프를 통해서 자연스럽게 익혀야 합니다.

이 책의 특징

이 책은 중국어 초급 수준을 마친 학습자가 중국어 회화를 자연스럽게 익힐 수 있도록 꾸몄습니다. 독자 여러분께서는 다음과 같은 본서의 특징을 최대한 살려 중국어 회화에 열중한다면 효과적인 학습의 능률을 꾀할 수 있을 것입니다.

1. **모든 상황에 대처할 수 있는 회화 표현**
   주제별로 인사·일상·화제·감정·의견·식사·교통·여행·숙박·쇼핑·건강·통신·여가·경제와 법률 등 14개의 PART, 각 중요 핵심 패턴을 500여개로 구분하였으며, 9,000개 이상의 표현을 담은 중국어 회화 사전.

2. **현지에서 활용되는 중국어 표현**
   중국 북경 현지에서 활용되는 구어적인 표현을 중국어 전문가와 현지인과의 공동 집필로 사용 빈도의 우선순위를 적용한 중국어 회화 사전.

3. **각 패턴을 드릴을 통한 다양한 표현과 대화문을 통해 완벽한 이해**
   각 중요 핵심 패턴은 드릴을 통해 유사한 표현과 대립적인 표현을 다양하게 접할 수 있으며, 대화문에서는 실제 사용하는 장면을 통해 완벽하게 구사할 수 있도록 한 중국어 회화 사전.

4. **활용 가치를 고려한 미려한 편집 체제**
   현재 우리나라에서 중국어가 일본어보다 많이 공부하는 학습대상으로 인식되어 중국어에 대한 열풍이 실로 대단하다. 따라서 결코 소홀하게 다룰 수 없을뿐더러 오래도록 곁에 두고 중국어를 습득할 수 있도록 한 중국어 회화 사전.

5. **어떤 상황에든 적용할 수 있는 사전식 구성**
   각종 질의·응답의 유형에 따라 어디에서든, 누구라도 쉽고, 빠르게 찾을 수 있도록 구성하였으며, 단문 위주로 구성한 중국어 회화 사전.

→ C O N T E N T S

중국어 회화를 잘하는 비결

1. 무조건 외워 두면 언젠가는 쓰일 때가 온다.
2. 기초가 부실하면 실력은 제지리걸음만 한다.
3. 익힌 문장은 무조건 입으로 내뱉어 봐라.

중국어에 관한 개요

중국어(汉语)의 특징

1 중국어의 특징

❶ 어순이 다르다.

중국어의 어순은 영어와 비슷하다. 예를 들어 「나는 학생입니다.」를 영어로는 「I am a student.(주어 + 동사 + 목적어)」로 중국어로는 「我是学生。(주어 + 술어 + 빈어)」로 표현한다.

❷ 인칭이나 격에 따라 어형이 변하는 일이 없다.

예를 들면 「我」는 그 놓인 자리에 따라 주격(내가…)이 되기도 하고, 목적격 (나를…), 소유격(나의…)이 되기도 한다.

❸ 과거나 미래시제의 어미변화가 없다.

과거나 미래시제의 어미변화가 없어서 경험을 나타내는 동사가 붙어 앞뒤 문장을 보고 해석을 하게 된다. 그만큼 어려울 수가 있다.

❹ 중국어에는 존칭어가 없다.

2인칭 你(너)의 존칭어인 您(당신)이 있을 뿐이며 우리말의 존칭을 나타내는 「… 님」과 같은 어미가 없다. 따라서 말하는 사람이나 해석하는 사람에 따라 「선생」이 되기도 하고 「선생님」이 되기도 하며 「아빠, 아버지, 아버님」 등과 같이 두루두루 해석된다.

❺ 원칙적으로 중국어는 띄어쓰기를 하지 않는다.

❻ 四聲(사성)이라는 특별한 성조(聲調)가 있다.

2 보통말(普通话)

표준 중국어를 중국에서는 흔히 보통말(普通话 pǔtōnghuà)라고 하며, 학교나 매스컴에 쓰는 말은 모두 보통어이다. 중국은 전체 인구의 94%를 차지하고 있는 한족(汉族)과 나머지를 차지하고 있는 55개 소수민족으로 구성된 다민족국가이다. 그렇기 때문에 「중국어」라고 하면 한족의 언어뿐만 아니라, 소수민족의 언어까지도 포함하는 말이 되므로, 중국에서는 그 구분을 위해서 한족의 언어를 「한어(汉语)」라고 부르고 있다. 물론 이는 방언까지를 포함한 말이지만, 좁은 뜻으로는 표준어의 개념으로 흔히 쓰인다. 따라서 우리가 습관적으로 중국어라 부르는 것이 바로 이 한어라 할 수 있다. 그런데 그 한어에도 수많은 방언이 있어서 하나의 표준적인 공통어가 필요하게 되었다. 그래서 북경어(베이징어)의 음을 표준음으로 하고, 북방어를 기초 어휘로 하며 전형적인 현대 백화문(白话文) 저작물을 토대로 문법적인 기준으로 하여 표준어가 제정되었는데, 이것을 오늘날 중국에서는 보통어라고 부르고 있다. 통상적으로 중국어를 한어라고도 하며, 포르투갈어로 번역되어 「만다린어(Mndarin)」라고도 한다.

3 번체자와 간체자(繁体字·简体字)

우리가 흔히 사용하는 한자를 중국에서는 번체자(繁体字)라 하고 이것을 단순화시킨 것을 간체자(简体字)라고 하여 중국 내의 모든 공식문서를 비롯하여 출판물에 사용하고 있다. 우리는 어릴 때부터 한자를 많이 접하여 중국어가 그다지 낯설지는 않지만 간혹 익숙지 못한 글자가 나타나기도 하는데, 이는 중국대륙에서 사용되는 간체자와 한국, 일본, 대만, 홍콩 등지에서 사용되는 번체자의 차이 때문이다. 중국 대륙은 1955년부터 1964년에 걸친 작업 끝에 2,238개 한자의 표기법을 통합 정리하고 간략화하였다. 근래 중국 대륙과의 수교 이후 간체자를 이용하여 중국어를 익히고 있다.

간체자	韩国	电视	音乐	问题
번체자	韓國	電視	音樂	問題
의 미	한 국	텔레비전	음 악	문 제

4 한어병음(汉语拼音)

우리말이나 영어는 표음문자로써 글자만 보고도 정해진 규칙대로 발음할 수 있지만 한자는 표의문자로서 글자를 보고 의미를 짐작할 수는 있어도 발음하기는 힘들기 때문에 중국에서는 한자의 발음을 로마자로 표기하는 한자병음(汉语拼音)을 제정, 공포하여 좀더 쉽고 정확하게 음을 익힐 수 있게 하였다. 1958년에 한어병음방안(汉语拼音方案)에 따라 표음부호로서 공식 제정되어 표준말의 보급에 절대적인 공헌을 하고 있다. 흔히 汉拼으로 약칭하며, 알파벳 26자 중 「v」자를 제외한 25자와 특수모음 「ü」로 구성된다. 이는 애초에 중국어를 표의문자인 한자 대신에 표음문자인 라틴문자(로마자)로 바꿔 쓰기 위한 수단으로 개발된 것으로서, 몇 차례 수정 보완을 거쳐 병음자모로서 공식적으로 제정되기에 이르렀다.

중국어(汉语)의 발음

→ 운모(韵母)

운모(韵母)란 우리말(표음문자)의 모음과 대체적으로 같은 것으로, 모두 16개의 일반운모와 22개의 결합운모로 이루어져 있다.

단 운 모	a	o	e	i	u	ü
복 운 모	ai	ei	ao	ou		
부성운모	an	en	ang	eng		
권설운모	er					

*단운모 「i, u, ü」 및 이들과 결합하여 이루어지는 결합운모는 성모와 결합하지 않고 단독 음절로 쓰일 때 「i, u, ü」는 각각 「yi, wu, yu」로 표기한다.

❶ 단운모(单韵母)

운모 중 가장 기본이 되는 발음이며, 발음할 때 처음부터 끝까지 입 모양과 혀의 위치가 변하지 않는 것으로 아래 6가지가 있다.

a	입을 크게 벌리고 「아」 하고 발음한다.
o	입 모양을 둥글게 하고 「오」와 「어」의 중간 발음을 낸다.
e	입을 반쯤 벌리고 「으-어」라고 발음한다.
i	우리나라 「이」 발음할 때보다 좌우로 더 벌려 「이」라고 발음한다.
u	입술을 둥글게 오므리면서 앞으로 내밀고 「우」라고 발음한다.
ü	「우」보다 약간 더 앞으로 내밀며 「위」라고 발음한다.

*「ü」발음은 발음이 끝날 때까지 입 모양을 변하게 해서는 안 된다. 보통 우리나라 발음은 「위-이」로 발음하지만 중국어에서는 「위-위」라고 발음된다.

❷ 복운모(复韵母)

두개의 单韵母가 결합하여 이루어진 것으로, 입 모양과 혀의 위치는 발음을 시작할 때와 끝날 때가 각각 다르며 아래 4가지가 있다.

ai	「a」 쪽에 강세를 두어 「i」를 가볍게 붙여 읽는다.
ei	「e」 쪽에 강세를 두어 「i」를 가볍게 붙여 읽는다.
ao	「a」 쪽에 강세를 두어 「o」를 가볍게 붙여 읽는다.
ou	「o」 쪽에 강세를 두어 「u」를 가볍게 붙여 읽는다.

❸ 부성운모(附声韵母)

단운모에 비음운미(鼻音韵尾)인 「n·ng」가 결합하여 이루어진 것으로 아래와 같이 4개가 있다. 입 모양과 혀의 위치는 시작할 때와 끝날 때가 각각 다르다.

an	먼저 「a」 발음을 내다가 우리말의 「ㄴ」받침을 붙여 발음한다. 이때 「ㄴ」은 비음으로 나온다.
en	「e」를 발음하면서 「ㄴ」받침을 붙여 발음한다. 이때 「ㄴ」은 비음으로 나온다.
ang	「a」를 발음하면서 「ㅇ」받침을 붙여 발음한다. 이때 「ㅇ」은 비음으로 나온다.
eng	「e」를 발음하면서 「ㅇ」받침을 붙여 발음한다. 이때 「ㅇ」은 비음으로 나온다.

❹ 권설운모(卷舌韵母)

성모와 결합하지 않고 단독으로 쓰이거나, 때로는 병음의 끝에 붙어서 발음변화를 일으키기도 한다.

er	「e」를 발음하면서 혀끝을 말아서 「ㄹ」받침을 붙여 발음한다.

개운모인 「i · u · ü」와 결합하여 만들어진 복합운모를 말하는데 「i」와 결합된 것 8개, 「u」와 결합된 것 8개, 「ü」와 결합된 것 4개로 총 20개가 있다.

제치음 (齐齿音)	ya (ia)	ye (ie)	yao (iao)	you (iu)	yan (ian)	yin (in)	yang (iang)	ying (ing)
합구음 (合口音)	wa (ua)	wo (uo)	wai (uai)	wei (ui)	wan (uan)	wen (un)	wang (uang)	weng (ong)
촬구음 (撮口音)	yue (ue/üe)	yuan (uan)	yun (un)	yong (iong)				

❶ 제치음(齐齿音)

ia　「a」쪽에 강세를 두어 「이아 → 야」처럼 발음한다.

ie　우리나라 말의 「이에」와 비슷하나, 「예」에 가깝게 들린다. 「ie」는 단독으로 쓰일 때는 「e」 위에 표시를 하지만, 결합운모로 될 때는 「e」로 표기한다. 결합운모로 되는 것은 「ie」와 「e」 두 가지가 있다.

iao　주모음은 「a」이므로 이를 강하게 읽어 「야오」같이 읽는다.

iou　주모음은 「o」이므로 이를 강하게 읽어 「요우」같이 읽는다. 「iou」는 앞에 성모가 오면 「o」가 없어지고, 「-iu」로 표기되니 주의한다.

ian　표기대로 하면 「이안」이나 실제발음은 「앤」과 같이 발음되므로 특히 주의한다.

in　「i」 발음에 우리말 「ㄴ」받침을 붙이는 것과 비슷하다.

iang　주모음 「a」에 강세를 두어 「양」같이 발음된다.

ing　「i」 발음에 「ㅇ」받침을 붙인 것과 같다.

iong　「i」 발음에 「웅」 발음을 더한 것과 같다. 우리말 「융」과 비슷하게 발음한다.

＊「i」가 성모와 결합하여 그 뒤에 놓이는 경우엔 그대로 「i」로 표기하지만, 성모와 결합하지 않고 그 자체로 음절을 이루게 될 경우에는 「i」를 「y」로 고쳐 표기하게 된다. 예) ya

❷ 합구음(合口音)

ua　「u」와 「a」의 결합으로 「a」에 강세를 두어서 「와」처럼 읽는다.

| uo | 「ㄨ」와 「o」의 결합으로 「o」에 강세를 두어서 「워」처럼 읽는다. |

| uai | 주모음인 「a」에 강세를 두어 「와이」처럼 읽게 된다. |

| uei | 주모음인 「e」에 강세를 주어 발음하며, 자음과 결합하면 표기는 「-ui」으로 바뀌고 발음은 「우이」가 된다. 단독으로 읽을 때는 「워이」로 발음한다. 예) dui |

| uan | 주모음인 「a」에 강세를 주어 우리말의 「완」처럼 발음한다. |

| uen | 주모음인 「e」에 강세를 주어 발음한다. 그러나 자음과 결합하면 표기는 「-un」으로 바뀌게 되고 발음은 「운」처럼 읽는다. 예) dun |

| uang | 주모음인 「a」에 강세를 주어 「왕」처럼 읽는다. |

| ueng | 주모음인 「e」에 강세를 주어 「웡」처럼 읽는다. 그러나 자음과 결합하면 표기는 「-ong」으로 바뀌게 되고 발음은 「웅」처럼 읽는다. 예) tong |

*「ㄨ」가 성모와 결합하여 그 뒤에 놓이는 경우엔 그대로 「ㄨ」로 표기하지만, 성모와 결합하지 않고 그 자체로 음절을 이루게 될 경우에는 「ㄨ」를 「w」로 고쳐 표기하게 된다. 예) wa

❸ 촬구음(撮口音)

| üe | 「ü」와 「e」의 결합으로 「e」쪽에 강세를 주어 읽는다. |

| üan | 표기대로 읽으면 「위안」이 되지만, 실제로는 발음이 변하여 「위앤」처럼 발음되므로 주의한다. |

| ün | 「ü」발음에 「ㄴ」을 붙인 것과 같다. |

*「ü」는 성모 「j」, 「q」, 「x」와 결합할 때 「u」로 표기되고 「n」, 「l」뒤에 놓이는 경우에는 「ü」로 표기한다. 성모와 결합하지 않고 그 자체로 음절을 이루게 될 경우에는 위 두 점을 생략하고 동시에 그 앞에 「y」를 첨가하여 「yu」로 고쳐 표기한다. 예) xue, yue, lüe

성모(声母)란 표음문자의 자음과 대체적으로 같은 것으로 발음 부위와 방법에 따라 다음과 같이 분류할 수 있다.

순 음(唇 音)	b	p	m	f
설첨음(舌尖音)	d	t	n	l
설근음(舌根音)	g	k	h	
설면음(舌面音)	j	q	x	
권설음(卷舌音)	zh	ch	sh	r
평설음(平舌音)	z	c	s	

성모 중에 「zh, sh, r, z, c, s」를 제외하고는 단음으로, 독립적으로 음을 나타낼 수 없으며 반드시 모음 앞에서 첫소리만 낸다.

❶ 순음(唇音)

윗입술과 아랫입술, 또는 윗니와 아랫입술이 작용하여 내는 소리. 모두 「워」음을 붙여서 읽는다.

b   아래 위 입술을 다물었다가 떼면서 우리말의 「붜」음을 낸다.

p   「b」의 발음요령과 같으나 입김을 더 강하게 내보내면서 우리말의 「풔」음을 낸다.

m   비음으로 아래 위 입술을 다물었다가 떼면서 우리말의 「뭐」음을 낸다.

f   윗니의 끝에다 아랫입술을 가볍게 갖다 대고 그 사이로 기류를 마찰시켜 내는 소리로 영어의 「f」음에 「워」음을 붙여 발음한다.

❷ 설첨음(舌尖音)

혀끝과 윗잇몸이 작용하여 내는 소리이다. 모두 「어」음을 붙여서 읽는다.

d   혀끝을 윗잇몸에 붙이고 있다가 떼면서 우리말의 「더」음을 낸다.

t   「d」의 발음요령과 같으나 입김을 더 강하게 내보내면서 우리나라 말의 「터」음을 낸다.

n   비음으로 혀끝을 윗잇몸에 붙이고 있다가 떼면서 우리말의 「너」음을 낸다.

| l | 혀끝을 세워 치경 앞에 붙이고 있다가 떼면서 영어의 「러」 발음을 낸다.

❸ 설근음(舌根音)
혀뿌리와 여린입천장이 작용하여 내는 소리이다. 모두 「어」 음이 붙어 발음한다.

| g | 혀뿌리를 올려 연구개에 붙였다가 떼면서 우리말의 「거」 음을 낸다.

| k | 「g」와 발음요령은 같으나 입김을 더 강하게 내보내면서 우리말의 「커」 음을 낸다.

| h | 혀뿌리를 올려 연구개에 접근시키고 그 사이로 기류를 마찰시켜 우리말의 「허」 같은 음을 낸다.

❹ 설면음(舌面音)
혓바닥과 경구개가 작용하여 내는 소리이다. 모두 「이」 음이 들어간다.

| j | 혓바닥을 올려 경구개에 가볍게 붙였다가 떼면서 그 사이로 기류를 마찰시켜 우리말의 「지」처럼 발음한다.

| q | 「j」와 발음요령은 같으나 입김을 더 강하게 내보내면서 우리말의 「치」 음을 낸다.

| x | 혓바닥을 올려 경구개에 가볍게 붙였다가 떼면서 그 사이로 기류를 마찰시켜 우리말의 「시」처럼 발음한다. 이때 혀가 이빨에 닿지 않도록 주의한다.

* 「이」 음을 낼 때에는 우리말 「이」를 발음할 때보다 약간 더 양 옆으로 입을 벌려야 한다. 여기서 혀는 입안 어느 부위에서 닿아서는 안 된다. 어떤 사람들처럼 「x(시)」 발음을 영어의 「s」 발음처럼 이빨 부위에 대고 발음하면 안 된다.

❺ 권설음(卷舌音)
혀끝 뒷편과 경구개가 작용하여 나는 소리이다. 모두 「으」 음을 붙여 발음한다.

| zh | 혀끝을 안쪽으로 말아 올려 혀끝뒤쪽이 경구개에 가볍게 닿게 한 뒤 약간 떼면서 기류를 그 사이로 마찰시켜 우리말의 「즈」와 비슷한 음을 낸다. (혀는 앞으로 펴지 않고 그 모양을 유지한다.)

| ch | 「zh」와 발음요령은 같으나 입김을 더 강하게 내보면서 우리말의 「츠」 음과 비슷한 음을 낸다. |

| sh | 혀끝을 안쪽으로 말아 올려 혀끝 뒷쪽이 경구개에 닿을 듯 말 듯한 상태에서 그 사이로 기류를 마찰시켜 「스」와 비슷한 음을 낸다. |

| r | 「sh」와 발음 요령은 같으나 성대를 울리면서 우리말의 「르」 비슷한 음을 낸다. |

*권설음(卷舌音)은 혀를 말아서 입천장에 대고 내는 발음이다. 혀로 입천장을 대보면 딱딱한 부분이 있고 약간 더 들어가면 연한 부분이 있다. 그 딱딱한 부분을 「경구개」라 하고 연한 부분은 「연구개」라고 한다.

❻ 평설음(平舌音)

혀끝과 윗니가 작용하여 내는 소리이다. 권설음에 상대하여 평설음이라고 한다. 발음할 때 혀를 펴고 해야 한다. 「i(으)」를 붙여 발음한다.

| z | 아랫니와 윗니를 맞물고 혀끝을 앞으로 쭉 뻗쳐 윗니에 붙였다가 떼면서 그 사이로 기류를 마찰시켜 우리말의 「ㅈ」처럼 음을 낸다. |

| c | 「z」와 발음요령은 같으나 입김을 더 강하게 내보면서 우리말의 「ㅊ」처럼 음을 낸다. |

| s | 아랫니와 윗니를 맞물고 혀끝이 위앞니 뒷면에 닿을 듯 말 듯한 상태에서 그 사이로 기류를 마찰시켜 우리말의 「ㅅ」처럼 음을 낸다. |

1   사성(四声)

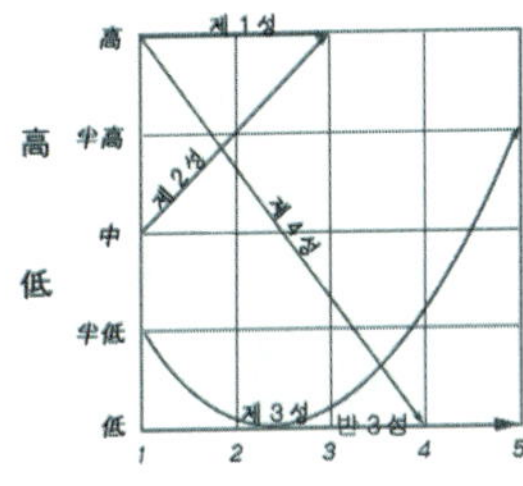

중국어는 다른 언어와 다르게 특별한 높낮이를 가지며 네 가지로 구분해서 소리를 내는데 이것을 4성(四声)이라고 한다.

보통 성조를 표시할 때 그림과 같이 높낮이 구분을 한다. 여기서 중간음은 일반적인 대화를 할 때 자신이 내는 음의 높이를 말한다.

이 중간음을 기준으로 조금 높게 발음하면 고음, 즉 1성의 소리영역이 되고, 이 중간음에서 약간 낮게 발음하면 3성을 낼 수가 있다.

보통 말하는 톤은 개인마다 다르기 때문에 그 음역도 달라진다. 일반적으로 남자는 좀더 낮은 톤으로 여자는 높은 톤으로 발음하게 된다.

1声   높고 평탄하게 발음한다.

ā	mā	gē	yī	pāi	shān	guāng

2声   중간에서 높은 음으로 올리며 내는 소리이다.

má	péng	míng	lá	huí	yé	réng

3声   중저음에서 저음으로 내렸다가 다시 올라가면서 발음한다.

nǎi	yǎn	wǔ	zhǎng	nǐ	guǎng	yǔn

4声   짧고 세게 발음한다.

mài	kàn	shù	fàng	suàn	huì	yuè	yùn

❶ 경성(轻声)

어떤 음절이 원래 성조의 위치를 잃고 짧고 가볍게 발음되는 경우가 있는데, 이를 경성(轻声)이라 한다. 병음으로 발음을 표기할 때 원칙적으로 경성에는 성조 부호를 붙이지 않는다. 또한 어떠한 경우에, 또는 어떠한 단어에서 경성이 되는가 하는 일관된 원칙을 규정하기는 어렵다. 왜냐하면 경성은 다분히 습관적인 색채가 농후하기 때문이다. 다만 다음과 같은 몇 가지 경우에는 일반적으로 경성이 된다.

＊각종 조사

| 完了 wán le | 来吧 lái ba | 我的 wǒ de | 是吗 shì ma |

＊각종 접미사

| 儿子 ér zi | 我们 wǒ men | 木头 mù tou | 名字 míng zi |

＊동음이 중첩된 명사나 동사의 두 번째 음절

| 奶奶 nǎi nai | 姐姐 jiě jie | 听听 tīng ting | 星星 xīng xing |

＊방위사

| 屋里 wū li | 天上 tiān shang | 外面 wài mian | 前面 qián mian |

＊동의나 의의로 병렬된 단어의 두 번째 음절

| 东西 dōng xi | 眼睛 yǎn jing | 买卖 mǎi mai | 喜欢 xǐ huan |

＊중복동사 사이의 一와 不

| 读一读 dú yi dú | 想一想 xiǎng yi xiǎng | 看不看 kàn bu kàn |

❷ 「一」의 성조변화

「一(yī)」는 본래 제 1성이지만 1성, 2성, 3성 앞에서는 4성으로 발음하고, 4성이나 4성에서 변한 경성 앞에서는 2성으로 발음한다.

＊일정한 규칙이 존재하므로 반드시 익혀 둡시다.

＊ 1성, 2성, 3성 앞에 있을 때

一点 yì diǎn	一些 yì xiē	一起 yì qǐ
一名 yì míng	一生 yì shēng	一天 yì tiān

＊ 4성 혹은 4성이 변한 경성 앞에 있을 때

一下 yí xià	一辈子 yí bèi zi	一侧 yí cè
一定 yí dìng	一个 yí ge	一共 yí gòng

이때 성조부호는 아예 변한 성조로 표시하기도 하고, 원래의 성조를 표시하기도 하지만, 발음할 때는 변화 규칙에 따라야 한다.

그러나 「一」가 서수(序数)를 나타낼 때는 이상의 규칙에 관계없이 원래의 성조인 제 1성으로 읽는다.

第一课 dì yī kè　　第一名 dì yī míng　　一月 yī yuè　　一号 yī hào

다만 서수일 때라도, 일부 경우에는 4성 앞에서는 2성으로 읽기도 한다.

第一课 dì yí kè　　　　　　一月　yí yuè

❸ 「不」의 성조변화

　「不(bù)」는 본래 4성이지만 4성 앞에서는 항상 2성으로 발음한다.

＊ 1, 2, 3성 앞에 있을 때

不吃 bù chī　　　　不来 bù lái　　　　不给 bù gěi

＊ 4성 앞에 있을 때

不去 bú qù　不象 bú xiàng　不对 bú duì　不卖 bú mài　不看 bú kàn

성조부호는 변한 성조로 표시할 수도 있고, 원래 성조대로 표시할 수도 있다.

❹ 3성의 연속

　2개의 3성 음절이 계속될 때는 앞의 3성을 2성으로 발음한다. 하지만 성조부호는 원래대로 표기한다.

舞蹈 wǔ dǎo　➡　wú dǎo　　　你好 nǐ hǎo　➡　ní hǎo

그렇다고 3성 앞의 3성을 무조건 2성으로 발음하는 것은 아니다. 3성 음절이 3개 이상 계속될 때는 「2성-2성-3성」, 「3성-2성-3성」등 뜻에 따라 발음이 다르다. 보통 3성이 연속 3개일 때 「3성-2성-3성」이고 4개일 때에는 「2성-3성-2성-3성」이다.

我很好 wǒ hěn hǎo → wǒ hén hǎo　　豈有此理 qǐ yǒu cǐ lǐ → qí yǒu cí lǐ

❺ 반3성

제 3성은 3성 앞에서는 2성으로 발음되지만, 나머지 1성, 2성, 4성 및 대부분의 경성 앞에서는 반3성으로 발음된다. 반3성이란 3성에서 상승하는 후반부를 생략한 발음을 말한다. 반3성은 성조부호를 달리 쓰지 않는다.

3　儿化韵 현상

권설운모인 「er」이 독립 음절로 쓰이지 않고, 접미사로서 다른 음절 뒤에 붙어, 음절의 일부로 되어 권설(卷舌) 작용을 하는 경우가 있다. 이러한 현상을 「儿化(ěr huà)」라 하고, 그렇게 결합된 음절을 「儿化韵(ěr huà yùn)」이라 한다. 어떤 음절이 「儿化」하게 되면 본래의 음에 변화가 생기지만, 발음을 표기할 때는 변화된 발음을 적지 않고, 본래의 음절 뒤에 「r」만을 붙여 쓴다.

花 huā → 花儿 huār　　　哪 nǎ → 哪儿 nǎr
事 shì → 事儿 shìr　　　玩 wán → 玩儿 wánr(wár)
一会 yīhuì → 一会儿 yīhuìr　　眼镜 yǎnjìng → 眼镜儿 yǎnjìngr

*「ai, ei, an, en」 뒤에 「er」이 붙을 때에는 끝 모음을 생략하고 「r」을 붙여서 발음한다.

한어병음(汉语拼音)의 표기법

❶ 예외적인 한어병음(拼音)의 표기

① 「i u ü」가 단독으로 음절을 이룰 때 다음과 같이 표기한다.

i → yi	u → wu	ü → yu

② 「i u ü」와 결합하여 이루어지는 결합운모는 성모와 결합하지 않고 단독 음절을 이룰 때는 다음과 같이 표기한다.

i → y	i → yi	u → w
ia → ya ie → ye iao → yao iou → you ian → yan iang → yang iong → yong	in → yin ing → ying **ü → yu** üe → yue üan → yuan ün → yun	ua → wa uo → wo uai → wai uei → wei uan → wan uen → wen uang → wang ueng → weng

③ 다음의 결합운모가 성모 뒤에 붙을 때 다음과 같이 표기한다.

iou → iu *xiu qiu   uei → ui *gui cui

uen → un *cun hun   ueng → ong *gong hong

④ 「ü」는 「j, q, x, y」 뒤에서 위의 두 점을 없애고 「u」로 쓴다.

❷ 성조를 표기하는 방법

① 단운모인 경우에는 그 위에 표기한다. * chā kě bù

② 복합운모이거나 결합운모일 경우

　　a가 있으면 a위에 표기한다. * bǎi kǎo

　　a가 없으면 o나 e위에 표기한다. * gǒu gěi

　　iu, ui의 경우에는 뒤의 운모 위에 표기한다. * tuī qiú

③ 「i」위에 성조기호를 표기할 경우에는 「·」를 생략한다. *huī guì

중국어의 품사와 문장성분

❶ 품사 및 그 약칭

구　　분	중국어 품사명	略　语
명　　　사	名　词	(名)
대　명　사	代　词	(代)
동　　　사	动　词	(动)
조　동　사	能愿动词	(能动)
형　용　사	形容词	(形)
수　　　사	数　词	(数)
양　　　사	量　词	(量)
부　　　사	副　词	(副)
전　치　사	介　词	(介)
접　속　사	连　词	(连)
조　　　사	助　词	(助)
감　탄　사	叹　词	(叹)
의　성　어	拟声词	(拟声)
의　태　어	拟态词	(拟态)

❷ 문장 성분

문장성분	사용되는 품사	내　용
주　어 (主语)	명사, 대명사	사람이나 사물을 가리키며 동작이나 존재의 주체를 나타낸다.
술　어 (谓词)	동사, 형용사	주어의 행위나 동작, 상태를 설명해 준다. 중국어의 가장 중요한 성분요소이다.
빈　어 (宾语)	명사, 대명사	목적어라고도 하며 동사술어 뒤에서 동작이나 행위를 명확히 나타낸다.
보　어 (补语)	동사, 형용사, 수량사, 부사	술어 뒤에서 술어를 보충 설명해주는 구실을 한다.
상황어 (状语)	부사, 형용사,	술어 앞에서 상태, 시간, 정도, 장소 등을 수식하거나 제한하는 구실을 한다.
한정어 (定语)	형용사, 수량사, 명사, 대명사	주로 명사 앞에서 쓰여 그것을 수식하거나 제한하는 구실을 한다.

PART 1

인사에 관한 표현

중국 사람은 예의를 중시하므로 인사 표현을 익혀두지 않으면 사교가 제대로 이루어지지 않습니다. 일상생활에서 빈번히 쓰이는 기본적인 인사 표현을 충실히 익혀야만 비로소 말문이 트이게 됩니다.

你好。

「你好」는 우리말의 「안녕하세요?」와 같은 뜻으로 처음 만난 사람에게 써도 됩니다. 아랫사람이 윗사람에게 인사할 때에는 「您好」를 사용하면 더 정중해 보이지만, 그렇다고 「你好」를 윗사람에게 사용하면 실례가 되는 것은 아닙니다. 또한 우리말에서는 때에 관계없이 「안녕하세요?」라고 인사하지만, 중국어에서는 아침과 저녁에 인사가 따로 있습니다. 그러나 어떤 말을 써야 할지 잘 모를 경우에는 때와 장소에 관계없이 모두 「你好」를 써도 무방합니다.

PATTERN DRILL

➡ 你好。
　　nǐ hǎo

_您好。
　nín hǎo

안녕하세요? (경어)

_你早。
　nǐ zǎo

안녕하세요? (아침인사)

_早上好!
　zǎo shàng hǎo

좋은 아침입니다. (아침인사)

_晚上好!
　wǎn shàng hǎo

안녕하세요? (저녁인사)

_您吃了吗?
　nín chī le ma

식사하셨어요?

EXample

Q : 您好。
　　nín hǎo

A : 你好, 去哪儿?
　　nǐ hǎo　qù nǎ ér

Q : 我去公园。
　　wǒ qù gōngyuán

Q : 안녕하세요?
A : 안녕하세요, 어디 가세요?
Q : 공원에 갑니다.

| 건강하세요? | 잘 지내세요? |

「你好吗」는 오랜만에 만난 사람에게 하는 인사입니다. 우리말에서 「건강하세요?」, 「잘 지내셨어요?」라는 뜻으로, 「你身体好吗?」라고 말할 수도 있습니다. 참고로 「你好」는 일상적인 만남에서 쓰이는 인사 표현으로 「你好吗」와는 쓰임에 차이가 있습니다.

PATTERN DRILL

➡ 你好吗?
nǐ hǎo ma

你身体好吗?
nǐ shēn tǐ hǎo ma

건강하세요?

你过得怎么样?
nǐ guò dé zěn me yàng

어떻게 지내십니까?

你身体健康吗?
nǐ shēn tǐ jiàn kāng ma

건강하십니까?

你过得好吗?
nǐ guò dé hǎo ma

잘 지내세요?

最近过得怎么样?
zuì jìn guò dé zěn me yàng

요즘 어떻게 보내세요?

EXample

Q : 你好!
nǐ hǎo

A : 你身体好吗?
nǐ shēn tǐ hǎo ma

Q : 我很好，你呢?
wǒ hěn hǎo　nǐ ne

A : 我也很好。
wǒ yě hěn hǎo

Q : 안녕하세요?
A : 건강하세요?
Q : 건강합니다. 당신은요?
A : 저도 건강합니다.

25

| 별로 좋지 않습니다. |

➥ **不是太好。**
bú shì tài hǎo

没什么意思。
méi shén me yì sī
별로 재미가 없습니다.

不太舒服。
bú tài shū fú
별로 편하지 못합니다.

我这几天感觉不太好。
wǒ zhè jǐ tiān gǎn jué bú tài hǎo
요즘 컨디션이 별로 좋지 않습니다.

我最近感冒了，不太好!
wǒ zuì jìn gǎn mào le　　bú tài hǎo
요즘 감기에 걸려서 별로 좋지 않습니다.

马马虎虎。
mǎ mǎ hū hū
그럭저럭 지냅니다.

我身体很好，感觉不错!
wǒ shēn tǐ hěn hǎo　　gǎn jué bú cuò
저는 아주 건강하고, 컨디션도 좋습니다.

Q : **这几天过得怎么样?**
zhè jǐ tiān guò dé zěn me yàng

A : **不太好，你呢?**
bú tài hǎo　　nǐ ne

Q : **我也不怎么样，马马虎虎。**
wǒ yě bù zěn me yàng　　mǎ mǎ hū hū

Q : 요즘 어떻게 지내니?
A : 별로 좋지 않아, 너는?
Q : 나도 별로야, 그럭저럭 지내.

见到你很高兴。

「见到你很高兴」은 처음 만났을 때 상대에게 호의를 표시할 때 쓰이는 인사말로 「만나 뵙게 되어 반갑습니다」라고 인사하면 상대와의 거리가 가까워질 수 있습니다.

PATTERN DRILL

见到你很高兴!
jiàn dào nǐ hěn gāo xīng

久仰久仰。
jiǔ yǎng jiǔ yǎng

전부터 들어 잘 알고 있습니다.

久仰大名。
jiǔ yǎng dà míng

성함을 오래 전부터 들어왔습니다.

久闻大名。
jiǔ wén dà míng

성함은 많이 들었습니다.

认识你我也很高兴!
rèn shí nǐ wǒ yě hěn gāo xīng

당신을 만나서 저도 무척 기쁩니다.

认识你很高兴。
rèn shí nǐ hěn gāo xīng

알게 되어 기쁩니다.

EXample

Q : 你好!
nǐ hǎo

A : 你好!
nǐ hǎo

Q : 久闻大名。 见到你很高兴。
jiǔ wén dà míng　jiàn dào nǐ hěn gāo xīng

A : 认识你我也很高兴。
rèn shí nǐ wǒ yě hěn gāo xīng

Q : 안녕하세요
A : 안녕하세요
Q : 존함을 오래전부터 들었습니다. 만나서 반갑습니다.
A : 저도 알게 되어 기쁩니다.

| 오랜만입니다. |

오랜만에 만난 사람에게는 흔히 「好久不见了」라고 인사합니다. 이것은 오랫동안 못 만난 것에 대한 상대의 그리움을 나타내는 말입니다.

PATTERN DRILL

➡ 好久不见了。
hǎo jiǔ bú jiàn le

都快认不出你了。
dū kuài rèn bù chū nǐ le
못 알아보게 변했군요.

好久没有见面。
hǎo jiǔ méi yǒu jiàn miàn
오랫동안 만나 뵙지 못했네요.

挺想你的。
tǐng xiǎng nǐ de
생각이 많이 났습니다(보고 싶었습니다).

几年了?
jǐ nián le
몇 년 만이니?

你一点没变啊!
nǐ yì diǎn méi biàn a
넌 전혀 안 변했구나(여전하구나).

EXample

Q : 好久不见, 过得怎么样?
hǎo jiǔ bú jiàn guò dé zěn me yàng

A : 好久没见面了, 我过得很好, 你呢?
hǎo jiǔ méi jiàn miàn le wǒ guò dé hěn hǎo nǐ ne

Q : 我也过得很好, 挺想你的。
wǒ yě guò dé hěn hǎo tǐng xiǎng nǐ de

A : 我也挺想你。
wǒ yě tǐng xiǎng nǐ

Q : 오랜만이군요. 어떻게 지냈어요?
A : 참 오랜만이군요, 저는 잘 지냈어요. 당신은요?
Q : 저도 잘 지냈습니다. 보고 싶었습니다.
A : 저도 많이 생각났습니다.

| 안녕히 계세요. |

헤어질 때 가장 흔히 쓰는 말은 우리말의 「안녕히 계세요」라는 뜻을 가진 「再见」입니다.
저녁에 헤어질 때에는 「내일 다시 만나자」는 뜻으로 「明天见」을 쓸 수 있습니다.

PATTERN DRILL

➼ 再见!
zài jiàn

_请慢走。
qǐng màn zǒu

조심해 가세요.

_明天见。
míng tiān jiàn

내일 만납시다.

_咱们后会有期!
zán men hòu huì yǒu qī

나중에 또 만납시다.

_晚安。
wǎn ān

안녕히 주무세요.

_希望以后有机会再见!
xī wàng yǐ hòu yǒu jī huì zài jiàn

나중에 다시 만날 수 있기를 바랍니다.

EXample

Q : 认识你很高兴, 希望以后常联系, 再见。
rèn shí nǐ hěn gāo xīng   xī wàng yǐ hòu cháng lián xì   zài jiàn

A : 认识你我也很高兴, 后会有期。
rèn shí nǐ wǒ yě hěn gāo xīng   hòu huì yǒu qī

Q : 您慢走。
nín màn zǒu

A : 不用送了, 请留步。
bù yòng sòng le   qǐng liú bù

Q : 당신을 알게 되어 아주 기쁩니다. 자주 연락합시다. 안녕히 계십시오
A : 당신을 알게 되어 저도 무척 기쁩니다. 나중에 다시 만납시다.
Q : 안녕히 가세요
A : 나오지 마십시오

→ 我先告辞了。

어떤 행사가 진행되고 있는 과정에 먼저 떠나야 할 필요가 생겼다면 여러 사람에게 양해를 구하고 자리를 뜨는 것이 예의의 하나입니다. 이럴 때는 「我先失陪了」라고 말할 수 있습니다.

PATTERN DRILL

➡ 我先告辞了。
wǒ xiān gào cí le

我先回去了。
wǒ xiān huí qù le
먼저 가보겠습니다.

我先走了。
wǒ xiān zǒu le
먼저 가겠습니다.

先失礼了。
xiān shī lǐ le
먼저 실례합니다.

我马上要回去了!
wǒ mǎ shàng yào huí qù le
저는 이만 실례하겠습니다.

我先失陪了。
wǒ xiān shī péi le
이만 일어서겠습니다.

EXample

Q : 对不起, 我有事, 先失陪了。
　　duì bù qǐ　wǒ yǒu shì　xiān shī péi le

A : 怎么不多玩一会?
　　zěn me bù duō wán yí huì

Q : 不了, 你们继续玩吧, 玩个痛快。
　　bù le　nǐ men jì xù wán ba　wán gè tòng kuài

A : 那你慢走, 明天见。
　　nà nǐ màn zǒu　míng tiān jiàn

Q: 죄송합니다. 일이 있어서 먼저 실례하겠습니다.
A: 좀 더 놀다 가시지 그러세요?
Q: 아니요, 그럼 재미있게 노십시오.
A: 그럼 안녕히 가세요. 내일 다시 만납시다.

PATTERN DRILL

➡ 有空常来。
yǒu kōng cháng lái

_有空过来玩吧!
yǒu kōng guò lái wán ba
짬이 있으면 놀러 오세요.

_有时间过来玩。
yǒu shí jiān guò lái wán
시간이 있으면 놀러 오세요.

_有时间常过来吧。
yǒu shí jiān cháng guò lái ba
시간이 있으면 언제든지 놀러 오세요.

_希望还能见面。
xī wàng hái néng jiàn miàn
나중에 다시 만났으면 좋겠어요.

_希望有机会再见一面。
xī wàng yǒu jī huì zài jiàn yí miàn
기회가 되면 다시 만나고 싶습니다.

EXample

Q : 跟你聊天很开心，希望还能见面。
gēn nǐ liáo tiān hěn kāi xīn   xī wàng hái néng jiàn miàn

A : 我也是，有空常过来。
wǒ yě shì   yǒu kōng cháng guò lái

Q : 慢走，下次再见。
màn zǒu   xià cì zài jiàn

A : 你也保重，再见。
nǐ yě bǎo zhòng   zài jiàn

Q : 이야기가 무척 재미있었습니다. 다시 만났으면 좋겠네요
A : 저도 마찬가지입니다. 시간이 있으면 자주 오세요
Q : 안녕히 계세요
A : 안녕히 가세요

竟然在这儿遇见你!

예전부터 알고 지내던 사람을 뜻밖에 만난다면, 더군다나 알고지낸 중국인을 만난다면 무척 반갑기 마련입니다. 여기서 「真是没想到」는 「참 뜻밖이야」라는 뜻입니다.

PATTERN DRILL

➡ 竟然在这儿遇见你!
jìng rán zài zhè ér　yù jiàn nǐ

真没想到能再见面!
zhēn méi xiǎng dào néng zài jiàn miàn

다시 만나리라고는 정말 생각도 못했네요.

没想到, 你怎么到这儿来了?
méi xiǎng dào　　nǐ zěn me dào zhè ér lái le

뜻밖이야. 네가 어떻게 여기 왔니?

世界真是太小了。
shì jiè zhēn shì tài xiǎo le

세상이 참 좁구나!

没想到在这里能跟你见面。
méi xiǎng dào zài zhè lǐ néng gēn nǐ jiàn miàn

여기서 너를 만날 줄은 생각도 못했어.

竟然在这儿遇到你。真是没想到。
jìng rán zài zhè ér yù dào nǐ　zhēn shì méi xiǎng dào

여기서 너를 만나다니, 정말로 뜻밖이구나!

EXample

Q : 这不是惠媛吗? 竟然在这儿见到你!
zhè bú shì huì yuán ma　jìng rán zài zhè ér jiàn dào nǐ

A : 是你啊, 李勇, 竟然在这儿能见到你。
shì nǐ ā　lǐ yǒng　jìng rán zài zhè ér néng jiàn dào nǐ

Q : 世界真是太小了, 真是太意外了。
shì jiè zhēn shì tài xiǎo le　zhēn shì tài yǐ wài le

A : 有缘千里来相会, 无缘对面手难牵。
yǒu yuán qiān lǐ lái xiāng huì　wú yuán duì miàn shǒu nán qiān

Q : 혜원이 아니야? 여기서 너를 만나다니!
A : 너구나, 이용, 여기서 너를 만나다니.
Q : 세상이 참 좁구나, 정말 뜻밖이야.
A : 인연이 있으면 천리를 떨어져도 만날 날이 있고, 인연이 없으면 마주쳐도 손잡기조차 어렵다고 하잖아.

太好了。

일의 진척이거나 기타 조건이 자신이 원하는 대로 이루어질 때는 「太棒了」라고 합니다. 또한 이 표현은 다른 사람을 잘했다고 칭찬할 때도 씁니다.

PATTERN DRILL

➡ 太好了。
tài hǎo le

_你做得太好了!
nǐ zuò dé tài hǎo le

참 잘했어!

_真是太好了。
zhēn shì tài hǎo le

참 좋았어.

_真不错。
zhēn bú cuò

참 잘했구나.

_你真行。
nǐ zhēnxíng

잘 하네.

_太棒了。
tài bàng le

참 멋져.

_他做得很糟糕。
tā zuò dé hěn zāo gāo

그는 너무 엉망으로 만들었어.

Example

Q : 这件事进行得很顺利。
zhè jiàn shì jìn xíng dé hěn shùn lì

A : 太好了，你们做得很好，这次多亏您的帮忙。
tài hǎo le　　nǐ mén zuò dé hěn hǎo　　zhè cì duō kuī nín dè bāngmáng

Q : 哪里哪里，你太过奖了。
nǎ lǐ nǎ lǐ　　nǐ tài guò jiǎng le

Q : 일은 아주 순조롭게 진행되고 있습니다.
A : 좋아, 자네들 참 잘했네. 모두 자네들 덕분이야.
Q : 별 말씀을요.

|성함은 어떻게 되십니까?|

처음 만난 사람의 이름을 물어볼 때「您贵姓?」이라고 묻는다면 상대에 대한 존중을 나타냅니다. 그러나 아랫사람이나 동료에게 이름을 물을 때에는「你叫什么名字?」라고 할 수 있으며,「너의 이름은 무엇이니?」라는 뜻입니다.

PATTERN DRILL

➡ 您贵姓?
nín guì xìng

_你姓什么?
nǐ xìng shén me
당신의 성은 무엇입니까?

_你的姓名是?
nǐ dè xìng míng shì
너의 이름은?

_你的名字是什么?
nǐ dè míng zì shì shén me
당신의 이름은 무엇입니까?

_你叫什么名字?
nǐ jiào shén me míng zì
너의 이름은 무엇이니?

_请问你的尊姓大名?
qǐng wèn nǐ dè zūn xìng dà míng
존함을 여쭤도 되겠습니까?

EXample

Q : 您贵姓?
nín guì xìng

A : 我叫王力。 你叫什么名字?
wǒ jiào wáng lì   nǐ jiào shén me míng zì

Q : 我叫李明。
wǒ jiào lǐ míng

Q : 성함이 어떻게 되십니까?
A : 저는 왕력이라고 합니다. 당신의 이름은 무엇입니까?
Q : 저는 이명이라고 합니다.

| 저는 장군이라고 합니다.

「我叫~」는 자기소개를 할 때 쓰이는 표현으로 우리말의 「저는 ~이라고 합니다」라는 뜻
입니다. 참고로 자신을 소개하면서 상대에게 명함을 건네주는 것도 좋은 인사의 하나입니다.

PATTERN DRILL

➡ 我叫张军。
wǒ jiào zhāng jūn

_我姓王，叫王力。
wǒ xìng wáng   jiào wáng lì

저는 성이 왕이고, 왕력이라고 합니다.

_我的名字叫王力。
wǒ dè míng zì jiào wáng lì

제 이름은 왕력이라고 합니다.

_这是我的名片。
zhè shì wǒ dè míngpiàn

이것은 제 명함입니다.

_请多关照。
qǐng duō guānzhào

잘 부탁드립니다.

_我不是李明，他是李明。
wǒ bú shì lǐ míng   tā shì lǐ míng

제가 이명이 아니라, 저 사람이 이명입니다.

EXample

Q : 您贵姓?
nín guì xìng

A : 我姓张，叫张华。
wǒ xìng zhāng   jiào zhāng huá

Q : 我叫李军，这是我的名片。
wǒ jiào lǐ jūn   zhè shì wǒ dè míngpiàn

Q : 당신의 성함은 어떻게 됩니까?
A : 저는 성이 장이고, 장화라고 합니다.
Q : 저는 이군이라고 합니다. 이것은 제 명함입니다.

감사합니다.

다른 사람의 도움을 받았을 때나 고마움을 표시할 때는 「谢谢」라고 인사를 합니다. 「대단히 감사합니다」라고 고마움을 표현할 때는 「非常感谢」라고 하면 됩니다.

PATTERN DRILL

➥ 谢谢！
xiè xiè

很感谢你对我的帮助。
hěn gǎn xiè nǐ duì wǒ dè bāng zhù
도와주셔서 고맙습니다.

非常感谢。
fēi cháng gǎn xiè
대단히 감사합니다.

您辛苦了。
nín xīn kǔ le
수고하셨습니다.

这回多亏有您的帮助，事情才这么顺利。
zhè huí duō kuī yǒu nín dè bāng zhù   shì qíng cái zhè mè shùn lì
당신 덕분에 이번 일이 이렇게 순조롭게 될 수 있었습니다.

太谢谢你了。
tài xiè xiè nǐ le
대단히 감사드립니다.

EXample

Q : 这次多亏有您的帮助，事情才这么顺利。
zhè cì duō kuī yǒu nín dè bāng zhù   shì qíng cái zhè mè shùn lì

A : 你太客气了，这是我应该做的。
nǐ tài kè qì le   zhè shì wǒ yīng gāi zuò dè

Q : 非常感谢您的帮助。
fēi cháng gǎn xiè nín dè bāng zhù

A : 哪里哪里，下次有事叫我，一定过来帮忙。
nǎ lǐ nǎ lǐ   xià cì yǒu shì jiào wǒ   yī dìng guò lái bāngmáng

Q: 이번에 당신의 도움이 있었기에 일이 순조롭게 끝날 수 있었습니다.
A: 별말씀을 다 하십니다. 이것은 제가 마땅히 해야 할 일입니다.
Q: 도와주셔서 감사를 드립니다.
A: 별말씀을요. 다음번에 일이 있으면 불러주십시오 꼭 와서 도와드리겠습니다.

| **별말씀을 다 하십니다.** |

상대가 고마움을 표시할 때 많이 쓰이는 응답 표현으로는 「不用客气」라고 인사를 합니다.
또한 「哪里哪里」도 「천만에」 하는 뜻으로 쓸 수 있습니다.

PATTERN DRILL

➡ **不用客气。**
bú yòng kè qì

不用谢。
bú yòng xiè
감사할 필요까지야.

哪里哪里。
nǎ lǐ nǎ lǐ
천만의 말씀입니다.

我俩之间就不必说这些话。
wǒ liǎ zhī jiān jiù bú bì shuō zhè xiē huà
우리 사이에 이런 말 할 필요가 없지요.

你太客气了。
nǐ tài kè qì le
별말씀을 다 하십니다.

你太见外了。
nǐ tài jiàn wài le
그러실 필요까지 없습니다.

EXample

Q : **这次多亏您的帮助。**
zhè cì duō kuī nín de bāng zhù

A : **你太客气了，咱们俩之间就不用客气了。**
nǐ tài kè qì le　zán men liǎ zhī jiān jiù bú yòng kè qì le

Q : **真应该谢谢你。**
zhēn yīng gāi xiè xiè nǐ

A : **不用谢，以后有事尽管开口，随叫随到。**
bú yòng xiè　yǐ hòu yǒu shì jìn guǎn kāi kǒu　suí jiào suí dào

Q : 이번에 정말 신세 많이 졌어.
A : 별말을 다 하군. 우리 사이에 고마워할 게 뭐 있나?
Q : 아무튼 고마워.
A : 감사할 필요까지야 뭐. 나중에도 일이 있으면 불러. 금방 올 테니까.

| 미안합니다. | 죄송합니다. |

잘못을 저질렀을 때 상대방에게 「미안합니다, 죄송합니다」하고 사과해야 하는 것은 당연한
일입니다. 용서를 구할 때는 「请您原谅」라고 하며, 이때 상대도 「没关系(괜찮습니다)」하
고 용서해주는 것도 너그러운 마음이라 하겠습니다.

PATTERN DRILL

➧ **对不起。**
duì bù qǐ

很抱歉, 让你久等了。
hěn bào qiàn　ràng nǐ jiǔ děng le

오래 기다리게 해서 정말 미안해.

请您原谅!
qǐng nín yuánliàng

용서해주십시오.

实在对不起。
shí zài duì bù qǐ

정말로 죄송합니다.

给您添麻烦了。
gěi nín tiān má fán le

폐를 끼쳐드려 죄송합니다.

希望您能原谅我!
xī wàng nín néng yuánliàng wǒ

용서해주십시오.

Example

Q : **这次给您添麻烦了, 实在对不起。**
zhè cì gěi nín tiān má fán le　shí zài duì bù qǐ

A : **没关系, 不要放在心上。**
méi guān xì　bú yào fàng zài xīn shàng

Q : **非常抱歉, 再次向您赔礼了。**
fēi cháng bào qiàn　zài cì xiàng nín péi lǐ le

Q : 이번에 폐를 끼쳐드렸습니다. 참으로 죄송합니다.
A : 괜찮습니다. 너무 괘념치 마십시오
Q : 정말 미안합니다. 다시 한번 양해를 구합니다.

PATTERN DRILL

➡ 祝贺你。
zhù hè nǐ

_祝贺你考上大学。
zhù hè nǐ kǎo shàng dà xué
대학 입학을 축하합니다.

_你成功了我也很高兴。
nǐ chénggōng le wǒ yě hěn gāo xīng
당신이 성공하니 저도 기쁩니다.

_恭喜你新婚快乐!
gōng xǐ nǐ xīn hūn kuài lè
즐거운 신혼생활을 축복하네.

_恭喜恭喜。
gōng xǐ gōng xǐ
축하드립니다.

_祝你生日快乐。
zhù nǐ shēng rì kuài lè
생일 축하합니다.

_恭喜你生了个儿子!
gōng xǐ nǐ shēng le gè ér zǐ
아들이 태어났다니 축하하네.

EXample

Q : 听说你司法考试合格了，祝贺你。
tīng shuō nǐ sī fǎ kǎo shì hé gé le zhù hè nǐ

A : 谢谢。
xiè xiè

Q : 你成功了我也很高兴。
nǐ chénggōng le wǒ yě hěn gāo xīng

Q : 듣자니 자네 사법고시에 합격됐다면서. 축하하네.
A : 감사합니다.
Q : 자네가 성공하니까 나도 기쁘군.

| 행운이 있기를 바랍니다. |

어떤 일을 시작하려는 사람에게 좋은 운이 따르기를 빌면서 축복의 말을 해주는 것도 좋은 일입니다.「祝你一路顺风(하시는 일이 뜻대로 되기를 기원합니다)」은 먼 길을 떠나는 사람을 축원할 때 쓰입니다.

PATTERN DRILL

➡ 祝你好运。
zhù nǐ hǎo yùn

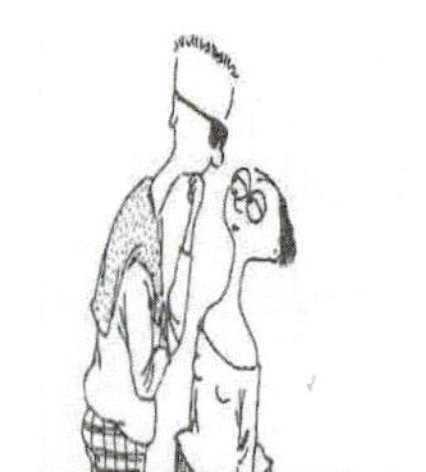

_ 祝你身体健康。
zhù nǐ shēn tǐ jiàn kāng
건강하시기를 빌겠습니다.

_ 祝你一路顺风。
zhù nǐ yī lù shùnfēng
잘 다녀오시기 바랍니다.

_ 祝你成功。
zhù nǐ chénggōng
성공을 빌겠습니다.

_ 祝你取得好成绩。
zhù nǐ qǔ dé hǎo chéng jī
좋은 성적을 거두기를 바랍니다.

_ 祝你一路平安。
zhù nǐ yī lù píng ān
편히 다녀오시기 바랍니다.

EXample

Q : 听说你要去留学了，祝你一路顺风。
tīng shuō nǐ yào qù liú xué le　zhù nǐ yí lù shùnfēng

A : 谢谢。
xiè xiè

Q : 祝你取得好成绩。
zhù nǐ qǔ dé hǎo chéng jī

A : 我一定好好努力。
wǒ yí dìng hǎo hǎo nǔ lì

Q : 듣자니 자네 유학 간다면서. 잘 다녀오길 바라네.
A : 감사합니다.
Q : 좋은 성과를 거두게.
A : 열심히 노력하겠습니다.

| 새해 복많이 받으십시오. |

새해를 맞을 때 주변 사람들에게 새해인사를 합니다. 중국에서는 새해인사가 여러 가지 있는데 「万事如意」는 새해를 맞으면서 「모든 일이 뜻대로 되기를 희망합니다」라고 상대에게 축복하는 표현입니다.

PATTERN DRILL

➡ 新年快乐。
xīn niánkuài lè

_祝你新年快乐，万事如意!
zhù nǐ xīn niánkuài lè　wàn shì rú yì

새해 복많이 받으세요. 새해에 모든 일이 뜻대로 되기를!

_祝你在新的一年里马到成功!
zhù nǐ zài xīn dè yì nián lǐ mǎ dào chénggōng

새해는 모든 일이 잘 되기를 바랍니다.

_祝你新年愉快!
zhù nǐ xīn nián yú kuài

새해에 즐겁게 보내시기 바랍니다.

_祝你在新的一年里取得更好成绩。
zhù nǐ zài xīn dè yì nián lǐ qǔ dé gēnghǎochéng jī

새해에 더 좋은 성과를 올리기 바랍니다.

_恭喜新年，贺喜新年。
gōng xǐ xīn nián　hè xǐ xīn nián

새해 복많이 받으십시오.

EXample

Q : 祝你新年快乐，万事如意!
zhù nǐ xīn niánkuài lè　wàn shì rú yì

A : 祝你在新的一年里取得更好的成绩。
zhù nǐ zài xīn dè yì nián lǐ qǔ dé gēnghǎo dè chéng jī

Q : 也祝你马到成功。
yě zhù nǐ mǎ dào chénggōng

Q : 새해 복많이 받으세요. 모든 일이 잘 되기를 바랍니다.
A : 새해에는 더 좋은 성과를 거두기 바랍니다.
Q : 새해에는 성공하십시오.

PATTERN DRILL

➥ 小小心意。
xiǎoxiǎo xīn yì

这是小小心意，请您收下。
zhè shì xiǎoxiǎo xīn yì   qǐng nín shōu xià

조그마한 성의입니다. 받아주십시오.

小小心意, 不成敬意。
xiǎoxiǎo xīn yì   bù chéng jìng yì

조그마한 성의입니다. 예를 다하지 못해 죄송합니다.

不成敬意, 请您笑纳。
bù chéng jìng yì   qǐng nín xiào nà

선물은 크지 않지만, 기쁘게 받아주십시오

略备薄礼。
lüè bèi báo lǐ

조그마한 선물을 준비했습니다.

我也没有好东西可送, 你就收下吧!
wǒ yě méi yǒu hǎo dōng xi kě sòng   nǐ jiù shōu xià ba

뭐 마땅히 줄만한 게 없군. 이걸 받게.

礼轻情意重。
lǐ qīngqíng yì zhòng

작지만 성의껏 받아주세요.

EXample

Q : 给您准备了一点礼物, 小小心意, 请您笑纳。
gěi nín zhǔn bèi le yì diǎn lǐ wù   xiǎoxiǎo xīn yì   qǐng nín xiào nà

A : 你太客气了, 不用破费啊!
nǐ tài kè qì le   bú yòng pò fèi ā

Q : 礼轻心意重, 您收下吧。
lǐ qīng xīn yì zhòng   nín shōu xià ba

Q : 선물을 준비했습니다. 조그마한 성의지만, 기쁘게 받아주십시오
A : 별말씀을요 이렇게 하지 않으셔도 됩니다.
Q : 선물은 작지만 성의로 받아주십시오

| 폐를 끼쳐드리고 싶지 않습니다. |

다른 사람에게 폐를 끼치고 싶지 않을 때는 여러 가지 표현으로 자기의 뜻을 전달할 수 있습니다. 「不给你添麻烦了」도 「당신께 폐를 끼치지 않겠습니다」라는 뜻입니다.

PATTERN DRILL

➡ 不麻烦您了。
bù má fán nín le

_不麻烦您了，我先告辞了。
bù má fán nín le　wǒ xiān gào cí le
폐를 끼치고 싶지 않습니다. 먼저 실례하겠습니다.

_不打扰您了。
bù dǎ ráo nín le
불편을 끼쳐 드리고 싶지 않습니다.

_太麻烦您了，我不好意思。
tài má fán nín le　wǒ bù hǎo yì sī
너무 폐를 끼쳐드리는 것 같아서 죄송합니다.

_不想给你添麻烦。
bú xiǎng gěi nǐ tiān má fán
당신께 폐를 끼치고 싶지 않습니다.

_不占用你的时间了。
bù zhān yòng nǐ dè shí jiān le
당신에게 수고를 끼쳐 드리고 싶지 않습니다.

EXample

Q : 我明天给你送站吧。
wǒ míng tiān gěi nǐ sòng zhàn ba

A : 不用，不麻烦你了。
bú yòng　bù má fán nǐ le

Q : 没关系，不用客气。
méi guān xì　bú yòng kè qì

Q : 내가 내일 기차역까지 바래다줄게.
A : 아니, 너에게 폐를 끼치고 싶지 않아.
Q : 괜찮아. 별말을 다 하네.

_가라오케	卡拉OK(kǎ lā O K)
_가스	瓦丝(wǎ sī)
_도시 가스	管道煤气(guǎn dào méi qì)
_게이트볼	门球(mén qiú)
_골프	高尔夫球(gāo ěr fū qiú)
_기타	吉他(jí tā)
_껌	口香糖(kǒu xiāng táng)
_나일론	尼龙(ní lóng)
_네온사인	霓虹灯(ní hóng dēng)
_네트워크	网络(wǎng luò)
_네티즌	网民(wǎng mín)
_넥타이	领带(lǐng dài)
_댐	水库(shuǐ kù)
_데모	示威游行(shì wēi yóu xíng)
_데이터	数据(shù jù)
_데이터베이스	数据库(shù jù kù)
_디스코	迪斯科(dí sī kē)
_라디오	收音机(shōu yīn jī)
_라이터	打火机(dǎ huǒ jī)
_레이더	雷达(léi dá)
_레이저	激光(jī guāng)
_레코드	唱片(chàng piàn)
_로맨스	罗漫斯(luó màn sī)
_로맨틱	浪漫(làng màn)
_로봇	机器人(jī qì rén)

PART 2

일상에 관한 표현

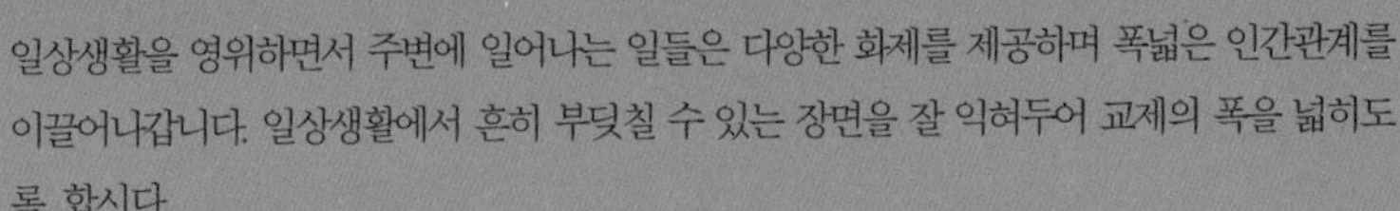

일상생활을 영위하면서 주변에 일어나는 일들은 다양한 화제를 제공하며 폭넓은 인간관계를 이끌어나갑니다. 일상생활에서 흔히 부딪칠 수 있는 장면을 잘 익혀두어 교제의 폭을 넓히도록 합시다.

→ 你的脸怎么了?

PATTERN DRILL

➡ 你的脸怎么了?
nǐ de liǎn zěn me le

_你的脸怎么了? 看上去那么憔悴。
nǐ de liǎn zěn me le　kàn shàng qù nà me qiáo cuī
얼굴이 왜 그러세요? 초췌해 보이시네요.

_她真漂亮啊!
tā zhēn piāo liàng ā
그녀는 정말 예쁘군요!

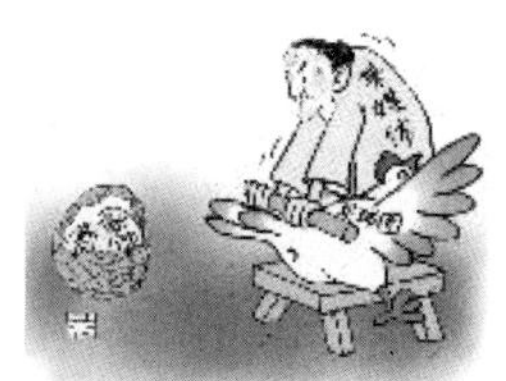

_他长得很帅。
tā zhǎng de hěn shuài
그는 아주 잘 생겼어.

_他的脸真白呀。
tā de liǎn zhēn bái yā
그의 얼굴은 정말 하얗군요.

_他的脸色有点不好。
tā de liǎn sè yǒu diǎn bù hǎo
그의 안색이 좋지 않습니다.

 EXample

Q : 你的脸怎么了?
nǐ de liǎn zěn me le

A : 因为牙痛肿的。
yīn wéi yá tòng zhǒng de

Q : 肿得那么厉害呀! 很疼吧!
zhǒng de nà me lì hài yā　hěn téng ba

A : 牙痛不是病, 疼起来要命啊!
yá tòng bú shì bìng　téng qǐ lái yào mìng ā

Q : 얼굴이 왜 그러세요?
A : 치통 때문에 부었어요.
Q : 많이 부었네요. 아프겠어요!
A : 치통은 큰 병은 아니지만, 아프기 시작하면 미친답니다.

→ 长得怎么样?

PATTERN DRILL

➡ 长得怎么样?
zhǎng de zěn me yàng

她长得怎么样?
tā zhǎng de zěn me yàng

그녀는 어떻게 생겼어요?

她长得很漂亮。
tā cháng de hěn piāoliàng

그녀는 아주 예쁘게 생겼습니다.

我看他长得还行。
wǒ kàn tā cháng dè hái xíng

내가 보기에는 그는 괜찮게 생겼어.

* 长得漂亮(여자) 예쁘게 생기다 | 长得丑 (여자, 남자) 못생기다 | 长得帅 (남자) 잘생기다

她长得真像电影明星。
tā cháng dè zhēnxiàngdiànyǐngmíngxīng

그녀는 정말 영화배우 같이 생겼다.

外貌不重要, 重要的是内心怎么样。
wài mào bú zhòng yào zhòng yào dè shì nèi xīn zěn me yàng

외모는 중요치 않아, 속마음이 어떠냐가 중요한 거야.

EXample

Q : 听说你有个妹妹, 她长得怎么样?
tīng shuō nǐ yǒu gè mèi mèi tā cháng dè zěn me yàng

A : 你猜猜看! 给你一个提示, 她可是我亲妹妹。
nǐ cāi cāi kàn gěi nǐ yí gè tí shì tā kě shì wǒ qīn mèi mèi

Q : 那她一定很漂亮!
nà tā yí dìng hěn piāoliàng

A : 你真能猜, 谢谢!
nǐ zhēnnéng cāi xiè xiè

Q : 여동생이 있다고 하던데 얼굴은 예뻐요?
A : 한번 알아 맞춰보세요. 힌트를 주면, 그는 제 친 여동생입니다.
Q : 그럼 그녀는 아주 예쁘겠네요.
A : 정말 잘 알아 맞추시네요. 고마워요!

长得像谁?

PATTERN DRILL

➡ 长得像谁?
zhǎng de xiàngshéi

你看他长得像谁?
nǐ kàn tā zhǎng de xiàng shéi
그는 누굴 닮았어요?

他长得像他妈妈。
tā zhǎng de xiàng tā mā mā
그는 그의 어머니를 닮았습니다.

父子俩长得一模一样。
fù zǐ liǎ cháng dè yī mó yī yàng
부자간에 꼭 닮았습니다.

女儿长得跟父母完全不一样。
nǚ ér cháng dè gēn fù mǔ wánquán bù yī yàng
딸은 그의 부모님들과는 외모가 완전히 딴판입니다.

儿子长得更像他爸爸。
ér zǐ cháng dè gēngxiàng tā bà bà
아들이 아버지를 더 닮았습니다.

EXample

Q : 听说你有一个儿子和一个女儿?
tīng shuō nǐ yǒu yī gè ér zǐ hé yī gè nǚ ér

A : 是的。
shì dè

Q : 你真有福气呀!, 他们长得都像谁呀?
nǐ zhēn yǒu fú qì yā　tā mén cháng dè dū xiàng shéi yā

A : 儿子长得像我, 女儿像他爸爸。
ér zǐ cháng dè xiàng wǒ　nǚ ér xiàng tā bà bà

Q : 아들 하나, 딸 하나가 있다면서요?
A : 예.
Q : 딱 좋네요. 얘들은 누굴 닮았어요?
A : 아들은 저를 닮고, 딸은 아빠를 닮았어요.

| 외모에 어떤 특징이 있습니까? |

➡ **外貌有什么特征？**
wài mào yǒu shén me tè zhēng

你记得他的外貌特征吗？
nǐ jì dé tā dè wài mào tè zhēng má

그의 외모 특징이 기억나십니까?

他容貌上有什么特点？
tā róng mào shàng yǒu shén me tè diǎn

그는 용모 상에 어떤 특징이 있어요?

他们俩有很多共同点。
tā mèn liǎ yǒu hěn duō gòng tóng diǎn

그들은 (외모가) 많이 비슷합니다.

没有一点共同点。
méi yǒu yì diǎn gòng tóng diǎn

(외모가) 전혀 비슷하지 않습니다.

他都有什么外貌特征？
tā dōu yǒu shén me wài mào tè zhēng

그는 외모에 어떤 특징이 있나요?

Q : **请你说一说意大利人的外貌特征！**
qǐng nǐ shuō yì shuō yì dà lì rén dè wài mào tè zhēng

A : **白色皮肤，蓝眼睛，高鼻梁…。**
bái sè pí fū　　lán yǎn jīng　　gāo bí liáng

Q : **能说一说在外貌特征上跟我们有什么共同点吗？**
néng shuō yì shuō zài wài mào tè zhēng shàng gēn wǒ mèn yǒu shén me gòng tóng diǎn má

A : **对了， 他们的头发是黑色的。**
duì le　　　　tā mèn dè tóu fā shì hēi sè dè

Q : 이탈리아 사람의 외모 특징에 대해 한번 얘기해보세요!
A : 하얀 피부, 파란 눈, 큰 코….
Q : 외모의 특징에서 우리와 같은 점에 대해서도 얘기해 보시겠어요?
A : 알겠습니다. 그들의 머리카락은 검은색입니다.

PATTERN DRILL

➡ 看上去苍白。
kàn shàng qù cāng bái

_你的脸看上去很苍白，怎么了?
nǐ dè liǎn kàn shàng qù hěn cāng bái   zěn mè le

당신 얼굴이 창백해 보이네요. 왜 그래요?

_你脸色很不好。
nǐ liǎn sè hěn bù hǎo

당신의 안색이 안 좋네요.

_看起来很憔悴。
kàn qǐ lái hěn qiáo cuī

아주 핼쑥해(초췌해) 보입니다.

_我看你气色不好。
wǒ kàn nǐ qì sè bù hǎo

안색이 안 좋아 보이네요.

_你是不是有什么喜事?
nǐ shì bù shì yǒu shén mè xǐ shì

무슨 좋은 일이라도 있습니까?

EXample

Q : 你看上去很疲惫的样子，是不是昨晚没睡好?
nǐ kàn shàng qù hěn pí bèi dè yàng zi   shì bú shì zuó wǎn méi shuì hǎo

A : 是吗? 别提了，我这几天总失眠。
shì ma   bié tí le   wǒ zhè jǐ tiān zǒng shī mián

Q : 怎么回事?
zěn mè huí shì

A : 不知怎么的晚上一躺下就想起很多事。
bù zhī zěn mè dè wǎn shàng yì tǎng xià jiù xiǎng qǐ hěn duō shì

Q : 많이 피곤해 보이시네요. 어젯밤에 제대로 주무시지 못했어요?
A : 그래요? 말도 마세요. 전 요즘 불면증에 걸린 것 같아요.
Q : 왜요?
A : 왠지 밤에 잠자리에 눕기만 하면 많은 일들이 떠올라요.

| 몰라보게 변했군요. |

PATTERN DRILL

➡ 变得认不出来。
biàn dé rèn bù chū lái

你怎么变得越来越年轻了啊?
nǐ zěn mè biàn dé yuè lái yuè niánqīng le ā
당신은 어떻게 갈수록 젊어지세요?

你可是一点都没变。
nǐ kě shì yì diǎn dōu méi biàn
당신은 조금도 안 변했어요.

你有点变老了。
nǐ yǒu diǎn biàn lǎo le
당신도 많이 늙었네요.

原来是你呀! 你变得认不出来了, 长漂亮了。
yuán lái shì nǐ yā   nǐ biàn dé rèn bù chū lái le   zhǎng piāo liàng le
당신이었어요! 몰라보게 변했네요. 예뻐졌어요.

你还是那么年轻啊!
nǐ hái shì nà mè niánqīng ā
아직도 여전히 젊으시네요!

EXample

Q : 你不是光镐吗?
nǐ bù shì guāng hao ma

A : 哎呀! 原来是小林啊! 你变得都认不出来了!
āi yā   yuán lái shì xiǎo lín ā   nǐ biàn dé dū rèn bù chū lái le

Q : 你可是一点都没变。 好久不见了!
nǐ kě shì yī diǎn dū méi biàn   hǎo jiǔ bù jiàn le

A : 是啊, 都快一年了吧!
shì ā   dū kuài yī nián le ba

Q : 광호 아니야?
A : 아이고! 림이었구나. 몰라보게 변했네.
Q : 넌 조금도 안 변했어. 오래간만이야!
A : 그래, 거의 1년이 되었구나!

| 그의 표정 좀 봐. |

PATTERN DRILL

➡ 你看他的表情。
nǐ kàn tā dè biǎoqíng

_他怎么一副愤怒的样子?
tā zěn mè yí fù fèn nù dè yàng zi
그는 왜 화난 표정을 하고 있나요?

_他吓得面孔发青了。
tā xià de miànkǒng fā qīng le
그는 놀라서 얼굴이 다 파래졌어.

_演讲时, 你要管理好自己的表情。
yǎn jiǎng shí nǐ yào guǎn lǐ hǎo zì jǐ dè biǎoqíng
강연할 때는 자신의 표정을 잘 관리해야 합니다.

_谈话的时候他的表情始终没变。
tán huà dè shí hòu tā dè biǎoqíng shǐ zhōng méi biàn
대화할 때 그의 표정은 시종 변하지 않았습니다.

_他的表情很沉重, 一定有什么心事。
tā dè biǎoqíng hěn chénzhòng yí dìng yǒu shén mè xīn shì
그의 표정이 무거운데 무슨 걱정이 있는 것 같아요.

EXample

Q : 你看她带着一副愉快的表情出去了!
nǐ kàn tā dài zhe yí fù yú kuài dè biǎoqíng chū qù le

A : 当然了!
dāng rán le

Q : 啊? 她有什么好事吗?
ā tā yǒu shén mè hǎo shì ma

A : 她说有人约她看电影。
tā shuō yǒu rén yuē tā kàn diàn yǐng

Q: 그녀가 환한 표정을 지으며 나가고 있네요!
A: 당연하죠!
Q: 예? 그녀한테 무슨 좋은 일이라도 생겼나요?
A: 누가 영화를 보여주겠다고 했대요

PATTERN **DRILL**

➡ 脸色变了。
liǎn sè biàn le

_他在撒慌，他脸色都变了。
tā zài sā huāng tā liǎn sè dōu biàn le
그는 거짓말을 하고 있어요. 얼굴색이 다 변했어요.

_你怎么说假话脸色一点都不变。
nǐ zěn mè shuō jiǎ huà liǎn sè yì diǎn dōu bú biàn
당신은 거짓말하면서도 얼굴색이 하나도 안 변하네요.

_听了我的话，他的脸色突然变了。
tīng le wǒ dè huà tā dè liǎn sè tū rán biàn le
나의 말을 듣고 나서 그는 얼굴색이 갑자기 변했습니다.

_他很镇静，脸色始终没变。
tā hěn zhèn jìng liǎn sè shǐ zhōng méi biàn
그는 얼굴은 시종 변하지 않고 아주 진지했습니다.

_听了夸奖，她害羞得脸都变红了。
tīng le kuā jiǎng tā hài xiū dè liǎn dū biàn hóng le
칭찬을 듣고 그녀는 부끄러워서 얼굴이 붉어졌습니다.

EXample

Q : 他以前总是一站在众人面前脸就变红。
tā yǐ qián zǒng shì yí zhàn zài zhòng rén miàn qián liǎn jiù biàn hóng

A : 他以前那么害羞啊! 现在他可是一名出色的演讲家呀!
tā yǐ qián nà mè hài xiū ā xiàn zài tā kě shì yí míng chū sè dè yǎn jiǎng jiā yā

Q : 是啊! 所以说只要努力的话就能克服一切。
shì ā suǒ yǐ shuō zhǐ yào nǔ lì dè huà jiù néng kè fú yí qiē

A : 我同意你的想法。
wǒ tóng yì nǐ dè xiǎng fǎ

Q : 그녀는 전에 사람들 앞에 나서기만 하면 얼굴이 빨개지곤 했어요
A : 그가 이전에 그렇게 수줍음 탔었나요? 지금은 뛰어난 연설가잖아요
Q : 그러게요 노력만 하면 모든 걸 극복할 수 있는 같아요
A : 저도 그렇게 생각합니다.

PATTERN DRILL

➥ 外貌出众。
wài mào chū zhòng

_他长得真不错!
tā zhǎng de zhēn bú cuò

그는 참 잘 생겼네요!

_他外貌不凡。
tā wài mào bù fán

그는 외모가 출중합니다.

_确实是个仪表堂堂的年轻人啊!
què shí shì gè yí biǎotángtáng dè niánqīng rén ā

확실히 풍채가 당당한 젊은이네요!

_他仪表堂堂。
tā yí biǎotángtáng

그는 풍채가 당당합니다.

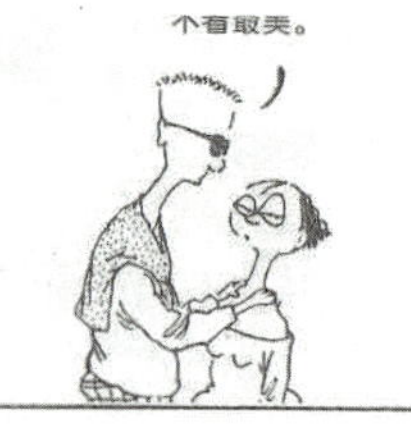

_他长得真不一般。
tā zhǎng dè zhēn bú yī bān

그는 비범하게 생겼습니다.

EXample

Q: 你读过小说《三国演义》吗?
nǐ dú guò xiǎoshuō sān guó yǎn yì ma

A: 我都读过三遍了。
wǒ dōu dú guò sān biàn le

Q: 是吗? 那你最喜欢其中哪个人物啊?
shì ma nà nǐ zuì xǐ huān qí zhōng nǎ gè rén wù ā

A: 我最喜欢外貌出众, 讲义气的关云长。
wǒ zuì xǐ huān wài mào chū zhòng jiǎng yì qì dè guān yún cháng

Q: 소설 「삼국지연의」를 읽어본 적이 있어요?
A: 저는 세 번이나 읽었어요.
Q: 그래요? 그럼 그 중에서 어느 인물을 제일 좋아하죠?
A: 저는 외모가 출중하고 의리가 있는 관운장을 제일 좋아합니다.

PATTERN DRILL

➥ 体重增加。
tǐ zhòngzēng jiā

我有点胖了。
wǒ yǒu diǎnpàng le

나는 약간 살쪘어요.

我体重增加了不少。
wǒ tǐ zhòngzēng jiā le bù shǎo

제 몸무게가 많이 늘었어요.

这个假期我体重增加了3公斤。
zhè gè jià qī wǒ tǐ zhòngzēng jiā le gōng jīn

이번 방학에 체중이 3킬로그램이나 늘었습니다.

真不可思议，我竟然在一个月内长了5公斤。
zhēn bù kě sī yì wǒ jìng rán zài yí gè yuè nèi zhǎng le gōng jīn

정말 믿기지 않아. 내가 어쩜 한 달에 5킬로그램이나 쪘어.

做手术以后他的体重持续减少。
zuò shǒu shù yǐ hòu tā dè tǐ zhòng chí xù jiǎn shǎo

수술 후 그의 체중은 계속해서 줄었습니다.

EXample

Q : 你体重是多少?
nǐ tǐ zhòng shì duō shǎo

A : 别问了!
bié wèn le

Q : 怎么了?
zěn mè le

A : 怪伤心的, 这几天长了很多, 相对于我的身高都
guài shāng xīn dè zhè jǐ tiān cháng le hěn duō xiāng duì yú wǒ dè shēn gāo dū

快超重了!
kuài chāozhòng le

Q : 체중이 어떻게 됩니까?
A : 묻지 마세요.
Q : 왜요?
A : 왜 아픈 곳을 찌르고 그러세요 요즘 살이 많이 쪘어요. 저의 키에 비해서 지금
　　과체중이 되려고 해요.

55

变苗条。

PATTERN DRILL

➡ 苗条了。
miáotiáo le

_你好像变苗条了。
nǐ hǎo xiàng biàn miáo tiáo le
당신은 날씬해진 것 같네요.

_现在很多人为了变苗条都不惜一切。
xiàn zài hěn duō rén wéi le biàn miáo tiáo dōu bù xī yí qiē
요즘 많은 사람들이 날씬해지려고 모든 것을 아끼지 않습니다.

_我觉得我有点胖，需要减肥了。
wǒ jué dé wǒ yǒu diǎn pàng xū yào jiǎn féi le
난 살이 좀 찐 것 같아, 다이어트를 해야 돼.

_我不认为只有苗条才是美。
wǒ bù rèn wéi zhǐ yǒu miáo tiáo cái shì měi
난 날씬한 것만이 아름다움이라고 생각하지 않습니다.

_我看你瘦得只剩骨头了，减什么肥?
wǒ kàn nǐ shòu dè zhǐ shèng gǔ tóu le jiǎn shén mè féi
내가 보기에 너는 뼈만 남았는데, 다이어트라니?

EXample

Q : 我体重正在增加，该减肥了。
wǒ tǐ zhòng zhèng zài zēng jiā gāi jiǎn féi le

A : 你呀! 你那么瘦减什么肥呀!
nǐ yā nǐ nà mè shòu jiǎn shén mè féi yā

Q : 我想变得苗条一点儿。
wǒ xiǎng biàn dè miáo tiáo yī diǎn er

A : 你已经够苗条的了!
nǐ yǐ jīng gòu miáo tiáo dè le

Q : 저는 몸무게가 늘고 있어요, 줄여야 되겠어요.
A : 당신도 참! 그렇게 말랐으면서 무슨 다이어트예요?
Q : 좀더 날씬해지고 싶어서요.
A : 지금 그만하면 날씬한 편인데요.

PATTERN DRILL

➡ 保持体形。
bǎo chí tǐ xíng

你是怎么保持体形的?
nǐ shì zěn mè bǎo chí tǐ xíng dè

당신은 어떻게 몸매를 유지합니까?

保持体形的秘诀是多做运动。
bǎo chí tǐ xíng dè mì jué shì duō zuò yùn dòng

몸매를 유지하는 비결은 많이 운동하는 것입니다.

运动有助于增进健康。
yùn dòng yǒu zhù yú zēng jìn jiàn kāng

운동은 건강 증진에 도움이 됩니다.

平时多锻炼就能保持身体健康。
píng shí duō duàn liàn jiù néng bǎo chí shēn tǐ jiàn kāng

평소에 운동을 많이 하면 건강을 유지할 수 있습니다.

运动既能预防疾病又能保持体形。
yùn dòng jì néng yù fáng jí bìng yòu néng bǎo chí tǐ xíng

운동은 질병을 예방할 뿐만 아니라 몸매도 유지할 수 있습니다.

EXample

Q : 他快70岁了，身体还是那么好!
tā kuài suì le shēn tǐ hái shì nà mè hǎo

A : 是呀! 不知道他是怎么保持体形的。
shì yā bù zhī dào tā shì zěn mè bǎo chí tǐ xíng dè

Q : 听说他每天都锻炼身体。
tīng shuō tā měi tiān dōu duàn liàn shēn tǐ

A : 那个可能是秘诀吧!
nà gè kě néng shì mì jué ba

Q : 저분은 이제 곧 70세가 되는데 몸은 여전히 튼튼하십니다.
A : 그러게 말입니다. 어떻게 몸을 유지하셨을까요?
Q : 저분은 매일 운동을 하신답니다.
A : 아마도 그것이 비결이겠네요.

| 어떤 일을 합니까? |

상대방에게 직업을 물을 때에는 「你在哪儿工作?(당신은 어디에서 일합니까?, 당신의 직업은 무엇입니까?)」라고 하며, 대답할 때에는 「我在(三星公司)工作」 혹은 「我是做(生意)~的」, 「我是(医生)」라고 하면 됩니다.

PATTERN DRILL

你是做什么工作的？
nǐ shì zuò shén me gōng zuò de

您在哪儿工作?
nín zài nǎ r gōng zuò

당신은 어디에서 근무하십니까?

您在哪个公司工作?
nín zài nǎ ge gōng sī gōng zuò

당신은 어느 회사에 근무하십니까?

你的职业是什么?
nǐ de zhí yè shì shén me

당신 직업이 무엇입니까?

你在哪儿上班?
nǐ zài nǎ r shàng bān

어디에 출근하십니까?

你是干什么的?
nǐ shì gàn shén me de

무슨 일을 하고 계십니까?

EXample

Q : 听说你已经毕业了, 现在忙什么呢?
tīng shuō nǐ yǐ jīng bì yè le xiàn zài máng shén me ne

A : 我现在在三星公司工作。
wǒ xiàn zài zài sān xīng gōng sī gōng zuò

Q : 真恭喜你呀!
zhēn gōng xǐ nǐ yā

Q : 졸업했다면서요, 지금은 뭘 하세요?
A : 저는 지금 삼성회사에 다니고 있어요
Q : 정말 축하드립니다!

PATTERN DRILL

➡ 我是商人。
wǒ shì shāng rén

_你是干什么的?
nǐ shì gān shén mě dè

당신을 뭘 하시는 분입니까?

_我是出租汽车司机。
wǒ shì chū zū qì chē sī jī

저는 택시운전기사입니다.

_我的职业是医生。
wǒ dè zhí yè shì yī shēng

저의 직업은 의사입니다.

_我是做贸易的。
wǒ shì zuò mào yì dè

저는 무역을 하는 사람입니다.

_商人最擅长的就是做生意。
shāng rén zuì shànchráng dè jiù shì zuò shēng yì

장사꾼이 제일 잘하는 것은 비즈니스입니다.

EXample

Q : 请问，您是做什么工作的?
qǐng wèn   nín shì zuò shén mě gōng zuò dè

A : 我是做生意的。
wǒ shì zuò shēng yì dè

Q : 是吗? 最近买卖怎么样啊?
shì ma   zuì jìn mǎi mài zěn mě yàng ā

A : 最近还行。
zuì jìn hái xíng

Q: 실례합니다만, 어떤 일을 하고 계십니까?
A: 저는 장사를 하는 사람입니다.
Q: 그렇습니까? 요즘 장사는 어때요?
A: 그런 대로 잘됩니다.

PATTERN DRILL

➡ 你是上学的吗？
nǐ shì shàng xué de mǎ

你是学生吧。
nǐ shì xué shēng ba
당신은 학생입니까?

你是大学生吗？
nǐ shì dà xué shēng mǎ
당신은 대학생입니까?

你是不是大学生？
nǐ shì bú shì dà xué shēng
당신은 대학생이 아닙니까?

你是大夫吧!
nǐ shì dài fū bā
당신은 의사 선생님입니까?

我看你像个律师。
wǒ kàn nǐ xiàng gè lǜ shī
제가 보기엔 당신은 변호사 같아요.

EXample

Q : 你是学生吗？
nǐ shì xué shēng ma

A : 不是， 我是公司职员。
bú shì wǒ shì gōng sī zhí yuán

Q : 是吗？ 你看上去像大学生。
shì ma nǐ kàn shàng qù xiàng dà xué shēng

A : 哈哈，我显得那么年轻啊!
hā hā wǒ xiǎn de nà me nián qīng ā

Q : 당신은 학생입니까?
A : 아닙니다, 저는 회사원입니다.
Q : 그렇습니까? 대학생처럼 보입니다.
A : 하하, 제가 그렇게 젊어 보이세요?

| 월급은 얼마입니까? |

중국에서 일반 직원의 급료 구성에는 **职务)工资**(직무급료), **物价补贴**(물가수당), **岗位津贴**(부서수당), **开发城市补贴**(도시개발수당), **交通费**(교통비), **各种补贴**(각종수당) 등이 있습니다.

PATTERN DRILL

➡ 工资是多少?
gōng zī shì duōshǎo

公司每个月给你发多少钱?
gōng sī měi ge yuè gěi nǐ fā duō shǎoqián
당신은 회사에서 월급을 얼마나 받습니까?

你一个月薪水是多少?
nǐ yí ge yuè xīn shuǐ shì duō shǎo
당신의 한 달 월급은 얼마입니까?

我每月中旬领薪水。
wǒ měi yuè zhōng xún lǐng xīn shuǐ
저는 매월 중순에 봉급을 받습니다.

你的年薪是多少?
nǐ dè nián xīn shì duō shǎo
당신의 연봉은 얼마입니까?

你挣的工资够你生活吗?
nǐ zhēng dè gōng zī gòu nǐ shēng huó ma
당신은 월급으로 생활하기 충분합니까?

EXample

Q : 你一个月工资是多少?
nǐ yī ge yuè gōng zī shì duō shǎo

A : 一千来块钱。
yì qiān lái kuài qián

Q : 包括各种补贴和奖金吗?
bāo guā gè zhǒng bǔ tiē hé jiǎng jīn ma

A : 不是，包括的话能有1千5百块左右吧。
bú shì bāo guā dè huà néng yǒu qiān bǎi kuài zuǒ yòu ba

Q : 당신은 월급이 한 달에 얼마입니까?
A : 1,000원 정도입니다.
Q : 각종 수당과 보너스가 포함된 겁니까?
A : 아닙니다, 포함시키면 1,500원 정도가 될 겁니다.

→ 经常加班吗?

PATTERN DRILL

➡ **经常加班吗?**
jīng cháng jiā bān mǎ

你们公司经常加班吗?
nǐ mèn gōng sī jīng cháng jiā bān mǎ
당신네 회사에서는 자주 잔업을 합니까?

是的，这几天几乎每天都加班。
shì dè   zhè jǐ tiān jǐ hū měi tiān dōu jiā bān
그렇습니다, 요즘은 거의 매일 초과근무를 합니다.

加班累是累，但有加班费。
jiā bān lèi shì lèi   dàn yǒu jiā bān fèi
잔업을 하면 힘은 들지만 잔업수당이 있습니다.

昨天加了两小时班。
zuó tiān jiā   le liǎng xiǎo shí bān
어제는 2시간 잔업을 했습니다.

额外工作时间的工资比一般工作时间多一点儿。
é wài gōng zuò shí jiān dè gōng zī   bǐ   yī bān gōng zuò shí jiān duō   yī diǎn er
시간외 일에 대한 급여는 일반 정해진 시간의 급여보다 조금 많습니다.

EXample

Q : **你这几天是不是很忙?**
nǐ zhè jǐ tiān shì bú shì hěn máng

A : **啊~，这几天公司总加班，所以忙一点儿。**
ā   zhè jǐ tiān gōng sī zǒng jiā bān   suǒ yǐ máng yì diǎn er

Q : **是吗? 那一定很累吧!**
shì má   nà yī dìng hěn lèi ba

A : **还行，累点也是可以多挣点加班费嘛。**
hái xíng   lèi diǎn yě shì kě yǐ duō zhēng diǎn jiā bān fèi má

Q : 요즘 많이 바쁘신가 봐요?
A : 아 ~, 요즘 회사에서 시간외 근무를 자주 해서 조금 바빠요
Q : 그래요? 그럼 많이 힘드시겠어요
A : 괜찮아요. 조금 힘들더라도 잔업수당이 있잖아요.

PATTERN DRILL

➥ 几点上班？
jǐ diǎn shàng bān

_你现在上班吗？
nǐ xiàn zài shàng bān má

지금 출근하십니까?

_你是从什么时候开始上班的？
nǐ shì cóng shén me shí hòu kāi shǐ shàng bān de

당신은 언제부터 출근했습니까?

_你现在上班的地方是哪儿？
nǐ xiàn zài shàng bān de dì fāng shì nǎ er

당신은 지금 어디에서 근무합니까?

_你觉得上班怎么样？有意思吗？
nǐ jué de shàng bān zěn me yàng   yǒu yì sī ma

출근은 어때? 재미있어?

_你什么时候下班？
nǐ shén me shí hòu xià bān

언제 퇴근합니까?

EXample

Q : 你一般几点上下班？
nǐ yī bān jǐ diǎn shàng xià bān

A : 我一般上午九点上班，下午六点下班。
wǒ yī bān shàng wǔ jiǔ diǎn shàng bān   xià wǔ liù diǎn xià bān

Q : 那一个星期上几天班？
nà yī gè xīng qī shàng jǐ tiān bān

A : 上六天班，从周一到周六，但星期六只上半天班。
shàng liù tiān bān   cóng zhōu yī dào zhōu liù   dàn xīng qī liù zhǐ shàng bàn tiān bān

Q : 보통 몇 시에 출근하고 몇 시에 퇴근합니까?
A : 저는 보통 오전 9시에 출근하고 오후 6시에 퇴근합니다.
Q : 그럼, 1주일에 며칠 근무합니까?
A : 6일 근무합니다. 월요일부터 토요일까지 하는데, 토요일에는 오전만 일합니다.

这次休几天假?

| 휴가에는 暑仮(여름휴가), 寒仮(겨울휴가), 病仮(질병휴가) 등이 있습니다.

PATTERN DRILL

➡ 这次休几天假?
zhè cì xiū jǐ tiān jià

_这次休假你打算怎么过?
zhè cì xiū jià nǐ dǎ suàn zěn mè guò

이번 휴가를 어떻게 보내실 겁니까?

_这次给几天假?
zhè cì gěi jǐ tiān jià

이번에는 며칠 쉽니까?

_你们学校放几天假?
nǐ mèn xué xiàofàng jǐ tiān jià

너희 학교는 며칠 쉬니?

_这次休假的时候你打算去哪儿?
zhè cì xiū jià dè shí hòu nǐ dǎ suàn qù nǎ er

이번 휴가 때는 어디로 갈 생각입니까?

_快到休假期了。
kuài dào xiū jià qī le

곧 휴가철이 되겠구나.

EXample

Q : 快到休假期了! 你们公司给几天假呀?
kuài dào xiū jià qī le   nǐ mèn gōng sī gěi jǐ tiān jià yā

A : 我们公司给一个星期的假。
wǒ mèn gōng sī gěi yí gè xīng qī dè jià

Q : 你打算去哪儿度假啊?
nǐ dǎ suàn qù nǎ er dù jià ā

A : 我打算去海边。
wǒ dǎ suàn qù hǎi biān

Q: 곧 휴가철입니다. 당신 회사는 휴가가 며칠입니까?
A: 우리 회사는 일주일 휴가를 줍니다.
Q: 당신은 어디로 가서 휴가를 보낼 예정입니까?
A: 저는 해변으로 가려고 합니다.

| 공휴일은 많을수록 좋습니다. |

중국의 전통 휴일에는 端午节(음력 5월 5일), 清明节(양력 4월4~6일), 春节(음력 1월 1일), 元宵节(음력 1월 15일), 中秋节(음력 8월 15일), 重阳节(음력 9월 9일), 七夕节(음력 7월 7일), 中元节(鬼节)(음력 7월 15일), 24节气 등이 있습니다.

PATTERN DRILL

➡ 公休日越多越好。
gōng xiū rì yuè duō yuè hǎo

_快到节日了，你出门在外一定很想家吧?
kuài dào jié rì le　nǐ chū mén zài wài yí dìng hěn xiǎng jiā ba
곧 명절이 되는데, 외지에 나와서 집 생각 많이 나죠?

_能告诉我你们国家都有什么节日。
néng gào sù wǒ nǐ mén guó jiā dōu yǒu shén me jié rì
당신 나라에는 어떤 명절이 있는지 알려주시겠습니까?

_我觉得公休日越多越好。
wǒ jué dè gōng xiū rì yuè duō yuè hǎo
제가 보기에는 공휴일이 많을수록 좋습니다.

_每到节日我就回家看望父母。
měi dào jié rì wǒ jiù huí jiā kàn wàng fù mǔ
명절 때마다 저는 부모님을 뵈러 집으로 갑니다.

_明天是休息日，你打算干什么?
míng tiān shì xiū xī rì　nǐ dǎ suàn gān shén me
내일은 휴일인데 넌 뭘 할 계획이야?

EXample

Q : 在中国，农历8月15日是什么节日啊?
zài zhōng guó　nóng lì yuè　rì shì shén me jié rì ā

A : 农历8月15日是中秋节。
nóng lì yuè　rì shì zhōng qīu jié

Q : 韩国也有类似的节日。
hán guó yě yǒu lèi sì dé jié rì

A : 是吗? 在东样圈，它的由来可能差不多。
shì ma　zài dōng yàng quān　tā dè yóu lái kě néng chā bù duō

Q : 중국에서 음력 8월 15일은 무슨 명절입니까?
A : 음력 8월 15일은 중추절입니다.
Q : 한국에도 유사한 명절이 있습니다.
A : 그래요? 동양권에서 그 유래는 거의 같을 것입니다.

PATTERN DRILL

➡ 周末打算干什么？
zhōu mò dǎ suàn gàn shén me

_周末休息吗?
zhōu mò xiū xī má

주말에 쉽니까?

_你一周工作几天?
nǐ   yī zhōugōng zuò jǐ tiān

일주일에 며칠 일합니까?

_周末你一般干什么?
zhōu mò nǐ   yì bān gàn shén me

주말에는 보통 뭘 합니까?

_你们公司施行几天工作制?
nǐ méngōng sī shī xíng jǐ tiāngōng zuò zhì

당신네 회사는 며칠 근무제입니까?

_五天工作制。
wǔ tiāngōng zuò zhì

5일 근무제입니다.

EXample

Q : 你们公司施行几天工作制呀?
nǐ méngōng sī shī xíng jǐ tiāngōng zuò zhì yā

A : 我们公司施行5天工作制。
wǒ méngōng sī shī xíng tiāngōng zuò zhì

Q : 那么周末可以计划很多事了吧!
nà mè zhōu mò kě yǐ jì huà hěn duō shì le ba

A : 是的，周末可以干自己平时想干的事。
shì dè   zhōu mò kě yǐ gàn zì jǐ píng shí xiǎng gàn dé shì

Q : 당신 회사에서는 주 며칠 근무제를 실시하고 있습니까?
A : 저희 회사에서는 주 5일 근무제를 실시하고 있어요.
Q : 그럼 주말에 많은 일들을 계획할 수 있겠군요.
A : 그렇습니다. 주말에는 평소에 하고 싶었던 일을 할 수 있습니다.

| 집에서 회사까지 멉니까? |

중국에서는 회사원들이 통근할 때 가장 많이 이용하는 교통수단은 자전거입니다. 그밖에 많이 이용하는 교통수단은 公共汽车(버스), 电车(전차 : 전기를 이용하여 운행하는 버스), 地铁(지하철) 등이 있습니다.

PATTERN DRILL

➡ 从家到公司远吗？
cóng jiā dào gōng sī yuǎn ma

从家到公司需要多长时间？
cóng jiā dào gōng sī xū yào duō cháng shí jiān

집에서 회사까지 가려면 시간이 얼마나 걸립니까?

开车去公司需要半个小时。
kāi chē qù gōng sī xū yào bàn gè xiǎo shí

회사까지 차를 운전하고 가면 반시간이 걸립니다.

你们公司离你家远吗？
nǐ men gōng sī lí nǐ jiā yuǎn ma

회사는 집에서 멉니까?

有到公司的通勤车吗？
yǒu dào gōng sī dè tōng qín chē ma

회사까지 가는 통근차가 있습니까?

从你家到公司有多远？
cóng nǐ jiā dào gōng sī yǒu duō yuǎn

집에서 회사까지 얼마나 멉니까?

EXample

Q : 从你家到公司需要多长时间？
cóng nǐ jiā dào gōng sī xū yào duō cháng shí jiān

A : 坐公共汽车需要一个小时。
zuò gōnggòng qì chē xū yào yī gè xiǎo shí

Q : 公司离你家那么远啊！
gōng sī lí nǐ jiā nà mè yuǎn ā

A : 不算太远，还有的人需要两个小时呢！
bù suàn tài yuǎn   hái yǒu dè rén xū yào liǎng gè xiǎo shí ne

Q : 댁에서 회사까지 얼마나 걸립니까?
A : 버스로 가면 1시간 걸립니다.
Q : 회사가 먼 곳에 있군요.
A : 그다지 먼 것은 아닙니다. 2시간 걸리는 사람도 있습니다.

→ # 坐公共汽车。

「坐～」교통수단 중에 자신이 직접 운전하지 않는 것을 탈 때 쓰이며, 「开～」는 자신이나 일행 중 한사람이 직접 운전할 때 쓰이는 말입니다. 또한 「骑～」자전거나 동물 등을 탈 때 쓰입니다.

PATTERN DRILL

➡ 坐公共汽车。
zuò gōnggòng qì chē

你一般怎么去上班?
nǐ yì bān zěn me qù shàng bān

당신은 보통 어떻게 출근해요?

我一般开车去上班。
wǒ yì bān kāi chē qù shàng bān

저는 보통 차를 운전하고 출근해요.

你会开车吗?
nǐ huì kāi chē ma

차를 운전할 줄 아세요?

我很喜欢骑马。
wǒ hěn xǐ huān qí mǎ

저는 승마(말타기)를 아주 좋아합니다.

我一般坐公共汽车上学。
wǒ yì bān zuò gōnggòng qì chē shàng xué

나는 보통 버스를 타고 학교에 갑니다.

EXample

Q : 你一般坐什么去上班?
nǐ yì bān zuò shén me qù shàng bān

A : 我一般坐地铁上班。
wǒ yì bān zuò dì tiě shàng bān

Q : 为什么不开车去呀?
wéi shén me bù kāi chē qù yā

A : 因为总堵车, 坐地铁既能省钱又能省时间。
yīn wéi zǒng dǔ chē   zuò dì tiě   jì néngshěngqián yòu néngshěng shí jiān

Q : 당신은 보통 무엇을 타고 출근합니까?
A : 저는 보통 지하철을 이용합니다.
Q : 왜 자동차를 운전하고 가시지 않나요?
A : 늘 정체가 심해서요. 지하철을 타면 돈도 절약하고 시간도 줄일 수 있어요

PATTERN DRILL

➡ 碰到上下班高峰时间。
pèng dào shàng xià bān gāo fēng shí jiān

＿现在是上下班高峰时间，我可能要晚一点儿。
xiàn zài shì shàng xià bān gāo fēng shí jiān　wǒ kě néng yào wǎn yì diǎn er
지금 러시아워라서 조금 늦을 것 같습니다.

＿现在车辆太多了，该采取什么措施了。
xiàn zài chē liàng tài duō le　gāi cǎi qǔ shén mè cuò shī le
지금은 차량이 너무 많습니다. 무슨 방법을 찾아야겠어요.

＿现在是交通拥挤时间，等一会儿再走吧。
xiàn zài shì jiāo tōng yōng jǐ shí jiān　děng yì huì er zài zǒu ba
지금은 교통이 혼잡할 시간인데 조금만 더 기다렸다가 가세요.

＿正赶上下班高峰时间。
zhèng gǎn shàng xià bān gāo fēng shí jiān
마침 퇴근길이라 차가 막혀요.

＿因为是中秋期间，高速公路车堵得厉害。
yīn wéi shì zhōng qiū qī jiān　gāo sù gōng lù chē dǔ dé lì hài
추석 기간이라서 고속도로에 차가 심하게 밀립니다.

EXample

Q : 交通怎么这么拥挤?
jiāo tōng zěn me zhè me yōng jǐ

A : 因为现在正赶上上下班高峰时间。
yīn wéi xiàn zài zhèng gǎn shàng shàng xià bān gāo fēng shí jiān

Q : 现在坐公共汽车能有座吗?
xiàn zài zuò gōng gòng qì chē néng yǒu zuò ma

A : 应该没有，而且会很拥挤，我们可能要站着去了。
yīng gāi méi yǒu　ér qiě huì hěn yōng jǐ　wǒ men kě néng yào zhàn zhe qù le

Q: 교통이 왜 이렇게 번잡하죠?
A: 그건 지금이 바로 러시아워라서 그래요.
Q: 지금 버스를 타면 자리가 있을까요?
A: 없겠죠. 뿐만 아니라 몹시 붐벼서 우리는 서서 가야 될 것 같네요.

| 김 선생님은 집에 계십니까? |

남의 집에 초대받아서 갈 때는 조그마한 선물이라도 준비하여 가는 것이 좋습니다. 중국 사람들은 선물을 주고받는 것에 서로의 정이 오가는 것으로 생각하기 때문에 선물을 준비하면 아주 좋아합니다. 또한 방문하기 전에는 친한 사이라도 먼저 연락하여 약속하는 것이 좋습니다.

PATTERN DRILL

➡ 金先生在家吗？
jīn xiānshēng zài jiā ma

_家里有人吗？
jiā lǐ yǒu rén ma

집에 누구 계십니까?

_林先生在吗(在不在)？
lín xiānshēng zài ma   zài bù zài

임 선생님 계십니까?

_在，您是…。
zài   nín shì

계십니다. 누구십니까?

_有人(在)吗？
yǒu rén   zài   ma

누구 있습니까?

_我是来找林先生的。
wǒ shì lái zhǎo lín xiānshēng de

저는 임 선생님을 만나러 왔습니다.

EXample

Q : 李先生在家吗？
lǐ xiānshēng zài jiā ma

A : 在。你是哪位呀？
zài   nǐ shì nǎ wèi ya

Q : 我是林哲。
wǒ shì lín zhé

A : 请稍等，噢! 你来了，欢迎欢迎!
qǐng shāoděng   ō   nǐ lái le   huān yíng huān yíng

Q: 이 선생님 계세요?
A: 있습니다. 누구세요?
Q: 저는 임철입니다.
A: 잠시만 기다리세요. 오! 오셨군요. 어서 오십시오

PATTERN DRILL

➡ 一点礼物。
yì diǎn lǐ wù

这是一点心意，请您收下。
zhè shì yì diǎn xīn yì　qǐng nín shōu xià
이것은 조그마한 선물이니 받아주세요.

何必客气呢。
hé bì kè qì ne
이렇게 하시지 않으셔도 되는데.

这是给你的礼物。
zhè shì gěi nǐ de lǐ wù
이것은 당신께 드리는 선물입니다.

一点薄礼，请您收下。
yì diǎn bó lǐ　qǐng nín shōu xià
약소한 선물인데 받아주십시오.

略备薄礼，请您收下。
lüè bèi bó lǐ　qǐng nín shōu xià
무척 약소한 선물이지만 받아주십시오.

EXample

Q : 这是一点心意，请收下。
zhè shì yì diǎn xīn yì　qǐng shōu xià

A : 哎呀，何必客气呢，本来不用这样。
āi yā　hé bì kè qì ní　běn lái bú yòng zhè yàng

Q : 没什么，每次都麻烦您。
méi shén me　měi cì dōu má fán nín

A : 说到哪儿去了。
shuō dào nǎ er qù le

Q : 이것은 조그만 성의니 받아주세요
A : 아이고, 뭘 이런 것까지. 이러지 않아도 되는데.
Q : 아닙니다. 번번이 폐를 끼쳐드렸는데요
A : 별말씀을.

폐를 끼치다.

➡ 添麻烦。
tiān má fán

这次又给您添麻烦了。
zhè cì yòu gěi nín tiān má fán le

이번에 또 폐를 끼쳐드렸습니다.

对不起又打搅你了。
duì bù qǐ yòu dǎ jiǎo nǐ le

귀찮게 해드려서 죄송합니다.

真不好意思，我尽给您添麻烦。
zhēn bù hǎo yì sī　　wǒ jìn gěi nín tiān má fán

정말 미안합니다. 폐만 끼쳐 드렸습니다.

如果不添麻烦的话我就不再推辞了。
rú guǒ bù tiān má fán dè huà wǒ jiù bú zài tuī cí le

폐가 되지 않는다면 더 이상 사양하지 않겠습니다.

我是不想给您添麻烦。
wǒ shì bù xiǎng gěi nín tiān má fán

당신한테 폐를 끼치고 싶지 않습니다.

Q : 我该走了。
wǒ gāi zǒu le

A : 哎呀，别太着急嘛。　现在正好是晚饭时间，吃完饭
āi yā　　bié tài zhaó jí má　　xiàn zài zhèng hǎo shì wǎn fàn shí jiān　　chī wán fàn

再走吧!
zài zǒu ba

Q : 知道了，如果不添麻烦的话。
zhī dào le　　rú guǒ bù tiān má fán dè huà

A : 一点儿也不麻烦。
yì diǎn er yě bù má fán

Q : 저 이만 가봐야겠습니다.
A : 아, 너무 서두르지 마세요. 마침 저녁식사 시간인데, 식사를 하고 가세요.
Q : 알겠습니다. 폐가 되지 않을지 모르겠습니다.
A : 전혀 그렇지 않습니다.

PATTERN DRILL

➥ 打扰你真不好意思。
dǎ ráo nǐ zhēn bù hǎo yì sī

_没关系，正在闲着没事干呢。
méi guān xì　zhèng zài xián zhe méi shì gàn ní

괜찮습니다. 별로 바쁘지도 않습니다.

_没关系，正好想找你。
méi guān xì　zhèng hǎo xiǎngzhǎo nǐ

당신을 찾으려고 하던 참이었어요.

_我本来不想打扰你的，但事情紧急，实在没
wǒ běn lái bù xiǎng dǎ ráo nǐ dè　dàn shì qíng jǐn jí　shí zài méi
办法。
bàn fǎ

폐를 끼쳐드리고 싶지 않았는데, 급한 일이라서 어쩔 수 없었습니다.

_您要是忙，我下次再来吧。
nín yào shì máng　wǒ xià cì zài lái ba

바쁘시면 다음에 다시 오겠습니다.

_你来的正好，我正要给你打电话。
nǐ lái dè zhèng hǎo　wǒ zhèng yào gěi nǐ dǎ diàn huà

마침 잘 오셨어요. 당신한테 전화하려던 참이었습니다.

EXample

Q : 百忙中打扰你真不好意思。
bǎi mángzhōng dǎ ráo nǐ zhēn bù hǎo yì sī

A : 没关系，我正好想休息呢。
méi guān xì　wǒ zhèng hǎo xiǎng xiū xī ne

Q : 我想拜托您一件事。
wǒ xiǎng bài tuō nín yī jiàn shì

A : 有什么事尽管说。
yǒu shén mé shì jìn guǎnshuō

Q : 바쁘실 텐데 이렇게 찾아와서 죄송합니다.
A : 괜찮아요. 쉬려던 참이었어요.
Q : 부탁드릴 일이 좀 있어서요.
A : 무슨 일인지 말해보세요.

73

일부러 저를 보러 올 것까지는 없어요.

PATTERN DRILL

➡ 不用特意来看我。
bú yòng tè yì lái kàn wǒ

你不用特意带礼物来。
nǐ bú yòng tè yì dài lǐ wù lái
일부러 선물을 가져올 필요는 없습니다.

真谢谢你这么特地来看我。
zhēn xiè xie nǐ zhè mè tè dì lái kàn wǒ
이렇게 특별히 저를 보러 와주셔서 고맙습니다.

你不用特地来, 我知道你忙。
nǐ bù yòng tè dì lái wǒ zhī dào nǐ máng
일부러 올 필요는 없어. 바쁘다는 걸 알고 있으니까.

你不来也行, 我自己可以处理。
nǐ bù lái yě xíng wǒ zì jǐ kě yǐ chǔ lǐ
너는 안 와도 돼. 나 혼자서 처리할 수 있어.

其实你不用来的, 我已经没事了。
qí shí nǐ bù yòng lái dè wǒ yǐ jīng méi shì le
이렇게 오지 않아도 되는데, 이젠 괜찮아졌어.

EXample

Q : 您好, 我是张明, 是李老师的学生, 老师在家吗?
nín hǎo wǒ shì zhāngmíng shì lǐ lǎo shī dè xué shēng lǎo shī zài jiā má

A : 你好, 李老师正在午休, 我去叫醒他吧。
nǐ hǎo lǐ lǎo shī zhèng zài wǔ xiū wǒ qù jiào xǐng tā ba

Q : 啊, 不用特意叫醒他, 我晚上再来吧。
ā bú yòng tè yì jiào xǐng tā wǒ wǎnshàng zài lái ba

A : 好的, 真是不好意思。
hǎo dè zhēn shì bù hǎo yì sī

Q : 안녕하세요? 저는 장명이라는 이 선생님의 학생입니다. 선생님 계세요?
A : 안녕하세요? 이 선생님은 지금 점심휴식 중인데 제가 깨워드릴게요.
Q : 아, 일부러 깨우실 필요는 없습니다. 제가 저녁때 다시 오겠습니다.
A : 그러세요. 죄송합니다.

| 솔직히 말해서, ～ |

PATTERN DRILL

➡ 不瞒您说，～
bù mǎn nín shuō

老实说我开始喜欢上你了。
lǎo shí shuō wǒ kāi shǐ xǐ huānshàng nǐ le

솔직히 말해서 저는 당신이 좋아지기 시작했습니다.

不瞒您说我是有事要向您请教。
bù mǎn nín shuō wǒ shì yǒu shì yào xiàng nín qǐng jiào

사실 전 당신한테 물어볼 게 좀 있어서 왔습니다.

说实话，我是真爱你。
shuō shí huà wǒ shì zhēn ài nǐ

사실 난 너를 정말 사랑해.

你能不能跟我说你的心里话?
nǐ néng bù néng gēn wǒ shuō nǐ dè xīn lǐ huà

나한테 너의 마음속 말을 할 수 없겠니?

照实说吧，我已经都知道了。
zhào shí shuō ba wǒ yǐ jīng dōu zhī dào le

똑바로 말해. 난 이미 다 알고 있어.

EXample

Q : 你来了, 快请进, 真是稀客呀!
nǐ lái le kuài qǐng jìn zhēn shì xī kè yā

A : 好久不见了, 你过得还好吗?
hǎo jiǔ bù jiàn le nǐ guò dè hái hǎo ma

Q : 托你的福, 过得还好。 什么风把你给吹来了!
tuō nǐ dè fú guò dé hái hǎo shén me fēng bǎ nǐ gěi chuī lái le

A : 不瞒您说, 今天我来是有事想拜托您。
bù mǎn nín shuō jīn tiān wǒ lái shì yǒu shì xiǎng bài tuō nín

Q : 오셨군요. 어서 들어오세요. 귀한 손님이군요
A : 오랜만입니다. 잘 지내세요?
Q : 덕분에 잘 지내고 있습니다. 무슨 일로 오셨는지요?
A : 솔직히 말해서, 오늘 당신께 부탁드릴 게 좀 있어서 왔습니다.

PATTERN DRILL

➡ 下次再聊。
xià cì zài liáo

_下次再谈吧。
xià cì zài tán ba

다음에 다시 얘기합시다.

_那下次再继续聊吧。
nà xià cì zài jì xù liáo ba

나중에 계속해서 이야기합시다.

_真希望下次再有机会跟您聊。
zhēn xī wàng xià cì zài yǒu jī huì gēn nín liáo

나중에 기회가 되면 당신과 얘기했으면 좋겠어요.

_我改天再来拜访。
wǒ gǎi tiān zài lái bài fǎng

나중에 다시 찾아뵙겠습니다.

_下次再多聊一聊。
xià cì zài duō liáo yī liáo

다음에 다시 더 많이 얘기해요.

EXample

Q : 请原谅，我该走了，要不然赶不上末班车了。
qǐng yuánliàng　　wǒ gāi zǒu le　　yào bù rán gǎn bú shàng mò bān chē le

A : 是吗？那下次一定多聊一聊。
shì ma　　nà xià cì yī dìng duō liáo yī liáo

Q : 好的，我改天再来拜访。
hǎo de　　wǒ gǎi tiān zài lái bài fǎng

A : 一定来呀!
yī dìng lái yā

Q : 실례합니다만, 저 이만 가봐야 되겠습니다. 안 그러면 막차를 놓치게 됩니다.
A : 그래요? 그럼 다음엔 많은 이야기를 나눕시다.
Q : 좋아요 나중에 다시 찾아뵙겠습니다.
A : 꼭 오세요.

PATTERN DRILL

➥ 请慢走!
qǐngmàn zǒu

那下次见!
nà xià cì jiàn
그럼, 다음에 봅시다.

走好。
zǒu hǎo
잘 가.

别送了,请留步。
bié sòng le   qǐng liú bù
나오지 마세요.

慢走(走好)。
màn zǒu   zǒu hǎo
안녕히 가세요(살펴 가세요).

下次(再)见!
xià cì   zài jiàn
다음에 (또) 봅시다!

EXample

Q:啊,太晚了,我该走了。
　　ā   tài wǎn le   wǒ gāi zǒu le

A:真可惜,那改天再继续聊吧,我送送你!
　zhēn kě xī   nà gǎi tiān zài jì xù liáo ba   wǒ sòngsòng nǐ

Q:别送了,请留步。
　bié sòng le   qǐng liú bù

A:慢走。
　màn zǒu

Q: 아, 너무 늦었네요. 저 이만 가봐야 되겠어요.
A: 아쉽네요. 그럼 나중에 다시 계속 얘기하죠. 바래다 드릴게요.
Q: 나오지 마세요.
A: 안녕히 가세요.

→ 谢谢你的招待。

PATTERN DRILL

→ 谢谢你的招待。
xiè xiè nǐ dè zhāo dài

_谢谢你的盛情款待。
xiè xie nǐ dè shèng qíng kuǎn dài
융숭한 대접에 감사드립니다.

_感谢您的帮助。
gǎn xiè nín dè bāng zhù
도와주셔서 감사드립니다.

_真不知道怎么感谢你才好。
zhēn bù zhī dào zěn mè gǎn xiè nǐ cái hǎo
어떻게 감사드려야 할 지 모르겠습니다.

_很荣幸能够接受你的邀请。
hěn róng xìng néng gòu jiē shòu nǐ dè yāo qǐng
초대를 해주셔서 영광입니다.

_谢谢你的光临。
xiè xiè nǐ dè guāng lín
와주셔 감사합니다.

EXample

Q : 这么丰盛啊!
zhè mè fēng shèng ǎ

A : 准备得不够，真高兴能跟你共尽晚餐。
zhǔn bèi de bù gòu zhēn gāo xīng néng gēn nǐ gòng jìn wǎn cān

Q : 我也是，真谢谢你的招待。
wǒ yě shì zhēn xiè xie nǐ dè zhāo dài

A : 我早该请你的。
wǒ zǎo gāi qǐng nǐ dè

Q : 진수성찬이군요.
A : 차린 게 별로 없지만, 저녁식사를 같이 하게 되어서 참 기쁩니다.
Q : 저도 기쁩니다. 초대해주셔서 정말 감사합니다.
A : 좀더 일찍 초대를 했어야 했는데.

| 더 이상 만류하지 않겠습니다. |

PATTERN DRILL

➥ 不再挽留你了。
bú zài wǎn liú nǐ le

时间不早了，我得告辞了。
shí jiān bù zǎo le   wǒ děi gào cí le
늦었는데 이만 가봐야겠습니다.

既然那样，我就不再留你了。
jì rán nà yàng   wǒ jiù bú zài liú nǐ le
그렇다면, 더 이상 붙들지 않겠습니다.

时候还早呢，吃晚饭再走吧。
shí hòu hái zǎo ne   chī wǎn fàn zài zǒu ba
아직 이른데 저녁식사를 하고 가세요.

我不想占用你太多时间。
wǒ bù xiǎng zhān yòng nǐ tài duō shí jiān
시간을 너무 빼앗고 싶지 않습니다.

既然那样，那我就不再强留了。
jì rán nà yàng   nà wǒ jiù bù zài qiáng liú le
그렇다면 더 이상 억지로 붙들지 않겠습니다.

EXample

Q: 哎呀，都快十点了！我该回家了。
āi yā   dū kuài shí diǎn le   wǒ gāi huí jiā le

A: 再多坐一会儿吧!
zài duō zuò yī huì er ba

Q: 不了，你也该休息了。
bù le   nǐ yě gāi xiū xī le

A: 那我就不在挽留你了。
nà wǒ jiù bù zài wǎn liú nǐ le

Q: 아이고, 벌써 10시가 돼가네요. 집에 돌아가야겠습니다.
A: 좀더 계시다 가세요.
Q: 아닙니다. 당신도 쉬셔야죠.
A: 그럼, 더 이상 붙들지 않겠습니다.

PATTERN DRILL

➡ 随便一点。
　　suí biàn yī diǎn

请随便坐。
qǐng suí biàn zuò

아무데나 편하게 앉으세요.

不要客气。
bú yào kè qì

편히 하세요.

别客气, 你就当是自己的家。
bié kè qì　　nǐ jiù dāng shì zì jǐ dè jiā

편하게 제집처럼 여기세요.

请随便点, 你千万不要客气。
qǐng suí biàndiǎn　　nǐ qiānwàn bù yào kè qì

편히 하세요. 격식을 차릴 필요가 없습니다.

你随便拿, 这些铅笔都是我的。
nǐ suí biàn ná　　zhè xiē qiān bǐ dōu shì wǒ dè

마음대로 가져. 이 연필들은 모두 내 거야.

EXample

Q : 快请进, 真欢迎你呀!
kuài qǐng jìn　zhēnhuān yíng nǐ yā

A : 谢谢!
xiè xiè

Q : 别客气, 请随便一点。
bié kè qì　qǐng suí biàn yī diǎn

A : 好的。
hǎo dè

Q : 어서 오세요. 진심으로 환영합니다!
A : 감사합니다.
Q : 천만에요. 편히 하세요.
A : 알겠습니다.

| 차 드세요. |

손님이 찾아오면 먼저 「请坐(앉으세요)」라고 자리에 앉을 것을 권유하고, 자리에 앉으면 「请喝茶(차 드세요)」, 「请喝咖啡(커피 드세요)」라고 말하면서 음료 등을 권유합니다.

PATTERN DRILL

➥ 请喝茶。
qǐng hē chá

_请喝杯水。
qǐng hē bēi shuǐ
물 드세요.

_您要喝点儿什么?
nín yào hē diǎn er shén me
뭘 드시겠어요?

_我给您煮杯咖啡吧。
wǒ gěi nín zhǔ bēi kā fēi ba
커피 한 잔 끓여드릴게요.

_要不要来一杯绿茶?
yào bú yào lái yì bēi lǜ chá
녹차 한 잔 하시겠어요?

_来一杯饮料怎么样?
lái yì bēi yǐn liào zěn me yàng
음료수 한 잔 마시겠어요?

EXample

Q : 我来了!
wǒ lái le

A : 啊, 你终于来了, 请随便坐!
ā nǐ zhōng yú lái le qǐng suí biàn zuò

Q : 好的。
hǎo de

A : 你想喝点什么?
nǐ xiǎng hē diǎn shén me

Q : 저 왔습니다.
A : 아, 잘 오셨어요. 편히 앉으세요.
Q : 예.
A : 뭘 마시겠어요?

_로켓	火箭(huǒ jiàn)
_리그	循环赛(xún huán sài)
_리조트	度仮村(dù jià cūn)
_마라톤	马拉松(mǎ lā sōng)
_마이크로버스	面包车(miàn bāo chē)
_마이크로소프트(회사)	微软(wēi ruǎn)
_마이크로폰	麦克风(mài kè fēng)
_매스컴	新闻媒体(xīn wén méi tǐ)
_멀티미디어	多媒体(duō méi tǐ)
_모노레일	单轨列车(dān guǐ liè chē)
_모델	模特儿(mó tèr)
_모터	马达(mǎ dá), 发动机(fā dòng jī)
_미니스커트	迷你裙(mí nǐ qún),
_미디어	媒体(méi tǐ)
_미스 콘테스트	选美比赛(xuǎn měi bǐ sài)
_바	酒吧(jiǔ bā)
_바리케이드	路障(lù zhàng)
_발레	芭蕾舞(bā lěi wǔ)
_배드민턴	羽毛球(yǔ máo qiú)
_버터	奶酪(nǎi lào)
_베스트셀러	畅销书(chàng xiāo shū)
_보스	老板(lǎo bǎn)
_보잉(항공기)	波音(bō yīn)
_볼링	保龄球(bǎo líng qiú)
_볼트	伏特(fú tè)

화제에 관한 표현

대화를 무리 없이 원만하게 이끌어가는 데 중요한 요소는 다양한 화제의 제시와 그것에 대한 풍부한 지식과 정보입니다. 그때그때 상황에 맞는 화젯거리를 적절하게 활용하는 순발력을 기르도록 합시다.

PATTERN DRILL

➡ 明天星期几？
míng tiān xīng qī jǐ

昨天是几月几号？
zuó tiān shì jǐ yuè jǐ hào
어제는 몇 월 며칠이었니?

今天是我的生日。
jīn tiān shì wǒ de shēng rì
오늘은 내 생일입니다.

我是前天才知道的。
wǒ shì qián tiān cái zhī dào de
저는 그저께야 알았습니다.

后天就要出国了。
hòu tiān jiù yào chū guó le
모레 출국합니다.

他昨天回来了。
tā zuó tiān huí lái le
그는 어제 돌아왔습니다.

EXample

Q : 明天是星期几？
míng tiān shì xīng qī jǐ

A : 明天星期六，又是一个周末，明天你干什么？
míng tiān xīng qī liù   yòu shì yí gè zhōu mò   míng tiān nǐ gàn shén me

Q : 我去登山，你做什么？
wǒ qù dēng shān   nǐ zuò shén me

A : 我要在家看电视。
wǒ yào zài jiā kàn diàn shì

Q : 내일은 무슨 요일이니?
A : 내일은 토요일이야. 또 주말이 왔어. 너 뭐 할거니?
Q : 난 등산을 가는데, 넌 뭐 할거니?
A : 난 집에서 텔레비전을 볼 거야.

| 오늘은 며칠입니까? |

「几号」는 날짜를 물어볼 때 쓰는 말입니다. 참고로 문장체에서는 날짜를 「日」이라고 쓰지만 보통 구어체에서는 「号」라고 하며, 보통 며칠인지를 물을 때에는 모두 「几号」라고 말합니다.

PATTERN DRILL

➥ 今天几号？
jīn tiān jǐ hào

今天是十月十号。
jīn tiān shì shí yuè shí hào
오늘은 10월 10일입니다.

明天是几月几号？
míng tiān shì jǐ yuè jǐ hào
내일은 몇 월 며칠입니까?

明天是八月五号。
míng tiān shì bā yuè wǔ hào
내일은 8월 5일입니다.

后天是十月一日。
hòu tiān shì shí yuè yī rì
모레는 10월 1일입니다.

昨天是几号？
zuó tiān shì jǐ hào
어제는 며칠이었습니까?

EXample

Q : 今天是几月几号？
jīn tiān shì jǐ yuè jǐ hào

A : 今天是十月一号。
jīn tiān shì shí yuè yī hào

Q : 今天是什么日子？
jīn tiān shì shén me rì zǐ

A : 今天是国庆节。
jīn tiān shì guó qìng jié

Q : 오늘 몇 월 며칠이니?
A : 오늘 10월 1일이야.
Q : 오늘은 무슨 날이니?
A : 오늘은 국경절(날)이야.

| 무슨 요일에 돌아오니? |

「星期」는「요일」이란 뜻으로, 중국어에서는 星期 뒤에 숫자 1부터 6까지 써넣어 월요일부터 토요일까지 표시합니다.「星期」대신에「礼拜」를 쓰는 경우도 있습니다.

➡ 你星期几回来？
nǐ xīng qī jǐ huí lái

今天是星期六。
jīn tiān shì xīng qī liù
오늘은 토요일입니다.

后天是礼拜二。
hòu tiān shì lǐ bài èr
모레는 화요일입니다.

他星期四去上海。
tā xīng qī sì qù shàng hǎi
그는 목요일에 상해에 갑니다.

前天是礼拜五。
qián tiān shì lǐ bài wǔ
엊그제는 금요일이었습니다.

我星期天回来。
wǒ xīng qī tiān huí lái
나는 일요일에 돌아옵니다.

Q : 今天星期几？
jīn tiān xīng qī jǐ

A : 今天星期一。
jīn tiān xīng qī yī

Q : 礼拜四是几号？
lǐ bài sì shì jǐ hào

A : 礼拜四是十六号。
lǐ bài sì shì shí liù hào

Q: 오늘 무슨 요일이니?
A: 오늘은 월요일이야.
Q: 목요일은 며칠이니?
A: 목요일은 16일이야.

| 어제는 일요일이었습니다. |

일요일은 「星期天」이라고 하지만, 「星期日」라고 할 수도 있습니다. 토요일과 일요일을 「周末」라고 표현하며, 일요일은 「礼拜日」라고도 합니다.

PATTERN DRILL

➡ 昨天是礼拜日。
zuó tiān shì lǐ bài rì

星期天我去动物园。
xīng qī tiān wǒ qù dòng wù yuán

일요일에 동물원에 갑니다.

周末你干什么？
zhōu mò nǐ gān shén me

주말에 뭘 할거니?

我度过了一个快乐的周末。
wǒ dù guò le yí gè kuài lè dè zhōu mò

나는 아주 즐거운 주말을 보냈습니다.

礼拜天我去教堂。
lǐ bài tiān wǒ qù jiào táng

일요일에 나는 교회에 갑니다.

李明星期天去韩国。
lǐ míng xīng qī tiān qù hán guó

이명은 일요일에 한국에 갑니다.

EXample

Q : 小王，这个周末你做什么？
xiǎo wáng   zhè gè zhōu mò nǐ zuò shén me

A : 星期天我打算去历史博物馆。
xīng qī tiān wǒ dǎ suàn qù lì shǐ bó wù guǎn

Q : 那么咱们一块儿去吧。
nà mè zán mèn yí kuài ér qù ba

A : 好的，星期天早上九点我去接你。
hǎo dè   xīng qī tiān zǎo shàng jiǔ diǎn wǒ qù jiē nǐ

Q : 왕, 이번 주말에 뭘 할거니?
A : 난 일요일에 역사박물관에 갈 생각이야.
Q : 그럼, 우리 같이 갈래?
A : 좋아, 일요일 오전 9시에 너를 데리러 갈게.

| 몇 시에 일어납니까? |

「什么时候」는 「언제」라는 뜻이지만, 시간을 말할 때는 「몇 시」라는 뜻으로도 쓰입니다.
그러나 시간을 물을 때는 보통 「几点?」이라고 합니다.

PATTERN DRILL

➡ 你什么时候儿起床？
nǐ shén mè shí hòu ér qǐ chuáng

_你几点过来？
nǐ jǐ diǎn guò lái

몇 시에 올 거야?

_你什么时候回来。
nǐ shén mè shí hòu huí lái

너 언제 돌아오니?

_他几点出去的？
tā jǐ diǎn chū qù dė

그는 몇 시에 나갔니?

_你什么时候去美国？
nǐ shén mè shí hòu qù měi guó

너는 언제 미국에 가니?

EXample

Q : 你什么时候起床？
nǐ shén mè shí hòu qǐ chuáng

A : 我早上六点半起床。你呢？
wǒ zǎo shàng liù diǎn bàn qǐ chuáng   nǐ ne

Q : 我每天早上五点半起床。
wǒ měi tiān zǎo shàng wǔ diǎn bàn qǐ chuáng

A : 起那么早做什么？
qǐ nà mè zǎo zuò shén mè

Q : 出去锻炼身体。
chū qù duàn liàn shēn tǐ

Q : 넌 몇 시에 일어나니?
A : 난 아침 6시 반에 일어나. 넌?
Q : 난 매일 아침 5시 반에 일어나.
A : 그렇게 빨리 일어나서 뭘 하니?
Q : 밖에 나가서 조깅해.

→ 晚上你做什么？

「아침, 점심, 저녁」은 「早晨, 中午, 晚上」이라고 합니다. 아침은 또 「早上」이라고도 하며, 오전은 「上午」, 오후는 「下午」라고 합니다.

PATTERN DRILL

➡ 晚上你做什么？
wǎnshàng nǐ zuò shén me

_早晨几点开始上课？
zǎo chén jǐ diǎn kāi shǐ shàng kè

수업은 아침 몇 시에 시작하니?

_中午几点吃午饭？
zhōng wǔ jǐ diǎn chī wǔ fàn

몇 시에 점심을 먹니?

_下午几点开会？
xià wǔ jǐ diǎn kāi huì

오후 몇 시에 회의를 하니?

_上午几点见面？
shàng wǔ jǐ diǎn jiàn miàn

오전 몇 시에 만날까요?

_你们午休时间多长？
nǐ mèn wǔ xiū shí jiān duō cháng

점심휴식 시간은 얼마나 됩니까?

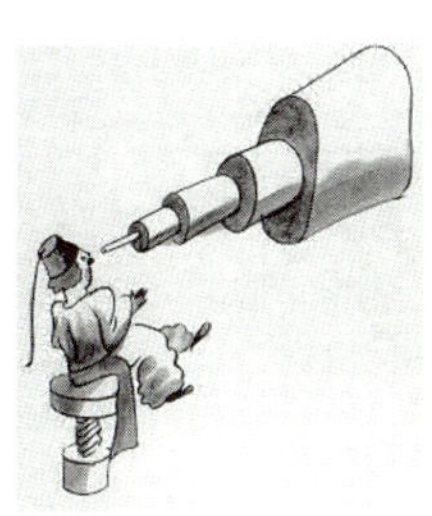

EXample

Q : 今天晚上你作什么？
jīn tiān wǎnshàng nǐ zuò shén mè

A : 晚上我和朋友去看电影, 一起去吗？
wǎnshàng wǒ hé péng yǒu qù kàn diàn yǐng   yì qǐ qù ma

Q : 对不起, 晚上我有约。
duì bù qǐ   wǎnshàng wǒ yǒu yuē

Q : 오늘 저녁에 넌 뭐 할거야?
A : 저녁에 친구랑 영화 보러 가기로 했는데, 같이 갈래?
Q : 미안해. 저녁에 다른 약속 있거든

| 지금 몇 시입니까? |

시간은 문어체에서 「时」라고 하지만, 구어체에서는 보통 「点」이라고 합니다. 「분」은 「分」
이라고 하며, 우리말처럼 앞에 숫자를 쓰고 뒤에 「分」을 쓰면 됩니다.

PATTERN DRILL

➡ 现在几点?
xiàn zài jǐ diǎn

现在是六点十五分。
xiàn zài shì liù diǎn shí wǔ fēn

지금 6시 15분입니다.

现在是下午两点十六分。
xiàn zài shì xià wǔ liǎngdiǎn shí liù fēn

지금 오후 2시 16분입니다.

下午三点。
xià wǔ sān diǎn

오후 3시입니다.

早晨六点。
zǎo chén liù diǎn

아침 6시입니다.

凌晨四点。
líng chén sì diǎn

새벽 4시입니다.

EXample

Q : 现在几点?
xiàn zài jǐ diǎn

A : 现在是下午三点。
xiàn zài shì xià wǔ sān diǎn

Q : 你什么时候回来。
nǐ shén mé shí hòu huí lái

A : 我晚上八点回来。
wǒ wǎn shàng bā diǎn huí lái

Q : 지금 몇 시니?
A : 지금 오후 3시야.
Q : 언제 돌아오니?
A : 나는 저녁 8시에 돌아와.

| 지금 6시 45분이야. |

중국어에서 「15분」을 「一刻」라고 하며, 「三刻」이면 「45분」이 됩니다. 「30분」은 「半」이라고 하며, 「差～分」은 「～분전」이란 뜻이 되고 「过～分」은 「～분 후」라는 뜻이 됩니다.

PATTERN DRILL

➡ **现在是六点三刻。**
xiàn zài shì liù diǎn sān kè

七点过四分。
qī diǎn guò sì fēn

7시 4분입니다.

差五分六点。
chā wǔ fēn liù diǎn

5분전 6시입니다.

八点一刻。
bā diǎn yí kè

8시 15분입니다.

现在是九点半。
xiàn zài shì jiǔ diǎn bàn

지금 9시 반입니다.

我等了你一刻。
wǒ děng le nǐ yí kè

너를 15분이나 기다렸어.

EXample

Q : **现在是几点?**
xiàn zài shì jǐ diǎn

A : **现在是六点三刻。**
xiàn zài shì liù diǎn sān kè

Q : **你几点回家?**
nǐ jǐ diǎn huí jiā

A : **我八点半回去。**
wǒ bā diǎn bàn huí qù

Q : 지금 몇 시니?
A : 지금 6시 4분이야.
Q : 몇 시에 돌아갈거니?
A : 8시 반에 갈거야.

| 당신은 몇 년생입니까? |

「哪一年」은 「어느 해」라는 뜻으로, 중국어에서도 우리와 마찬가지로 연도를 표시할 때는 숫자 뒤에 「年」을 붙여서 씁니다. 읽을 때에는 숫자를 하나씩 읽으면 됩니다.

PATTERN DRILL

➡ 你是哪一年出生的?
nǐ shì nǎ yì nián chū shēng dè

_你是哪一年到韩国的?
nǐ shì nǎ yì nián dào hán guó dè
너는 몇 년도에 한국에 왔니?

_我是一九九六年考上大学的。
wǒ shì yī jiǔ jiǔ liù nián kǎo shàng dà xué dè
나는 1996년에 대학에 입학했습니다.

_今年是二零零三年。
jīn nián shì èr líng líng sān nián
올해는 2003년입니다.

_我是一九八一年出生的。
wǒ shì yī jiǔ bā yī nián chū shēng dè
나는 1981년에 태어났습니다.

_来韩国已经三年了。
lái hán guó yǐ jīng sān nián le
한국에 온지 벌써 3년이 되었습니다.

EXample

Q : 你是哪一年出生的?
nǐ shì nǎ yì nián chū shēng dè

A : 我是一九八零年出生的。
wǒ shì yī jiǔ bā líng nián chū shēng dè

Q : 你来韩国几年了?
nǐ lái hán guó jǐ nián le

A : 我是九九年过来的, 已经三年了。
wǒ shì jiǔ jiǔ nián guò lái dè   yǐ jīng sān nián le

Q : 너는 몇 년도에 태어났니?
A : 1980년도에 태어났어.
Q : 한국에 온지 몇 년이나 되었니?
A : 99년에 왔으니까 벌써 3년이 되었어.

暑假期间你想干什么?

여름방학은 暑假, 겨울방학은 寒假라고 합니다. 「방학」은 假期라고 하며, 假期는 또한
「휴가기간」이란 뜻으로도 쓰입니다.

PATTERN DRILL

暑假期间你想干什么?
shǔ jià qī jiān nǐ xiǎng gàn shén me

_**暑假我要去旅游。**
shǔ jià wǒ yào qù lǚ yóu

여름방학에 여행을 갈 생각입니다.

_**寒假期间学英语。**
hán jià qī jiān xué yīng yǔ

겨울방학에 영어를 배울 생각입니다.

_**假期去旅行。**
jià qī qù lǚ xíng

방학기간에 여행을 갈 겁니다.

_**暑假期间去打工。**
shǔ jià qī jiān qù dǎ gōng

여름방학 기간에 아르바이트할 겁니다.

_**终于盼到假期了。**
zhōng yú pàn dào jià qī le

마침내 기다리고 기다렸던 방학이다.

EXample

Q : **暑假期间你想干什么?**
shǔ jià qī jiān nǐ xiǎng gàn shén me

A : **我想去旅行, 你呢?**
wǒ xiǎng qù lǚ xíng nǐ ne

Q : **我要去打工, 一边挣钱, 一边能增长经验。**
wǒ yào qù dǎ gōng yì biān zhēng qián yì biān néng zēng cháng jīng yàn

Q : 여름방학 기간에 뭘 할거니?
A : 난 여행을 가려고 해. 너는?
Q : 난 아르바이트를 할거야. 돈도 벌고 경험도 쌓게.

| 시간이 얼마나 걸립니까? |

「多长时间」은 「얼마만한 시간」이란 뜻으로, 「多久」라고도 합니다. 또한 「悠久」는 아주
오랜 시간이라는 뜻이며, 보통 「悠久的历史」라고 쓰는 경우가 많습니다.

PATTERN DRILL

➡ 需要多长时间?
xū yào duō cháng shí jiān

你还得多久才能完成?
nǐ hái děi duō jiǔ cái néng wánchéng
얼마나 더 있어야 끝낼 수 있습니까?

有着悠久的历史。
yǒu zhe yōu jiǔ dè lì shǐ
유구한 역사를 가지고 있습니다.

很长一段时间没见面了。
hěn cháng yí duàn shí jiān méi jiàn miàn le
아주 오랫동안 만나지 못했습니다.

悠悠岁月，岁月催人老。
yōu yōu suì yuè suì yuè cuī rén lǎo
오랜 세월이 흐르면 사람도 늙습니다.

还要经过多久才能忘记?
hái yào jīng guò duō jiǔ cái néng wàng jì
얼마나 더 지나야 잊을 수 있을까?

EXample

Q : 完成这件事还需要多长时间?
wán chéng zhè jiàn shì hái xū yào duō cháng shí jiān

A : 至少还需要两个星期。
zhì shǎo hái xū yào liǎng ge xīng qī

Q : 能不能再快点?
néng bù néng zài kuài diǎn

A : 你也太着急了，已经最快了。
nǐ yě tài zhuó jí le yǐ jīng zuì kuài le

Q : 이 일을 완수하는데 얼마나 더 걸리니?
A : 적어도 2주일은 걸려.
Q : 더 빨리 할 수 없니?
A : 너무 조급해 하지 마. 더 이상 빨리 할 수 없어.

제시간에 기차를 탈 수 없어.

PATTERN DRILL

赶不上火车。
gǎn bú shàng huǒ chē

我们得快点了，要不然赶不上火车。
wǒ mén děi kuài diǎn le　　yào bù rán gǎn bú shàng huǒ chē
서둘러야 해. 그렇지 않으면 제시간에 기차를 탈 수 없어.

不用着急，能赶得上。
bú yòng zháo jí　　néng gǎn de shàng
서두를 필요 없어. 제시간에 닿을 수 있어.

来不及说一句话就走了。
lái bú jí shuō yí jù huà jiù zǒu le
말 한마디 할 사이도 없이 가버렸어.

不用着急，还来得及。
bú yòng zháo jí　　hái lái de jí
서두를 필요가 없습니다. 제 시간에 완성할 수 있어요.

一定要按时到达。
yí dìng yào àn shí dào dá
꼭 제시간에 도착해야 합니다.

飞机延误了，要等一个小时。
fēi jī yán wù le　　yào děng yí gè xiǎo shí
비행기가 연착됐어. 1시간 더 기다려야 해.

EXample

Q : 快点，再晚就赶不上火车了。
kuài diǎn　　zài wǎn jiù gǎn bú shàng huǒ chē le

A : 没事，能赶得上。
méi shì　　néng gǎn de shàng

Q : 你真是慢腾腾，真没办法。
nǐ zhēn shì màn téng téng　　zhēn méi bàn fǎ

Q : 빨리 서둘러라. 더 늦으면 기차를 제시간에 탈 수 없어.
A : 괜찮아. 제시간에 닿을 수 있어.
Q : 넌 정말 굼벵이야. 어쩔 수 없는 놈이야.

| 오늘 날씨는 매우 좋습니다. |

PATTERN DRILL

➥ 今天天气很好。
jīn tiāntiān qì hěn hǎo

_今天天气很阴沉。
jīn tiān tiān qì hěn yīn chén
오늘 날씨는 아주 흐렸습니다.

_今天天气晴朗。
jīn tiān tiān qì qínglǎng
오늘은 맑습니다.

_外面风和日丽。
wài miànfēng hé rì lì
바깥은 바람도 없고 하늘이 맑습니다.

_今天晴空万里。
jīn tiān qíngkōng wàn lǐ
오늘은 구름 한 점 없이 맑았습니다.

_天气预报说多云转晴。
tiān qì yù bào shuō duō yún zhuǎnqíng
일기예보에 따르면 흐리다가 점차 날씨가 갤 거라고 하였습니다.

EXample

Q : 你看了今天的天气预报吗?
nǐ kàn le jīn tiān dè tiān qì yù bào ma

A : 看了。
kàn le

Q : 今天天气怎么样?
jīn tiān tiān qì zěn mè yàng

A : 今天天气很好, 是晴天。
jīn tiān tiān qì hěn hǎo shì qíng tiān

Q : 너 일기예보 봤니?
A : 응, 봤어.
Q : 오늘 날씨가 어때?
A : 오늘 날씨는 아주 좋아. 맑은 날씨야.

| 오늘은 비가 내립니다. |

비가 내릴 때는 「下雨」라고 하며, 눈이 내릴 때는 「下雪」라고 합니다. 큰비는 「大雨」,
소나기는 「雷雨」, 혹은 「雷阵雨」라고 합니다.

PATTERN DRILL

➼ **今天要下雨。**
jīn tiān yào xià yǔ

看来要下雷雨了。
kàn lái yào xià léi yǔ le
소나기가 내릴 것 같습니다.

快要下大雨了。
kuài yào xià dà yǔ le
큰비가 내릴 것 같습니다.

昨天下了一场暴雨。
zuó tiān xià le yì chǎng bào yǔ
어제는 폭우가 내렸습니다.

下午刚下了雷阵雨。
xià wǔ gāng xià le léi zhèn yǔ
오후에는 소나기가 내렸습니다.

晚上将会有小雨。
wǎn shàng jiāng huì yǒu xiǎo yǔ
저녁에 약간 비가 내릴 것 같습니다.

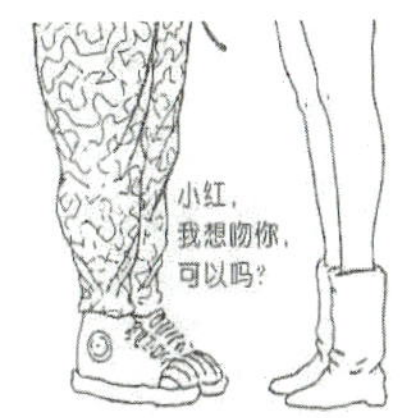

EXample

Q : 昨天刮的台风太可怕了。
zuó tiān guā de tái fēng tài kě pà le

A : 还下了一场暴雨。
hái xià le yì chǎng bào yǔ

Q : 听说很多人受灾了。
tīng shuō hěn duō rén shòu zāi le

A : 是啊，突然刮台风谁也没想到。
shì a tū rán guā tái fēng shéi yě méi xiǎng dào

Q : 어제 태풍은 정말 무서웠어.
A : 또 폭우까지 내렸잖아.
Q : 많은 사람들이 수재민이 되었대.
A : 그러게, 갑자기 태풍이 불었으니 아무도 생각지 못했겠지.

연일 궂은비가 내리다.

PATTERN DRILL

➡ 下连天的阴雨。
xià liántiān dè yīn yǔ

这几天一直是连天的阴雨。
zhè jǐ tiān yì zhí shì lián tiān dè yīn yǔ
며칠동안 계속해서 궂은비가 내립니다.

第一次看到这么长时间下雨。
dì yí cì kàn dào zhè me cháng shí jiān xià yǔ
이렇게 오랫동안 비가 내리는 것은 처음입니다.

七月初是梅雨期。
qī yuè chū shì méi yǔ qī
7월 초는 장마철입니다.

这些天阴雨连天, 很少见到阳光。
zhè xiē tiān yīn yǔ lián tiān　hěn shǎo jiàn dào yángguāng
요즘은 장맛비가 내려서 햇빛을 보기 힘듭니다.

这雨下得太长了。
zhè yǔ xià dé tài cháng le
이번 비는 너무 오래 내립니다.

EXample

Q : 这几天一直是连天的阴雨。
zhè jǐ tiān yì zhí shì lián tiān dè yīn yǔ

A : 是啊, 我不太喜欢梅雨期。
shì ā　wǒ bú tài xǐ huān méi yǔ qī

Q : 为什么?
wéi shén me

A : 下雨下得太多了。
xià yǔ xià dé tài duō le

Q : 요 며칠 계속 비가 구질구질 내리고 있어.
A : 그래, 나는 장마철이 싫어.
Q : 왜?
A : 비가 너무 많이 내리니까.

| 세찬 바람이 불다. |

PATTERN DRILL

➡ 刮大风。
guā dà fēng

_外面正在刮大风。
wài miàn zhèng zài guā dà fēng
바깥은 바람이 세차게 붑니다.

_从外面刮进了一丝凉风。
cóng wài miàn guā jìn le yì sī liángfēng
바깥에서 시원한 바람이 불어 들어왔습니다.

_前几天刮了罕见的台风。
qián jǐ tiān guā le hǎn jiàn dè tái fēng
며칠 전 보기 드문 태풍이 불었습니다.

_海上常常刮龙卷风。
haǐ shàng cháng cháng guā lóng juǎn fēng
바다에는 늘 용오름이 솟아오릅니다.

_迎面吹来阵阵的微风。
yíng miàn chuī lái zhènzhèn dè wēi fēng
앞에서 이따금 미풍이 불어오고 있습니다.

_清爽的凉风预示着秋天的到来。
qīng shuǎng dè liángfēng yù shì zhe qiū tiān dè dào lái
시원한 바람이 가을을 알립니다.

EXample

Q : 今天还在刮大风。
jīn tiān hái zài guā dà fēng

A : 比昨天好多了。
bǐ zuó tiān hǎo duō le

Q : 是啊，昨天刮台风，大树都被刮倒了。
shì ā　zuó tiān guā tái fēng　dà shù dōu bèi guā dǎo le

Q: 오늘도 세찬 바람이 불구나.
A: 어제보다는 많이 잠잠해졌어.
Q: 그래, 어제 태풍이 불 때 큰 나무도 모두 넘어졌잖아.

PATTERN DRILL

➡ 外面有点冷。
wài miàn yǒu diǎn lěng

春天到了，天气很暖和。
chūn tiān dào le tiān qì hěn nuǎn he

봄이 왔습니다. 날씨도 따뜻해졌습니다.

外面很热。
wài miàn hěn rè

바깥은 아주 덥습니다.

到了夏天最受不了酷热。
dào le xià tiān zuì shòu bù liǎo kù rè

여름이 오면 혹서를 견디기 힘듭니다.

秋天的天气很凉爽。
qiū tiān de tiān qì hěn liáng shuǎng

가을 날씨는 아주 시원합니다.

一阵风吹过来觉得很凉快。
yí zhèn fēng chuī guò lái jué de hěn liáng kuài

바람이 불어오니 아주 시원하게 느껴졌습니다.

冷空气南下，天气变得非常寒冷。
lěng kōng qì nán xià tiān qì biàn de fēi cháng hán lěng

한랭전선이 남하하여 날씨가 매우 차가워졌습니다.

EXample

Q : 听天气预报说冷空气南下了，现在外面怎么样?
tīng tiān qì yù bào shuō lěng kōng qì nán xià le xiàn zài wài miàn zěn me yàng

A : 外面有点冷，气温开始下降了。
wài miàn yǒu diǎn lěng qì wēn kāi shǐ xià jiàng le

Q : 出去的时后要多穿点衣服了，气温变化的时候最
chū qù de shí hòu yào duō chuān diǎn yī fú le qì wēn biàn huà de shí hòu zuì

容易得感冒。
róng yì de gǎn mào

Q : 일기예보를 들으니까 한랭전선이 남하한다던데, 지금 바깥이 어떠니?
A : 좀 추워. 기온이 내려가기 시작한 것 같아.
Q : 나갈 때 옷을 더 껴입어야겠구나. 기온이 변할 때 감기 걸리기 쉬우니까.

PATTERN DRILL

➡ 下了第一场雪。
xià le dì yī chǎng xuě

今天早晨下了第一场雪。
jīn tiān zǎo chén xià le dì yī chǎng xuě
오늘 아침에 첫눈이 내렸습니다.

雪下了一个晚上。
xuě xià le yí ge wǎnshàng
밤 새 눈이 내렸습니다.

外面下了很多雪，我们出去打雪仗吧。
wài miàn xià le hěn duō xuě wǒ mèn chū qù dǎ xuě zhàng ba
바깥에 눈이 아주 많이 내렸어. 밖에 나가 눈싸움을 하자.

下午开始下起了鹅毛大雪。
xià wǔ kāi shǐ xià qǐ le é máo dà xuě
오후에 큰 눈이 내리기 시작하였습니다.

瑞雪兆丰年，明年一定是个丰收年。
ruì xuě zhào fēng nián míng nián yī dìng shì ge fēng shōu nián
눈이 많이 내리는걸 보니 내년에도 풍년이 될 것 같구나.

昨天晚上一直下大雪，已经有一尺多深了。
zuó tiān wǎnshàng yì zhí xià dà xuě yǐ jīng yǒu yì chǐ duō shēn le
어제 저녁 줄곧 눈이 내려 이미 한 치 남짓 쌓였습니다.

EX ample

Q : 今天下午下了第一场雪。
jīn tiān xià wǔ xià le dì yī chǎng xuě

A : 那肯定很漂亮，下得多吗?
nà kěn dìng hěn piǎo liàng xià de duō ma

Q : 下得很多，我还拍了很多照片。
xià de hěn duō wǒ hái pāi le hěn duō zhào piàn

Q: 오늘 오후에 첫눈이 내렸어.
A: 참 멋있었겠다. 많이 내렸니?
Q: 아주 많이 내렸어. 나는 사진도 많이 찍었어.

드디어 봄이 왔습니다.

PATTERN DRILL

➡ 春天终于到了。
chūn tiān zhōng yú dào le

春天到了，万物开始复苏了。
chūn tiān dào le　wàn wù kāi shǐ fù sū le
봄이 왔다. 만물이 소생하기 시작했다.

天气终于开始转暖了。
tiān qì zhōng yú kāi shǐ zhuǎn nuǎn le
날씨가 따뜻해지기 시작했습니다.

四季分为春夏秋冬。
sì jì fēn wéi chūn xià qiū dōng
사계절은 봄, 여름, 가을, 겨울로 나뉩니다.

满山遍野鲜花盛开。
mǎn shān biàn yě xiān huā shèng kāi
산과 들에 꽃이 활짝 피었습니다.

春天是万物复苏的季节。
chūn tiān shì wàn wù fù sū de jì jié
봄은 만물이 소생하는 계절입니다.

EXample

Q : 春天到了，天气也开始暖和了。
chūn tiān dào le　tiān qì yě kāi shǐ nuǎn huo le

A : 满山遍野开满了鲜花。
mǎn shān biàn yě kāi mǎn le xiān huā

Q : 春天是万物复苏的季节嘛。
chūn tiān shì wàn wù fù sū de jì jié ma

A : 找个空闲时间去春游好不好?
zhǎo gè kōng xián shí jiān qù chūn yóu hǎo bù hǎo

Q : 봄이 왔어. 날씨도 따뜻해지기 시작했어.
A : 산과 들에도 꽃이 활짝 피었을 거야.
Q : 봄은 만물이 소생하는 계절이니까.
A: 한가할 때 봄놀이 가지 않을래?

PATTERN DRILL

➡ **夏天很热**
xià tiān hěn rè

在上海，夏天没有空调很难。
zài shàng hǎi　xià tiān méi yǒu kōng tiáo hěn nán

상해는 여름에 에어컨이 없으면 아주 힘듭니다.

夏天真是酷热难耐。
xià tiān zhēn shì kù rè nán nài

여름은 정말로 무더위가 견디기 힘들어.

海南岛的夏天很美丽。
hǎi nán dǎo dè xià tiān hěn měi lì

해남도의 여름은 아주 아름답습니다.

去海滩洗海水浴。
qù hǎi tān xǐ hǎi shuǐ yù

바닷가에 가서 해수욕을 합니다.

下雷阵雨的时候雷电交加，真是有些可怕。
xià léi zhèn yǔ dè shí hòu léi diàn jiāo jiā　zhēn shì yǒu xiē kě pà

소낙비가 올 때에는 천둥과 번개가 쳐서 매우 무섭습니다.

盛夏季节正是各种水果最丰盛的时候。
shèng xià jì jié zhèng shì gè zhǒng shuǐ guǒ zuì fēng shèng dè shí hòu

여름에는 여러 가지 과일이 가장 풍성할 때입니다.

EXample

Q : **你去过海南岛吗?**
nǐ qù guò hǎi nán dǎo ma

A : **我没去过, 但听说海南岛的夏天很美丽。**
wǒ méi qù guò　dàn tīng shuō hǎi nán dǎo dè xià tiān hěn měi lì

Q : **是啊, 海南岛是夏天旅行的好去处。**
shì ā　hǎi nán dǎo shì xià tiān lǚ xíng dè hǎo qù chù

Q : 해남도에 간 적이 있니?
A : 간 적이 없어. 하지만 듣자하니 해남도의 여름은 아주 아름답다고 하더라.
Q : 그러게, 해남도는 여름 여행의 최적지인가 봐.

PATTERN DRILL

➡ 枫叶红了。
fēng yè hóng le

秋天到了，枫叶红了。
qiū tiān dào le　　fēng yè hóng le
가을이 왔다. 단풍이 들었어.

山上到处都是万紫千红。
shānshàng dào chù dū shì wàn zǐ qiānhóng
산은 온통 울긋불긋해졌습니다.

秋天是收获的季节。
qiū tiān shì shōu huò dè jì jié
가을은 수확의 계절입니다.

秋高气爽。
qiū gāo qì shuǎng
가을 하늘은 높고 날씨는 서늘합니다.

周末去看枫叶。
zhōu mò qù kàn fēng yè
주말에 단풍구경을 갑시다.

农田里到处是金色的波涛。
nóng tián lǐ dào chù shì jīn sè dè bō tāo
논밭은 이르는 곳마다 황금물결입니다.

EX ample

Q : 秋天到了，山上的枫叶红了。
qiū tiān dào le　　shānshàng dè fēng yè hóng le

A : 周末一块儿去香山看枫叶吧。
zhōu mò yí kuài ér qù xiāngshān kàn fēng yè ba

Q : 好的，星期六去看吧。
hǎo dè　xīng qī liù qù kàn ba

Q : 가을이 되어 산이 단풍잎으로 붉어졌네.
A : 주말에 함께 향산으로 단풍구경 가자
Q : 그래, 토요일에 가자.

스키를 타러 갑시다.

PATTERN DRILL

➡ 去滑雪吧。
qù huá xuě ba

寒假我想到哈尔滨看冰灯。
hán jià wǒ xiǎng dào hā ěr bīn kàn bīngdēng
겨울방학에 하얼빈에 가서 빙등축제 구경을 하고 싶습니다.

冬天到东北还可以滑雪。
dōng tiān dào dōng běi hái kě yǐ huá xuě
겨울방학에 동북에 가면 스키도 탈 수 있습니다.

在北方，冬天到处都是白雪茫茫。
zài běi fāng dōng tiān dào chù dōu shì bái xuě mángmáng
북방은 겨울에 온통 흰 눈으로 뒤덮입니다.

长白山到了冬天就变成滑雪胜地。
cháng bǎi shān dào le dōng tiān jiù biànchéng huá xuě shèng dì
백두산은 겨울이 오면 스키를 타기에 좋은 곳입니다.

这里一到冬天气温下降得很厉害。
zhè lǐ yí dào dōng tiān qì wēn xià jiàng de hěn lì hài
이곳은 겨울이 되면 기온이 많이 떨어집니다.

EXample

Q : 北方的冬天很冷。
běi fāng de dōng tiān hěn lěng

A : 但也有很多情趣。
dàn yě yǒu hěn duō qíng qù

Q : 倒也是，听说哈尔滨的冰灯很漂亮。
dǎo yě shì tīng shuō hā ěr bīn de bīngdēng hěn piào liang

A : 今年我打算去哈尔滨看冰灯。
jīn nián wǒ dǎ suàn qù hā ěr bīn kàn bīngdēng

Q : 북쪽 겨울은 너무 추워
A : 그러나 또 아주 재미있는 것도 많지.
Q : 그건 그래. 하얼빈의 빙등축제가 아주 멋있다고 들었어.
A : 금년에 나는 하얼빈에 빙등축제를 보러 가려고 해.

忽冷忽热。

갑자기 더웠다가 갑자기 추워지다.

PATTERN DRILL

➡ 忽冷忽热。
hū lěng hū rè

忽冷忽热，真受不了。
hū lěng hū rè   zhēnshòu bù liǎo

갑자기 더웠다가 갑자기 추워. 참 견디기 힘들어.

换季的时候忽冷忽热的，很容易得感冒。
huàn jìe dè shí hòu hū lěng hū rè dè   hěn róng yì dé gǎn mào

환절기 때는 갑자기 더웠다 추웠다하면 감기에 걸리기 쉽습니다.

我最喜欢秋天，因为天气不冷也不热。
wǒ zuì xǐ huān qiū tiān   yīn wéi tiān qì bù lěng yě bú rè

나는 가을을 제일 좋아해. 날씨가 덥지도 춥지도 않기 때문에.

韩国一年四季气候变化多端。
hán guó yì nián sì jì qì hòu biàn huà duō duān

한국은 사계절 기후의 변화가 뚜렷합니다.

换季的时候应注意根据温度的变化换衣服。
huàn jì dè shí hòu yīng zhù yì gēn jù wēn dù dè biàn huà huàn yī fú

계절이 바뀔 때에는 온도의 변화에 따라 옷을 갈아입어야죠.

EXample

Q : 这几天北京的天气怎么样?
zhè jǐ tiān běi jīng dè tiān qì zěn mè yàng

A : 忽冷忽热，真受不了。
hū lěng hū rè   zhēnshòu bù liǎo

Q : 注意身体，小心得感冒。
zhù yì shēn tǐ   xiǎo xīn dé gǎn mào

Q: 요즘 북경의 날씨는 어떠니?
A: 갑자기 더웠다가 갑자기 추워. 참 견디기 힘들어.
Q: 몸조심하고 감기 걸리지 않게 조심해.

| 황사가 하늘을 뒤덮다. |

황사가 나타나는 것도 봄날의 한 가지 특징으로 중국에서는 황사가 심하여 모래폭풍이 붑니다. 그래서 중국에서는 황사를 「沙尘暴」라고도 합니다.

PATTERN DRILL

➡ 黄沙满天。
huáng shā mǎn tiān

北京一到春天就黄沙满天，真让人受不了。
běi jīng yí dào chūn tiān jiù huáng shā mǎn tiān   zhēn ràng rén shòu bù liǎo
북경은 봄이 오면 황사가 온 하늘에 휘날려. 참 짜증나.

北京还时常刮起沙尘暴。
běi jīng hái shí cháng guā qǐ shā chén bào
북경도 종종 모래폭풍이 붑니다.

刮黄沙的时候黑呀呀一片，天都黑了。
guā huáng shā dè shí hòu hēi yā yā yí piàn   tiān dū hēi le
모래바람이 불 때는 새까맣게 몰려와서 하늘도 어두워져.

昨天刮沙尘暴时白天像黑夜，太可怕了。
zuó tiān guā shā chén bào shí bái tiān xiàng hēi yè   tài kě pà le
어제 모래폭풍이 불 때 대낮이 밤처럼 어두워져서 너무 무서웠어.

外面黄沙刮得太厉害了，都睁不开眼睛。
wài miàn huáng shā guā dé tài lì hài le   dū zhēng bú kāi yǎn jīng
바깥에 황사가 너무 심해서 눈뜨기도 힘들어.

EXample

Q : 韩国一到春天就黄沙满天。
hán guó yí dào chūn tiān jiù huáng shā mǎn tiān

A : 这不算什么，北京到了春天就会刮沙尘暴。
zhè bú suàn shén me   běi jīng dào le chūn tiān jiù huì guā shā chén bào

Q : 那太可怕了。
nà tài kě pà le

A : 北京人已经习惯了。
běi jīng rén yǐ jīng xí guàn le

Q : 봄이 오면 황사가 하늘을 온통 뒤덮어.
A : 이건 아무것도 아니야. 봄에 북경에는 모래폭풍이 불어.
Q : 그건 너무 무서워.
A : 북경사람들은 이미 습관이 됐어.

| 비온 뒤에 하늘이 맑게 개이다. |

중국어의 「不经历风雨怎么见彩虹」이라는 표현은 반드시 고생을 해 보아야 성공의 단맛을 볼 수 있다는 것을 말할 때 주로 쓰입니다.

PATTERN DRILL

➡ 雨过天晴。
yǔ guò tiānqíng

雨过天晴，天上出现了彩虹。
yǔ guò tiān qíng   tiān shàng chū xiàn le cǎi hóng

비가 그치고 날이 개여서 하늘에 무지개가 떴습니다.

不经历风雨怎么见彩虹。
bù jīng lì fēng yǔ zěn mè jiàn cǎi hóng

비바람을 거치지 않고 어찌 무지개를 볼 수 있겠는가? (고생 끝에 낙이라.)

下午晴转多云。
xià wǔ qíngzhuǎn duō yún

오후에는 맑은 뒤 구름이 많겠습니다.

天上出现了彩虹。
tiān shàng chū xiàn le cǎi hóng

하늘에 무지개가 떴습니다.

这个消息像是晴天霹雳。
zhè gè xiāo xī xiàng shì qíng tiān pī lì

그 소식은 마치 마른하늘에 날벼락과도 같았습니다.

EXample

Q : 终于雨过天晴了，天上也出现了彩虹。
zhōng yú yǔ guò tiān qíng le   tiān shàng yě chū xiàn le cǎi hóng

A : 又是一个好天气，刚才的暴风雨真是太可怕了。
yòu shì yí gè hǎo tiān qì   gāng cái de bào fēng yǔ zhēn shì tài kě pà le

Q : 不经历风雨，怎么见彩虹呢?
bù jīng lì fēng yǔ   zěn me jiàn cǎi hóng ne

Q : 마침내 비가 개였어. 하늘에 무지개도 떴어.
A : 다시 날씨가 좋아졌어. 방금 내린 폭풍우는 너무 무서웠어.
Q : 비바람이 없이 어찌 무지개가 있겠니?

PART 4

감정에 관한 표현

보통 인간이 느낄 수 있는 감정을 크게 희로애락(喜怒哀樂)으로 구분합니다. 기쁠 때는 같이 기뻐해주고 슬플 때는 위로해줄 수 있는 여러 가지 감정 표현은 대화를 한층 활기차고 생생하게 해 줄 것입니다.

화를 내다.

PATTERN DRILL

生气。
shēng qì

你为什么跟我生气?
nǐ wéi shén me gēn wǒ shēng qì
왜 저한테 화를 내세요?

我没有跟你生气呀!
wǒ méi yǒu gēn nǐ shēng qì yā
당신한테 화를 내지 않았는데요.

你不要平白无故地跟人家发脾气!
nǐ bú yào píng bái wú gù dì gēn rén jiā fā pí qì
너는 무턱대고 다른 사람한테 화를 내지 마!

对于我的失误他很生气。
duì yú wǒ dè shī wù tā hěn shēng qì
나의 실수에 대해 그는 노발대발했습니다.

听完我的话, 大发雷霆(大发脾气)。
tīng wán wǒ dè huà dà fā léi tíng dà fā pí qì
내 말을 듣고 나서 그는 크게 화를 냈습니다.

EXample

Q : 请你不要惹我生气。
qǐng nǐ bù yào rě wǒ shēng qì

A : 我没干什么呀! 我只是想帮助你, 你怎么倒向我发
wǒ méi gàn shén mè yā wǒ zhǐ shì xiǎng bāng zhù nǐ nǐ zěn mè dǎo xiàng wǒ fā
脾气?
pí qì

Q : 你是不是想在别人面前展示我的无能?
nǐ shì bù shì xiǎng zài bié rén miàn qián zhǎn shì wǒ dè wú néng

A : 我没那个意思。
wǒ méi nà gè yì sī

Q : 날 화나게 하지 마세요
A : 제가 뭐 잘못한 것도 없는데요! 당신을 도와주려고 한 것뿐인데, 왜 오히려
　　저한테 화를 내세요?
Q : 다른 사람들 앞에서 저의 무능을 창피주려고 한 것이 아니에요?
A : 그럴 생각은 없었어요

PATTERN DRILL

➡ 抑制冲动。
yì zhì chōngdòng

_你怎么那么冲动?
nǐ zěn me nà me chōngdòng
당신 왜 그렇게도 충동적이에요?

_对不起，我没控制好我自己。
duì bù qǐ wǒ méi kòng zhì hǎo wǒ zì jǐ
죄송합니다. 제가 자신을 억제하지 못하였어요.

_捷报传来，人们情不自禁地拍手欢乐。
jié bào chuán lái rén mén qíng bù zì jìn de pāi shǒu huān lè
좋은 소식이 전해오자 사람들은 자신도 모르게 박수를 쳤습니다.

_年轻人容易失去自制力。
niánqīng rén róng yì shī qù zì zhì lì
젊은이들은 자제력을 잃기 쉽습니다.

_我不是头脑发热，现在很清醒。
wǒ bù shì tóu nǎo fā rè xiàn zài hěn qīng xǐng
저는 흥분한 것이 아니라 아무렇지도 않습니다.

EXample

Q : 你是不是有话对我说?
nǐ shì bù shì yǒu huà duì wǒ shuō

A : 昨天真对不起了，我只是一时冲动才说出那些话
zuó tiān zhēn duì bù qǐ le wǒ zhǐ shì yì shí chōngdòng cái shuō chū nà xiē huà

来的。
lái de

Q : 你当时怎么那么冲动, 完全没有顾及我的感受。
nǐ dāng shí zěn mè nà mè chōngdòng wán quán méi yǒu gù jí wǒ dè gǎn shòu

A : 我下次一定注意。
wǒ xià cì yī dìng zhù yì

Q : 저한테 할 말이 있는 것 같은데요?
A : 어제 정말 미안했어요. 저는 일시적인 충동에서 그런 말을 한 것뿐입니다.
Q : 그때 왜 그리 앞뒤를 살피지 않았나요. 저의 감정을 조금이라도 고려하지 않으면서
말입니다.
A : 다음에 반드시 주의할게요.

PATTERN DRILL

➡ 让人生气。
ràng rén shēng qì

他真让人生气。
tā zhēn ràng rén shēng qì

그는 사람들을 정말 화나게 하는군요.

他怎么总想玩弄别人? 真气人!
tā zěn me zǒng xiǎng wánnòng bié rén　zhēn qì rén

그는 왜 늘 사람들을 놀려대지? 너무 화나!

别生气了。
bié shēng qì le

화내지 마세요.

你怎么老惹他生气呢!
nǐ zěn me lǎo rě tā shēng qì ne

당신은 왜 늘 그를 화나게 합니까?

他又没有守约, 真气死人了。
tā yòu méi yǒu shǒu yuē　zhēn qì sǐ rén le

그가 또 약속을 어겼어. 너무 화가 나.

EXample

Q : 事情办得怎么样了?
shì qíng bàn de zěn me yàng le

A : 别提了, 我和他是受一大堆气回来的。　每次到那儿
bié tí le　wǒ hé tā shì shòu yì dà duī qì huí lái de　měi cì dào nà er
我们就受气。
wǒ mén jiù shòu qì

Q : 你看, 他的表情都僵硬了。
nǐ kàn　tā de biǎo qíng dōu jiāng yìng le

A : 别看他平时温文尔雅, 要是被人惹火了, 他的样子
bié kàn tā píng shí wēn wén ěr yǎ　yào shì bèi rén rě huǒ le　tā de yàng zi
挺可怕的。
tǐng kě pà de

Q : 일은 잘 봤어요?
A : 말도 마세요. 저와 그는 열만 가득 받고 돌아왔어요. 매번 그곳에만 가면 화가
납니다.
Q : 보세요. 그의 표정이 거의 굳어 있어요.
A : 그는 평소에는 온화하고 너그럽지만, 화나면 아주 무섭게 변합니다.

| 크게 놀라다. |

PATTERN DRILL

➡ 大吃一惊。
dà chī yì jīng

这消息使我们大为吃惊。
zhè xiāo xī shǐ wǒ mèn dà wéi chī jīng

그 소식은 우리들을 많이 놀라게 했습니다.

我也对此感到很惊讶。
wǒ yě duì cǐ gǎn dào hěn jīng yà

저도 그것 때문에 많이 놀랐습니다.

这是一个让世界惊愕的事件。
zhè shì yì gè ràng shì jiè jīng è de shì jiàn

이것은 세상을 경악하게 한 사건입니다.

弱队靠着它们的意志竟然得了冠军，真让世界
ruò duì kào zhuó tā mèn dè yì zhì jìng rán dé le guān jūn zhēnràng shì jiè
大吃一惊。
dà chī yì jīng

약 팀이 그들의 의지로 1등을 한 것에 대해 세계가 놀랐습니다.

他被那个声音吓坏了。
tā bèi nà gè shēng yīn xià huài le

그는 그 소식에 매우 놀랐습니다.

EXample

Q：那件事的发生太让人吃惊了。
nà jiàn shì dè fā shēng tài ràng rén chī jīng le

A：是呀，真不敢想像，太意外了。
shì yā zhēn bù gǎn xiǎngxiàng tài yì wài le

Q：听说很多人都受到了惊吓，几乎要得恐惧症了。
tīng shuō hěn duō rén dōu shòu dào le jīng xià jǐ hū yào dé kǒng jù zhèng le

A：这是个教训啊!
zhè shì gè jiào xùn ā

Q：그 사건은 사람들을 경악하게 하는군요
A：그러게요. 상상조차도 할 수 없네요. 너무도 의외예요.
Q：많은 사람들이 놀라서 거의 공포증에 걸릴 정도라고 합니다.
A：이는 하나의 교훈입니다.

113

PATTERN DRILL

➡ 真可怕。
zhēn kě pà

这没什么了不起。
zhè méi shén me liǎo bù qǐ

그건 별거 아니야.

你怎么连小孩儿都畏惧呢。
nǐ zěn me lián xiǎo hái er dōu wèi jù ní

당신은 왜 어린아이도 무서워합니까?

真让人感到可怕。
zhēn ràng rén gǎn dào kě pà

사람을 정말 무섭게 만드는군요.

雷声有什么可怕的。
léi shēng yǒu shén me kě pà de

천둥소리가 뭐 그리 무서워.

别怕，不要怕!
bié pà   bú yào pà

무서워하지 매!

EXample

Q : 你知道吗? 他们俩离婚了。
nǐ zhī dào ma   tā men liǎ lí hūn le

A : 怎么可能? 他俩那么恩爱怎么就离了呢?
zěn me kě néng   tā liǎ nà me ēn ài zěn me jiù lí le ne

Q : 因为其中一个另寻新欢。
yīn wéi qí zhōng yī gè lìng xún xīn huān

A : 真让人感到可怕。
zhēn ràng rén gǎn dào kě pà

Q : 아세요? 그들이 이혼했어요

A : 어떻게 그럴 수가 있죠? 둘이 그렇게 서로 사랑했었는데 왜 이혼했죠?

Q : 그들 중 한 명이 바람을 피워서요

A : 정말 무섭군요

| 공포에 떨다. |

PATTERN DRILL

➡ 恐怖。
kǒng bù

你看过什么恐怖电影?
nǐ kàn guò shén me kǒng bù diànyǐng

어떤 공포영화를 보았습니까?

一想到那里的气氛就发颤。
yì xiǎng dào nà lǐ de qì fēn jiù fā chàn

그곳의 분위기를 생각만 해도 몸서리쳐집니다.

战争简直太可怕了。
zhànzhēng jiǎn zhí tài kě pà le

전쟁은 정말 무섭습니다.

由于恐惧, 他的脸都变白了。
yóu yú kǒng jù tā de liǎn dōu biàn bái le

공포에 질려 안색이 창백하게 변했습니다.

小狗有什么可怕的。
xiǎo gǒu yǒu shén me kě pà de

강아지가 뭐 그리 무서울 거 있어.

EXample

Q : 你看新闻了吗? 中东局势又趋紧张了。
nǐ kàn xīn wén le ma   zhōngdōng jú shì yòu qū jǐn zhāng le

A : 是吗? 这世界什么时候能迎来真正的和平啊!
shì ma   zhè shì jiè shén me shí hòu néng yíng lái zhēnzhèng de hé píng ā

Q : 是啊, 战争简直太可怕了, 搞的我们不能安稳地生活!
shì ā   zhànzhēng jiǎn zhí tài kě pà le   gǎo de wǒ men bù néng ān wěn de shēng huó

A : 对, 现在一听到哪儿发生了军事争端, 人们就很恐慌。
duì   xiàn zài yī tīng dào nǎ er fā shēng le jūn shì zhēngduān   rén men jiù hěn kǒnghuāng

Q : 뉴스를 봤어요? 중동사태가 다시 긴장되고 있습니다.
A : 그래요? 이 세상이 언제쯤 진정한 평화를 맞이할까요?
Q : 그러게요. 전쟁은 너무나 무섭지요. 우리들이 편안하게 생활할 수 없게 하죠
A : 맞습니다. 지금 어딘가에 군사충돌이 일어난다면 사람들은 공포에 떨죠

PATTERN DRILL

➡ 毛骨悚然。
máo gǔ sǒng rán

一想到那场面就让人发抖。
yì xiǎng dào nà chǎngmiàn jiù ràng rén fā dǒu

그 장면을 생각만 해도 오싹해집니다.

这本小说读起来使人不寒而栗。
zhè běn xiǎoshuō dú qǐ lái shǐ rén bù hán ér lì

이 소설책을 읽으면 등골을 오싹해집니다.

听完那个故事，我吓得都起鸡皮疙瘩了。
tīng wán nà gè gù shì wǒ xià dè dōu qǐ jī pí gē dá le

그 이야기를 듣고 나서 나는 무서워서 소름이 끼쳤습니다.

一想起那部电影的场面就害怕。
yì xiǎng qǐ nà bù diànyǐng dè chǎngmiàn jiù hài pà

ㄱ 영화의 장면을 떠올리면 무서워집니다.

因为衣服穿得少，我冷得都起鸡皮疙瘩了。
yīn wéi yī fú chuān de shǎo wǒ lěng de dōu qǐ jī pí gē dá le

옷을 적게 입은 탓에 나는 추워서 온몸이 오싹해졌습니다.

EXample

Q : 你读过武侠小说吗？
nǐ dú guò wǔ xiá xiǎoshuō ma

A : 当然，我可以说是个武侠小说迷。
dāng rán wǒ kě yǐ shuō shì ge wǔ xiá xiǎoshuō mí

Q : 你在武侠小说中读过神秘的传闻搞得人心惶惶的
nǐ zài wǔ xiá xiǎoshuōzhōng dú guò shén mì dè chuán wén gǎo de rén xīn huánghuáng de

场面吗？
chǎngmiàn ma

A : 读过，那里描述的内容看了真让人毛骨悚然。
dú guò nà lǐ miáo shù dè nèi róng kàn le zhēn ràng rén máo gǔ sǒng rán

Q : 무협소설을 읽은 적이 있습니까?
A : 물론이죠. 저는 무협지 광이라고 할 수 있습니다.
Q : 무협소설에서 신비의 소문이 사람들을 당황하게 하는 장면을 읽은 적이 있습니까?
A : 예, 거기에 묘사한 내용을 읽으면 정말 사람을 섬뜩하게 합니다.

| 어찌할 바를 모르다. |

PATTERN DRILL

➡ **不知道该怎么办。**
bù zhī dào gaī zěn mè bàn

我真不知道该怎么办。
wǒ zhēn bù zhī dào gaī zěn mè bàn
난 어떻게 했으면 좋을지 모르겠습니다.

他面对一切事总是显得胸有成竹。
tā miàn duì yí qiē shì zǒng shì xiǎn de xiōng yǒu chéng zhú
그는 모든 일에 임할 때 언제나 자신만만해 보입니다.

对于突如其来的提问，他一时不知所措了。
duì yú tū rú qí lái dè tí wèn   tā yì shí bù zhī suǒ cuò le
갑작스런 질문에 그는 잠시 동안 어쩔 바를 몰랐습니다.

你不要慌张，一个一个慢慢儿处理吧。
nǐ bú yào huāngzhāng   yí ge yí ge mànmàn er chǔ lǐ ba
당황해하지 마세요. 하나하나씩 천천히 처리하세요.

太丢脸了，我该怎么办!
tài diū liǎn le   wǒ gaī zěn mè bàn
너무 부끄럽습니다. 어떻게 해야 됩니까?

EXample

Q : 你怎么慌慌张张的，有什么事吗?
nǐ zěn mè huānghuāngzhāngzhāng dè   yǒu shén mè shì ma

A : 我的公文包不见了，我不知道该怎么办。
wǒ dè gōng wén baō bù jiàn le   wǒ bù zhī dào gaī zěn mè bàn

Q : 在哪儿丢的? 好好想一想，或许只是放哪儿了。
zài nǎ er diū dè   hǎo hǎo xiǎng yī xiǎng   huò xǔ zhǐ shì fàng nǎ er le

A : 啊，想起来了，我根本没从家里拿来。
ā   xiǎng qǐ lái le   wǒ gēn běn méi cóng jiā lǐ ná lái

Q : 왜 당황해 합니까, 무슨 일이 있으세요?
A : 저의 서류가방이 보이질 않습니다. 어떻게 하면 좋을지 모르겠어요.
Q : 어디에서 잃어버렸어요? 잘 생각해 보세요. 어딘가에 놓아두었을 지도 모르잖아요.
A : 아, 생각나네요. 집에서 가져오질 않았습니다.

PATTERN DRILL

➡ 太荒唐。
tài huāngtáng

你讲得太荒唐了。
nǐ jiǎng dé tài huāngtáng le
네가 한 말은 너무도 황당해.

不要胡闹!
bú yào hú nào
얼빠진 소리하지 매!

这完全是荒谬的解释。
zhè wánquán shì huāng miù dé jiě shì
그건 너무 황당한 해석이야.

你的意见完全不合情理(不合理)。
nǐ dé yì jiàn wánquán bù hé qíng lǐ bù hé lǐ
너의 의견은 너무 비합리적이야.

你说的话太荒唐了，我不能相信。
nǐ shuō dé huà tài huāngtáng le wǒ bù néngxiāng xìn
그 무슨 엉뚱한 소리야. 난 믿을 수 없어.

EXample

Q : 听说他曾被指控为犯了侵害名誉罪。
tīng shuō tā cēng bèi zhǐ kòng wéi fàn le qīn hài míng yù zuì

A : 是啊，那件事对他是个打击。
shì ā nà jiàn shì duì tā shì gè dǎ jī

Q : 他当时怎么样?
tā dāng shí zěn me yàng

A : 他当时目瞪口呆，连我也觉得荒唐。
tā dāng shí mù chéng kǒu dāi lián wǒ yě jué dé huāngtáng

Q : 그가 명예훼손죄에 걸렸다면서요
A : 예, 그 일은 그로서는 타격이었습니다.
Q : 그는 그때 어땠어요?
A : 그때는 멍해 있더군요. 저도 황당하게 생각됐습니다.

| 놀라서 기절하다. |

PATTERN DRILL

➡ 吓晕。
xià yūn

_饿得都头昏眼花了。
è de dōu tóu hūn yǎn huā le

배고픈 나머지 머리가 아찔하고 눈앞이 캄캄해졌어.

_我快要昏过去了。
wǒ kuài yào hūn guò qù   le

나 곧 쓰러질 것 같아.

_他吓得头昏目眩，神志不清。
tā xià de tóu hūn mù xuàn   shén zhì bù qīng

그는 놀란 나머지 어지러워 의식을 잃었습니다.

_我们赶紧去吃饭吧，我饿得都快晕倒了。
wǒ mèn gǎn jǐn qù chī fàn ba   wǒ è   de dōu kuài yūn dǎo le

우리 빨리 가서 밥 먹자. 나 배고파 쓰러질 것 같아.

_真是不可思议，灾情竟然这么严重。
zhēn shì bù kě sī yì   zāi qíng jìng rán zhè mè yán zhòng

너무도 뜻밖이야. 재해가 그렇게 심하다니.

EXample

Q : 你刚才说什么，能再说一遍吗?
nǐ gāng cái shuō shén mè   néng zài shuō yī biàn ma

A : 我说我爱你，高兴了吧。
wǒ shuō wǒ ài nǐ   gāo xīng le ba

Q : 我高兴地都要昏到了。
wǒ gāo xīng de dōu yào hūn dào le

A : 那当然了。
nà dāng rán le

Q : 방금 뭐라고 했죠, 다시 한번 말해줄래요?
A : 사랑한다고요. 기쁘죠?
Q : 기뻐서 기절할 같아요
A : 그거야 당연하죠

PATTERN DRILL

➥ 害羞。
hài xiū

_你怎么在众人面前那么害羞!
nǐ zěn mè zài zhòng rén miànqián nà mè hài xiū

당신은 왜 사람들 앞에서 그렇게도 부끄럼을 탑니까?

_他羞怯得说不出话来。
tā xiū qiè de shuō bù chū huà lái

그는 부끄러워 할말을 못합니다.

_他羞愧得改掉了他的坏习惯。
tā xiū kuì de gǎi diào le tā dè huài xí guàn

그는 창피를 당한 뒤로는 나쁜 습관을 고쳤습니다.

_经过锻炼，我现在一点都不觉得害羞。
jīng guò duàn liàn   wǒ xiàn zài yì diǎn dōu bù jué de hài xiū

난 단련되어서 지금 전혀 부끄리움을 티지 않습니다.

_大小伙子怎么那么害羞。
dà xiǎo huǒ zǐ zěn mè nà mè hài xiū

총각, 왜 그렇게 부끄럼을 타?

EXample

Q : 轮到我讲了吗?
lún dào wǒ jiǎng le ma

A : 轮到你了，不要不好意思。
lún dào nǐ le   bù yào bù hǎo yì sī

Q : 我怕我万一说错了别人会取笑我。
wǒ pà wǒ wàn yī shuō cuò le bié rén huì qǔ xiào wǒ

A : 现在是学的阶段，就算说错了别人也不会取笑你。
xiàn zài shì xué dè jiē duàn   jiù suàn shuō cuò le bié rén yě bù huì qǔ xiào nǐ

Q : 제 차례입니까?
A : 당신 차례예요. 수줍어 마세요.
Q : 제가 틀리게 말하면 다른 사람의 웃음거리가 될까 두렵네요.
A : 지금은 배우는 중이니까 틀리게 말한다고 해서 비웃지 않을 거예요.

PATTERN DRILL

➡ 要知道羞耻。
yào zhī dào xiū chǐ

_你要知道羞耻。
nǐ yào zhī dào xiū chǐ

너는 창피한 줄 알아야지.

_你不觉得你做错了吗?
nǐ bù jué de nǐ zuò cuò le má

네가 틀렸다고 생각하지 않아?

_我那么做实在太不应该了。
wǒ nà me zuò shí zài tài bù yīng gaī le

제가 정말 그렇게 하지 말아야 했어요.

_该知道羞耻了,怎么能做出那种事。
gaī zhī dào xiū chǐ le   zěn me néng zuò chū nà zhǒng shì

창피한 걸 알아야지. 어쩌면 그런 일을 저지를 수 있어.

_应该知道羞耻才行,你太不负责任了。
yīng gaī zhī dào xiū chǐ cái xíng   nǐ tài bù fù zé rèn le

창피한 걸 알아야만 해. 넌 너무도 무책임해.

EXample

Q：竟然干出那种事,你要知道羞耻才行。
jìng rán gàn chū nà zhǒng shì   nǐ yào zhī dào xiū chǐ cái xíng

A：我干什么了?
wǒ gàn shén me le

Q：岂有此理,还敢狡辩。
qǐ yǒu cǐ lǐ   hái gǎn jiǎo biàn

A：是我做错了。
shì wǒ zuò cuò le

Q: 그런 일을 하다니, 창피한 줄 알아야지.
A: 제가 뭘 했는데요?
Q: 이럴 수가, 감히 변명까지 해.
A: 제가 잘못했습니다.

→ 感到惭愧。

PATTERN DRILL

➡ **感到惭愧。**
gǎn dào cán kuì

我对此感到很惭愧。
wǒ duì cǐ gǎn dào hěn cán kuì
저는 이에 대해 부끄럽게 생각합니다.

这事对我来说是个羞耻。
zhè shì duì wǒ lái shuō shì gè xiū chǐ
이 일은 나로서는 수치입니다.

这个对我来说是莫大的耻辱。
zhè gè duì wǒ lái shuō shì mò dà dè chǐ rǔ
이것은 나에게 있어서 큰 치욕입니다.

竟然输给了业余选手，太丢人了。
jìng rán shū gěi le yè yú xuǎnshǒu tài diū rén le
아마추어 선수한테 지다니 너무 창피해.

考试没及格，真丢人。
kǎo shì méi jí gé zhēn diū rén
시험에 합격 못해서 너무 부끄럽습니다.

EXample

Q : **这次未能完成任务，我真感到惭愧。**
zhè cì wèi néng wán chéng rèn wù wǒ zhēn gǎn dào cán kuì

A : **不要太自责了，下次还有机会嘛。**
bú yào tài zì zé le xià cì hái yǒu jī huì ma

Q : **能再给我一次机会吗?**
néng zài gěi wǒ yí cì jī huì má

A : **当然，我是信任你的。**
dāng rán wǒ shì xìn rèn nǐ dè

Q : 이번에 임무를 완수하지 못해서 정말 부끄럽네요.
A : 너무 자책하지 마세요. 다음에 또 기회가 있잖아요.
Q : 기회를 한 번 더 주시겠어요?
A : 당연하죠. 저는 당신을 믿습니다.

정말 유감스럽다. | 정말 섭섭하다.

PATTERN DRILL

➡ 真遗憾。
zhēn yí hàn

_要是那样，那太遗憾了。
yào shì nà yàng nà tài yí hàn le
만약 그렇다면, 너무도 유감스럽습니다.

_把胜利让给了别人，真是太可惜了。
bǎ shèng lì ràng gěi le bié rén zhēn shì tài kě xī le
승리를 남한테 내 주어서 너무도 아쉽습니다.

_我很懊悔当时没听你的劝告。
wǒ hěn ào huǐ dāng shí méi tīng nǐ dè quàn gào
그때 당신의 충고를 받아들이지 않은 것에 대해 너무도 유감스럽습니다.

_对当时的失误我真过意不去。
duì dāng shí dè shī wù wǒ zhēn guò yì bù qù
그때의 과오에 대해서 정말 죄송하게 생각합니다.

_你不能来真是太遗憾了！
nǐ bù néng lái zhēn shì tài yí hàn le
당신이 오시지 않아서 너무 유감스러웠습니다.

EXample

Q: 我对我未能帮助你表示抱歉。
wǒ duì wǒ wèi néng bāng zhù nǐ biǎo shì bào qiàn

A: 别那么说，你也挺忙的。
bié nà me shuō nǐ yě tǐng máng dè

Q: 那也是，作为朋友我没能尽责。
nà yě shì zuò wéi péng yǒu wǒ méi néng jìn zé

A: 但你还是我最好的朋友。
dàn nǐ hái shì wǒ zuì hǎo dè péng yǒu

Q: 너를 도와주지 못해서 미안해.
A: 별소릴, 너도 바쁘잖아.
Q: 그래도 난 친구로서의 책임을 다하지 못했어.
A: 넌 그래도 나의 제일 친한 친구야.

PATTERN DRILL

➡ 真不好意思。
zhēn bù hǎo yì sī

我没守约，真是不好意思。
wǒ méi shǒu yuē　zhēn shì bù hǎo yì sī
제가 약속을 못 지켜서 정말 죄송스럽습니다.

真对不起，可我不是故意的。
zhēn duì bù qǐ　kě wǒ bú shì gù yì dè
정말 미안합니다만, 제가 고의로 그런 것은 아닙니다.

对不起，是我错了。
duì bù qǐ　shì wǒ cuò le
죄송합니다. 제가 잘못했습니다.

对于我的失误，我感到很内疚。
duì yú wǒ dè shī wù　wǒ gǎn dào hěn nèi jiù
저의 잘못에 대해 반성을 하고 있습니다.

不要太自责了，人无完人，难免有失误的时候。
bù yào tài zì zé le　rén wú wán rén　nán miǎn yǒu shī wù dè shí hòu
너무 자책하지 마세요. 완전한 사람은 없으니까. 실수도 불가피한 것입니다.

EXample

Q : 是谁把屋子弄成这样的!
shì shéi bǎ wū zi nòngchéng zhè yàng dè

A : 真不好意思, 是我弄的。
zhēn bù hǎo yì sī　shì wǒ nòng dè

Q : 哎呀, 原来是你呀!
āi yā　yuán lái shì nǐ yā

A : 我马上给您收拾。
wǒ mǎ shàng gěi nín shōu shí

Q : 누가 방을 이렇게 어지럽혔죠?
A : 정말 미안합니다. 제가 그런 겁니다.
Q : 아이고, 당신이었군요.
A : 제가 금방 치워드릴게요.

PATTERN DRILL

➡ 非常羡慕。
fēi chángxiàn mù

我真羡慕你!
wǒ zhēnxiàn mù nǐ

난 네가 정말 부러워.

大家都用羡慕的眼光看你呢。
dà jiā dōu yòngxiàn mù dè yǎn guāng kàn nǐ   ne

모두들 부러움의 눈길로 너를 바라보고 있어.

我有什么可羡慕的。
wǒ yǒu shén mè kě xiàn mù dè

나한테 뭐 부러울 것 있어?

大家都羡慕死你了。
dà jiā dū xiàn mù sǐ nǐ le

모두들 네가 부러워 죽어.

我也很羡慕你的勇气。
wǒ yě hěn xiàn mù nǐ   dè yǒng qì

저도 당신의 용기가 부럽습니다.

EXample

Q : 听说你这次得了全班第一名?
tīng shuō nǐ zhè cì dé le quán bān dì   yī míng

A : 是因为运气好。
shì yīn wéi yùn qì hǎo

Q : 真羡慕你呀!
zhēn xiàn mù nǐ   yā

A : 你也争取吧，没什么难的。
nǐ yě zhēng qǔ ba   méi shén mè nán dè

Q : 이번에 반에서 1등을 했다면서?
A : 운이 좋았던 거야.
Q : 참 부럽구나!
A : 너도 해봐. 어려운 건 아니야.

→ **妒嫉。**

➡ **嫉妒。**
jí dù

你妒忌过别人吗?
nǐ dù jì guò bié rén ma

다른 사람을 시기해본 적이 있어요?

你们不要互相猜忌，这样会发生感情上的裂痕。
nǐ men bú yào hù xiāng cāi jì zhè yàng huì fā shēng gǎn qíng shàng de liè hén

서로 의심하고 질투하지 말아요. 그러면 감정에 금이 갈 수 있어요.

你不要妒忌别人的成功。
nǐ bú yào dù jì bié rén de chénggōng

다른 사람의 성공에 대해 질투하지 마.

妒忌我的人在不知不觉中颂扬了我。
dù jì wǒ de rén zài bù zhī bù jué zhōng sòng yáng le wǒ

나를 질투하는 사람들은 어느 샌가 나를 칭찬하게 되었습니다.

嫉妒别人是不好的习惯。
jí dù bié rén shì bù hǎo de xí guàn

남을 질투하는 것은 나쁜 버릇입니다.

Q : **听说妒忌别人会伤害自己身心。**
tīng shuō dù jì bié rén huì shāng hài zì jǐ shēn xīn

A : **是的。**
shì de

Q : **那只有坏处吗?**
nà zhǐ yǒu huài chù ma

A : **据心理学家研究表明，适当的妒忌能激发人的进取**
jù xīn lǐ xué jiā yán jiū biǎo míng shì dāng de dù jì néng jī fā rén de jìn qǔ

欲望。
yù wàng

Q : 다른 사람에 대한 질투는 자신의 심신을 해친다면서요?
A : 그렇습니다.
Q : 그럼 나쁜 점만 있나요?
A : 심리학자의 연구에 의하면 적당한 질투는 사람의 진취욕망을 자극할 수 있대요.

| 심술궂다. |

「心眼儿」는 마음의 눈을 뜻합니다. 즉, 한 사람의 생각이나 생각의 방식에 의한 사물을 살펴 분별하는 능력이나 또는 그런 작용을 말합니다. 「마음 눈」과 같은 의미로 「心眼不错」, 「死心眼」 등도 쓰입니다.

PATTERN DRILL

➡ 心眼儿坏。
xīn yǎn er huài

_你的心眼真坏!
nǐ de xīn yǎn zhēnhuài
너 정말 심술궂구나!

_你真是个善良的人!
nǐ zhēn shì ge shànliáng de rén
너 정말 착하구나!

_打心眼里热爱国家。
dǎ xīn yǎn lǐ rè ài guó jiā
진심으로 나라를 사랑합니다.

_我觉得那人心眼不错，得跟他交朋友。
wǒ jué de nà rén xīn yǎn bù cuò de gēn tā jiāo péng yǒu
그 사람은 마음이 좋아 보이는데 친구로 사귀어야 되겠어.

_你长了个坏心眼。
nǐ zhǎng le ge huài xīn yǎn
넌 못됐어.

EXample

Q : 我看那小伙儿心眼儿不错。
wǒ kàn nà xiǎo huǒ er xīn yǎn er bú cuò

A : 我也觉得。
wǒ yě jué de

Q : 你看他长得就很善良的样子。
nǐ kàn tā zhǎng de jiù hěn shànliáng de yàng zi

A : 对，他的脸上写着呢。
duì tā de liǎn shàng xiě zhe ne

Q : 제가 보기엔 저 친구가 마음씨가 좋을 것 같아요
A : 저도 그렇게 생각되어요.
Q : 생김새가 선하게 생겼잖아요
A : 맞아요. 얼굴에 쓰여 있네요.

마음이 옹졸하다.

「小肚量」은 마음이 옹졸하거나 관대하지 못함을 나타낼 때 쓰이며, 반대로 도량이 넓거나 관대함을 나타낼 때는 「宽宏大亮」, 「雅量」, 「慷慨大方」 등을 씁니다.

PATTERN DRILL

➡ 小肚量。
xiǎo dù liáng

我们得努力学会包容，使自己的胸襟不会狭窄。
wǒ mèn děi nǔ lì xué huì baō róng　shǐ zì jǐ dè xiōng jīn bú huì xiá zhǎi

우리는 포용을 위해 노력하고 배워서 마음이 옹졸하지 않도록 해야 합니다.

谁都喜欢慷慨大方的人。
shéi dōu xǐ huānkāng kǎi dà fāng dè rén

누구나 대범한 사람을 좋아합니다.

我真佩服他的雅量。
wǒ zhēn pèi fú tā dè yǎ liáng

나는 정말 그의 아량에 감탄했습니다.

别理他，他是个小心眼。
bié lǐ tā　tā shì gè xiǎo xīn yǎn

그를 상대하지 마, 그는 마음이 옹졸한 사람이야.

你连那点小事都不能容忍，真是个心胸狭窄的人。
nǐ lián nà diǎnxiǎo shì dōu bù néngróng rěn　zhēn shì gè xīn xiōng xiá zhǎi dè rén

그런 작은 일도 용서 못하는 걸 봐서 넌 정말 마음이 옹졸한 사람이구나.

EXample

Q : 你得改掉你那动不动就发火的习惯。
nǐ děi gǎi diào nǐ nà dòng bú dòng jiù fā huǒ dè xí guàn

A : 为什么?
wéi shén mè

Q : 你给人的印象就是你是个心胸狭窄的人。
nǐ gěi rén dè yìn xiàng jiù shì nǐ shì gè xīn xiōng xiá zhǎi dè rén

A : 我真得改了。
wǒ zhēn děi gǎi le

Q : 당신은 다짜고짜 화부터 내는 버릇을 고쳐야 합니다.
A : 왜요?
Q : 다른 사람들이 보기에는 옹졸하게 보여요.
A : 정말로 고쳐야 되겠군요

PATTERN DRILL

➡ 鼻子一酸。
bí zi yì suān

看到南北离散家属相逢的场面，我鼻子一酸，
kàn dào nán běi lí sǎn jiā shǔ xiāngféng de chǎngmiàn　wǒ bí zi yì suān

眼睛模糊了。
yǎn jīng mó hú le

남북이산가족이 상봉하는 장면을 보고 저는 코가 찡하고 눈물이 났습니다.

感动得眼泪都要流出来了。
gǎn dòng de yǎn lèi dōu yào liú chū lái le

감동해서 눈물이 날 것 같습니다.

听完他的故事，我顿时觉得鼻子一酸，为了
tīng wán tā de gù shì　wǒ dùn shí jué de bí zi yì suān　wéi le

掩饰眼泪，我低下了头。
yǎn shì yǎn lèi　wǒ dī xià le tóu

그의 이야기를 들은 후 갑자기 코가 찡해졌어. 눈물을 감추기 위해서 나는 고개를 숙였어.

接过儿子抽噎着打来的电话后，她的心都要碎了。
jiē guò ér zi chōu yē zhe dǎ lái de diànhuà hòu　tā de xīn dōu yào suì le

아들이 울먹이면서 걸어온 전화를 받은 후 그녀는 가슴이 찢어질 것만 같았다.

EXample

Q : 他的故事太感人了。
tā de gù shì tài gǎn rén le

A : 确实感人。
què shí gǎn rén

Q : 类似的事情我也经历过。
lèi sì de shì qíng wǒ yě jīng lì guò

A : 那你的感受可能要比别人更深一点。
nà nǐ de gǎn shòu kě néng yào bǐ bié rén gēngshēn yī diǎn

Q : 그의 이야기는 너무도 감동적입니다.
A : 정말 그러네요.
Q : 이것과 유사한 일을 제가 겪어보았습니다.
A : 그럼, 당신의 느낌은 다른 사람에 비해 좀 더 깊겠네요.

| 몹시 귀찮다. |

PATTERN DRILL

➡ 很烦人。
hěn fán rén

不知怎么我这几天老心烦。
bù zhī zěn me wǒ zhè jǐ tiān lǎo xīn fán
무엇 때문인지 요즘 고민이 많습니다.

我现在心里很乱，什么也不想说。
wǒ xiàn zài xīn lǐ hěn luàn shén me yě bù xiǎngshuō
난 지금 마음이 복잡해. 아무것도 말하고 싶지 않아.

你是因为什么心烦?
nǐ shì yīn wéi shén me xīn fán
무엇 때문에 귀찮지?

我是不是妨碍你休息了?
wǒ shì bú shì fáng ài nǐ xiū xī le
내가 너 쉬고 있는데 방해한 거 아니야?

我现在一动也不想动。(不想动弹)
wǒ xiàn zài yí dòng yě bù xiǎngdòng bù xiǎngdòng dàn
난 지금 움직이기조차 싫어.

EXample

Q : 什么事情让你那么心烦意乱?
shén me shì qíng ràng nǐ nà me xīn fán yì luàn

A : 一些琐事让我不好过。
yì xiē suǒ shì ràng wǒ bù hǎo guò

Q : 什么事情，说说吧!
shén me shì qíng shuōshuō ba

A : 一言难尽啊!
yì yán nán jìn a

Q : 어떤 일이 당신을 귀찮게 하나요?
A : 작은 일들 때문에 편하지 않네요
Q : 무슨 일인데 얘기 해봐요
A : 말하자면 얘기가 길어집니다.

PATTERN DRILL

坐立不安。
zuò lì bù ān

你是不是有什么事不顺心？
nǐ shì bú shì yǒu shén me shì bú shùn xīn

무슨 답답한 일이 있는 거 아니에요?

你是不是有什么心事？
nǐ shì bú shì yǒu shén me xīn shì

무슨 근심이 있는 거 아니에요?

又让你费心了，真不好意思。
yòu ràng nǐ fèi xīn le　zhēn bù hǎo yì sī

또 다시 신경 쓰이게 해서 죄송합니다.

心情烦躁不安的时候你就听轻音乐吧。
xīn qíng fán zào bú ān de shí hòu nǐ jiù tīng qīng yīn yuè ba

마음이 불안할 때는 경음악을 들어보세요.

我心里很乱，让我一个人呆着。
wǒ xīn lǐ hěn luàn　ràng wǒ yí ge rén dāi zhe

저는 지금 심경이 복잡합니다. 혼자 있게 해주세요.

EXample

Q : 你怎么一个人在这里？
nǐ zěn me yí ge rén zài zhè lǐ

A : 我心有点乱，我想一个人呆着。
wǒ xīn yǒu diǎn luàn　wǒ xiǎng yí ge rén dāi zhuó

Q : 不要紧吗？
bú yào jǐn ma

A : 没事。
méi shì

Q : 왜 혼자 여기에 있어?
A : 마음이 좀 복잡해서. 혼자 있고 싶어서.
Q : 괜찮아?
A : 응, 괜찮아.

| 골치 아프게 하다. |

PATTERN DRILL

➡ 让人头疼。
ràng rén tóu téng

这真是个问题。
zhè zhēn shì ge wèn tí
이건 정말 골칫거리이군요.

小孩子不听话，真让人头痛。
xiǎo hái zi bù tīng huà　zhēnràng rén tóu tòng
아이가 말을 듣지 않아 정말 머리가 아파요.

交通问题真是个让人头痛的问题。
jiāo tōng wèn tí zhēn shì ge ràng rén tóu tòng dè wèn tí
교통문제는 정말 골치 아픈 문제입니다.

这几天发生了一些让人费心的问题。
zhè jǐ tiān fā shēng liǎo yì xiē ràng rén fèi xīn dè wèn tí
요즘 골칫거리가 좀 생겼습니다.

真是让人头疼的人。（问题学生。）
zhēn shì ràng rén tóu téng dè rén　　wèn tí xué shēng
정말 골치 아픈 놈이구나. (문제학생)

EXample

Q : 那问题解决了吗?
nà wèn tí jiě jué le ma

A : 还没有。
hái méi yǒu

Q : 真是让人头疼的问题呀!
zhēn shì ràng rén tóu téng dè wèn tí yā

A : 可不是吗!
kě bù shì ma

Q : 그 문제는 해결됐어요?
A : 아직 안됐어요.
Q : 정말 골칫거리네요.
A : 글쎄요.

감동하여 목이 메다.

PATTERN DRILL

➡ 感动得说不出话来。
gǎn dòng de shuō bù chū huà lái

_不能言语表达此时的心情。
bù néng yán yǔ biǎo dá cǐ shí dè xīn qíng

지금의 심정을 말로 표현할 수 없습니다.

_他感动得说不出话来了。
tā gǎn dòng de shuō bù chū huà lái le

그는 감동한 나머지 할말을 잃었습니다.

_我们不能让她再次因悲伤而流泪。
wǒ mèn bù néng ràng tā zài cì yīn bēi shāng ér liú lèi

우리는 그녀가 다시금 슬픔으로 인해 울지 않도록 해야 합니다.

_感动得说不出话来。
gǎn dòng dè shuō bù chū huà lái

감동으로 말을 잇지 못하겠습니다.

EXample

Q : 看过世界杯吗?
kàn guò shì jiè bēi ma

A : 看了。
kàn le

Q : 看过那场四强赛吗? 主队进了四强后, 评论员激
kàn guò nà chǎng sì qiáng sài má   zhǔ duì jìn le sì qiáng hòu   píng lùn yuán jī

动得都说不出话来了。
dòng dè dōu shuō bù chū huà lái le

A : 确实不容易呀!
què shí bù róng yì yā

Q: 월드컵을 보셨어요?
A: 봤어요
Q: 4강전을 보셨습니까? 4강에 오른 후 해설자가 흥분하여 말을 잇지 못했습니다.
, A: 정말 대단하죠!

PATTERN DRILL

➡ 真是受不了。
zhēn shì shòu bù liǎo

我真受不了你的无礼举动。
wǒ zhēn shòu bù liǎo nǐ dè wú lǐ jǔ dòng
너의 무례한 행동에 대해 정말 참을 수 없어.

我的忍耐已经到了极限。
wǒ dè rěn nài yǐ jīng dào le jí xiàn
나의 인내는 이제 한계에 이르렀습니다.

我对这方式已经厌倦了。
wǒ duì zhè fāng shì yǐ jīng yàn juàn le
난 이 방식에 대해 이제는 짜증이 납니다.

我已经受够了他的无礼表现。
wǒ yǐ jīng shòu gòu le tā dè wú lǐ biǎo xiàn
나는 그의 무례한 행동에 대해 질렸습니다.

一连吃了几天面食，我都吃腻了。
yì lián chī le jǐ tiān miàn shí wǒ dōu chī nì le
계속 며칠 동안 분식을 먹었더니 이제 질렸어.

EXample

Q : 我真受够了!
wǒ zhēn shòu gòu le

A : 怎么回事?
zěn mè huí shì

Q : 我对他的做法不太满意。
wǒ duì tā dè zuò fǎ bú tài mǎn yì

A : 那你应该跟他好好谈谈。
nà nǐ yīng gāi gēn tā hǎo hǎo tán tán

Q : 정말 질색이야!
A : 무슨 일인데?
Q : 난 그의 일 처리방식에 대해 짜증나.
A : 그럼 그와 얘기를 잘 해봐야지.

참을 수 없다.

PATTERN DRILL

➡ 不能容忍。
bù néngróng rěn

我真不能容忍他的傲气。
wǒ zhēn bù néngróng rěn tā dè ào qì

난 그의 교만한 태도를 참을 수 없어.

我不允许他进来。
wǒ bù yǔn xǔ tā jìn lái

난 그가 들어오는 것을 허락하지 않겠어.

忍得不能再忍了。
rěn dè bù néng zài rěn le

더 이상은 못 참겠어.

实在不能再忍下去了。
shí zài bù néng zài rěn xià qù le

더 이상은 참을 수 없습니다.

别再说了，我不能再听下去了。
bié zài shuō le   wǒ bù néng zài tīng xià qù le

더 말하지 마. 더 이상 들어주지 못하겠어.

EXample

Q : 我建议你还是多考虑考虑。
wǒ jiàn yì nǐ hái shì duō kǎo lù kǎo lù

A : 够了！我已经决定了。
gòu le   wǒ yǐ jīng jué dìng le

Q : 我是为你着想的。
wǒ shì wéi nǐ zháoxiǎng dè

A : 我真不能忍受你的唠叨。
wǒ zhēn bù néng rěn shòu nǐ dè lào dáo

Q : 더 고려해 보시길 바랍니다.
A : 그만 하세요. 저는 이미 결정했습니다.
Q : 다 당신을 위한 것인데.
A : 정말 당신의 잔소리를 참을 수 없네요.

| 마음을 졸이다. |

PATTERN DRILL

➡ 心焦。
xīn jiāo

他怎么坐立不安呢?
tā zěn me zuò lì bù ān ne

그는 왜 안절부절못하죠?

什么事情使他那么不安?
shén me shì qíng shǐ tā nà me bù ān

무슨 일이 그를 불안하게 하죠?

我等得好心焦!
wǒ děng de hǎo xīn jiāo

나는 기다림에 마음이 초조해져.

你别为我的健康担忧了，我已经完全康复了。
nǐ bié wéi wǒ de jiànkāng dān yōu le   wǒ yǐ jīng wánquánkāng fù le

내 건강은 걱정하지 마. 이미 다 나았어.

你这是要考验我的耐性啊!
nǐ zhè shì yào kǎo yàn wǒ de nài xìng ā

내 인내심을 시험하려는 거야?

EXample

Q : 你有什么事那么着急?
nǐ yǒu shén me shì nà me zháo jí

A : 因为我有个约会要迟到了。
yīn wéi wǒ yǒu gè yuē huì yào chí dào le

Q : 那么抓紧时间吧!
nà me zhuā jǐn shí jiān ba

A : 好的。
hǎo de

Q : 무슨 일로 그렇게 조급해 하세요?
A : 약속이 있는데 늦을 것 같아서요.
Q : 그럼 서두릅시다.
A : 그럽시다.

아파서 죽겠다.

➡ 因为疼得要死。
　yīn wéi téng de yào sǐ

牙疼得很难受。
yá téng de hěn nán shòu

치통 때문에 참기 힘들어.

真笑死我了!
zhēnxiào sǐ wǒ le

웃겨 죽겠어!

我因为工作忙得团团转。
wǒ yīn wéi gōng zuò máng dè tuántuánzhuǎn

나는 일 때문에 눈코 뜰 새 없이 바쁩니다.

我过几天再过去吧，我这几天忙得要死。
wǒ guò jǐ tiān zài guò qù ba　wǒ zhè jǐ tiān máng dè yào sǐ

며칠 후에 갈게요. 요즘은 바빠 죽겠습니다.

公司的事儿让我忙得够呛。
gōng sī dè shì er ràng wǒ máng dè gòu qiāng

회사일 때문에 바빠서 정신이 없습니다.

Q : 您哪儿不舒服吗?
　　nín nǎ er bù shū fú ma

A : 我牙疼的要死。
　　wǒ yá téng dè yào sǐ

Q : 一定很疼吧。
　　yí dìng hěn téng ba

A : 真是牙痛不是病，疼起来要命啊。
　　zhēn shì yá tòng bú shì bìng　téng qǐ lái yào mìng ā

Q : 당신 어디 아픕니까?
A : 치통 때문에 죽겠습니다.
Q : 많이 아프죠?
A : 정말 치통은 병은 아니지만, 아프기 시작하면 죽을 맛입니다.

다른 사람에게 미안하지도 않아요?

PATTERN DRILL

有没有觉得对不起别人？
yǒu méi yǒu jué dé duì bù qǐ bié rén

你有没有觉得对不起我？
nǐ yǒu méi yǒu jué de duì bù qǐ wǒ
나한테 미안하다는 느낌이 안 들어?

没觉得对不起你呀!
méi jué de duì bù qǐ nǐ yā
너한테 미안하다는 느낌이 안 드는데.

他感到自己受轻视。
tā gǎn dào zì jǐ shòuqīng shì
그는 자신이 경시당하는 느낌이 들었습니다.

我怎么有被人家利用的感觉呢？
wǒ zěn mè yǒu bèi rén jiā lì yòng dè gǎn jué ne
난 왜 남한테 이용당했다는 느낌이 들지?

你不觉得他在侮辱你吗？
nǐ bù jué dé tā zài wǔ rǔ nǐ ma
그가 당신을 모욕한다는 느낌이 안 듭니까?

EXample

Q : 我很同情你的处境。
wǒ hěn tóng qíng nǐ dè chù jìng

A : 你也经历过吗？
nǐ yě jīng lì guò ma

Q : 我也曾经历过，所以理解你的感受。
wǒ yě zēng jīng lì guò suǒ yǐ lǐ jiě nǐ dè gǎn shòu

A : 我现在是被人家打一巴掌的感觉。
wǒ xiàn zài shì bèi rén jiā dǎ yì bā zhǎng dè gǎn jué

Q : 당신의 처지에 대해 동정합니다.
A : 당신도 겪어봤어요?
Q : 저도 겪어봤어요, 그래서 당신의 느낌을 알겠어요.
A : 저는 지금 다른 사람한테 한 대 얻어맞은 기분입니다.

PATTERN DRILL

➡ 现在放心了。
xiàn zài fàng xīn le

你不必担心。
nǐ bú bì dān xīn
걱정할 필요 없어요.

别为我担心，我过得很好。
bié wéi wǒ dān xīn　wǒ guò de hěn hǎo
저 때문에 걱정하지 마세요. 저는 잘 지냅니다.

你办事，我放心。
nǐ bàn shì　wǒ fàng xīn
네가 하면 안심이야.

看到你顽强的生活能力，我真要放心了。
kàn dào nǐ wánqiáng de shēng huó néng lì　wǒ zhēn yào fàng xīn le
너의 강한 생활력을 보니 정말 안심이야.

你既然要帮助我，我就放心了。
nǐ jì rán yào bāng zhù wǒ　wǒ jiù fàng xīn le
네가 나를 도와주겠다고 하니 안심이야.

EXample

Q : 听说你儿子去美国留学了?
tīng shuō nǐ ér zi qù měi guó liú xué le

A : 是的，他自己去的，不知道能不能适应过来。
shì de　tā zì jǐ qù de　bù zhī dào néng bù néng shì yīng guò lái

Q : 你放心吧，儿子都那么大了，自己会照顾自己的。
nǐ fàng xīn ba　ér zi dōu nà me dà le　zì jǐ huì zhào gù zì jǐ de

A : 但我还是放不下心啊。
dàn wǒ hái shì fàng bù xià xīn ā

Q : 댁의 아드님이 미국으로 유학을 갔다면서요?
A : 예, 혼자 갔습니다. 적응을 잘 할지 모르겠네요.
Q : 걱정 마세요. 아들이 다 컸는데 혼자서도 잘 지낼 거예요.
A : 그래도 전 안심이 안 되네요.

要疯了。

➥ **要疯了。**
yào fēng le

我快要疯了。
wǒ kuài yào fēng le
나 미쳐버릴 것 같아.

你疯了吗?
nǐ fēng le má
당신 미쳤어요?

你为什么开车这么超速，你完全疯了。
nǐ wéi shén mè kāi chē zhè mè chāo sù　　nǐ wánquánfēng le
너 왜 이렇게 과속으로 운전해. 너 정말 미쳤어.

还有很多事没做完，我快要发疯了。
hái yǒu hěn duō shì méi zuò wán　　wǒ kuài yào fā fēng le
아직도 많은 일들을 다 못했어. 나 미치겠어.

我的脑子快要崩溃了。
wǒ dè nǎo zi kuài yào bēng kuì le
머리가 터질 것 같아.

Q：**课题做完了吗?**
kè tí zuò wán le ma

A：**还有很多没做完。**
hái yǒu hěn duō méi zuò wán

Q：**一定很忙吧。**
yí dìng hěn máng ba

A：**你还别说，我快要发疯了。**
nǐ hái bié shuō　　wǒ kuài yào fā fēng le

Q : 과제를 다 완성했어요?
A : 아직도 많이 남았어요
Q : 그럼 바쁘겠군요.
A : 말도 마세요 미칠 것 같아요

PATTERN DRILL

➡ 陶醉了。
táo zuì le

你是不是被那姑娘迷住了？
nǐ shì bú shì bèi nà gū niáng mí zhù le
그 여자가 마음에 든 거 아니야?

那姑娘把你给吸引住了吧。
nà gū niáng bǎ nǐ gěi xī yǐn zhù le ba
그 여자가 마음에 들었니?

她的美貌迷住了所有参加晚会的人。
tā dè měi mào mí zhù le suǒ yǒu cān jiā wǎn huì dè rén
그의 미모는 파티에 참가한 모든 사람들을 매혹하였습니다.

小孩子被玩具迷住了。
xiǎo hái zi bèi wán jù mí zhù le
어린아이가 장남감에 푹 빠졌습니다.

一个学期结束了，我又高兴又难舍。
yì gè xué qī jié shù le　　wǒ yòu gāo xīng yòu nán shè
한 학기가 지나갔는데 시원섭섭합니다.

EXample

Q : 你去过雪岳山吗?
nǐ qù guò xuě yuè shān ma

A : 去过。
qù guò

Q : 那里的风景怎么样?
nà lǐ dè fēng jǐng zěn mè yàng

A : 我被那里的美好景色迷住了。
wǒ bèi nà lǐ dè měi hǎo jǐng sè mí zhù le

Q : 설악산에 가 본적이 있으세요?
A : 가봤습니다.
Q : 그곳의 경치는 어때요?
A : 전 그곳의 아름다운 경치에 반했어요.

불도저	推土机(tuī tǔ jī)
뷔페	自助餐(zì zhù cān)
브래지어	乳罩(rǔ zhào), 胸罩(xiōng zhào)
브랜디	白兰地(bái lán dì)
블루진	牛仔裤(niú zǎi kù)
비닐하우스	塑料暖棚(sù liào nuǎn péng)
비디오	录像(lù xiàng)
비스킷	饼干(bǐng gān)
BMW	宝马(bǎo mǎ)
비키니	比基尼(bǐ jī ní)
비타민	维生素(wéi shēng sù)
사우나	桑拿(sāng ná)
사이다	气水(qìshuǐ)
산타클로스	圣诞老人(shèng dàn lǎo rén)
살롱	沙龙(shā lóng)
샌드위치	三明治(sān míng zhì)
샐러드	沙拉(shā lā)
샴페인	香宾(xiāng bīn)
샴푸	洗发精(xǐ fà jīng)
선글라스	墨镜(mò jìng)
세미나	研讨会(yán tǎo huì)
셰퍼드	狼狗(láng gǒu)
소시지	香肠(xiāng cháng)
소파	沙发(shā fā)
소프트웨어	软件(ruǎn jiàn)

PART 5

의견에 관한 표현

대인관계에서 상대방에게 무언가 제안이나 의뢰, 충고 등을 할 경우 상대방의 의견을 존중해야 합니다. 따라서 일방적이거나 상대에게 부담이 되는 경우에는 원만하게 대화를 진행시킬 수 없습니다.

PATTERN DRILL

➡ 实话实说。
shí huà shí shuō

_我们实话实说吧。
wǒ mèn shí huà shí shuō ba

우리 솔직히 터놓고 말합시다.

_我们互相说出心里话吧。
wǒ mèn hù xiǎng shuō chū xīn lǐ huà ba

우리 서로 마음을 터놓고 말합시다.

_老实告诉你我不同意你的说法。
lǎo shí gào sù nǐ wǒ bú tóng yì nǐ dè shuō fǎ

솔직히 말해서 난 너의 말에 동의 못해.

_老实说, 我挺尊敬你。
lǎo shí shuō wǒ tǐng zūn jìng nǐ

실은 저는 당신을 아주 존경합니다.

_坦率地说, 我想跟你合作。
tǎn shuài de shuō wǒ xiǎng gēn nǐ hé zuò

솔직히 말해서 당신과 합작하고 싶습니다.

EXample

Q : 听说你现在在找工作?
tīng shuō nǐ xiàn zài zài zhǎo gōng zuò

A : 是的。
shì dè

Q : 你不是有个比较不错的工作吗?
nǐ bú shì yǒu ge bǐ jiào bú cuò dè gōng zuò ma

A : 老实说我不太喜欢现在的工作。
lǎo shí shuō wǒ bú tài xǐ huān xiàn zài dè gōng zuò

Q : 지금 직장을 구하고 있다면서요?
A : 예.
Q : 당신한테 괜찮은 직장이 있잖아요?
A : 솔직히 말해서 저는 지금 직장이 별로 마음에 안 들어요.

| 간섭하지 마세요. |

PATTERN DRILL

➡ 不要干涉。
bú yào gān shè

_请你不要再干涉，拜托你了。
qǐng nǐ bú yào zài gān shè   bài tuō nǐ le
더 이상 간섭 마세요. 부탁드릴게요.

_先把你的事干好，然后再说别人。
xiān bǎ nǐ dè shì gàn hǎo   rán hòu zài shuō bié rén
네 일이나 잘 하고 나서 다른 사람에 대해 얘기해.

_这个不管你的事，你不要参与。
zhè ge bú guǎn nǐ dè shì   nǐ bú yào cān yǔ
이건 너와는 상관없는 일이야. 참견 마.

_你这是不是过分干涉我的私生活。
nǐ zhè shì bú shì guò fēn gān shè wǒ dè sī shēng huó
나의 사생활에 너무 지나치게 간섭하는 거 아니야?

_这不是你份内的事，你不用管。
zhè bú shì nǐ fèn nèi dè shì   nǐ bú yòng guǎn
이건 네가 할 일이 아니야. 참견할 필요가 없어.

EXample

Q : 事情办得怎么样了?
shì qíng bàn de zěn mè yàng le

A : 还没进展。
hái méi jìn zhǎn

Q : 需要帮助尽管说吧。
xū yào bāng zhù jìn guǎn shuō ba

A : 你还是先把你的事干好吧。
nǐ hái shì xiān bǎ nǐ dè shì gān hǎo ba

Q : 일은 잘 돼가니?
A : 별 진전이 없어.
Q : 도움이 필요하면 말해.
A : 네 일이나 잘해.

PATTERN DRILL

➡ 找借口。
zhǎo jiè kǒu

_你别再找借口了！
nǐ bié zài zhǎo jiè kǒu le
더 이상 핑계를 대지 마!

_你的解释我已经听够了。
nǐ dè jiě shì wǒ yǐ jīng tīng gòu le
너의 변명은 더 이상 못 듣겠어.

_不是借口，是因为要做的事情实在太多。
bú shì jiè kǒu shì yīn wéi yào zuò dè shì qíng shí zài tài duō
핑계가 아니고 해야 할 일이 너무도 많아서 그런 거야.

_说什么都行，但是适当地说明理由吧。
shuōshén me dōu xíng dàn shì shì dāng de shuōmíng lǐ yóu ba
뭘 말하든지 괜찮아. 그러나 적당히 이유를 대봐.

_我说的不是解释，是真的。
wǒ shuō dè bú shì jiě shì shì zhēn dè
내가 한 말은 변명하려는 것이 아니고 진실이야.

EXample

Q : 真不好意思，我一直没能来看你。
zhēn bú hǎo yì si wǒ yī zhí méi néng lái kàn nǐ

A : 你怎么现在才来。
nǐ zěn mè xiàn zài cái lái

Q : 因为最近有点忙。
yīn wéi zuì jìn yǒu diǎn máng

A : 是借口吧。
shì jiè kǒu ba

Q : 정말 미안해. 널 찾아오지 못해서.
A : 왜 이제야 왔어?
Q : 요즘 좀 바빠서.
A : 핑계지?

PATTERN DRILL

➥ 捏造证据。
niē zào zhèng jù

这是捏造的不是?
zhè shì niē zào dè bú shì

이건 날조한 것이 아닙니까?

这分明是伪造的。
zhè fēn míng shì wěi zào dè

이는 분명히 위조한 것입니다.

他没有病, 他是在假装有病。
tā méi yǒu bìng　　tā shì zài jiǎ zhuāng yǒu bìng

그는 아프지 않은데도 꾀병을 부리고 있어.

你所说的是不是你编的故事?
nǐ suǒ shuō dè shì bú shì nǐ biān dè gù shì

그건 네가 꾸며낸 이야기가 아니야?

我看这个完全是捏造的, 你再去查一查。
wǒ kàn zhè gè wánquán shì niē zào dè　　nǐ zài qù chá yì chá

내가 보기엔 이건 완전히 날조된 거야. 다시 조사해봐.

EXample

Q : 这是他提示的证据。
zhè shì tā tí shì dè zhèng jù

A : 这个有点问题, 我看是捏造的。
zhè gè yǒu diǎn wèn tí　　wǒ kàn shì niē zào dè

Q : 怎么能看出来?
zěn mè néng kàn chū lái

A : 我鉴定过。
wǒ jiàn dìng guò

Q : 이것은 그가 제시한 증거입니다.
A : 좀 문제가 있어요. 제가 보기에는 날조한 겁니다.
Q : 어떻게 아세요?
A : 제가 감정해봤습니다.

다른 사람에게 말해도 괜찮아.

PATTERN DRILL

➡ 可以跟别人说。
kě yǐ gēn bié rén shuō

_我可以跟别人说吗?
wǒ kě yǐ gēn bié rén shuō ma

다른 사람에게 얘기해도 돼요?

_我可以告诉别人吗?
wǒ kě yǐ gào sù bié rén ma

다른 사람한테 알려줘도 괜찮아요?

_你跟别人说也行, 反正已经到时候了。
nǐ gēn bié rén shuō yě xíng fǎn zhèng yǐ jīng dào shí hòu le

다른 사람들에게 얘기해도 돼. 어쨌든 이미 때가 되었어.

_别跟别人说
bié gēn bié rén shuō

다른 사람에게 말하지 마.

_你最好别跟别人说, 因为这是秘密。
nǐ zuì hǎo bié gēn bié rén shuō yīn wéi zhè shì mì mì

다른 사람에게 얘기 안 하는 것이 좋아. 왜냐하면 이건 비밀이니까.

EXample

Q : 我看你最近很忙, 有什么事吗?
wǒ kàn nǐ zuì jìn hěn máng yǒu shén me shì ma

A : 不瞒您说, 我要移民了。
bù mán nín shuō wǒ yào yí mín le

Q : 别人都知道到吗?
bié rén dōu zhī dào dào ma

A : 只有你知道, 你还别跟别人说。
zhǐ yǒu nǐ zhī dào nǐ hái bié gēn bié rén shuō

Q : 요즘 많이 바쁘신 것 같네요. 무슨 일이라도 있어요?
A : 솔직히 말해서, 저 이제 이민가요.
Q : 다른 사람들은 알아요?
A : 당신만 알고 있어요. 아직 다른 사람한테 얘기하지 마세요.

| 말하자면, ～ | 이를테면, ～ |

PATTERN DRILL

➡ 所谓,～
suǒ wèi

正是人们所说的 "家族制"。
zhèng shì rén mèn suǒ shuō dè　　jiā zú zhì
바로 사람들이 말하는 "가족제도"이다.

正所谓, "长江后浪推前浪"。
zhèng suǒ wèi　　chángjiāng hòu làng tuī qiánlàng
이른바 "장강의 뒤 물결이 앞 물결을 밀어낸다." 이지요.

就是普遍所说的(人们常说的),
jiù shì pǔ biàn suǒ shuō dè　rén mènchángshuō dè
사람들이 흔히 말하는(사람들이 늘 말하는),

这种男人正所谓是绅士。
zhè zhǒng nán rén zhèng suǒ wèi shì shēn shì
이런 남자가 말하자면 신사야.

就是说我们得互相协力。
jiù shì shuō wǒ mèn děi hù xiāng xié lì
바로 우리들은 서로 협력해야 한다는 의미야.

EXample

Q : 你觉不觉得现在的年轻人都挺能干。
nǐ jué bú jué dè xiàn zài dè nián qīng rén dōu tǐng néng gàn

A : 是啊。
shì ā

Q : 真是一代胜过一代呀!
zhēn shì yí dài shèng guò yí dài yā

A : 正所谓 "长江后浪推前浪"。
zhèng suǒ wèi　　chángjiāng hòu làng tuī qián làng

Q : 지금의 젊은이들이 다들 유능하다고 느껴지지 않아요?
A : 그래요
Q : 정말로 세대가 지날수록 더 나아지네요.
A : 소위 「장강의 뒤 물결은 앞 물결을 밀어낸다.」이지요.

PATTERN DRILL

➡ 意见不合。
yì jiàn bù hé

_你们是不是意见不合?
nǐ mén shì bú shì yì jiàn bù hé

너희들 의견이 맞지 않는 것이 아니야?

_我们俩意见上有点分歧。
wǒ mén liǎ yì jiàn shàng yǒu diǎn fēn qí

우리들은 의견이 좀 다릅니다.

_我跟他对这个问题的看法不一样。
wǒ gēn tā duì zhè gè wèn tí dè kàn fǎ bù yí yàng

저와 그는 이 문제에 대한 견해가 다릅니다.

_就算意见不合，也不要进行人身攻击。
jiù suàn yì jiàn bù hé yě bú yào jìn xíng rén shēngōng jī

의견이 맞지 않더라도 인신공격은 하지 마.

_他俩怎么也想不到一块儿去。
tā liǎ zěn mè yě xiǎng bù dào yí kuài er qù

그들 둘은 도저히 의견을 일치할 수 없습니다.

EXample

Q : 你们俩怎么决定的?
nǐ mén liǎ zěn mè jué dìng dè

A : 我们还没定下来。
wǒ mén hái méi dìng xià lái

Q : 都什么时候了，还没定下来呀!
dōu shén mè shí hòu le hái méi dìng xià lái yā

A : 他和我有点儿意见不合。
tā hé wǒ yǒu diǎn er yì jiàn bù hé

Q : 어떻게 결정했나요?
A : 아직 결정하지 못했어요.
Q : 언젠데 아직도 결정 못했어요?
A : 그와 저는 좀 의견이 맞지 않아요.

PATTERN DRILL

➡ 踌躇。
chóu chú

他毫不踌躇地说出了他的意见。
tā háo bù chóu chú dì shuō chū le tā dè yì jiàn
그는 주저 없이 자신의 의견을 얘기했습니다.

别再犹豫了，大胆地干吧。
bié zài yóu yù le dà dǎn de gàn ba
더 이상 망설이지 마세요. 대담하게 하세요.

你得克服犹豫不决的性格。
nǐ děi kè fú yóu yù bù jué dè xìng gé
당신은 우유부단한 성격을 극복해야 합니다.

你们踢球的时候放开打，不要缩手缩脚。
nǐ mèn tī qiú dè shí hòu fàng kāi dǎ bú yào suō shǒu suō jiǎo
축구를 할 때는 마음껏 해. 위축되지 말고.

你这小伙儿怎么这么婆婆妈妈的。
nǐ zhè xiǎo huǒ er zěn mè zhè mè pó pó mā mā dè
이 총각은 왜 저렇게 우물쭈물해요.

EXample

Q : 你们俩怎么样了？
nǐ mèn liǎ zěn mè yàng le

A : 她说喜欢跟我在一起。
tā shuō xǐ huān gēn wǒ zài yì qǐ

Q : 既然她都已经表态了，你还犹豫什么？
jì rán tā dōu yǐ jīng biǎo tài le nǐ hái yóu yù shén mè

A : 我还没有勇气。
wǒ hái méi yǒu yǒng qì

Q : 너희들 둘이 어떻게 됐어?
A : 그녀가 나와 함께 있는 게 좋다고 했어.
Q : 그녀가 그렇게까지 말했는데 뭘 더 망설여?
A : 아직 용기가 없어.

당신은 어떻게 생각합니까?

➡ 你认为怎么样？
nǐ rèn wéi zěn mè yàng

你觉得怎么样。
nǐ jué de zěn mè yàng

당신은 어떻다고 봅니까?

前几天经历的事对我来说是一场梦。
qián jǐ tiān jīng lì de shì duì wǒ lái shuō shì yì chǎngmèng

며칠 전에 체험한 일은 나로서는 한차례 꿈이었습니다.

据我所知，大家都很喜欢你。
jù wǒ suǒ zhī　dà jiā dōu hěn xǐ huān nǐ

내가 알기로는 모두들 너를 좋아해.

你以为我什么也不懂？
nǐ yǐ wéi wǒ shén mè yě bù dǒng

내가 아무것도 모를 줄 알아?

你以为我不了解世事吗？我已经不是小孩了。
nǐ yǐ wéi wǒ bù liǎo jiě shì shì mà　wǒ yǐ jīng bú shì xiǎo hái le

제가 세상 물정을 모르는 줄 아세요? 저는 이미 다 컸어요.

Q : 能说一下你的意见吗？
néngshuō yí xià nǐ de yì jiàn mà

A : 骑自行车或者坐车两者选一吗？
qí zì xíng chē huò zhě zuò chē liǎng zhě xuǎn yī ma

Q : 是的。
shì de

A : 我认为还是坐车去方便。
wǒ rèn wéi hái shì zuò chē qù fāng biàn

Q : 당신의 의견을 얘기해주시겠어요?
A : 자전거를 타든지 차를 타든지 둘 중에 하나를 선택하는 거예요?
Q : 예.
A : 제 생각으로는 차를 타고 가는 것이 편리할 것 같아요.

PATTERN DRILL

➡ 说要点。
shuō yào diǎn

我把要点给你指一下吧。
wǒ bǎ yào diǎn gěi nǐ zhǐ yí xià ba
요점만 너에게 알려줄게.

简要的说明一下要点。
jiǎn yào dè shuōmíng yí xià yào diǎn
간략하게 요점을 설명하겠습니다.

我听不出来要旨。
wǒ tīng bù chū lái yào zhǐ
요지가 뭔지 모르겠습니다.

要点是这个。
yào diǎn shì zhè gè
요점은 이렇습니다.

他的讲话偏离了主题。
tā dè jiǎng huà piān lí le zhǔ tí
그의 얘기는 주제에서 벗어났습니다.

EXample

Q : 你能不能说明一下要点。
nǐ néng bù néng shuōmíng yí xià yào diǎn

A : 你不太明白吗?
nǐ bú tài míng bái mǎ

Q : 我听不出来要旨。
wǒ tīng bù chū lái yào zhǐ

A : 我也觉得我讲得没有条理。
wǒ yě jué dè wǒ jiǎng dè méi yǒu tiáo lǐ

Q: 요점을 좀 설명해주시겠어요?
A: 이해가 잘 안 돼요?
Q: 요지가 뭔지 알아듣지 못하겠어요.
A: 저도 제가 얘기해놓고 뭐가 뭔지 모르겠네요.

| 그건 중요한 게 아닙니다. |

PATTERN DRILL

➡ 那个不重要。
nà gè bú zhòng yào

＿那是次要的。
nà shì cì yào de

그건 부차적인 것입니다.

＿那个不重要，重要的是你学没学懂。
nà gè bú zhòng yào zhòng yào de shì nǐ xué méi xué dǒng

그건 중요하지 않아요. 중요한 것은 당신이 무엇을 배워서 아느냐 입니다.

＿你得知道事情的轻重。
nǐ děi zhī dào shì qíng de qīng zhòng

당신은 일의 경중을 알아야 합니다.

＿重要的是你真正学到了什么。
zhòng yào de shì nǐ zhēn zhèng xué dào le shén me

네가 진정으로 뭘 배워 익혔는지가 중요한 거야.

＿那个不重要，这才是关于到全局的事情。
nà gè bú zhòng yào zhè cái shì guān yu dào quán jú de shì qíng

그건 중요한 게 아냐. 이것이야말로 모두와 관계되는 일이야.

EXample

Q : 我这次没完成任务。
wǒ zhè cì méi wán chéng rèn wù

A : 你得再加把劲儿啊!
nǐ děi zài jiā bǎ jìn er ā

Q : 我已经尽力了。
wǒ yǐ jīng jìn lì le

A : 过程固然重要，但最重要的还是结果。
guò chéng gù rán zhòng yào dàn zuì zhòng yào de hái shì jié guǒ

Q : 이번에 임무를 완수하지 못했어요
A : 더 노력해야 되겠습니다.
Q : 전 이미 최선을 다 했습니다.
A : 과정이 중요한 건 사실이지만, 그래도 제일 중요한 건 결과예요.

| 간략히 말하자면, ～ |

PATTERN DRILL

➡ 简单地说，～
jiǎn dān dì shuō

_能再简要说明一下吗?
néng zài jiǎn yào shuōmíng yí xià ma
다시 간략히 설명해주실 수 있으세요?

_简单地解释给我听吧。
jiǎn dān de jiě shì gěi wǒ tīng ba
간단히 풀어서 얘기해주세요.

_能不能长话短说，说明主题?
néng bù néng cháng huà duǎn shuō shuōmíng zhǔ tí
긴말을 짧게 해서 주제를 설명해주실 수 있어요?

_我想跟你说的就一句话，我爱你!
wǒ xiǎng gēn nǐ shuō dè jiù yí jù huà wǒ ài nǐ
내가 너한테 하고 싶었던 말은 오직 하나야. 너를 사랑해!

_简单概括一下就是这样。
jiǎn dān gài guā yí xià jiù shì zhè yàng
간단히 요약하면 바로 이거예요.

EXample

Q : 你说的太深奥了，我弄不太懂。
nǐ shuō dè tài shēn ào le wǒ nòng bú tài dǒng

A : 是吗? 我以为你都能听懂。
shì má wǒ yǐ wéi nǐ dōu néng tīng dǒng

Q : 能简要说明一下主题吗?
néng jiǎn yào shuōmíng yí xià zhǔ tí má

A : 好的。
hǎo dè

Q : 당신이 한 얘기가 너무 심오하네요. 이해가 잘 돼요.
A : 그래요? 저는 당신이 다 알아들으시는 줄 알고
Q : 요점을 간략히 설명해주시겠어요?
A : 좋습니다.

| 핵심으로 돌아가다. | 본론으로 들어가다. |

PATTERN DRILL

➡ 回到核心。
huí dào hé xīn

我们继续谈核心内容吧。
wǒ mén jì xù tán hé xīn nèi róng ba
우리 계속해서 핵심 내용에 대해 얘기합시다.

抓住问题的要点谈吧。
zhuā zhù wèn tí dè yào diǎn tán ba
문제의 요점을 얘기합시다.

我们言归正传吧。
wǒ mén yán guī zhèngzhuàn ba
우리 본래 화제로 돌아갑시다.

还是回到主题再好好谈谈吧。
hái shì huí dào zhǔ tí zài hǎo hǎo tán tán ba
그래도 본론으로 들어가서 다시 잘 얘기해 봅시다

我们换个话题谈吧。
wǒ mén huàn gè huà tí tán ba
우리 화제를 바꾸어 얘기합시다.

Example

Q : 我们好像离题了。
wǒ mén hǎo xiàng lí tí le

A : 真是的, 怎么搞的。
zhēn shì dè   zěn me gǎo dè

Q : 咱们言归正传吧。
zán mén yán guī zhèngzhuàn ba

A : 我们刚才说到哪儿了？
wǒ mén gāng cái shuō dào nǎ er le

Q : 우리 주제에서 벗어난 같네요.
A : 참, 어떻게 된 거죠?
Q : 우리 주제로 돌아갑시다.
A : 우리 방금 어디까지 얘기했죠?

156

整体来说，~

PATTERN DRILL

➡ 整体来说，~
zhěng tǐ lái shuō

从全体来看我们处于优势。
cóng quán tǐ lái kàn wǒ mén chù yú yōu shì
전체적으로 보면 우리는 우세에 처해 있습니다.

大体上人们同意你的意见。
dà tǐ shàng rén mén tóng yì nǐ dè yì jiàn
대체적으로 사람들은 당신의 의견에 동의합니다.

谁对谁错真不好说。
shéi duì shéi cuò zhēn bù hǎo shuō
누가 맞고 누가 틀린지 딱 집어 말하기 어려워요.

可以这么说，我们还是有希望的。
kě yǐ zhè mè shuō　wǒ mén hái shì yǒu xī wàng dè
이렇게 말할 수 있는데, 우린 아직도 희망이 있어.

大体情况就是这样的。
dà tǐ qíngkuàng jiù shì zhè yàng dè
대체로 상황이 이렇습니다.

EXample

Q : 真可惜在一些项目上没能得冠军。
zhēn kě xī zài yì xiē xiàng mù shàng méi néng dé guàn jūn

A : 我也觉得可惜。
wǒ yě jué dè kě xī

Q : 不知道我们队的成绩怎么样?
bù zhī dào wǒ mén duì dè chéng jì zěn mè yàng

A : 我们队的成绩按整体来说是不错的。
wǒ mén duì dè chéng jì àn zhěng tǐ lái shuō shì bú cuò dè

Q: 일부 항목에서 일등을 못한 것이 아깝습니다.
A: 저도 아깝네요.
Q: 우리 팀의 성적이 어떤지 모르겠네요?
A: 우리 팀의 성적은 전체적으로는 괜찮습니다.

다른 사람의 입장에 서다.

PATTERN DRILL

➡ 站在别人的立场。
zhàn zài bié rén de lì chǎng

你要是我你会怎么样?
nǐ yào shì wǒ nǐ huì zěn me yàng

네가 나라면 어떻게 할거야?

不要只以自己的想法作为判断别人的标准。
bú yào zhǐ yǐ zì jǐ de xiǎng fǎ zuò wéi pàn duàn bié rén de biāozhǔn

자신의 생각만으로 다른 사람을 판단하지 마세요.

站在别人的立场上想问题。
zhàn zài bié rén de lì chǎngshàngxiǎngwèn tí

다른 사람의 입장에 서서 문제를 생각합니다.

站在同样的立场看问题。
zhàn zài tóngyàng de lì chǎng kàn wèn tí

똑 같은 입장에 서서 문제를 봅니다.

因为他俩是同样的立场, 所以意见也相同。
yīn wéi tā liǎ shì tóngyàng de lì chǎng suǒ yǐ yì jiàn yě xiāngtóng

그들 둘은 똑같은 입장이기 때문에 의견도 같습니다.

EXample

Q : 你说演讲的时候怎么能感动别人呢?
nǐ shuō yǎn jiǎng de shí hòu zěn me néng gǎn dòng bié rén ne

A : 首先你自己得被你所要说的话感动。
shǒu xiān nǐ zì jǐ děi bèi nǐ suǒ yào shuō de huà gǎn dòng

Q : 然后呢?
rán hòu ne

A : 你得站在跟别人同样的立场想问题。
nǐ děi zhàn zài gēn bié rén tóngyàng de lì chǎngxiǎngwèn tí

Q : 스피치할 때 다른 사람을 어떻게 감동시키죠?
A : 우선 당신이 하려는 말에 감동을 받아야 됩니다.
Q : 그 다음에는요?
A : 상대와 똑같은 입장에 서서 문제를 생각해야 합니다.

PATTERN DRILL

➡ 不算什么。
bú suànshén me

这些都不足一提。
zhè xiē dōu bù zú yì tí
이것들은 모두 아무것도 아니야.

只不过是九牛一毛。
zhǐ bú guò shì jiǔ niú yì máo
구우일모일 뿐이야.

现在才是开始。
xiàn zài cái shì kāi shǐ
지금부터가 진짜 시작이야.

这还不算什么。
zhè hái bú suànshén me
이건 아직 아무것도 아니야.

再多也只是冰山一角。
zài duō yě zhǐ shì bīngshān yì jiǎo
아무리 많아도 빙산의 일각일 뿐이야.

EXample

Q : 这次交给你的任务不是容易的。
zhè cì jiāo gěi nǐ de rèn wù bú shì róng yì de

A : 这不算什么。
zhè bú suànshén me

Q : 真干得了吗?
zhēn gàn de liǎo má

A : 只要用心去干，就没有干不成的。
zhǐ yào yòng xīn qù gàn   jiù méi yǒu gàn bù chéng de

Q : 이번에 너한테 맡길 임무는 쉬운 일이 아니야.
A : 이런 건 아무것도 아니야.
Q : 정말 할 수 있겠어?
A : 열심히 한다면 못 해낼 일도 없지.

说到容易。

PATTERN DRILL

说倒容易。
shuō dào róng yì

说起来不难。
shuō qǐ lái bù nán
말하기는 어렵지 않아.

说起来容易，做起来难。
shuō qǐ lái róng yì　zuò qǐ lái nán
말은 쉬워도 행동은 어렵습니다.

看似容易，其实很难。
kàn sì róng yì　qí shí hěn nán
보기에는 쉬워도 실제로는 어려워.

怎么找啊! 这完全是大海捞针。
zěn me zhǎo a　zhè wánquán shì dà hǎi lāo zhēn
어떻게 찾아! 이는 완전히 바다에서 바늘 건지기야.

他只会纸上谈兵，没什么经验。
tā zhǐ huì zhǐ shàng tán bīng　méi shén me jīng yàn
그는 탁상공론밖에 몰라. 경험은 없어.

EXample

Q: 我可以在一个月之内把这干完。
wǒ kě yǐ zài yí gè yuè zhī nèi bǎ zhè gàn wán

A: 说倒容易。
shuō dào róng yì

Q: 你得相信我。
nǐ děi xiāng xìn wǒ

A: 好, 我相信你。
hǎo　wǒ xiāng xìn nǐ

Q: 난 한 달 안에 이걸 완성할 수 있어.
A: 말은 쉽지.
Q: 넌 날 믿어야 돼.
A: 좋아, 널 믿을게.

PATTERN DRILL

➥ 还要说什么？
hái yào shuōshén me

我会满足你的要求的。
wǒ huì mǎn zú nǐ de yāo qiú de
제가 당신의 요구를 들어줄게요.

还要我怎么样?
hái yào wǒ zěn me yàng
뭘 더 어쩌란 말입니까?

还需要说明吗?
hái xū yào shuōmíng ma
더 설명할 필요가 있습니까?

你听我解释啊!
nǐ tīng wǒ jiě shì à
저의 설명을 들어 보세요.

不必再说了, 我都明白了。
bù bì zài shuō le   wǒ dū míng bái le
두말할 필요 없어. 나는 이미 알고 있으니까.

EXample

Q : 我对你太失望了。
wǒ duì nǐ tài shī wàng le

A : 你听我说。
nǐ tīng wǒ shuō

Q : 都到了这种地步, 你还要说什么?
dōu dào le zhè zhǒng dì bù   nǐ hái yào shuōshén me

A : 你听我解释啊!
nǐ tīng wǒ jiě shì ā

Q : 난 너에게 너무 실망했어.
A : 내 말 들어봐.
Q : 이 정도까지 됐는데. 뭘 더 말해?
A : 해명할 테니까 들어봐.

PATTERN DRILL

➡ 虽说不上完美，但还可以。
suī shuō bú shàng wán měi　　dàn hái kě yǐ

办得还行。
bàn de hái xíng

일 처리가 괜찮게 되었어.

天气还算可以。
tiān qì hái suàn kě yǐ

날씨는 그런대로 좋았습니다.

这衣服还算凑合。
zhè yī fú hái suàn còu he

이 옷은 그런 대로 괜찮아.

不管怎么说，我还是信赖你。
bù guǎn zěn me shuō　　wǒ hái shì xìn lài nǐ

누가 뭐래도 난 너를 믿어.

不管怎么样，他毕竟是我的朋友。
bù guǎn zěn me yàng　　tā bì jìng shì wǒ de péng yǒu

누가 뭐래도 그는 결국 제 친구입니다.

EXample

Q : 这是我儿子给我买的生日礼物。
zhè shì wǒ ér zǐ gěi wǒ mǎi de shēng rì lǐ wù

A : 是吗？你儿子真成熟啊!
shì má　　nǐ ér zi zhēn chéng shú ā

Q : 虽说不上成熟，但已经长大了。
suī shuō bú shàng chéng shú　　dàn yǐ jīng zhǎng dà le

A : 真羡慕你呀!
zhēn xiàn mù nǐ yā

Q : 이건 아들이 나한테 사준 생일 선물입니다.
A : 그래요? 아들이 의젓하군요.
Q : 의젓하다고는 못하겠지만 다 컸어요
A : 정말 부럽군요.

| 더 이상 말하지 않겠다. |

PATTERN DRILL

➡ 不再说了。
bù zài shuō le

我不说什么了。
wǒ bù shuōshén mè le
나는 뭐라고 말하지 않겠어.

我就不再谈下去了。
wǒ jiù bú zài tán xià qù le
난 그러면 더 이상 얘기하지 않겠어요.

别说, 怪伤心的。
bié shuō guàishāng xīn dè
말하지 마, 속상하잖아.

不要再提那件事。
bú yào zài tí nà jiàn shì
그 일을 더 이상 말하지 마.

请不要再说了。
qǐng bú yào zài shuō le
더 얘기하지 마세요.

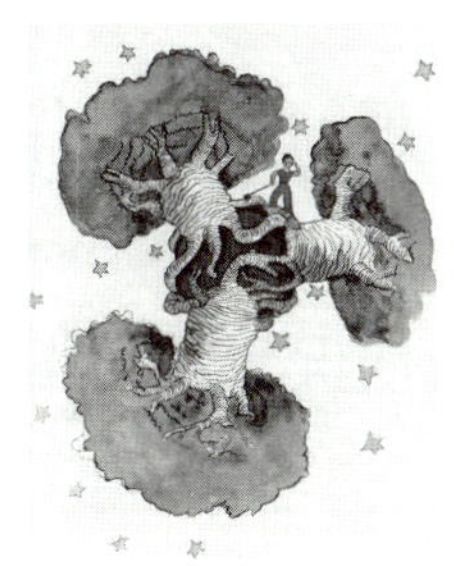

EXample

Q : 听说她离开你了。
tīng shuō tā lí kāi nǐ le

A : 别再提了，怪伤心的。
bié zài tí le guàishāng xīn dè

Q : 别伤心了，有离才有合嘛。
bié shāng xīn le yǒu lí cái yǒu hé ma

A : 你说人生本来就是这样的吗?
nǐ shuō rén shēng běn lái jiù shì zhè yàng dè ma

Q : 그녀가 당신을 떠났다면서요
A : 더 이상 얘기하지 마세요. 마음 아픈데.
Q : 속상해 하지 마세요. 이별이 있으므로 만남이 있잖아요.
A : 인생이란 원래 그런 거예요?

163

→ 不可能有。

있을 수 없다.

➡ **不可能有。**
bù kě néng yǒu

是你多心了，那种事不会有的。
shì nǐ duō xīn le　nà zhǒng shì bú huì yǒu de
생각을 너무 많이 하신 겁니다. 그런 일은 없을 것입니다.

放心吧，那事决不可能发生。
fàng xīn ba　nà shì jué bù kě néng fā shēng
안심하세요. 그런 일은 절대 생기지 않을 것입니다.

我不能担保，不会再发生此类状况。
wǒ bù néng dān bǎo　bú huì zài fā shēng cǐ lèi zhuàngkuàng
저는 이런 상황이 다시 발생하지 않으리라고는 장담할 수 없어요.

那种事确实有可能发生。
nà zhǒng shì què shí yǒu kě néng fā shēng
그런 일은 발생할 가능성이 확실히 있습니다.

你说，能有那事吗?
nǐ shuō　néng yǒu nà shì ma
너 말해봐, 그런 일이 있을 수 있어?

Q : 听说他要离开这里。
tīng shuō tā yào lí kāi zhè lǐ

A : 那事决不可能。
nà shì jué bù kě néng

Q : 那可是事实。
nà kě shì shì shí

A : 怎么可能?
zěn me kě néng

Q: 그가 여기를 떠난대요.
A: 그럴 리가 없어요.
Q: 그런데 사실입니다.
A: 그럴 수가?

| 제 눈에 안경이다. |

PATTERN DRILL

➥ 各有所好。
gè yǒu suǒ hǎo

人们都有各自喜好。
rén mèn dōu yǒu gè zì xǐ hǎo
사람마다 각자의 취미가 있습니다.

青菜萝卜各有所好。
qīng caì luó bu gè yǒu suǒ hǎo
취미는 사람마다 다릅니다.

口味人各不同。
kǒu wèi rén gè bù tóng
입맛은 사람마다 다릅니다.

内心比外貌更重要。
nèi xīn bǐ wài màogēngzhòng yào
겉모양보다 속마음이 더 중요한 거야.

各有各的想法, 各有各的观念。
gè yǒu gè dè xiǎng fǎ   gè yǒu gè dè guānniàn
나름대로 각자의 생각이 있고 관점이 있습니다.

EXample

Q : 你看他踢球很起劲儿。
nǐ kàn tā tī qiú hěn qǐ jìn er

A : 他怎么那么喜欢踢球?
tā zěn mè nà mè xǐ huān tī qiú

Q : 各有所好嘛
gè yǒu suǒ hǎo ma

A : 当然。
dāng rán

Q : 그는 축구를 열심히 하네요
A : 그가 왜 축구를 저렇게도 좋아하죠?
Q : 제 눈에 안경이죠
A : 그러네요

PATTERN DRILL

➡ 不是跟你开玩笑。
bú shì gēn nǐ kāi wánxiào

_你是不是跟我开玩笑？
nǐ shì bú shì gēn wǒ kāi wánxiào

나하고 농담하자는 건가?

_你这话是不是当真的？
nǐ zhè huà shì bú shì dāngzhēn dè

네가 한 말이 진정이야?

_你是说着玩儿的吧。
nǐ shì shuō zhe wán er dè ba

그냥 말해본 거지?

_你以为我在跟你说笑话吗？
nǐ yǐ wéi wǒ zài gēn nǐ shuōxiào huà ma

내가 지금 너한테 농담하는 것 같아?

_不只是说说而已，我是当真的。
bù zhǐ shì shuōshuō ér yǐ　wǒ shì dāngzhēn dè

그냥 말하는 게 아니라 정말이야.

EXample

Q : 我要结婚了。
wǒ yào jié hūn le

A : 别开玩笑，你不是连女朋友都没有吗？
bié kāi wán xiào　nǐ bú shì lián nǚ péng yǒu dōu méi yǒu má

Q : 不是跟你开玩笑，确实是。
bú shì gēn nǐ kāi wán xiào　què shí shì

A : 是吗？那我得恭喜你呀！
shì ma　nà wǒ děi gōng xǐ nǐ yā

Q : 나 이번에 결혼해.
A : 웃기지마. 너 여자친구도 없잖아?
Q : 농담 아니야. 사실이야.
A : 그래? 그럼 축하해!

| 헛소리하지 마. |

➡ 别瞎说了！
bié xiā shuō le

别再说无意义的话了！
bié zài shuō wú yì yì dè huà le
더 이상 무의미한 말을 하지 마!

他在说废话。
tā zài shuō fèi huà
그는 바보 같은 소리를 하고 있어.

别胡说了，我都知道。
bié hú shuō le　　wǒ dōu zhī dào
헛소리 마. 난 다 알아.

不要那么说，他听到了会伤心的。
bú yào nà me shuō　　tā tīng dào le huì shāng xīn dè
그렇게 말하지 마. 그가 들으면 상처받을 거야.

不要无礼取闹，我是不会答应的。
bú yào wú lǐ qǔ nào　　wǒ shì bú huì dá yīng dè
귀찮게 하지 마. 난 동의하지 않을 거야.

Q : 别瞎说了。
bié xiā shuō le

A : 我不是瞎说。
wǒ bú shì xiā shuō

Q : 可你有证据吗?
kě nǐ yǒu zhèng jù ma

A : 我就是证据，是我亲眼看到的。
wǒ jiù shì zhèng jù　　shì wǒ qīn yǎn kàn dào dè

Q : 헛소리하지 마.
A : 헛소리가 아니야.
Q : 근데 너 증거가 있어?
A : 내가 증거야. 내가 직접 눈으로 봤어.

| 나에게 이래라 저래라 하지 마. |

PATTERN DRILL

➡ 你没权利指使我。
nǐ méi quán lì zhǐ shǐ wǒ

_你没有权利命令我。
nǐ méi yǒu quán lì mìng lìng wǒ
너는 나한테 명령할 권리가 없어.

_他已经丧失了他的权利。
tā yǐ jīng sàng shī le tā dè quán lì
그는 이미 그의 권리를 상실했어.

_你凭什么让我干这干那?
nǐ píng shén mè ràng wǒ gān zhè gān nà
네가 뭔데 나보고 이래라 저래라 해?

_你有什么权利指责我?
nǐ yǒu shén mè quán lì zhǐ zé wǒ
당신한테 무슨 권리가 있어 저를 질책합니까?

_别指使我, 我要走我自己的路。
bié zhǐ shǐ wǒ　wǒ yào zǒu wǒ zì jǐ dè lù
저한테 지시하지 마세요. 저는 저의 길을 가겠습니다.

EXample

Q : 你做得不对。
nǐ zuò dè bú duì

A : 你没权利训斥别人。
nǐ méi quán lì xùn chì bié rén

Q : 可我是你的朋友。
kě wǒ shì nǐ dè péng yǒu

A : 那你说我该怎么做。
nà nǐ shuō wǒ gāi zěn mè zuò

Q : 네가 잘못했어.
A : 넌 다른 사람을 훈계할 권리가 없어.
Q : 근데 난 너의 친구야
A : 그럼 너 말해봐. 내가 어떻게 해야 되는지.

| 너를 귀찮게 할 거야. |

PATTERN DRILL

➡ 会找你麻烦的。
huì zhǎo nǐ má fán dè

_我会不理你的。
wǒ huì bù lǐ nǐ dè

너를 아는 체 하지 않을 거야.

_你要是再这样下去，我会找你麻烦的。
nǐ yào shì zài zhè yàng xià qù　　wǒ huì zhǎo nǐ má fán dè

네가 계속 이러면 난 너를 귀찮게 할 거야.

_你现在这么为难我，我以后会报复的。
nǐ xiàn zài zhè mè wéi nán wǒ　　wǒ yǐ hòu huì bào fù dè

너 지금 나를 이렇게 괴롭히는데 나중에 보복할 거야.

_你要是再来骚扰我，我会报警的。
nǐ yào shì zài lái sāo rǎo wǒ　　wǒ huì bào jǐng dè

다시 와서 나를 귀찮게 하면 너를 경찰에 신고할 거야.

_你要是乱来，我会不理你的。
nǐ yào shì luàn lái　　wǒ huì bù lǐ nǐ dè

만약 네 마음대로 하면 난 너를 무시할 거야.

EXample

Q : 你要是不依法办事，我会找你麻烦的。
nǐ yào shì bù yī fǎ bàn shì　　wǒ huì zhǎo nǐ má fán dè

A : 可我们是朋友.
kě wǒ mèn shì péng yǒu

Q : 朋友也没有例外.
péng yǒu yě méi yǒu lì wài

A : 那知道了。
nà zhī dào le

Q : 너 만약 법대로 안 하면 널 귀찮게 할 거야.
A : 그런데 우린 친구잖아.
Q : 친구라도 예외는 없어.
A : 그럼 알았어.

PATTERN DRILL

➡ 我要说一句。
wǒ yào shuō yí jù

这是目前来说最好的办法。
zhè shì mù qián lái shuō zuì hǎo de bàn fǎ

이는 현재로서는 제일 좋은 방법입니다.

我们最好还是按原来的路子走。
wǒ mén zuì hǎo hái shì àn yuán lái de lù zi zǒu

제일 좋은 방법은 원래의 방향대로 가는 것입니다.

给你一句忠告吧。
gěi nǐ yí jù zhōng gào ba

충고 한마디 해드릴게요.

我觉得那样比较好。
wǒ jué de nà yàng bǐ jiào hǎo

저는 그렇게 하면 괜찮다고 생각됩니다.

那我再说一遍吧。
nà wǒ zài shuō yí biàn ba

그럼 다시 말하겠습니다.

EXample

Q : 我给你一句忠告吧。
wǒ gěi nǐ yí jù zhōng gào ba

A : 什么忠告?
shén me zhōng gào

Q : 不是说"知识就是力量"吗? 你还得学习，并且要学明白。
bú shì shuō zhī shí jiù shì lì liang ma nǐ hái děi xué xí bìng qiě yào xué míng bái

A : 谢谢你的忠告。
xiè xie nǐ de zhōng gào

Q : 충고 한마디 해줄게.
A : 무슨 충고인데요?
Q : 「아는 것이 힘이다」 라잖아? 넌 아직 공부해야 돼. 그리고 확실하게 배워야 돼.
A : 충고 감사합니다.

| 좋게 생각하세요. |

PATTERN DRILL

➡ 往好处想。
wǎng hǎo chù xiǎng

你还是往好里想，苦恼解决不了问题。
nǐ hái shì wǎng hǎo lǐ xiǎng　kǔ nǎo jiě jué bù liǎo wèn tí
그래도 좋게 생각하세요. 고민은 문제를 해결하지 못해요.

就算面临危机也得往好处想。
jiù suàn miàn lín wēi jī　yě děi wǎng hǎo chù xiǎng
위기에 직면해도 좋게 생각해야 합니다.

天无绝人之路，会有办法的。
tiān wú jué rén zhī lù　huì yǒu bàn fǎ dè
하늘이 무너져도 솟아날 구멍이 있다고 하는데 방법이 있을 거야.

塞翁失马，焉知非福。
sāi wēng shī mǎ　yān zhī fēi fú
인간지사 새옹지마라.

你要是不放弃，还是有希望的。
nǐ yào shì bù fàng qì　hái shì yǒu xī wàng dè
네가 만약 포기하지 않는다면 희망은 있는 거야.

EXample

Q : 我这次算彻底失败了。
wǒ zhè cì suàn chè dǐ shī bài le

A : 怎么了?
zěn me le

Q : 我高考落榜了。
wǒ gāo kǎo luò bǎng le

A : 你还是往好处想吧，不是有"塞翁失马，焉知非福"
nǐ hái shì wǎng hǎo chù xiǎng ba　bú shì yǒu　sāi wēng shī mǎ　yān zhī fēi fú

这句话吗。
zhè jù huà ma

Q : 난 이번에 완전히 실패했어.
A : 왜?
Q : 대학시험에서 낙방했어.
A : 그래도 좋은 쪽으로 생각해. 새옹지마란 말도 있잖아.

171

| 서로 돕다. |

PATTERN DRILL

➡ 互相帮助。
hù xiāngbāng zhù

朋友之间得互相帮助。
péng yǒu zhī jiān děi hù xiāngbāng zhù
친구 사이는 서로 도와야 합니다.

我们得互相协助完成这个任务。
wǒ mén děi hù xiāng xié zhù wánchéng zhè ge rèn wù
우리는 서로 협조하면서 이 임무를 완수해야 합니다.

在平等互惠的原则下进行协商。
zài píngděng hù huì de yuán zé xià jìn xíng xié shāng
평등호혜의 원칙아래 협상을 진행합시다.

彼此相助，彼此爱护。
bǐ cǐ xiāng zhù　　bǐ cǐ ài hù
서로 돕고 서로 사랑합시다.

多为别人着想吧。
duō wéi bié rén zháoxiǎng ba
다른 사람을 위해 많이 생각하세요.

EXample

Q : 最近你们过得怎么样?
zuì jìn nǐ mén guò de zěn me yàng

A : 有点困难。
yǒu diǎn kùn nán

Q : 越是困难，你们越要互相帮助。
yuè shì kùn nán　　nǐ mén yuè yào hù xiāngbāng zhù

A : 明白了。
míng bái le

Q : 요즘 잘 지내요?
A : 조금 어려움이 있어요.
Q : 어려울수록 더욱 서로 도와야 해요.
A : 알겠습니다.

PATTERN DRILL

➠ 请原谅。
qǐngyuánliàng

_请包涵!
qǐng baō hán

이해해주세요.

_他取得了主人的谅解后在他家里住了一晚上。
tā qǔ dé le zhǔ rén dè liàng jiě hòu zài tā jiā lǐ zhù le yì wǎnshàng

그는 주인의 양해를 얻어 그의 집에 하룻밤을 묵었습니다.

_原谅我的无知吧。
yuánliàng wǒ dè wú zhī ba

저의 무지를 용서하세요.

_就饶我这一次吧。
jiù ráo wǒ zhè yí cì ba

한번만 용서해주십시오.

_真对不起，就饶恕我这一回吧。
zhēn duì bù qǐ   jiù ráo shù wǒ zhè yì huí ba

정말 죄송합니다. 저를 한번만 용서해주십시오.

EXample

Q : 请原谅，我迟到了。
qǐng yuánliàng   wǒ chí dào le

A : 没关系，我也是刚来。
méi guān xì   wǒ yě shì gāng lái

Q : 下次我一定准时来。
xià cì wǒ yī dìng zhǔn shí lái

A : 我也是。
wǒ yě shì

Q : 죄송합니다. 늦었습니다.
A : 아닙니다. 저도 방금 전에 왔습니다.
Q : 다음엔 꼭 제때에 오겠습니다.
A : 저도요.

PATTERN DRILL

➡ 照顾一次吧。
zhào gù yí cì ba

_就照顾一次吧。
jiù zhào gù yí cì ba
한번만 봐주세요.

_决不能照顾。
jué bù néng zhào gù
절대로 눈감아줄 수 없습니다.

_我不能假装不见。
wǒ bù néng jiǎ zhuāng bú jiàn
눈감아줄 수 없어.

_就帮我这一下吧。
jiù bāng wǒ zhè yí xià ba
한번 도와주세요.

_太感谢了，下次我一定请你吃饭。
tài gǎn xiè le xià cì wǒ yí dìng qǐng nǐ chī fàn
대단히 감사합니다. 다음에 꼭 식사 대접하겠습니다.

EXample

Q : 这个不行。
zhè gè bù xíng

A : 照顾一下吧。
zhào gù yí xià ba

Q : 好的，但下不为例啊。
hǎo de dàn xià bù wéi lì ā

A : 太感谢了，我该怎么报答你好呢?
tài gǎn xiè le wǒ gāi zěn me bào dá nǐ hǎo ne

Q : 이건 안 되는데.
A : 한번만 봐주세요.
Q : 좋아요. 하지만 이번이 마지막이에요.
A : 감사합니다. 어떻게 보답해드릴까요?

PATTERN DRILL

➡ 我必须得去吗？
wǒ bì xū děi qù ma

_请你明天按时到这儿来。
qǐng nǐ míng tiān àn shí dào zhè er lái

내일 제 때에 여기로 오세요.

_尽管下雨，他还是准时到了。
jìn guǎn xià yǔ   tā hái shì zhǔn shí dào le

비가 왔지만 그는 제 시간에 도착했어.

_你一定要来看我。
nǐ yí dìng yào lái kàn wǒ

나를 보러 꼭 와야 해.

_务必要记得我说的话，千万不要放弃。
wù bì yào jì de wǒ shuō de huà   qiān wàn bù yào fàng qì

내가 한 말을 꼭 기억해. 절대 포기하지 마.

_你必须得完成你的任务。
nǐ bì xū děi wánchéng nǐ de rèn wù

당신의 임무를 반드시 완수해야 합니다.

EXample

Q : 这次我必须得去吗?
zhè cì wǒ bì xū děi qù ma

A : 当然。
dāng rán

Q : 我能不能下次去?
wǒ néng bù néng xià cì qù

A : 不行。
bù xíng

Q : 이번에 꼭 가야 합니까?
A : 물론이죠
Q : 다음에 가면 안돼요?
A : 안됩니다.

PATTERN DRILL

注意。
zhù yì

你到哪儿都要注意言行。
nǐ dào nǎ er dōu yào zhù yì yán xíng
어디에 가든지 언행을 삼가야 합니다.

注意不要乱说话。
zhù yì bú yào luàn shuō huà
아무렇게나 말하지 않도록 조심하세요.

别这样，请你冷静。
bié zhè yàng qǐng nǐ lěng jìng
이러지 마세요. 냉정하십시오.

我们作为学生要注意言行。
wǒ mèn zuò wéi xué shēng yào zhù yì yán xíng
우리는 학생으로서 언행을 조심해야 돼.

提起精神来(镇静一下)!
tí qǐ jīng shén lái zhèn jìng yí xià
정신차려(진정해)!

EXample

Q : 出门在外你得事事小心谨慎。
chū mén zài wài nǐ děi shì shì xiǎo xīn jǐn shèn

A : 知道了。
zhī dào le

Q : 尤其要注意言行。
yóu qí yào zhù yì yán xíng

A : 明白了。
míng bái le

Q : 밖에 나가서는 모든 일에 조심해야 돼.
A : 알겠습니다.
Q : 특히 언행을 조심해야 해.
A : 알겠습니다.

| 됐어. | 그만해. |

PATTERN DRILL

➡ 算了。
suàn le

够了，别再说了！
gòu le　　bié zài shuō le
됐어. 더 이상 얘기하지 마!

算了，我已经看透你这个人了。
suàn le　　wǒ yǐ jīng kàn tòu nǐ zhè gè rén le
그만 뒤. 난 이미 너란 사람을 다 알았어.

不要再解释了，我都知道了。
bú yào zài jiě shì le　　wǒ dōu zhī dào le
더 이상 변명하지 마. 난 다 알고 있어.

不必再说了，我都明白。
bú bì zài shuō le　　wǒ dōu míng bái
더 이상 얘기하지 마. 다 알아.

已经都结束了。
yǐ jīng dū jié shù le
다 끝났어.

EXample

Q : 对不起了。
duì bù qǐ le

A : 你怎么能那么干?
nǐ zěn me néng nà me gàn

Q : 请你理解我。
qǐng nǐ lǐ jiě wǒ

A : 算了吧。
suàn le ba

Q : 미안했어.
A : 너 어떻게 그럴 수 있어?
Q : 날 이해해 줘.
A : 됐어.

PATTERN DRILL

➡ 同意你的意见。
tóng yì nǐ dè yì jiàn

你同意我去吗?
nǐ tóng yì wǒ qù mà

제가 가는 것에 동의합니까?

我不能同意你去。
wǒ bù néng tóng yì nǐ qù

저는 당신이 가는 것에 동의할 수 없습니다.

我赞成你的想法。
wǒ zàn chéng nǐ dè xiǎng fǎ

저는 당신의 견해에 동의합니다.

我们怎么总是意见不统一?
wǒ mèn zěn mè zǒng shì yì jiàn bù tǒng yī

우린 왜 언제나 의견이 서로 다르지유?

你只要取得他的批准就行, 我是无所谓。
nǐ zhǐ yào qǔ dé tā dè pī zhǔn jiù xíng   wǒ shì wú suǒ wèi

당신은 그의 허락만 받으면 됩니다. 저는 상관없습니다.

EXample

Q : 你同意我的看法吗?
nǐ tóng yì wǒ dè kàn fǎ ma

A : 同意。
tóng yì

Q : 那下一步怎么办好呢?
nà xià yī bù zěn mè bàn hǎo ne

A : 我们马上实行吧。
wǒ mèn mǎ shàng shí xíng ba

Q : 저의 의견에 동의합니까?
A : 동의합니다.
Q : 그럼 다음 단계는 어떻게 하면 좋죠?
A : 우리 당장 실행합시다.

| 나도 마찬가지야. |

PATTERN DRILL

➡ 我也一样。
wǒ yě yí yàng

_我也想去。
wǒ yě xiǎng qù
저도 가고 싶습니다.

_我也是。
wǒ yě shì
나도 그래.

_我也这么想。
wǒ yě zhè mè xiǎng
저도 그렇게 생각합니다.

_也祝你愉快。
yě zhù nǐ yú kuài
당신도 즐겁길 바랍니다.

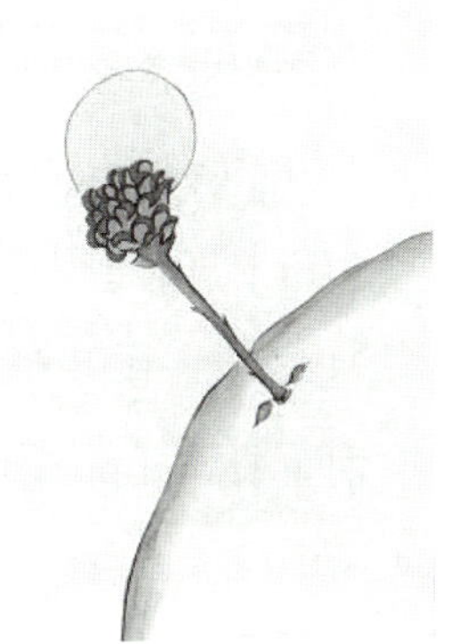

_我对他的看法和对你的看法一样。
wǒ duì tā dè kàn fǎ hé duì nǐ dè kàn fǎ yī yàng
저는 당신의 의견과 같습니다.

EXample

Q : 我有点想家了，你呢?
wǒ yǒu diǎn xiǎng jiā le nǐ ne

A : 我也一样。
wǒ yě yí yàng

Q : 你什么时候回家?
nǐ shén mè shí hòu huí jiā

A : 这个周末。
zhè gè zhōu mò

Q : 난 집 생각 좀 나. 너는?
A : 나도 마찬가지야.
Q : 언제 집에 가?
A : 이번 주말에 가.

PATTERN DRILL

➡ 谈得来。
tán de lái

_你跟他怎么样，谈得来吗?
nǐ gēn tā zěn me yàng tán de lái ma
당신은 그와 어때요, 서로 통해요?

_你们俩彼此相通吗?
nǐ mèn liǎ bǐ cǐ xiāngtōng ma
당신네 둘은 서로 통해요?

_我们俩挺谈得来。
wǒ mèn liǎ tǐng tán dè lái
저희 둘은 서로 말이 잘 통해요.

_你们俩有共同语言吗?
nǐ mèn liǎ yǒu gòngtóng yǔ yán ma
너희들은 말이 통해?

_我想的跟你一样。
wǒ xiǎng de gēn nǐ yí yàng
당신과 같은 생각입니다.

EXample

Q : 你和她处得怎么样了?
nǐ hé tā chù dè zěn mè yàng le

A : 还行，我们俩挺谈得来的。
hái xíng wǒ mèn liǎ tǐng tán dè lái dè

Q : 那打算什么时候办呢?
nà dǎ suànshén me shí hòu bàn ne

A : 你说结婚吗? 还早呢。
nǐ shuō jié hūn ma hái zǎo ne

Q : 당신은 그녀와 잘 사귀고 있어요?
A : 괜찮아요. 저희 둘은 얘기가 통하네요.
Q : 그럼 언제 치르실 거예요?
A : 결혼 말씀하시는 겁니까? 아직은 빨라요.

| 좋습니다. |

➡ 好的。
　hǎo de

_我跟你一起去好不好?
　wǒ gēn nǐ yì qǐ qù hǎo bù hǎo

제가 당신과 같이 가는 게 어때요?

_就一起去吧。
　jiù yì qǐ qù ba

같이 갑시다.

_既然那样, 就那么地吧。
　jì rán nà yàng　jiù nà me dì ba

그렇다면, 그렇게 결정합시다.

_就这么决定吧。
　jiù zhè me jué dìng ba

이렇게 결정합시다.

_就按你说的方法办吧。
　jiù àn nǐ shuō de fāng fǎ bàn ba

그럼 당신이 얘기한 방법대로 합시다.

Q : 我们怎么办好呢?
　　wǒ men zěn me bàn hǎo ne

A : 让我想一想。
　　ràng wǒ xiǎng yì xiǎng

Q : 你说采用成姬提出的办法怎么样?
　　nǐ shuō cǎi yòngchéng jī tí chū de bàn fǎ zěn me yàng

A : 好, 就这么决定吧。
　　hǎo　jiù zhè me jué dìng ba

Q : 우리 어떻게 하면 좋죠?
A : 생각 좀 해볼게요.
Q : 성희가 제시한 방법대로 하는 것이 어때요?
A : 좋습니다. 그럼 그렇게 결정합시다.

보증할 수 있다.

PATTERN DRILL

可以保证。
kě yǐ bǎo zhèng

_你敢保证吗?
nǐ gǎn bǎo zhèng mà
보증할 수 있어요?

_我可以担保。
wǒ kě yǐ dān bǎo
제가 담보할 수 있어요.

_我们要对自己的行为承担责任。
wǒ mén yào duì zì jǐ dè xíng wéi chéng dān zé rèn
우리는 우리의 행위에 대해 책임을 져야 합니다.

_您能承担责任吗?
nín néng chéng dān zé rèn ma
책임질 수 있습니까?

_你能保障我们的安全吗?
nǐ néng bǎo zhàng wǒ mén dè ān quán ma
우리들의 안전을 보장할 수 있습니까?

EXample

Q : 你的想法挺新颖的。
nǐ dè xiǎng fǎ tǐng xīn yǐng dè

A : 谢谢。
xiè xiè

Q : 你敢保证你的想法是对的吗?
nǐ gǎn bǎo zhèng nǐ dè xiǎng fǎ shì duì dè ma

A : 我敢保证。
wǒ gǎn bǎo zhèng

Q : 당신의 아이디어는 꽤 새롭군요.
A : 감사합니다.
Q : 당신의 생각이 옳다고 보증할 수 있나요?
A : 제가 보증합니다.

｜맞습니다.｜

PATTERN DRILL

➥ 没错。
méi cuò

_你说的对。
nǐ shuō dè duì
네 말이 맞아.

_他确确实实是个好人。
tā què què shí shí shì gè hǎo rén
그는 확실히 좋은 사람이야.

_确实不错。
què shí bú cuò
확실히 좋아.

_他确实是个男子汉大丈夫。
tā què shí shì gè nán zǐ hàn dà zhàng fū
그는 확실히 사내대장부야.

_他踢球没得说，简直是个天才。
tā tī qiú méi dè shuō jiǎn zhí shì gè tiān cái
그는 축구를 매우 잘해. 그야말로 천재야.

EXample

Q : 这次谁赢了？
zhè cì shéi yíng le

A : 我赢了。
wǒ yíng le

Q : 赢家真是你吗？
yíng jiā zhēn shì nǐ ma

A : 没错。
méi cuò

Q : 이번에 누가 이겼죠?
A : 제가 이겼습니다.
Q : 이긴 사람이 정말 당신입니까?
A : 틀림없습니다.

| 대단한 일이 아니다. |

PATTERN DRILL

➡ 不足为奇。
bù zú wéi qí

这个对我来说是个过分的奖赏。
zhè gè duì wǒ lái shuō shì gè guò fēn de jiǎngshǎng
이건 저한테 과분한 상입니다.

他那么用了功，考上大学也不足为奇。
tā nà me yòng le gōng kǎo shàng dà xué yě bù zú wéi qí
그가 그렇게 열심히 했는데 대학에 붙는 것도 당연해.

不是我夸大其词，是事实。
bú shì wǒ kuā dà qí cí shì shì shí
내가 과장해 말한 것이 아니라 사실이야.

不是我夸张，本来就是这样的。
bú shì wǒ kuā zhāng běn lái jiù shì zhè yàng de
내가 과장한 것이 아니라 원래 이런 것이야.

我所说的只是事实，信不信由你。
wǒ suǒ shuō de zhǐ shì shì shí xìn bú xìn yóu nǐ
내가 한 말은 사실일 뿐이야. 믿고 안 믿는 것은 너한테 달렸어.

EXample

Q : 上学期他得了第一名。
shàng xué qī tā dé le dì yī míng

A : 是吗? 我早猜到了。
shì ma wǒ zǎo cāi dào le

Q : 怎么猜到的?
zěn me cāi dào de

A : 他平时那么用功，猜他得第一也不足为奇。
tā píng shí nà me yònggōng cāi tā dé dì yī yě bù zú wéi qí

Q : 지난 학기에 그가 일등을 했어요
A : 그래요? 저 이미 그럴 줄 알았어요
Q : 어떻게요?
A : 그가 평시에 그렇게 열심히 했는데 그가 일등을 한다고 해도 놀랄 건 없죠

| 절대 안 된다. |

PATTERN DRILL

➥ 绝对不行。
jué duì bú xíng

_那是绝对不可以的。
nà shì jué duì bù kě yǐ de

그건 절대 안 돼.

_抽烟是绝对禁止的。
chōu yān shì jué duì jìn zhǐ de

담배 피는 것은 절대 금지입니다. (절대 금연입니다.)

_我是不会相信你的，除非太阳从西边出来。
wǒ shì bú huì xiāng xìn nǐ de   chú fēi tài yáng cóng xī biān chū lái

해가 서쪽에서 뜬다고 해도 난 너를 믿지 않아.

_那怎么可能(绝对不可能)呢?
nà zěn me kě néng jué duì bù kě néng ne

그게 어떻게 가능해?

_大家都绝不希望让你冒险。
dà jiā dōu jué bù xī wàng ràng nǐ mào xiǎn

모두들 네가 모험하는 것을 절대로 바라지 않아.

EXample

Q : 我可不可以不上学啊?
wǒ kě bù kě yǐ bú shàng xué ā

A : 怎么了，你不上的好好都吗?
zěn me le   nǐ bú shàng de hǎo hǎo dōu má

Q : 我想早点出去找工作。
wǒ xiǎng zǎo diǎn chū qù zhǎo gōng zuò

A : 不可以，你还小，要学的还很多。
bù kě yǐ   nǐ hái xiǎo   yào xué de hái hěn duō

Q : 저 학교를 그만 둬도 돼요?
A : 왜? 잘 다니고 있잖아.
Q : 일찍이 나가서 일하고 싶어요
A : 안 돼. 너 아직 어려서 배워야 할 것들이 너무 많아.

_쇼윈도	橱窗(chú chuāng)
_쇼크	休克(xiū kè), 昏迷(hūn mí)
_슈퍼마켓	超级市场(chāo jí shì chǎng)
_슈퍼맨	超人(chāo rén)
_슛	射门(shè mén)
_스위치	开关(kāi guān)
_스카프	丝巾(sī jīn)
_스튜어디스	空中小姐(kōng zhōng xiǎo jiě)
_스파게티	意大利面条(yì dà lì miàn tiáo)
_슬리퍼	拖鞋(tuō xié)
_시거(담배)	雪茄(xuě jiā)
_시멘트	水泥(shuǐ ní)
_아르바이트	勤工俭学(qín gōng jiǎn xué)
_아스팔트	柏油马路(bǎi yóu mǎ lù)
_아파트	公寓(gōng yù)
_안테나	天线(tiān xiàn)
_에어컨	空调(kōng tiáo)
_에이즈	爱滋病(ài zī bìng)
_엔진	引擎(yǐn qíng)
_엘리베이터	电梯(diàn tī)
_오토바이	摩托车(mó tuō chē)
_오페라	歌剧(gē jù)
_온라인	联机(lián jī)
_올림픽	奥运会(ào yùn huì)
_와트	瓦特(wǎ tè), 瓦(wǎ)

PART 6

식사에 관한 표현

인간은 식사를 하면서 대화를 나눌 때가 가장 마음이 편하다고 합니다. 그래서 사람들은 식사를 통해서 여러 가지 의견이나 대화를 나누게 됩니다. 식사에 대한 다양한 표현을 익혀 좀더 친숙해지도록 합시다.

| 中国요리를 좋아합니까? |

중국요리를 좋아하느냐고 물을 때는「你爱吃中国菜吗?」라고도 말합니다.「爱」와「喜欢」
뒤에 동사가 붙을 때에는「～하기를 좋아하다」는 뜻을 가진 문형이 됩니다.

PATTERN DRILL

➡ 你喜欢吃中国菜吗？
nǐ xǐ huān chī zhōng guó cài ma

他很喜欢吃中国菜。
tā hěn xǐ huān chī zhōng guó cài

나는 중국요리를 아주 즐겨먹습니다.

这些天流行起韩食了。
zhè xiē tiān liú xíng qǐ hán shí le

요즘은 한식이 유행이더구나.

日食光有外表，不怎么好吃。
rì shí guāng yǒu wài biǎo　 bù zěn me hǎo chī

일식은 색깔만 고울 뿐 맛은 없습니다.

想吃得过瘾，还得吃中餐。
xiǎng chī de guò yǐn　 hái děi chī zhōng cān

잘 먹으려면 그래도 중국음식을 먹어야 합니다.

我也偶尔吃西餐。
wǒ yě ǒu ěr chī xī cān

나도 가끔 양식을 먹습니다.

EXample

Q : 你吃过中国菜吗?
nǐ chī guò zhōng guó cài ma

A : 去年去中国旅行的时候我吃过。
qù nián qù zhōng guó lǚ xíng de shí hòu wǒ chī guò

Q : 你觉得中国菜怎么样?
nǐ jué de zhōng guó cài zěn me yàng

A : 我觉得很好吃，我很喜欢吃。
wǒ jué de hěn hǎo chī　 wǒ hěn xǐ huān chī

Q : 중국요리를 먹어본 적이 있니?
A : 작년에 중국으로 여행 갔을 때 먹은 적이 있어.
Q : 중국요리 맛이 어떠니?
A : 아주 맛있었어. 아주 좋아해.

이 근처에 한식점이 있습니까?

PATTERN DRILL

➥ 这附近有韩式餐厅吗？
zhè fù jìn yǒu hán shì cān tīng ma

这附近有西餐厅吗？
zhè fù jìn yǒu xī cān tīng ma

이 부근에 레스토랑이 있습니까?

晚上去川菜馆吃饭。
wǎn shàng qù chuān cài guǎn chī fàn

저녁에는 사천음식점에 가서 먹자.

这附近有日式餐厅吗？
zhè fù jìn yǒu rì shì cān tīng ma

이 근처에 일식집이 있나요?

去日式餐厅吃生鱼片。
qù rì shì cān tīng chī shēng yú piàn

일식집에 가서 생선회를 먹읍시다.

我想去西餐馆吃牛排。
wǒ xiǎng qù xī cān guǎn chī niú pái

레스토랑에 가서 스테이크를 먹고 싶습니다.

EXample

Q : 这附近有韩式餐厅吗？
zhè fù jìn yǒu hán shì cān tīng ma

A : 这附近没有韩式餐厅。
zhè fù jìn méi yǒu hán shì cān tīng

Q : 有川菜馆吗？
yǒu chuān cài guǎn ma

A : 前面不远有一家。
qián miàn bù yuǎn yǒu yī jiā

Q : 이 근처에 한식점이 있습니까?
A : 이 근처에는 한식점이 없습니다.
Q : 사천음식점은 있습니까?
A : 바로 앞에 있습니다.

189

| 나는 햄버거를 먹겠어. |

「要」는 우리말의 「～하려고 하다」는 뜻으로 의지를 나타낼 때 쓰입니다. 또한 「想」과 동
사를 함께 써도 그 동작을 하려는 의지를 나타낼 수 있습니다.

PATTERN DRILL

➡ 我要吃汉堡包。
wǒ yào chī hàn bǎo bao

_你要吃什么?
nǐ yào chī shén me

뭘 먹고 싶니?

_我想喝咖啡。
wǒ xiǎng hē kā fēi

커피를 마시고 싶습니다.

_我不想吃面包。
wǒ bù xiǎng chī miàn bao

빵은 먹고 싶지 않습니다.

_去快餐店吃汉堡包。
qù kuài cān diàn chī hàn bǎo bao

패스트푸드점에 가서 햄버거를 먹읍시다.

_我很想吃比萨饼。
wǒ hěn xiǎng chī bǐ sā bǐng

나는 피자를 먹고 싶습니다.

EXample

Q : 你要吃什么?
nǐ yào chī shén me

A : 我要吃汉堡包, 你呢?
wǒ yào chī hàn bǎo bao   nǐ ne

Q : 我要吃三明治。
wǒ yào chī sān míng zhì

Q : 뭘 먹고 싶니?
A : 나는 햄버거 먹겠어. 너는?
Q : 나는 샌드위치 먹겠어.

PATTERN DRILL

➥ 我要预定。
wǒ yào yù dìng

_请问是福满堂饭店吗，你们那儿可以预定吗?
qǐng wèn shì fú mǎntáng fàn diàn ma　　nǐ mèn nà ér kě yǐ yù dìng ma

「복만당」 음식점인가요? 예약할 수 있나요?

_我要预定包房。
wǒ yào yù dìng baō fáng

룸으로 예약하겠습니다.

_我要预定靠近窗户的餐桌。
wǒ yào yù dìng kào jìn chuāng hù dè cān zhuō

창문 쪽 테이블로 부탁합니다.

_晚上七点去。
wǎnshàng qī diǎn qù

저녁 7시에 가고자 합니다.

_预定人数是五个人。
yù dìng rén shù shì wǔ gè rén

예약 인원수는 다섯 명입니다.

EXample

Q : 我要预定，有空席吗?
wǒ yào yù dìng　　yǒu kōng xí ma

A : 有，你们一共几位?
yǒu　　nǐ mèn yī gòng jǐ wèi

Q : 我们一共六个人。
wǒ mèn yī gòng liù gè rén

A : 请问你们几点到?
qǐng wèn nǐ mèn jǐ diǎn dào

Q : 我们晚上六点半左右过去。
wǒ mèn wǎnshàng liù diǎn bàn zuǒ yòu guò qù

Q : 예약을 부탁합니다. 빈 자리가 있습니까?
A : 있습니다. 몇 분이세요?
Q : 모두 여섯 명입니다.
A : 몇 시에 오시겠습니까?
Q : 저녁 여섯 시 반 무렵에 가려고 합니다.

PATTERN DRILL

➡ 您要按什么样的标准预定？
nín yào àn shén me yàng de biāozhǔn yù dìng

_按每人二百元的标准预定。
àn měi rén èr bǎi yuán de biāozhǔn yù dìng

일인당 200원 기준으로 하겠습니다.

_您要预定几桌？
nín yào yù dìng jǐ zhuō

몇 테이블 예약을 원하십니까?

_我要预定两桌。
wǒ yào yù dìng liǎng zhuō

두 테이블 예약하고 싶습니다.

_我要预定套餐。
wǒ yào yù dìng tào cān

세트메뉴로 예약하겠습니다.

_按每人一百元标准预定。
àn měi rén yī bǎi yuán biāozhǔn yù dìng

일인당 100원 기준으로 예약을 부탁합니다.

EXample

Q : 您要按什么样的标准预定?
nín yào àn shén me yàng de biāozhǔn yù dìng

A : 按每人一百圆标准预定。
àn měi rén yī bǎi yuán biāozhǔn yù dìng

Q : 您预定几桌?
nín yù dìng jǐ zhuō

A : 我要预定两桌。
wǒ yào yù dìng liǎng zhuō

Q : 어떤 기준으로 예약을 원하십니까?
A : 개인당 100원 기준으로 하고 싶습니다.
Q : 몇 테이블 예약하시겠습니까?
A : 두 테이블 예약하겠습니다.

PATTERN DRILL

➡ 有空桌吗？
yǒu kōngzhuō ma

_我没有预定，有空桌吗？
wǒ méi yǒu yù dìng　　yǒu kōngzhuō ma

예약을 하지 않았는데, 빈 좌석은 있습니까?

_我下午已经预定了。
wǒ xià wǔ yǐ jīng yù dìng le

오후에 이미 예약했습니다.

_对不起，已经客满了，您能等半个小时吗？
duì bù qǐ　　yǐ jīng kè mǎn le　　nín néng děng bàn ge xiǎo shí ma

죄송합니다만, 자리가 다 찼습니다. 30분 정도 기다리실 수 있습니까?

_还有空桌，请跟我来。
hái yǒu kōngzhuō　　qǐng gēn wǒ lái

빈 좌석이 있습니다. 이쪽으로 오십시오.

_这个座位怎么样？
zhè ge zuò wèi zěn mè yàng

이 좌석은 어떻습니까?

_现在已经满了，没有空桌。
xiàn zài yǐ jīng mǎn le　　méi yǒu kōngzhuō

지금은 자리가 다 차서 좌석이 없습니다.

EXample

Q : 欢迎光临，您预定了吗？
huān yíng guāng lín　　nín yù dìng le ma

A : 我没有预定，有空桌吗？
wǒ méi yǒu yù dìng　　yǒu kōngzhuō ma

Q : 有，请跟我来。
yǒu　　qǐng gēn wǒ lái

Q : 어서 오십시오 예약은 하셨습니까?
A : 예약을 안 했습니다. 빈 좌석이 있습니까?
Q : 있습니다. 이쪽으로 오십시오

| 좌석을 바꾸고 싶습니다. |

PATTERN DRILL

➡ 我要换位子。
wǒ yào huàn wèi zi

_我不喜欢这个位子。
wǒ bù xǐ huān zhè ge wèi zi
이 좌석은 별로 마음에 들지 않습니다.

_我要换到那个位子。
wǒ yào huàn dào nà ge wèi zi
저 좌석으로 바꾸고 싶습니다.

_您要换到哪儿?
nín yào huàn dào nǎ ér
어디로 바꾸겠습니까?

_我要靠近窗户的位子。
wǒ yào kào jìn chuāng hù de wèi zi
창가 쪽 좌석으로 부탁합니다.

_有没有单间?
yǒu méi yǒu dān jiān
룸은 있습니까?

_我要换到安静的地方。
wǒ yào huàn dào ān jìng de dì fāng
조용한 곳으로 바꾸고 싶습니다.

EXample

Q : 服务员, 我要换位子。
fú wù yuán   wǒ yào huàn wèi zi

A : 您要换到哪儿?
nín yào huàn dào nǎ ér

Q : 这里太暗了, 我要靠近窗户的位子。
zhè lǐ tài àn le   wǒ yào kào jìn chuāng hù de wèi zi

Q : 여기요. 좌석을 바꾸고 싶은데요
A : 어디로 바꾸겠습니까?
Q : 이쪽은 너무 어두운 것 같아요. 창가 쪽 좌석으로 바꿔주세요.

주문하고 싶습니다.

PATTERN DRILL

➥ 我要点菜。
wǒ yào diǎn cài

_请给我菜单。
qǐng gěi wǒ cài dān
메뉴를 주십시오.

_先生, 请您点菜。
xiānshēng qǐng nín diǎn cài
손님, 주문하시겠습니까?

_我先要看菜单。
wǒ xiān yào kàn cài dān
메뉴를 보여주세요.

_您要点什么菜?
nín yào diǎn shén mè cài
어떤 요리를 주문하겠습니까?

_我想点套菜。
wǒ xiǎng diǎn tào cài
정식세트를 주문하겠습니다.

EXample

Q : 先生请您点菜。
xiānshēng qǐng nín diǎn cài

A : 我先看菜单, 菜单在哪里?
wǒ xiān kàn cài dān cài dān zài nǎ lǐ

Q : 菜单在这里, 给您。
cài dān zài zhè lǐ gěi nín

A : 你们这里最拿手的是什么菜?
nǐ mèn zhè lǐ zuì ná shǒu dè shì shén mè cài

Q : 我们这里最拿手的是清蒸鲤鱼。
wǒ mèn zhè lǐ zuì ná shǒu dè shì qīng zhēng lǐ yú

Q: 손님 주문하시겠습니까?
A: 먼저 메뉴를 보여주세요. 메뉴가 어디 있습니까?
Q: 메뉴는 여기 있습니다.
A: 이 음식점에서 제일 잘 하는 요리는 어떤 것입니까?
Q: 저희가 제일 잘 하는 것은 잉어찜입니다.

PATTERN DRILL

➥ 等一会儿再点。
děng yí huì ér zài diǎn

_您现在就点吗?
nín xiàn zài jiù diǎn ma

지금 주문하시겠습니까?

_人还没有到，等一会儿再点。
rén hái méi yǒu dào　děng yí huì ér zài diǎn

사람이 아직 오지 않았습니다. 좀 있다가 주문하죠.

_人还没有来齐，请稍等。
rén hái méi yǒu lái qí　qǐng shāo děng

사람들이 다 오지 않았습니다. 좀 기다려주세요.

_还有人要来。
hái yǒu rén yào lái

오실 분들이 더 있습니다.

_等都来了再点。
děng dōu lái le zài diǎn

다 온 다음에 주문하죠.

_还要等一个人，再等一会儿。
hái yào děng yí ge rén　zài děng yí huì ér

아직도 한 명 더 기다려야 합니다. 좀 더 기다려주세요.

EXample

Q : 您要点菜吗?
nín yào diǎn cài ma

A : 人还没到齐，等一会儿再点。
rén hái méi dào qí　děng yī huì ér zài diǎn

Q : 주문하시겠습니까?
A : 사람들이 다 안 왔습니다. 좀 있다가 하죠

| 이 지역의 명물요리는 있습니까? |

PATTERN DRILL

➡ 有本地名菜吗？
yǒu běn dì míng cài ma

_你们这儿最拿手的菜是什么？
nǐ men zhè ér zuì ná shǒu dè cài shì shén mè

당신들이 제일 잘하는 요리는 무엇입니까?

_这儿有什么拿手好菜？
zhè ér yǒu shén mè ná shǒu hǎo cài

이곳의 일품요리는 어떤 것이 있습니까?

_你们这里有本地名菜吗？
nǐ men zhè lǐ yǒu běn dì míng cài ma

이 고장의 명물요리가 있습니까?

_这是什么菜？
zhè shì shén mè cài

이것은 무슨 요리입니까?

_我们这里的本地名菜是红烧猪肉。
wǒ men zhè lǐ dè běn dì míng cài shì hóngshāo zhū ròu

이곳의 명물요리는 「돼지고기구이」요리입니다.

_素菜有哪些？
sù cài yǒu nǎ xiē

야채요리에는 어떤 것이 있습니까?

EXample

Q : 你们这里有本地名菜吗？
nǐ men zhè lǐ yǒu běn dì míng cài ma

A : 有，我们这里的名菜是红烧肘子。
yǒu wǒ men zhè lǐ dè míng cài shì hóngshāozhǒu zǐ

Q : 那我要一盘红烧肘子。
nà wǒ yào yī pán hóngshāozhǒu zǐ

Q : 이 지역의 명물요리가 있습니까?
A : 있습니다. 이곳의 명물요리는 돼지족발 튀김요리가 있습니다.
Q : 그럼 돼지족발 튀김요리 하나 주세요

| 뭘 마시겠습니까? |

PATTERN DRILL

➡ 你们喝什么？
nǐ mèn hē shén mè

_请给我们五瓶啤酒。
qǐng gěi wǒ mèn wǔ píng pí jiǔ

맥주 다섯 병 주세요.

_这儿有哪些啤酒？
zhè ér yǒu nǎ xiē pí jiǔ

여기에는 어떤 맥주가 있습니까?

_白酒有哪些？
bái jiǔ yǒu nǎ xiē

백주는 어떤 것이 있습니까?

_要三瓶啤酒。
yào sān píng pí jiǔ

맥주 세 병 주세요.

_要一瓶茅台酒。
yào yī píng máo tái jiǔ

모태주 한 병 주세요.

EXample

Q : 你们喝什么？
nǐ mèn hē shén mè

A : 你们这里有哪些啤酒？
nǐ mèn zhè lǐ yǒu nǎ xiē pí jiǔ

Q : 有雪花，五星，青岛啤酒。
yǒu xuě huā　wǔ xīng　qīng dǎo pí jiǔ

A : 要五瓶青岛啤酒。
yào wǔ píng qīng dǎo pí jiǔ

Q : 무엇을 마시겠습니까?
A : 이 음식점에 맥주는 어떤 것이 있습니까?
Q : 설화, 오성, 청도 등 맥주가 있습니다.
A : 청도맥주 다섯 병 주세요.

| 살짝 구워주십시오. |

➡ **请烤得嫩点。**
qǐng kǎo de nèn diǎn

这道菜要怎么做呢?
zhè dào cài yào zěn me zuò ne
이 요리는 어떻게 해드릴까요?

我喜欢烤得熟一点。
wǒ xǐ huān kǎo de shú yì diǎn
저는 완전히 구운 것을 좋아합니다.

请烤得嫩一点，烤太久了不好吃。
qǐng kǎo de nèn yì diǎn　kǎo tài jiǔ le bù hǎo chī
저는 살짝 구운 것을 좋아합니다. 많이 구우면 맛이 없어요.

我喜欢吃甜的，要做得甜点。
wǒ xǐ huān chī tián dè　yào zuò de tián diǎn
저는 단 것을 좋아합니다. 좀 달게 해주세요.

我不能吃辣的，少放辣椒。
wǒ bù néng chī là dè　shǎo fàng là jiāo
매운 것을 못 먹어요. 고추를 적게 넣어주세요.

请做得淡一点，我不喜欢太咸的。
qǐng zuò de dàn yì diǎn　wǒ bù xǐ huān tài xián dè
담백하게 해주세요. 너무 짠 것은 좋아하지 않습니다.

Q : **牛排要怎么做?**
niú pái yào zěn me zuò

A : **请烤得嫩点。**
qǐng kǎo de nèn diǎn

Q : 스테이크는 어떻게 해드릴까요?
A : 살짝 구워주세요

이것은 제가 주문한 것이 아닙니다.

PATTERN DRILL

➡ 这不是我们点的菜。
zhè bú shì wǒ mén diǎn dè caì

_你搞错了，我们没点这个菜。
nǐ gǎo cuò le　wǒ mén méi diǎn zhè gè caì
잘못 나온 것 같습니다. 우리는 이 요리를 주문하지 않았습니다.

_对不起，现在就给您换。
duì bù qǐ　xiàn zài jiù gěi nín huàn
죄송합니다. 지금 곧 바꿔드리겠습니다.

_我们点的菜什么时候来?
wǒ mén diǎn dè caì shén mè shí hòu lái
우리가 주문한 요리는 언제 나옵니까?

_我们点的菜还要等多久?
wǒ mén diǎn dè caì hái yào děng duō jiǔ
우리가 주문한 요리는 얼마나 더 기다려야 합니까?

_我想换我们点的菜。
wǒ xiǎng huàn wǒ mén diǎn dè caì
주문한 요리를 바꾸고 싶은데요.

_还有一道菜没上。
hái yǒu yí dào caì méi shàng
아직 요리 한 가지가 나오지 않았습니다.

EXample

Q : 先生您有什么事?
　　xiān shēng nín yǒu shén mè shì

A : 这不是我们点的菜, 你们上错了。
　　zhè bù shì wǒ mén diǎn dè caì　nǐ mén shàng cuò le

Q : 对不起, 我们没注意到, 现在就给您换。
　　duì bù qǐ　wǒ mén méi zhù yì dào　xiàn zài jiù gěi nín huàn

Q : 손님, 무슨 일이세요?
A : 이것은 우리가 주문한 요리가 아닙니다. 잘못 나온 것 같습니다.
Q : 죄송합니다. 주의가 소홀했습니다. 지금 곧 바꿔드리지요.

이 요리는 맛이 어떻습니까?

PATTERN DRILL

➡ 这道菜味道怎么样？
zhè dào cài wèi dào zěn me yàng

这道菜好不好吃？
zhè dào cài hǎo bù hǎo chī

이 요리는 맛있습니까?

这个很好吃。
zhè gè hěn hǎo chī

이것은 아주 맛있습니다.

这道菜好吃是好吃，就是有点辣。
zhè dào cài hǎo chī shì hǎo chī   jiù shì yǒu diǎn là

이 요리는 맛있기는 합니다만, 좀 맵습니다.

简直太好吃了。
jiǎn zhí tài hǎo chī le

무척 맛있습니다.

油太多了，有点腻。
yóu tài duō le   yǒu diǎn nì

기름이 너무 많이 들어가서 좀 느끼합니다.

EXample

Q : 这道菜味道怎么样?
zhè dào cài wèi dào zěn me yàng

A : 我觉得很好吃，色香味俱全。
wǒ jué dé hěn hǎo chī   sè xiāng wèi jù quán

Q : 那你多吃点。
nà nǐ duō chī diǎn

Q : 이 요리의 맛은 어떻습니까?
A : 아주 맛있습니다. 색깔, 향, 맛 모두 일품입니다.
Q : 그럼 많이 드십시오

PATTERN DRILL

➡ 这道菜很香。
zhè dào cài hěn xiāng

你做的这道菜很香。
nǐ zuò de zhè dào cài hěn xiāng

당신이 만든 이 요리는 참 맛있습니다.

这道菜真是香味扑鼻。
zhè dào cài zhēn shì xiāng wèi pū bí

이 요리는 참으로 향이 그윽합니다.

这到菜发出阵阵香味，肯定很好吃。
zhè dào cài fā chū zhènzhènxiāng wèi kěn dìng hěn hǎo chī

이 요리에서는 향기로운 냄새가 납니다. 맛있어 보이네요.

看着我都流口水了。
kàn zhe wǒ dōu liú kǒu shuǐ le

보기만 해도 군침이 돕니다.

闻起来很香。
wén qǐ lái hěn xiāng

아주 향기로운 냄새가 납니다.

你也闻一下，很香。
nǐ yě wén yí xià hěn xiāng

냄새를 맡아보세요. 아주 향기롭습니다.

EXample

Q : 闻一下味道。
wén yī xià wèi dào

A : 闻起来很香。
wén qǐ lái hěn xiāng

Q : 我也流口水了。
wǒ yě liú kǒu shuǐ le

Q : 냄새를 맡아봅시다.
A : 아주 향기로운 냄새가 납니다.
Q : 저도 군침이 막 돕니다.

| 이상한 냄새가 납니다. |

PATTERN DRILL

➡ 味道奇怪。
wèi dào qí guài

这个味道有点怪怪的。
zhè gè wèi dào yǒu diǎn guài guài de
이것은 냄새가 좀 이상합니다.

这里好象有某种怪味。
zhè lǐ hǎo xiàng yǒu mǒu zhǒng guài wèi
여기서 웬 이상한 냄새가 납니다.

已经变质了，发出怪味。
yǐ jīng biàn zhì le   fā chū guài wèi
이미 상해서 이상한 냄새가 납니다.

发出臭味。
fā chū chòu wèi
좋지 않은 냄새가 납니다.

味道奇怪，是不是变质了？
wèi dào qí guài   shì bú shì biàn zhì le
냄새가 이상합니다. 상한 거 아닙니까?

EXample

Q : 这是不是变了？
zhè shì bù shì biàn le

A : 怎么了？
zěn me le

Q : 好象有某种怪味。
hǎo xiàng yǒu mǒu zhǒng guài wèi

A : 我闻闻，好象变了，别吃了。
wǒ wén wén   hǎo xiàng biàn le   bié chī le

Q : 이거 잘못된 거 아닌가요?
A : 왜요?
Q : 웬 이상한 냄새가 납니다.
A : 제가 냄새를 맡아볼게요. 변질된 것 같습니다. 먹지 마십시오

PATTERN DRILL

➡ 没熟。
méi shou

土豆好像没熟。
tǔ dòu hǎo xiàng méi shú

이 감자는 덜 익었습니다.

这肉好像没熟透。
zhè ròu hǎo xiàng méi shú tòu

이 고기는 덜 익은 것 같습니다.

这牛肉有点硬。
zhè niú ròu yǒu diǎn yìng

이 소고기는 좀 질깁니다.

蒸了几个小时，终于熟透了。
zhēng le jǐ ge xiǎo shí　zhōng yú shú tòu le

몇 시간 동안이나 끓여서 이제 다 익었습니다.

火候没掌握好，熟得太厉害了。
huǒ hou méi zhǎng wò hǎo　shú de tài lì hài le

불을 제대로 조절하지 못했습니다. 너무 익었습니다.

好像煮过头了，有点烂了。
hǎo xiàng zhǔ guò tóu le　yǒu diǎn làn le

너무 끓였습니다. 좀 물컹거리는 것 같습니다.

EXample

Q : 这牛肉还是有点硬。
zhè niú ròu hái shì yǒu diǎn yìng

A : 好像还没熟透。
hǎo xiàng hái méi shú tòu

Q : 你等一下，我去再煮一下，再煮一会就可以。
nǐ děng yī xià　wǒ qù zài zhǔ yī xià　zài zhǔ yī huì jiù kě yǐ

Q : 이 소고기는 좀 질긴 것 같아.
A : 아직 덜 익은 것 같아.
Q : 좀 기다려. 가서 좀더 삶아야겠어. 조금만 더 삶으면 될 것 같아.

| 다 타버렸습니다. |

PATTERN DRILL

➡ 烧焦了。
shāo jiāo le

没整好火候，猪肉都糊了。
méi zhěng hǎo huǒ hou   zhū ròu dōu hú le

불을 잘못 조절하여 돼지고기가 타버렸습니다.

糟了，地瓜好像烧焦了。
zāo le   dì guā hǎo xiàng shāo jiāo le

야단났어. 고구마가 다 타버린 것 같아.

是不是烧什么东西，有烟味。
shì bù shì shāo shén me dōng xi   yǒu yān wèi

뭐 타는 거 아니야? 타는 냄새가 나는데.

味道呛人。
wèi dào qiāng rén

숨 막히는 냄새가 납니다.

有一股怪味，好像有什么东西糊了。
yǒu yī gǔ guài wèi   hǎo xiàng yǒu shén me dōng xi hú le

이상한 냄새가 나는구나. 무언가 타는 것 같아.

全烤焦了，吃不了了。
quán kǎo jiāo le   chī bù liǎo le

다 타버려서 먹을 수 없게 되었습니다.

EXample

Q : 哪儿烧东西吗?怎么有烟味。
nǎ ér shāo dōng xi ma   zěn me yǒu yān wèi

A : 糟了，好像我烤的地瓜烧焦了。
zāo le   hǎo xiàng wǒ kǎo dè dì guā shāo jiāo le

Q : 烤的时间太长了，你应该注意火候。
kǎo dè shí jiān tài cháng le   nǐ yīng gāi zhù yì huǒ hou

Q : 어디서 뭐 태우는 거 아닌가요? 타는 냄새가 나요
A : 야단났어. 구운 고구마가 타버린 것 같은데요
Q : 너무 오래 구운 것 같군요. 불을 제대로 조절해야죠

PATTERN DRILL

➡ 挑食。
tiāo shí

你太挑食了，挑食会影响身体健康。
nǐ tài tiāo shí le　tiāo shí huì yǐngxiǎng shēn tǐ jiàn kāng
너는 너무 음식을 가려. 음식을 가리면 건강에 해로워.

不要挑剔，有什么吃什么吧。
bú yào tiāo tī　yǒu shén me chī shén me ba
너무 가리지 말고 있는 대로 먹어라.

我弟弟爱偏食，身体也不太好。
wǒ dì dì ài piān shí　shēn tǐ yě bù tài hǎo
내 남동생은 편식을 해서 건강이 좋지 않습니다.

像你那样暴饮暴食会影响胃功能。
xiàng nǐ nà yàng bào yǐn bào shí huì yǐngxiǎng wèi gōngnéng
너처럼 한꺼번에 너무 많이 먹고 마시면 위의 부담을 줘.

你不要挑三捡四了，有什么吃什么。
nǐ bù yào tiāo sān jiǎn sì le　yǒu shén me chī shén me
너무 까다롭게 가리지 말고 아무거나 있는 대로 먹어야지.

EXample

Q : 你弟弟挑食吗?
nǐ dì dì tiāo shí ma

A : 我弟弟有点偏食。
wǒ dì dì yǒu diǎn piān shí

Q : 不能挑三捡四，要有什么吃什么。
bù néng tiāo sān jiǎn sì　yào yǒu shén me chī shén me

A : 我也这么说他，就是不听。
wǒ yě zhè me shuō tā　jiù shì bù tīng

Q : 네 남동생은 음식을 가리니?
A : 내 동생은 편식을 해.
Q : 편식을 하면 안 되지. 아무거나 잘 먹어야지.
A : 나도 그렇게 말하는데 말을 들어야지.

접시 하나 주세요.

PATTERN DRILL

➥ 我要一个碟子。
wǒ yào yī gè dié zǐ

_我要换一双筷子。
wǒ yàohuàn yì shuāngkuài zǐ
젓가락을 바꿔주세요

_请再拿一双筷子。
qǐng zài ná yī shuāngkuài zǐ
젓가락 하나 더 주세요

_请给我拿刀和叉子。
qǐng gěi wǒ ná dāo hé chā zǐ
나이프와 포크를 주세요

_来一杯水可以吗?
lái yī bēi shuǐ kě yǐ ma
물 한 컵 가져다줄 수 있나요?

_请给我拿餐巾纸。
qǐng gěi wǒ ná cān jīn zhǐ
티슈 좀 갖다 주세요.

EXample

Q : 服务员, 这个牛排吃不了。
fú wù yuán　zhè gè niú pái chī bù liǎo

A : 怎么了?
zěn mè le

Q : 没有刀和叉怎么吃? 请给我拿刀子和叉子。
méi yǒu dāo hé chā zěn mè chī　qǐng gěi wǒ ná dāo zǐ hé chā zǐ

A : 对不起, 忘了, 这就拿来。
duì bù qǐ　wàng le　zhè jiù ná lái

Q : 여기요, 이 스테이크를 먹을 수가 없어요
A : 무슨 일이세요?
Q : 나이프와 포크가 없이 어떻게 먹어요? 나이프와 포크를 갖다 주세요
A : 죄송합니다. 깜박했습니다. 곧 갖다 드릴게요

207

| 음식이 다 식었다. |

중국어에서 「黄瓜菜都凉了」는 「오이냉채도 다 식어버리겠다」는 뜻으로 행동이나 동작이
느린 사람을 비유하는 말로 많이 쓰입니다.

PATTERN DRILL

➡ 菜都凉了。
cài dōu liáng le

_你怎么还不过来，菜都凉了。
nǐ zěn me hái bú guò lái　　cài dōu liáng le
너는 왜 아직도 안 오니? 음식이 다 식겠다.

_你动作太慢了，黄瓜菜都凉了。
nǐ dòng zuò tài màn le　　huáng guā cài dōu liáng le
넌 행동이 너무 느려. 오이냉채도 다 식어버리겠다.

_菜凉了，要加热。
cài liáng le　　yào jiā rè
음식이 식었어. 데워야겠다.

_赶紧趁热吃吧，凉了就不好吃。
gǎn jǐn chèn rè chī ba　　liáng le jiù bù hǎo chī
식기 전에 먹어라. 식으면 맛이 없어.

_这个有点凉，我去热一下。
zhè ge yǒu diǎn liáng　　wǒ qù rè yī xià
이것은 좀 식은 것 같아. 내가 가서 데워 올게.

_快吃吧，菜要凉了。
kuài chī ba　　cài yào liáng le
빨리 먹어라. 식겠다.

EXample

Q : 快点趁热吃吧，菜都要凉了。
kuài diǎn chèn rè chī ba　　cài dōu yào liáng le

A : 你先吃吧。我过一会儿再吃。
nǐ xiān chī ba　　wǒ guò yī huì er zài chī

Q : 식기 전에 빨리 먹어라. 좀 있으면 식는다.
A : 너 먼저 먹어. 좀 있다 먹을게.

| 남은 걸 싸가겠습니다. |

중국에서는 식당에서 자신이 먹던 요리가 남았을 때 남은 것을 주머니에 싸 가지고 갈 수 있습니다. 이것을 중국어로 「打包」라고 합니다.

PATTERN DRILL

➥ 我要打包。
wǒ yào dǎ bāo

_打包回去。
dǎ bāo huí qù
싸가겠습니다.

_这里的剩菜我要带走。
zhè lǐ dè shèng caì wǒ yào dài zǒu
여기 남은 요리를 가져가겠습니다.

_找个袋子包吧, 我要打包。
zhǎo gè dài zǐ bāo ba   wǒ yào dǎ bāo
봉지에 넣어주세요. 남은걸 싸 가겠습니다.

_请给我包一下。
qǐng gěi wǒ bāo yí xià
이거 좀 싸주세요.

_剩下的我要带走。
shèng xià dè wǒ yào dài zǒu
남은 것을 가져가겠습니다.

EXample

Q : 有塑料袋吗?
yǒu sù liào dài ma

A : 您要做什么?
nín yào zuò shén mè

Q : 我要打包回家。
wǒ yào dǎ bāo huí jiā

A : 请稍等, 给您拿来。
qǐng shāoděng   gěi nín ná lái

Q : 비닐봉지가 있나요?
A : 뭐하시려고요?
Q : 남은걸 싸가지고 가려고요.
A : 잠시만 기다리세요. 갖다드릴게요.

PATTERN DRILL

吃饱了。
chī bǎo le

今天吃得真饱。
jīn tiān chī de zhēn bǎo
오늘 정말 배불리 먹었습니다.

我已经吃饱了。
wǒ yǐ jīng chī bǎo le
저는 이제 배가 부릅니다.

太好吃, 我有点吃撑了。
tài hǎo chī　 wǒ yǒu diǎn chī chēng le
너무 맛있어. 배가 터질 정도야.

我有点吃多了, 肚子受不了。
wǒ yǒu diǎn chī duō le　 dù zǐ shòu bù le
좀 과식한 것 같아. 더 이상 먹지 못하겠어.

肚子撑坏了。
dù zi chēng huài le
배가 터질 것 같습니다.

EXample

Q : 吃得怎么样?
chī de zěn me yàng

A : 太好吃了, 我吃饱了。
tài hǎo chī le　 wǒ chī bǎo le

Q : 不够再吃。
bù gòu zài chī

A : 我都吃撑了。
wǒ dōu chī chēng le

Q : 맛있게 드셨어요?
A : 너무 맛있습니다. 배가 부릅니다.
Q : 모자라면 더 드세요.
A : 이미 배가 터질 정도입니다.

PATTERN DRILL

➡ 饿死了。
è sǐ le

_没吃早饭，到中午有点饿。
méi chī zǎo fàn   dào zhōng wǔ yǒu diǎn è

아침을 먹지 않아서 점심때가 되니 배고파요.

_饿死我了，我已经饿了两顿。
è sǐ wǒ le   wǒ yǐ jīng è le liǎng dùn

배고파 죽겠어. 두 끼나 굶었어.

* 饿死了는 원래 「굶어 죽었다」는 뜻인데, 일반적으로 「배고파 죽겠다」는 뜻으로 쓰인다.

_看你吃的样子，好像饿了好几天。
kàn nǐ chī dè yàng zi   hǎo xiàng è le hǎo jǐ tiān

먹는 것을 보니 며칠 굶은 것 같구나.

_今天没吃早饭，肚子咕咕直叫。
jīn tiān méi chī zǎo fàn   dù zi gū gū zhí jiào

오늘 아침을 먹지 않았어. 배에서 꼬르륵 소리 나.

_你吃得太多了，好象饿鬼缠身。
nǐ chī de tài duō le   hǎo xiàng è guǐ chánshēn

너는 너무 많이 먹어. 굶어죽은 귀신이 붙은 것 같아.

EXample

Q : 早饭也没吃，饿死了。
zǎo fàn yě méi chī   è sǐ le

A : 慢点吃，好像饿鬼缠身。
màn diǎn chī   hǎo xiàng è guǐ chánshēn

Q : 实在太饿了，没办法。
shí zài tài è le   méi bàn fǎ

Q : 아침도 안 먹었어. 배고파서 죽겠어.
A : 천천히 먹어라. 굶은 귀신이 붙은 것 같다.
Q : 너무 배가 고파서 어쩔 수 없어.

PATTERN DRILL

➡ 没胃口。
méi wèi kǒu

这几天一直没胃口，吃不下饭。
zhè jǐ tiān yì zhí méi wèi kǒu　chī bú xià fàn
요 며칠 식욕이 없어서 밥을 잘 먹을 수가 없습니다.

增强食欲。
zēngqiáng shí yù
식욕을 키우다.

恢复食欲。
huī fù shí yù
식욕을 회복하다.

食欲下降。
shí yù xià jiàng
식욕이 떨어지다.

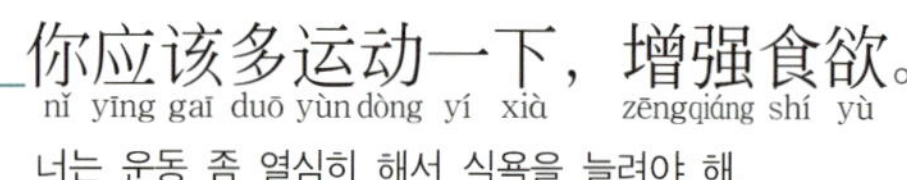

你应该多运动一下，增强食欲。
nǐ yīng gāi duō yùn dòng yí xià　zēngqiáng shí yù
너는 운동 좀 열심히 해서 식욕을 늘려야 해.

不想吃。
bù xiǎng chī
먹고 싶지 않습니다.

EXample

Q : 你怎么不吃啊?
nǐ zěn mè bù chī ā

A : 我没胃口。
wǒ méi wèi kǒu

Q : 出去活动一下，可能对恢复食欲有帮助。
chū qù huó dòng yī xià　kě néng duì huī fù shí yù yǒu bāng zhù

Q : 왜 먹지 않니?
A : 입맛이 없어.
Q : 나가서 운동하고 와라. 식욕을 회복하는데 도움이 될 거야.

| 밤참을 먹다. |

PATTERN DRILL

➥ 吃夜宵。
chī yè xiāo

_在宿舍，我们晚上常常吃夜宵。
zài sù shè　　wǒ mèn wǎn shàng cháng cháng chī yè xiāo
저는 기숙사에서 저녁에 밤참을 잘 먹습니다.

_夜宵吃多了会发胖的。
yè xiāo chī duō le huì fā pàng dè
밤참을 많이 먹으면 살찌기 쉽습니다.

_我喜欢吃零食。
wǒ xǐ huān chī líng shí
나는 군것질하기 좋아합니다.

_晚上我喜欢吃甜点。
wǎn shàng wǒ xǐ huān chī tián diǎn
저녁에 나는 케이크를 자주 먹습니다.

_没时间了，中午就吃快餐吧。
méi shí jiān le　　zhōng wǔ jiù chī kuài cān ba
시간이 없으니까, 점심에는 패스트푸드를 먹자.

EXample

Q : 你喜欢吃零食吗?
nǐ xǐ huān chī líng shí ma

A : 我很喜欢吃。
wǒ hěn xǐ huān chī

Q : 晚上吃不吃夜宵?
wǎn shàng chī bù chī yè xiāo

A : 晚上常常吃夜宵。
wǎn shàng cháng cháng chī yè xiāo

Q : 小心发胖。
xiǎo xīn fā pàng

Q : 군것질을 좋아하세요?
A : 좋아합니다.
Q : 저녁에 밤참은 먹으세요?
A : 저녁에 밤참을 자주 먹습니다.
Q : 살찌겠어요 조심하세요

干杯!

| 건배! | 건배합시다! |

중국에서도 우리와 마찬가지로 술을 마실 때 건배를 외치면서 잔을 부딪칩니다. 그러나 우리와 다른 점은 잔을 부딪치며 건배라고 외쳤을 때는 한 잔을 단숨에 마셔버려야 합니다.

PATTERN DRILL

➡ 干杯!
gān bēi

为了我们的友谊干杯。
wéi le wǒ mèn dè yǒu yì gān bēi
우리들의 우정을 위하여 건배합시다.

来，大家一起来干杯。
lái　　dà jiā yì qǐ lái gān bēi
자, 모두들 건배합시다.

感情深，一口闷。
gǎn qíng shēn　　yì kǒu mēn
감정이 돈독해졌으니 원샷을 합시다.

来，咱俩喝一杯。
lái　　zán liǎ hē yì bēi
자, 한 잔 합시다.

今天的酒特别好喝，再来一杯。
jīn tiān dè jiǔ tè bié hǎo hē　　zài lái yì bēi
오늘 술이 유달리 맛있네. 한 잔 더.

李教授，我来敬您一杯。
lǐ jiào shòu　　wǒ lái jìng nín yì bēi
이 교수님, 한 잔 드리겠습니다.

EXample

Q : 我们来举杯，大家干杯!
wǒ mèn lái jǔ bēi　　dà jiā gān bēi

A : 好，为大家的友谊干杯。
hǎo　　wéi dà jiā dè yǒu yì gān bēi

Q : 感情深，一口闷。
gǎn qíng shēn　　yì kǒu mēn

Q : 모두 잔을 들고 건배합시다.
A : 자 우리들의 우정을 위하여 건배합시다.
Q : 감정이 돈독해졌으니 원샷해야죠.

술에 취하다.

PATTERN DRILL

➡ 喝醉了。
hē zuì le

_我看他喝醉了。
wǒ kàn tā hē zuì le
그는 취한 것 같습니다.

_有点醉意。
yǒu diǎn zuì yì
약간 취기가 오릅니다.

_不胜酒力。
bú shèng jiǔ lì
술을 못 이깁니다.

_他喝得太多了，走路也东倒西歪。
tā hē de tài duō le zǒu lù yě dōng dǎo xī wāi
그는 너무 많이 마셔서 걸을 때도 비틀거립니다.

_失去知觉。
shī qù zhī jué
필름이 끊기다.

EXample

Q : 再喝一杯。
zài hē yī bēi

A : 不行，我已经醉了。
bù xíng wǒ yǐ jīng zuì le

Q : 你喝得不太多啊!
nǐ hē de bù tài duō ā

A : 我今天不胜酒力。
wǒ jīn tiān bù shèng jiǔ lì

Q : 더 마시지요
A : 안돼요. 이미 취했습니다.
Q : 많이 마시지도 않았는데요?
A : 오늘 술이 안 받는 것 같습니다.

215

| 2차 갑시다. |

PATTERN DRILL

➡ 换地方。
huàn dì fāng

我们找别的地方再喝吧。
wǒ mèn zhǎo bié de dì fāng zài hē ba

우리 장소를 바꾸어 더 마십시다.

改变一下气氛。
gǎi biàn yí xià qì fēn

분위기 바꾸다.

先喝到这里，咱们换个地方吧。
xiān hē dào zhè lǐ zán mèn huàn ge dì fāng ba

이제 여기서는 그만 마시고 장소를 바꿉시다.

去第二次
qù dì èr cì

2차 가다.

我不能再喝了。
wǒ bù néng zài hē liǎo

더 이상 못 마시겠습니다.

要少喝点。
yào shǎo hē diǎn

적당히 마십시다.

EXample

Q : 喝得差不多了，换地方吧。
hē de chā bù duō le huàn dì fāng ba

A : 好，去别的地方改变一下气氛。
hǎo qù bié de dì fāng gǎi biàn yī xià qì fēn

Q : 어지간히 마셨는데 자리를 바꾸자.
A : 좋아, 다른 곳에 가서 분위기 바꾸자.

| 그 사람은 술고래야. |

중국어에서는 「술고래」라는 표현이 두 가지 경우가 있는데, 보통 「酒鬼」는 얕잡아 보는 뜻이 담겨 있으며, 윗사람이 술을 잘 한다는 것을 표현할 때는 「海量」이라고 말합니다.

PATTERN DRILL

➡ 他是酒鬼。
tā shì jiǔ guǐ

李明真是酒鬼，每天都喝得烂醉。
lǐ míngzhēn shì jiǔ guǐ　　měi tiān dōu hē de làn zuì
이명은 술꾼이야. 매일 취해 가지고 다녀.

他是嗜酒如命的酒徒。
tā shì shì jiǔ rú mìng dè jiǔ tú
그는 술을 너무나 좋아하는 술꾼입니다.

他滴酒不沾，烟也不抽。
tā dī jiǔ bù zhān　yān yě bù chōu
그는 술 한 방울 입에 대지 않고, 담배도 피우지 않습니다.

我已经戒酒了，不喝酒。
wǒ yǐ jīng jiè jiǔ le　　bù hē jiǔ
나는 이제 술을 끊었어. 술은 안 마셔.

您真是海量，喝这么多还不醉。
nín zhēn shì haǐ liáng　　hē zhè mè duō hái bú zuì
술을 참 잘하시네요. 이렇게 많이 마시고 취하지 않으시니.

EXample

Q : 你今天怎么不喝酒?
nǐ jīn tiān zěn mè bù hē jiǔ

A : 我已经戒酒了。
wǒ yǐ jīng jiè jiǔ le

Q : 真是太阳从西边出来了，你这个酒鬼戒酒了?
zhēn shì tài yángcóng xī biān chū lái le　　nǐ zhè ge jiǔ guǐ jiè jiǔ le

A : 喝得太多有害健康。
hē de tài duō yǒu hài jiàn kāng

Q : 너 오늘 왜 술을 마시지 않니?
A : 나 이제 술을 끊었어.
Q : 해가 서쪽에서 뜨겠다. 너 같은 술고래가 술을 끊어?
A : 술을 너무 많이 마시면 건강에 해로우니까.

PATTERN DRILL

➥ 饭后吃什么点心？
fàn hòu chī shén me diǎn xīn

您饭后吃什么点心？
nín fàn hòu chī shén me diǎn xīn

식사 후 디저트는 무엇으로 하시겠습니까?

来点点心吧。
lái diǎn diǎn xīn ba

디저트를 드시죠.

我要喝咖啡。
wǒ yào hē kā fēi

저는 커피를 마시겠습니다.

上什么甜点？
shàng shén me tián diǎn

디저트는 무엇으로 드릴까요?

来点冰淇淋。
lái diǎn bīng qí lín

아이스크림으로 주세요.

我要喝茶。
wǒ yào hē chá

저는 차를 마시겠습니다.

EXample

Q：饭后吃什么点心？
fàn hòu chī shén me diǎn xīn

A：来点冰淇淋吧。
lái diǎn bīng qí lín ba

Q：디저트는 뭘 드시겠습니까?
A：아이스크림을 주세요.

제가 한턱낼게요.

PATTERN DRILL

➡ 我请客。
wǒ qǐng kè

今天我请你吃饭。
jīn tiān wǒ qǐng nǐ chī fàn

오늘은 제가 사겠습니다.

晚上一起吃饭吧。
wǎnshàng yī qǐ chī fàn ba

저녁에 함께 식사합시다.

你吃了吗, 一起吃饭吧。
nǐ chī le ma yī qǐ chī fàn ba

식사하셨어요? 함께 식사합시다.

今天晚上出去吃饭吧, 我请客。
jīn tiān wǎnshàng chū qù chī fàn ba wǒ qǐng kè

오늘 저녁 나가서 식사합시다. 제가 사겠습니다.

我请你吃饭。
wǒ qǐng nǐ chī fàn

제가 밥을 사겠습니다.

EXample

Q : 明天晚上有空吗?
míng tiān wǎnshàng yǒu kōng ma

A : 有空, 有什么事?
yǒu kōng yǒu shén me shì

Q : 明晚一起吃饭, 我请客。
míngwǎn yī qǐ chī fàn wǒ qǐng kè

A : 好, 我得好好吃一顿了。
hǎo wǒ dé hǎo hǎo chī yī dùn le

Q : 내일 저녁에 시간 있니?
A : 있어. 무슨 일인데?
Q : 내일 저녁 함께 식사나 하려고 내가 쏠게.
A : 좋아, 한 끼 잘 먹겠군.

| 마음껏 드십시오. |

➥ 请随便用。
qǐng suí biànyòng

_请随便用，不用客气。
qǐng suí biànyòng　　bú yòng kè　qì

마음껏 드십시오. 사양하실 필요가 없습니다.

_请慢用。
qǐngmànyòng

천천히 드십시오.

_请随便，点您喜欢吃的菜。
qǐng suí biàn　　diǎn nín　xǐ huān chī　de　cài

마음껏 드십시오. 드시고 싶은 요리를 말씀하십시오.

_请随便用，还有很多好吃的。
qǐng suí biànyòng　　hái yǒu hěn duō hǎo chī　de

마음껏 드십시오. 맛있는 음식이 많이 준비되어 있습니다.

_您再多吃点。
nín zài duō chī diǎn

좀 더 많이 드십시오.

Q : 请不要客气。
qǐng bù yào kè　qì

A : 我就不客气了。
wǒ jiù bù kè qì　le

Q : 请随便吃。
qǐng suí biàn chī

Q: 사양 말고 먹어.
A: 그럼 사양하지 않겠어.
Q: 편히 먹어.

| 더 드십시오. |

PATTERN DRILL

➡ 再吃点吧。
zài chī diǎn ba

_不够再吃。
bù gòu zài chī
모자라면 더 드십시오.

_再来点吧。
zài lái diǎn ba
더 드십시오

_吃好了吗?
chī hǎo le ma
맛있게 드셨습니까?

_不用客气，您多吃点。
bú yòng kè qì　　nín duō chī diǎn
사양하지 마시고 더 드십시오

EXample

Q : 再吃点吧。
　　zài chī diǎn ba

A : 已经吃饱了。
　　yǐ jīng chī bǎo le

Q : 吃好了吗?
　　chī hǎo le ma

A : 吃得很好。
　　chī de hěn hǎo

Q : 더 드시죠
A : 이제 배가 부릅니다.
Q : 맛있게 드셨습니까?
A : 아주 맛있게 먹었습니다.

초대해주셔서 감사합니다.

PATTERN DRILL

➡ 谢谢你的款待。
xiè xiè nǐ dè kuǎn dài

真是吃了美味佳肴。
zhēn shì chī le měi wèi jiā yáo
정말 맛있는 요리를 먹었습니다.

今天太丰盛了。
jīn tiān tài fēngshèng le
오늘 정말 진수성찬이었습니다.

您吃好了吗?
nín chī hǎo le ma
맛있게 드셨습니까?

下次我请。
xià cì wǒ qǐng
다음번에 제가 내겠습니다.

今天真是谢谢你的款待。
jīn tiān zhēn shì xiè xiè nǐ dè kuǎn dài
오늘 초대해주셔서 고마웠습니다.

EXample

Q : 谢谢你的款待。
xiè xiè nǐ dè kuǎn dài

A : 你吃好了吗?
nǐ chī hǎo le ma

Q : 今天太丰盛了。
jīn tiān tài fēngshèng le

Q : 초대해주셔서 감사합니다.
A : 맛있게 드셨습니까?
Q : 오늘 참 잘 먹었습니다.

→ 在哪儿结帐？

➡ **在哪儿结帐？**
zài nǎ ér jié zhàng

服务员，结帐。
fú wù yuán　jié zhàng
여보세요, 계산합시다.

一共多少钱？
yí gòng duō shǎoqián
모두 얼마입니까?

另收服务费吗？
lìng shōu fú wù fèi ma
팁은 따로 계산합니까?

能用信用卡结算吗？
néngyòng xìn yòng kǎ jié suàn ma
카드로 계산해도 되겠습니까?

请给我开发票。
qǐng gěi wǒ kāi fā piào
영수증을 떼 주세요.

Q : **一共多少钱？**
yī gòng duō shǎo qián

A : **一共五百六十块。**
yī gòng wǔ bǎi liù shí kuài

Q : **另收服务费吗？**
lìng shōu fú wù fèi ma

A : **不另收。**
bù lìng shōu

Q: 모두 얼마입니까?
A: 합해서 560원입니다.
Q: 팁을 따로 계산합니까?
A: 팁은 따로 계산하지 않습니다.

_왈츠	华儿兹(huá ér zī)
_요구르트	酸奶(suān nǎi)
_요트	快艇(kuài tǐng)
_워드프로세서	文字编排系统(wén zì biān pái xì tǒng)
_위스키	威士忌(wēi shì jì)
_윈드서핑	帆板(fān bǎn)
_유머	幽默(yōu mò)
_UFO	飞碟(fēi dié)
_이어폰	耳机(ěr jī)
_인스턴트식품	方便食品(fāng biàn shí pǐn)
_인스턴트커피	速溶咖啡(sù róng kā fēi)
_인터넷	因特网(yīn tè wǎng)
_인테리어	装潢(zhuāng huáng)
_재즈	爵士乐(jué shì yuè)
_재킷	夹克(jiá kè)
_주스	果汁(guǒ zhī)
_지퍼	拉链(lā liàn)
_지프(차)	吉普车(jí pǔ chē)
_체크아웃	退房(tuì fáng)
_체크 인	住宿登记(zhù sù dēng jì)
_초콜릿	巧克力(qiǎo kè lì)
_카드	卡(kǎ)
_카레라이스	咖厘(gā lí)
_카메라	照相机(zhào xiàng jī)
_카세트테이프	盒式录音带(hé shì lù yīn dài)

PART 7

교통에 관한 표현

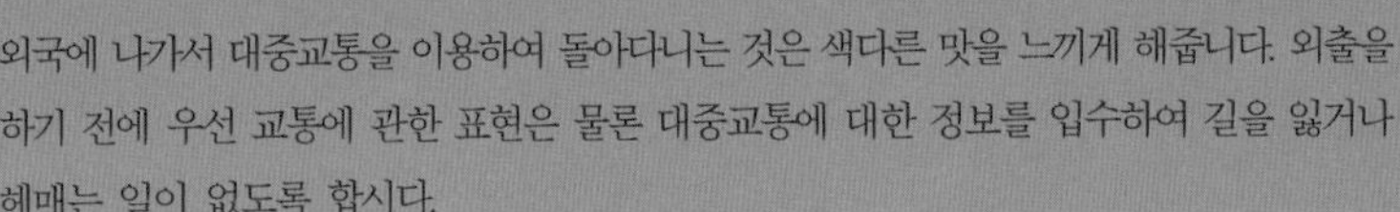

외국에 나가서 대중교통을 이용하여 돌아다니는 것은 색다른 맛을 느끼게 해줍니다. 외출을 하기 전에 우선 교통에 관한 표현은 물론 대중교통에 대한 정보를 입수하여 길을 잃거나 헤매는 일이 없도록 합시다.

今天的列车有座号吗?

중국은 국토가 넓어서 장거리 열차는 목적지까지 며칠씩 걸려야 하기 때문에 하루에 한번씩 밖에 없습니다. 그래서 좌석을 구하기도 힘듭니다.

PATTERN DRILL

➡ 今天的列车有座号吗?
jīn tiān dè liè chē yǒu zuò hào ma

售票口在哪儿?
shòupiào kǒu zài nǎ ér

매표소는 어디에 있습니까?

今天的列车只剩了站票。
jīn tiān dè liè chē zhǐ shèng le zhànpiào

오늘의 열차는 입석표만 남았습니다.

票价是多少钱?
piào jià shì duō shǎoqián

요금은 얼마입니까?

我要两张票。
wǒ yào liǎngzhāngpiào

표 두 장 주세요.

我要买站票。
wǒ yào mǎi zhànpiào

입석표로 주세요.

EXample

Q : 去北京的列车有座号吗?
qù běi jīng dè liè chē yǒu zuò hào ma

A : 有, 你要几张?
yǒu   nǐ yào jǐ zhāng

Q : 我要三张。
wǒ yào sān zhāng

Q : 북경까지 가는 열차표 있나요?
A : 있습니다. 몇 장 필요합니까?
Q : 두장 주세요

중국의 열차는 보통, 급행, 특급 세 가지로 나뉩니다. 속도는 보통이 제일 느리고 특급이 제일 빠릅니다. 승차권에 각각 p, k, t로 표시하며, 좌석도 일반좌석, 호화좌석 일반침대차, 호화침대차 네 가지로 나뉩니다.

PATTERN DRILL

➡ 有特快吗？
yǒu tè kuài mǎ

去北京的车有特快吗?
qù běi jīng dè chē yǒu tè kuài mǎ
북경으로 가는 특급열차는 있습니까?

今天的车只有快车。
jīn tiān dè chē zhǐ yǒu kuài chē
오늘 열차는 급행밖에 없습니다.

有卧铺票吗?
yǒu wò pū piào ma
침대차표는 있습니까?

车上有餐车吗?
chē shàng yǒu cān chē ma
열차에 식당차가 있습니까?

EXample

Q : 有特快列车吗?
yǒu tè kuài liè chē ma

A : 有，您要几张?
yǒu nín yào jǐ zhāng

Q : 我要五张硬卧票。
wǒ yào wǔ zhāng yìng wò piào

A : 只有软卧票。
zhǐ yǒu ruǎn wò piào

Q : 특급열차는 있습니까?
A : 있습니다. 몇 장 필요합니까?
Q : 일반침대차표로 다섯 장 주세요.
A : 호화침대차표밖에 남아 있지 않습니다.

PATTERN DRILL

➥ 我要换成明天的票。
wǒ yào huànchéngmíngtiān dè piào

_能不能换成硬卧票?
néng bù nénghuànchéngyìng wò piào

일반 침대차로 바꿀 수 있습니까?

_我要退票。
wǒ yào tuì piào

표를 환불하고 싶습니다.

_我要改目的地。
wǒ yào gǎi mù dì dì

목적지를 바꾸고 싶습니다.

_这车经过南京吗?
zhè chē jīng guò nán jīng ma

이 차는 난경을 지납니까?

_我要改成去上海的。
wǒ yào gǎi chéng qù shàng hǎi dè

상해로 가는 걸로 바꾸고 싶습니다.

EXample

Q : 我要换成明天的票。
wǒ yào huànchéngmíng tiān dè piào

A : 明天的票没有座号。
míng tiān dè piào méi yǒu zuò hào

Q : 那就改成后天的吧。
nà jiù gǎi chéng hòu tiān dè ba

Q : 내일 표 바꾸고 싶은데요.
A : 내일의 표는 자리가 없습니다.
Q : 그럼 모레 것으로 바꿔주세요.

→ 在几号出口检票？

PATTERN DRILL

➡ 在几号出口检票？
zài jǐ hào chū kǒu jiǎn piào

_七号出口在哪里？
qī hào chū kǒu zài nǎ lǐ

7번 출구는 어디에 있습니까?

_去北京的车在几号出口检票？
qù běi jīng de chē zài jǐ hào chū kǒu jiǎn piào

북경행 기차는 어디서 개표합니까?

_在几号站台乘车？
zài jǐ hào zhàn tái chéng chē

몇 번 플랫폼에서 승차합니까?

_火车几点出发？
huǒ chē jǐ diǎn chū fā

기차는 몇 시에 출발합니까?

_火车几点到站。
huǒ chē jǐ diǎn dào zhàn

기차는 몇 시에 도착합니까?

EXample

Q : 火车几点到站？
huǒ chē jǐ diǎn dào zhàn

A : 还有半小时。
hái yǒu bàn xiǎo shí

Q : 在几号出口检票？
zài jǐ hào chū kǒu jiǎn piào

A : 在五号出口。
zài wǔ hào chū kǒu

Q : 기차는 몇 시에 도착합니까?
A : 아직 반시간 있습니다.
Q : 몇 번 출구에서 개표합니까?
A : 5번 출구입니다.

중국의 기차에는 외국어 안내방송이 없습니다. 그러므로 다음 역이 어딘지 주위 사람들이나 승무원에게 잘 물어서 역을 지나치는 일이 없도록 해야 합니다.

PATTERN DRILL

➡ 下一站是哪儿？
xià yí zhàn shì nǎ r

几点到上海站？
jǐ diǎn dào shàng hǎi zhàn

몇 시에 상해역에 도착합니까?

到南京站告诉我, 好吗？
dào nán jīng zhàn gào sù wǒ hǎo ma

남경에 도착하면 알려주실 수 있습니까?

到上海还要经过几个站？
dào shàng hǎi hái yào jīng guò jǐ ge zhàn

상해로 가려면 몇 개 역을 지나야 합니까?

对不起, 我过站了。
duì bù qǐ wǒ guò zhàn le

미안합니다. 역을 지나쳐버렸습니다.

EXample

Q : 下一站是哪儿？
xià yī zhàn shì nǎ r

A : 下一站是南京。
xià yī zhàn shì nán jīng

Q : 到上海还有几个站？
dào shàng hǎi hái yǒu jǐ ge zhàn

A : 到上海还有五个站。
dào shàng hǎi hái yǒu wǔ ge zhàn

Q: 다음 역은 어디입니까?
A: 다음 역은 남경입니다.
Q: 상해로 가려면 몇 개 역을 더 지나야 합니까?
A: 상해로 가려면 아직 다섯 개 역을 지나야 합니다.

PATTERN DRILL

➡ 高速汽车什么时候出发？
gāo sù qì chē shén me shí hòu chū fā

汽车站在哪里？
qì chē zhàn zài nǎ lǐ
버스터미널은 어디에 있습니까?

高速汽车多长时间一辆？
gāo sù qì chē duō cháng shí jiān yī liàng
고속버스는 몇 시간 간격으로 있나요?

长途汽车几点出发？
cháng tú qì chē jǐ diǎn chū fā
시외버스는 몇 시에 출발합니까?

下一辆什么时候出发？
xià yī liàng shén me shí hòu chū fā
다음 버스는 언제 출발합니까?

去天津的汽车几点出发？
qù tiān jīn dè qì chē jǐ diǎn chū fā
천진으로 가는 버스는 몇 시에 출발합니까?

EXample

Q: 去天津的长途汽车什么时候出发？
qù tiān jīn dè cháng tú qì chē shén me shí hòu chū fā

A: 刚刚出发了。
gānggāng chū fā le

Q: 下一辆什么时候出发？
xià yī liàng shén me shí hòu chū fā

A: 一个小时以后出发。
yī gè xiǎo shí yǐ hòu chū fā

Q: 천진행 시외버스는 언제 출발합니까?
A: 방금 출발했습니다.
Q: 다음번 버스는 언제 출발합니까?
A: 1시간 후에 출발합니다.

票价是多少钱?

PATTERN DRILL

➡ 票价是多少钱?
piào jià shì duōshǎoqián

到天津多少钱?
dào tiān jīn duō shǎoqián
천진까지 얼마입니까?

一张多少钱?
yī zhāng duō shǎoqián
한 장에 얼마인가요?

我要两张。
wǒ yào liǎngzhāng
두 장 주세요.

有没有座号?
yǒu méi yǒu zuò hào
자리가 있습니까?

这一趟没票了。
zhè yí tàng méi piào le
이번 버스는 표가 없습니다.

下一趟车是几点?
xià yí tàng chē shì jǐ diǎn
다음 버스는 몇 시에 있습니까?

EXample

Q: 去天津的票价是多少钱?
qù tiān jīn de piào jià shì duō shǎo qián

A: 一张五十元。
yī zhāng wǔ shí yuán

Q: 我要一张。
wǒ yào yī zhāng

Q: 천진까지 요금이 얼마입니까?
A: 한 장에 50원입니다.
Q: 한 장 주세요

→ 车上可以吸烟吗？

PATTERN DRILL

➥ 车上可以吸烟吗？
chē shàng kě yǐ xī yān ma

_可以打开窗户吗？
kě yǐ dǎ kāi chuāng hù ma
차창을 열어도 되겠습니까？

_我想关掉空调。
wǒ xiǎng guān diào kōng tiáo
에어컨을 끄고 싶은데요.

_车厢内太冷了。
chē xiāng nèi tài lěng le
차 안이 너무 춥습니다.

_这是禁烟车厢，不能吸烟。
zhè shì jìn yān chē xiāng　bù néng xī yān
이것은 금연차입니다. 담배를 피울 수 없습니다.

_车上禁止吸烟。
chē shàng jìn zhǐ xī yān
차안에서는 금연입니다.

EXample

Q : 车上可以吸烟吗？
chē shàng kě yǐ xī yān ma

A : 车上禁止吸烟。
chē shàng jìn zhǐ xī yān

Q : 对不起，明白了。
duì bù qǐ　míng bái le

Q : 차안에서 담배를 피워도 되겠습니까？
A : 차안에서는 금연입니다.
Q : 미안합니다. 알겠습니다.

| 이 좌석은 비어 있나요? |

PATTERN DRILL

➡ 这个座位有人吗？
zhè ge zuò wèi yǒu rén ma

能坐这个座位吗?
néng zuò zhè ge zuò wèi ma

이 좌석에 앉을 수 있습니까?

对不起, 这是我的座位。
duì bù qǐ　 zhè shì wǒ dè zuò wèi

미안하지만, 여기는 제 좌석입니다.

这个座位没有人吗?
zhè ge zuò wèi méi yǒu rén ma

이 좌석에는 사람이 없습니까?

这个座位有人，马上回来。
zhè ge zuò wèi yǒu rén　 mǎ shang huí lái

이 좌석에는 사람이 있습니다. 곧 올 겁니다.

这里没人，请坐。
zhè lǐ méi rén　 qǐng zuò

여기는 사람이 없습니다. 앉으세요.

EXample

Q : 这个座位没有人吗?
zhè ge zuò wèi méi yǒu rén ma

A : 这个座位有人。
zhè ge zuò wèi yǒu rén

Q : 那个座位呢?
nà ge zuò wèi ne

A : 那个座位没人。
nà ge zuò wèi méi rén

Q : 이 좌석에는 사람이 있습니까?
A : 이 좌석에는 사람이 있습니다.
Q : 저 좌석에는 있습니까?
A : 저 좌석에는 없습니다.

234

PATTERN DRILL

➡ 有去故宫的公共汽车吗?
yǒu qù gù gōng dè gōnggòng qì chē ma

_138路车站在哪儿?
lù chē zhàn zài nǎ ér

138번 버스정류소는 어디 있습니까?

_附近有去故宫的公共汽车吗?
fù jìn yǒu qù gù gōng dè gōnggòng qì chē ma

부근에 고궁으로 가는 버스가 있습니까?

_在哪儿坐去天安门的公共汽车?
zài nǎ ér zuò qù tiān ān mén dè gōnggòng qì chē

어디에서 천안문으로 가는 시내버스를 탑니까?

_这里是几路车站?
zhè lǐ shì jǐ lù chē zhàn

이곳은 몇 번 버스정류소입니까?

_18路车在这儿坐吗?
lù chē zài zhè ér zuò ma

18번 버스를 여기서 타는가요?

EXample

Q: 附近有去故宫的公共汽车吗?
fù jìn yǒu qù gù gōng dè gōnggòng qì chē ma

A: 到前面坐六路车就可以去。
dào qiánmiàn zuò liù lù chē jiù kě yǐ qù

Q: 谢谢。
xiè xiè

Q: 부근에 고궁으로 가는 시내버스가 있습니까?
A: 앞에 가서 6번 버스를 타면 됩니다.
Q: 감사합니다.

→ 坐几路车?

➥ 坐几路车?
zuò jǐ lù chē

天坛还剩几站?
tiān tán hái shèng jǐ zhàn

천단까지 아직 몇 정거장 남았습니까?

这车去不去颐和园?
zhè chē qù bù qù yí hé yuán

이 버스는 의화원으로 갑니까?

去故宫要过几站?
qù gù gōng yào guò jǐ zhàn

고궁으로 가려면 몇 정거장을 거쳐야 합니까?

去天安门在哪儿换车?
qù tiān ān mén zài nǎ ér huàn chē

천안문으로 가려면 어디서 차를 갈아타야 합니까?

到北京动物园告诉我一声。
dào běi jīng dòng wù yuán gào sù wǒ yī shēng

북경동물원에 도착하면 알려주십시오.

Q : 去颐和园坐几路车?
qù yí hé yuán zuò jǐ lù chē

A : 做138路车。
zuò lù chē

Q : 要过几站?
yào guò jǐ zhàn

A : 要过六站。
yào guò liù zhàn

Q : 의화원으로 가려면 몇 번 버스를 타야 합니까?
A : 138번 버스를 타야 합니다.
Q : 몇 개 정거장을 거쳐야 합니까?
A : 6개 정거장을 거쳐야 합니다.

이 부근에 지하철역이 있습니까?

PATTERN DRILL

➡ 这附近有地铁站吗?
zhè fù jìn yǒu dì tiě zhàn ma

往前走两百米左右就有地铁站。
wǎngqián zǒu liǎng bǎi mǐ zuǒ yòu jiù yǒu dì tiě zhàn
곧장 200미터 가면 지하철역이 있습니다.

这条线去天安门吗?
zhè tiáo xiàn qù tiān ān mén ma
이 노선은 천안문으로 갑니까?

去光华门坐几路?
qù guāng huá mén zuò jǐ lù
광화문으로 가려면 몇 호선을 타야 합니까?

离这里最近的地铁站是哪儿?
lí zhè lǐ zuì jìn dè dì tiě zhàn shì nǎ ér
근처에 가장 가까운 지하철역은 어디에 있습니까?

在哪儿能拿到地铁路线图?
zài nǎ ér néng ná dào dì tiě lù xiàn tú
어디서 지하철 노선도를 얻을 수 있습니까?

EXample

Q : 这附近有地铁站吗?
zhè fù jìn yǒu dì tiě zhàn ma

A : 过一条马路就有。
guò yī tiáo mǎ lù jiù yǒu

Q : 谢谢。
xiè xiè

Q : 이 부근에 지하철역이 있습니까?
A : 큰길 하나 건너면 있습니다.
Q : 감사합니다.

在哪儿买票？

PATTERN DRILL

➥ 在哪儿买票？
zài nǎ ér mǎi piào

售票口在哪里？
shòu piào kǒu zài nǎ lǐ
매표소는 어디에 있습니까?

票价是多少？
piào jià shì duō shǎo
요금은 얼마입니까?

票价都一样吗？
piào jià dōu yī yàng ma
요금이 모두 동일합니까?

票价按区域不一样吗？
piào jià àn qū yù bù yī yàng ma
요금이 구간에 따라 다릅니까?

有自动售票机吗？
yǒu zì dòng shòu piào jī ma
자동매표기가 있습니까?

EXample

Q : 在哪儿买票？
zài nǎ r mǎi piào

A : 售票口在前面。
shòu piào kǒu zài qián miàn

Q : 有自动售票机吗？
yǒu zì dòng shòu piào jī ma

A : 没有。
méi yǒu

Q : 어디서 표를 삽니까?
A : 매표소가 앞에 있습니다.
Q : 자동매표기는 있습니까?
A : 없습니다.

→ 到站了吗？

PATTERN DRILL

➡ **到站了吗？**
dào zhàn le ma

离目的地还有几站？
lí mù dì dì hái yǒu jǐ zhàn
목적지까지 역이 몇 개 남았습니까?

还有几个站？
hái yǒu jǐ ge zhàn
아직 역이 몇 개 있습니까?

请让一下，我要下车。
qǐng ràng yī xià   wǒ yào xià chē
비켜주시겠습니까? 내리겠습니다.

下一站是哪儿？
xià yī zhàn shì nǎ r
다음 역은 어디입니까?

糟糕，我过站了。
zāo gāo   wǒ guò zhàn le
큰일 났다! 역을 지나쳤어.

EXample

Q : **到朝阳门站了吗？**
dào zhāoyáng mén zhàn le ma

A : **还没有。**
hái méi yǒu

Q : **下一站是哪儿？**
xià yī zhàn shì nǎ r

A : **下一站是故宫。**
xià yī zhàn shì gù gōng

Q : 조양문역에 도착했습니까?
A : 아직 도착하지 않았습니다.
Q : 다음 역은 어디입니까?
A : 다음 역은 고궁입니다.

거기까지 요금이 얼마나 나올까요?

PATTERN DRILL

➡ 去那儿大概多少钱？
qù nà ér dà gài duō shǎoqián

_到天安门广场大概多少钱？
dào tiān ān ménguǎngchǎng dà gài duō shǎoqián

천안문광장까지 요금이 얼마나 나옵니까?

_价格与计价器不一样。
jià gé yǔ jì jià qì bù yī yàng

요금이 미터기와 다릅니다.

_能破开一百块钱吗？
néng pò kāi yī bǎi kuàiqián ma

백 원짜리로 바꿔줄 수 있습니까?

_我没有零钱。
wǒ méi yǒu líng qián

잔돈이 없습니다

_是打计价器，还是固定收费？
shì dǎ jì jià qì hái shì gù dìngshōu fèi

미터기를 사용합니까, 아니면 고정요금입니까?

_请开一张发票。
qǐng kāi yī zhāng fā piào

영수증 떼 주세요.

EXample

Q : 到北京饭店大概多少钱？
dào běi jīng fàn diàn dà gài duō shǎo qián

A : 大概八十块钱。
dà gài bā shí kuàiqián

Q : 북경호텔까지 요금이 얼마나 나올까요?
A : 80원 정도 나올 겁니다.

PATTERN DRILL

➡ 我要去北海公园。
wǒ yào qù běi hǎi gōngyuán

_到火车站。
dào huǒ chē zhàn
기차역으로 가주세요.

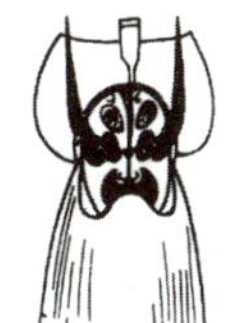

_按照这个地址去吧。
àn zhào zhè gè dì zhǐ qù ba
이 주소로 가주세요.

_到前面停车
dào qiánmiàn tíng chē
저 앞에서 세워주세요.

_到前面大楼停车。
dào qiánmiàn dà lóu tíng chē
앞 빌딩에서 세워주세요.

_在前面往右拐。
zài qiánmiànwǎng yòu guǎi
앞에서 우회전해주세요.

_我赶时间，开快点吧。
wǒ gǎn shí jiān   kāi kuài diǎn ba
시간이 급합니다. 서둘러주세요.

EXample

Q : 您好，您要去哪儿？
nín hǎo   nín yào qù nǎ ér

A : 我要去北海公园。
wǒ yào qù běi hǎi gōngyuán

Q : 请系好安全带。
qǐng jì hǎo ān quán dài

Q : 안녕하세요. 어디로 모실까요?
A : 북해공원까지 가주세요.
Q : 벨트 잘 매주세요.

请帮我把行李放上去吧。

PATTERN DRILL

➡ 请帮我把行李放上去吧。
qǐngbāng wǒ bǎ xíng lǐ fàngshàng qù ba

_放到行李箱里可以吗?
fàng dào xíng lǐ xiāng lǐ kě yǐ ma

짐을 트렁크에 넣을 수 있습니까?

_请打开行李箱。
qǐng dǎ kāi xíng lǐ xiāng

트렁크를 열어주세요.

_能帮我把行李拿下来吗?
néngbāng wǒ bǎ xíng lǐ ná xià lái ma

짐 좀 내려줄 수 없나요?

_行李太大了，装不了。
xíng lǐ tài dà le zhuāng bù liǎo

짐이 너무 큽니다. 실을 수 없습니다.

_行李放在后坐上吧。
xíng lǐ fàng zài hòu zuò shàng ba

짐은 뒷좌석에 놓으세요.

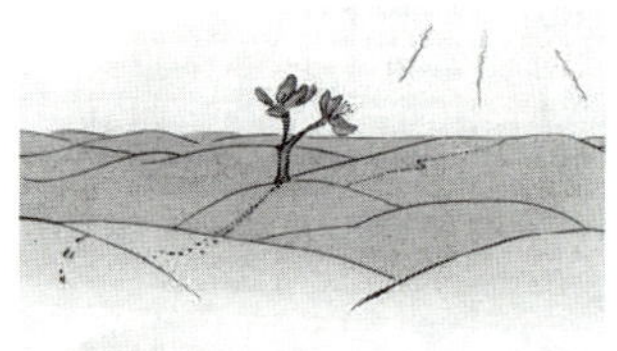

EXample

Q : 请帮我把行李放上去吧。
qǐng bāng wǒ bǎ xíng lǐ fàngshàng qù ba

A : 行李太大了，装不了。
xíng lǐ tài dà le zhuāng bù liǎo

Q : 那就装到前面吧。
nà jiù zhuāng dào qián miàn ba

Q : 짐을 실어주시겠습니까?
A : 짐이 너무 큽니다. 실을 수 없습니다.
Q : 그럼 앞에 실어주세요.

| 여객선은 몇 시에 출발합니까? |

PATTERN DRILL

➥ 客轮几点出发？
kè lún jǐ diǎn chū fā

_离出发还有多长时间？
lí chū fā hái yǒu duō cháng shí jiān
출발까지 몇 시간 남았습니까?

_一天有几趟客轮？
yī tiān yǒu jǐ tàng kè lún
하루에 여객선은 몇 번 다닙니까?

_要航行几个小时？
yào háng xíng jǐ gè xiǎo shí
몇 시간 항해하는가요?

_几点到目的地？
jǐ diǎn dào mù dè dì
몇 시에 목적지에 도착합니까?

_在几号码头上船？
zài jǐ hào mǎ tóu shàng chuán
몇 번 부두에서 배에 오릅니까?

EXample

Q : 大连到青岛的客轮几点出发？
dà lián dào qīng dǎo dè kè lún jǐ diǎn chū fā

A : 下午三点出发。
xià wǔ sān diǎn chū fā

Q : 一天有几趟？
yī tiān yǒu jǐ tàng

A : 一天有两趟。
yī tiān yǒu liǎng tàng

Q : 대련발 청도행 여객선은 몇 시에 출발합니까?
A : 오후 3시에 출발합니다.
Q : 하루에 몇 번 있습니까?
A : 하루에 두 번 있습니다.

| 배에는 어떤 객실이 있습니까? |

➡ 船上都有什么样的客舱？
chuánshàng dū yǒu shén me yàng de kè cāng

_船上有没有豪华舱？
chuánshàng yǒu méi yǒu háo huá cāng

배에는 특등실이 있습니까?

_船上有餐厅吗？
chuánshàng yǒu cān tīng ma

배에 식당이 있습니까?

_我要二等舱的票。
wǒ yào èr děngcāng de piào

2등선실 표를 주세요.

_请问这个客舱怎么走？
qǐng wèn zhè gè kè cāng zěn me zǒu

이 선실은 어떻게 갑니까?

_请问，二等舱怎么走？
qǐng wèn èr děngcāng zěn me zǒu

2등선실은 어떻게 갑니까?

_这个船舱在哪儿？
zhè gè chuáncāng zài nǎ ér

이 선실은 어디에 있습니까?

Q : 船上都有什么样的客舱？
chuánshàng dū yǒu shén me yàng de kè cāng

A : 船上分一等舱，二等舱，三等舱。
chuánshàng fēn yī děngcāng èr děngcāng sān děngcāng

Q : 我要二等舱的票。
wǒ yào èr děngcāng de piào

Q : 배에는 어떤 선실이 있습니까?
A : 배에는 1등선실, 2등선실, 3등선실이 있습니다.
Q : 2등선실 표를 주세요.

| 저는 뱃멀미를 합니다. |

PATTERN DRILL

➡ 我晕船。
wǒ yūn chuán

我有点晕船，有没有药?
wǒ yǒu diǎn yūn chuán   yǒu méi yǒu yào
뱃멀미를 합니다. 약이 있습니까?

我要到甲板上呼吸新鲜空气。
wǒ yào dào jiǎ bǎn shàng hū xī xīn xiān kōng qì
갑판에 가서 신선한 공기를 마시고 싶습니다.

我快要吐了。
wǒ kuài yào tǔ le
토할 것 같습니다.

救生服在哪里?
jiù shēng fú zài nǎ lǐ
구명조끼는 어디에 있습니까?

我的房门钥匙不见。
wǒ dè fángmén yào chi bù jiàn
제 방 열쇠가 보이지 않습니다.

船上有医生吗?
chuán shàng yǒu yī shēng ma
배에 의사 선생님이 계십니까?

EXample

Q : 我晕船。
wǒ yūn chuán

A : 请您稍等，我给您拿药。
qǐng nín shāo děng   wǒ gěi nín ná yào

Q : 谢谢。
xiè xie

Q : 뱃멀미를 합니다.
A : 잠시만 기다리세요. 약을 갖다 드릴게요.
Q : 감사합니다.

245

PATTERN DRILL

➡ 到甲板上看风景吧。
dào jiǎ bǎn shàng kàn fēng jǐng ba

_在船上看大海别有风味。
zài chuánshàng kàn dà hǎi bié yǒu fēng wèi

배에서 바다를 보니 또 다른 멋이 있네요.

_大海很漂亮。
dà hǎi hěn piāoliàng

바다가 아주 아름답습니다.

_海上浪很大。
hǎi shànglàng hěn dà

바다에는 파도가 아주 큽니다.

_甲板上风大, 你多穿点衣服吧。
jiǎ bǎn shàngfēng dà   nǐ duō chuāndiǎn yī fú ba

갑판에 바람이 세게 불고 있어. 옷을 더 입고 기거리.

_海上落日很好看。
hǎi shàng luò rì hěn hǎo kàn

해상 일몰이 아주 아름답습니다.

EXample

Q : 到甲板上看风景吧。
dào jiǎ bǎn shàng kàn fēng jǐng ba

A : 甲板风大不大?
jiǎ bǎn fēng dà bù dà

Q : 不大, 海上落日很漂亮。
bù dà   hǎi shàng luò rì hěn piāoliàng

Q : 갑판에 가서 경치를 구경합시다.
A : 갑판에 바람이 셉니까?
Q : 세차지 않습니다. 해상 일몰이 아주 아름답습니다.

길을 잃었을 때는 주위 사람들에게 우선 자신의 현재 위치를 물어야 합니다. 「我迷路了(제가 길을 잃어버렸어요)」라고 말하고 도움을 청할 수 있습니다.

PATTERN DRILL

➡ 请问这是什么地方？
qǐngwèn zhè shì shén me dì fāng

_能给我指方向吗？
néng gěi wǒ zhǐ fāngxiàng ma

저에게 방향을 가리켜주실 수 있습니까?

_能告诉我这条街的名字吗？
néng gào sù wǒ zhè tiáo jiē de míng zì ma

이 거리의 이름을 알려주시겠습니까?

_能在地图上指一下吗？
néng zài dì tú shàng zhǐ yī xià ma

지도로 가리켜주실 수 없나요?

_我迷路了。
wǒ mí lù le

저는 길을 잃어버렸어요.

_我现在在哪儿？
wǒ xiàn zài zài nǎ ér

저는 지금 어디에 있습니까？

EXample

Q : 请问这是什么地方？
qǐng wèn zhè shì shén me dì fāng

A : 这里是王府井大街。
zhè lǐ shì wáng fǔ jǐng dà jiē

Q : 能在地图上指一下吗？
néng zài dì tú shàng zhǐ yī xià ma

A : 在这里。
zài zhè lǐ

Q : 이곳은 어디입니까?
A : 이곳은 왕부정 거리입니다.
Q : 지도로 가리켜주시겠습니까?
A : 여기입니다.

附近有派出所吗?

PATTERN DRILL

➡ 附近有派出所吗?
fù jìn yǒu pài chū suǒ ma

能把我带到附近的汽车站吗?
néng bǎ wǒ dài dào fù jìn de qì chē zhàn ma
저를 근처 버스정류소로 데려다 주실 수 없나요?

洗手间在哪儿?
xǐ shǒu jiān zài nǎ r
화장실이 어디에 있습니까?

客运站在哪个方向?
kè yùn zhàn zài nǎ ge fāng xiàng
버스터미널은 어느 쪽에 있습니까?

走着去得多长时间?
zǒu zhe qù déi duō cháng shí jiān
걸어가면 어느 정도 걸립니까?

离这儿最近的派出所在哪儿?
lí zhè r zuì jìn de pài chū suǒ zài nǎ r
여기서 제일 가까운 파출소가 어디에 있습니까?

EXample

Q : 附近有商店吗?
fù jìn yǒu shāng diàn ma

A : 马路对面有一个。
mǎ lù duì miàn yǒu yī gè

Q : 离这儿远吗?
lí zhè er yuǎn ma

A : 不太远。
bù tài yuǎn

Q : 근처에 상점이 있습니까?
A : 길 건너에 하나 있습니다.
Q : 여기서 멉니까?
A : 멀지 않습니다.

| 다시 한번 말씀해주시겠어요? |

PATTERN DRILL

➡ 能再说一遍吗？
néng zài shuō yí biàn ma

我没听懂，能再说一遍吗？
wǒ méi tīng dǒng néng zài shuō yí biàn ma

잘 알아듣지 못했습니다. 다시 한번 말씀해주시겠습니까?

麻烦你，能说得更详细一点吗？
má fán nǐ néngshuō de gēngxiáng xì yì diǎn ma

죄송한데요, 더 자세히 말씀해주시겠습니까?

我没听清楚。
wǒ méi tīng qīng chu

제대로 듣지 못했습니다.

能画个草图吗？
néng huà ge cǎo tú ma

약도를 그려주실 수 있습니까?

重说一遍可以吗？
chóngshuō yī biàn kě yǐ ma

다시 한번 말씀해주실 수 없습니까?

麻烦你，能给我指一下吗？
má fán nǐ néng gěi wǒ zhǐ yí xià ma

죄송한데요, 길을 가르쳐주실 수 있습니까?

EXample

Q : 能重说一遍吗？
néngchóngshuō yī biàn ma

A : 我给你画个草图吧。
wǒ gěi nǐ huà ge cǎo tú ba

Q : 谢谢。
xiè xie

Q : 다시 한번 말씀해주실 수 없나요?
A : 약도를 그려드리지요.
Q : 감사합니다.

PATTERN DRILL

➡ 我来开车。
wǒ lái kāi chē

今天由谁来开车。
jīn tiān yóu shéi lái kāi chē
오늘은 누가 차를 모는가요?

我来抓方向盘。
wǒ lái zhuāfāngxiàng pán
제가 운전대를 잡아보겠습니다.

我来驾驶。
wǒ lái jià shǐ
제가 몰겠습니다.

我们去兜兜风。
wǒ mèn qù dōu dōu fēng
우리 드라이브하러 가자.

试试我新买的车。
shì shì wǒ xīn mǎi dè chē
내 새차를 타보자.

EXample

Q : 我新买了一两车, 去兜兜风。
wǒ xīn mǎi le yī liǎng chē　qù dōu dōu fēng

A : 好啊!
hǎo ā

Q : 去哪儿?
qù nǎ ér

A : 随便, 但我来开车好不好?
suí biàn　dàn wǒ lái kāi chē hǎo bù hǎo

Q : 새차 샀어. 드라이브하러 가자.
A : 좋아.
Q : 어디로 갈래?
A : 네 마음대로. 그런데 내가 차를 몰아도 되겠니?

250

PATTERN DRILL

➥ 我要加油。
wǒ yào jiā yóu

请给我加柴油。
qǐng gěi wǒ jiā chái yóu

경유를 넣어주세요.

请给我加油。
qǐng gěi wǒ jiā yóu

기름을 넣어주세요.

我要加满油。
wǒ yào jiā mǎn yóu

기름을 가득 넣어주세요.

我加五百元的。
wǒ jiā wǔ bǎi yuán de

5백 위엔어치 넣어주세요.

给我加无铅汽油。
gěi wǒ jiā wú qiān qì yóu

무연 휘발유를 넣어주세요.

EXample

Q : 请给我加油。
qǐng gěi wǒ jiā yóu

A : 要加什么?
yào jiā shén me

Q : 要加无铅汽油。
yào jiā wú qiān qì yóu

A : 要加满吗?
yào jiā mǎn ma

Q : 加满吧。
jiā mǎn ba

Q: 기름 넣어주세요
A: 무엇을 넣어드릴까요?
Q: 무연 가솔린을 넣어주세요
A: 가득 넣어드릴까요?
Q: 가득 넣어주세요

PATTERN DRILL

➡ 现在的车速是多少？
xiàn zài de chē sù shì duō shǎo

速度太快了，开慢点。
sù dù tài kuài le   kāi màndiǎn

속도가 너무 빨라요. 좀 천천히 몰아요.

我赶时间，再快点吧。
wǒ gǎn shí jiān   zài kuài diǎn ba

시간이 좀 급해요. 좀 더 빨리 몰아요.

速度太快了，我要减速了。
sù dù tài kuài le   wǒ yào jiǎn sù le

속도가 너무 빨라. 속도를 줄여야겠어.

前面有车，赶紧踩刹车。
qiánmiàn yǒu chē   gǎn jǐn cǎi shā chē

앞에 차가 있어요. 빨리 브레이크 밟아요.

你要系好安全带。
nǐ yào jì hǎo ān quán dài

안전벨트를 잘 매세요.

EXample

Q : 车速是多少?
chē sù shì duō shǎo

A : 80公里。
gōng lǐ

Q : 太快了。
tài kuài le

A : 好吧，我减速。
hǎo ba   wǒ jiǎn sù

Q : 속도는 얼마나 되는가요?
A : 80km입니다.
Q : 너무 빨라요.
A : 알았어요. 속도를 줄일게요

252

| 차를 세우다. |

PATTERN DRILL

➡ 停车。
tíng chē

_停车，我要在这里下车。
tíng chē　wǒ yào zài zhè lǐ xià chē

차를 세워주세요. 여기서 내리겠습니다.

_麻烦你停一下车，我要买东西。
má fán nǐ tíng yí xià chē　wǒ yào mǎi dōng xī

죄송한데요, 차를 세워주세요. 물건을 사야 해요.

_请在路边停车。
qǐng zài lù biān tíng chē

길가에 차를 세워주세요.

_停下来，我要下去。
tíng xià lái　wǒ yào xià qù

차를 세워. 나 내릴래.

_我要下车。
wǒ yào xià chē

차에서 내리겠어요.

_在前面的路口停车。
zài qiánmiàn dè lù kǒu tíng chē

앞의 길 어귀에 세워주세요.

EXample

Q : 停车。
tíng chē

A : 在哪儿停?
zài nǎ ér tíng

Q : 在前面的路口停吧。
zài qiánmiàn dè lù kǒu tíng ba

Q : 차를 세워주세요
A : 어디에 세울까요?
Q : 앞의 길 어귀에 세워주세요

253

PATTERN DRILL

➡ 向前开一点。
xiàngqián kāi yì diǎn

后面的车出不去了，向前开一点。
hòumiàn dè chē chū bú qù le　xiàngqián kāi yì diǎn

뒤차가 나가지 못해요. 앞으로 좀 빼주세요.

前面没地方停车，要向后退。
qiánmiàn méi dì fāng tíng chē　yào xiàng hòu tuì

앞에 차를 세울 곳이 없어요. 뒤로 빼주세요.

前面有障碍物，赶紧向右转。
qiánmiàn yǒu zhàng ài wù　gǎn jǐn xiàng yòu zhuǎn

앞에 장애물이 있어. 빨리 우회전해야 해.

前面的车突然转向，差点撞车。
qiánmiàn dè chē tū rán zhuǎnxiàng　chā diǎnzhuàng chē

앞차가 갑자기 방향을 비꼬이 하마터면 부딪칠 뻔했습니다.

这里太复杂了，我们绕过去。
zhè lǐ tài fù zá le　wǒ mèn rào guò qù

여기는 너무 복잡해. 우리 돌아가자.

EXample

Q : 离后面的车太近了，向前开一点。
lí hòumiàn dè chē tài jìn le　xiàngqián kāi yì diǎn

A : 前面堵车，开不出去。
qiánmiàn dǔ chē　kāi bù chū qù

Q : 那怎么办?
nà zěn mè bàn

A : 等前面的车开走吧。
děngqiánmiàn dè chē kāi zǒu ba

Q : 뒤차와 너무 가까워요. 앞으로 빼요.
A : 앞에 차가 막혀서 빠져나갈 수 없습니다.
Q : 그럼 어떻게 해요?
A : 앞차가 나가기를 기다려야죠.

| 교통이 막히다. |

➡ 交通堵塞。
jiāo tōng dǔ sāi

这条路交通堵塞很厉害。
zhè tiáo lù jiāo tōng dǔ sāi hěn lì hài
이 길은 교통이 막혔습니다.

旁边的道路好象很畅通。
páng biān de dào lù hǎo xiàng hěn chàng tōng
옆길은 아주 잘 뚫린 것 같습니다.

道路拥挤。
dào lù yōng jǐ
길이 복잡합니다.

阻碍交通。
zǔ ài jiāo tōng
교통을 방해하다.

堵车。
dǔ chē
차가 막히다.

现在是车流高峰，前面交通堵塞。
xiàn zài shì chē liú gāo fēng qián miàn jiāo tōng dǔ sāi
지금은 러시아워라서 교통이 막혀요.

Q : 现在是车流高峰，前面交通堵塞。
xiàn zài shì chē liú gāo fēng qián miàn jiāo tōng dǔ sāi

A : 绕道走吧。
rào dào zǒu ba

Q : 别的地方也一样。
bié de dì fāng yě yī yàng

Q : 지금은 러시아워라서 교통이 막혀요.
A : 다른 길로 돌아갑시다.
Q : 다른 곳도 마찬가지입니다.

PATTERN DRILL

➡ 超速被抓。
chāo sù bèi zhuā

_被监视摄像机拍到了。
bèi jiān shì shè xiàng jī pāi dào liǎo

감시카메라에 찍혔어.

_违反交通规则。
wéi fǎn jiāo tōng guī zé

교통규칙을 위반하다.

_你闯了红灯, 请靠边停下来。
nǐ chuǎng le hóng dēng qǐng kào biān tíng xià lái

당신은 신호위반을 했습니다. 옆으로 차를 세워주세요.

_这里限速多少?
zhè lǐ xiàn sù duō shǎo

이곳의 제한속도가 얼마입니까?

_这里是限速区, 限速40公里。
zhè lǐ shì xiàn sù qū xiàn sù gōng lǐ

여기는 속도제한구역입니다. 40킬로미터로 제한되어 있습니다.

EXample

Q : 你超速了。
nǐ chāo sù le

A : 这里限速多少?
zhè lǐ xiàn sù duō shǎo

Q : 这里限速40公里。
zhè lǐ xiàn sù gōng lǐ

Q : 과속운전입니다.
A : 이곳의 제한속도가 얼마입니까?
Q : 이곳은 40킬로미터 구역입니다.

음주운전을 하다.

PATTERN DRILL

➡ 酒后驾车。
jiǔ hòu jià chē

_ 你喝酒了，不能酒后驾车。
nǐ hē jiǔ le   bù néng jiǔ hòu jià chē
너 술 마셨니. 음주운전을 하면 안돼.

_ 酒后驾车对您和他人都不利。
jiǔ hòu jià chē duì nín hé tā rén dū bú lì
음주운전은 당신과 타인에게 모두 불리합니다.

_ 先生，我们要做酒精测定，请呼气。
xiānshēng   wǒ mèn yào zuò jiǔ jīng cè dìng   qǐng hū qì
음주측정을 하겠습니다. 숨을 내 쉬세요.

_ 检查酒精浓度。
jiǎn chá jiǔ jīng nóng dù
알코올 농도를 측정하다.

_ 您超过了规定值，要吊销执照。
nín chāo guò le guī dìng zhí   yào diào xiāo zhí zhào
알코올 농도가 규정을 초과했습니다. 면허취소입니다.

_ 酒后驾车太危险了，我来开吧。
jiǔ hòu jià chē tài wēi xiǎn le   wǒ lái kāi ba
음주운전은 너무 위험해. 내가 운전할게.

EXample

Q : 我们怀疑你酒后驾车。
wǒ mèn huái yí nǐ jiǔ hòu jià chē

A : 我没喝酒。
wǒ méi hē jiǔ

Q : 检查你的酒精浓度就知道了。
jiǎn chá nǐ dè jiǔ jīng nóng dù jiù zhī dào le

Q : 음주운전을 하신 것 같습니다.
A : 술을 마시지 않았습니다.
Q : 음주측정을 하면 알 수 있습니다.

| 타이어에 펑크가 났습니다. |

PATTERN DRILL

➡ 汽车轮胎爆了。
qì chē lún tāi bào le

_冷却机的水没了。
lěng què jī de shuǐ méi le
냉각기에 물이 없습니다.

_备用胎也坏了。
bèi yòng tāi yě huài le
예비용 타이어도 망가졌습니다.

_汽车熄火了。
qì chē xī huǒ le
자동차 엔진이 꺼졌습니다.

_汽车发动不了。
qì chē fā dòng bù liǎo
자동차 시동이 걸리지 않습니다.

_汽车没油了。
qì chē méi yóu le
자동차에 기름이 없습니다.

_充电池没电了。
chōng diàn chí méi diàn le
배터리가 다 떨어졌습니다.

EXample

Q : 我的汽车轮胎爆了。
wǒ de qì chē lún tāi bào le

A : 备用胎呢?
bèi yòng tāi ne

Q : 备用胎也坏了。
bèi yòng tāi yě huài le

Q : 타이어에 펑크가 났습니다.
A : 예비용 타이어는요?
Q : 예비용도 망가졌습니다.

258

请帮我报警。

PATTERN DRILL

➡ **请帮我报警**。
qǐng bāng wǒ bào jǐng

_**顺便叫一辆救护车**。
shùnbiàn jiào yí liàng jiù hù chē
구급차도 한 대 불러주세요.

_**请叫一辆救护车**。
qǐng jiào yī liàng jiù hù chē
구급차를 불러주세요.

_**要叫牵引车**。
yào jiào qiān yǐn chē
견인차를 불러야겠습니다.

_**需要报警**。
xū yào bào jǐng
경찰에 신고해야 합니다.

_**我动不了了，请帮帮我**。
wǒ dòng bù liǎo le   qǐng bāng bāng wǒ
움직일 수 없습니다. 도와주세요.

EXample

Q : **请帮我报警**。
qǐng bāng wǒ bào jǐng

A : **你怎么样?**
nǐ zěn mè yàng

Q : **我没事**。
wǒ méi shì

Q : 경찰에 신고해주세요
A : 당신은 어떻습니까?
Q : 저는 괜찮습니다.

| 차가 부딪쳤습니다. |

PATTERN DRILL

➡ 我们撞车了。
wǒ mén zhuàng chē le

我看见路上出了交通事故。
wǒ kàn jiàn lù shàng chū le jiāo tōng shì gù
길에서 교통사고가 발생한 것을 보았습니다.

我遇到交通事故了。
wǒ yù dào jiāo tōng shì gù le
교통사고를 당했습니다.

有三辆车相撞。
yǒu sān liàng chē xiāng zhuàng
차 세 대가 충돌했습니다.

车都坏了。
chē dōu huài le
차가 다 망가졌습니다.

没关系，只是擦伤了。
méi guān xì zhǐ shì cā shāng le
괜찮습니다. 좀 스쳤을 뿐입니다.

EXample

Q : 我们撞车了。
wǒ mén zhuàng chē le

A : 什么程度？
shén me chéng dù

Q : 车都坏了。
chē dōu huài le

Q : 차가 부딪쳤습니다.
A : 어느 정도입니까?
Q : 차가 모두 망가졌습니다.

| 다쳤습니다. |

PATTERN DRILL

➡ 我受伤了。
wǒ shòushāng le

_我受伤了，伤得不太严重。
wǒ shòushāng le　　shāng de bú tài yán zhòng
부상을 당했습니다.

_幸好，我没受伤。
xìng hǎo　　wǒ méi shòushāng
다행히 다치지는 않았습니다.

_他伤得很厉害，流了很多血。
tā shāng de hěn lì hài　　liú le hěn duō xiě
그는 크게 다쳐서 피를 많이 흘렸습니다.

_很多人受伤了。
hěn duō rén shòushāng le
많은 사람들이 다쳤습니다.

_伤得不太重。
shāng de bù tài zhòng
부상이 심하지 않습니다.

_手动不了。
shǒudòng bù liǎo
손이 움직이지 않습니다.

EXample

Q : 我受伤了。
wǒ shòushāng le

A : 伤势怎么样?
shāng shì zěn me yàng

Q : 伤得不太重。
shāng de bù tài zhòng

Q : 다쳤습니다.
A : 상처는 어떻습니까?
Q : 심하지는 않습니다.

261

PATTERN DRILL

➥ 不是我的责任。
bú shì wǒ de zé rèn

这次事故不是我的责任。
zhè cì shì gù bú shì wǒ de zé rèn
이번 사고는 제 책임이 아닙니다.

对面的车撞过来的。
duì miàn de chē zhuàng guò lái de
맞은편 차가 와서 부딪쳤습니다.

对面的车闯中间线了。
duì miàn de chē chuǎng zhōng jiān xiàn le
맞은편 차가 중앙선을 넘었습니다.

后面的车太快了。
hòu miàn de chē tài kuài le
뒤차가 과속을 했습니다.

他的车突然闯出来了。
tā de chē tū rán chuǎng chū lái le
그의 차가 갑자기 튀어나왔습니다.

是后面车的司机酒后驾车引起的。
shì hòu miàn chē de sī jī jiǔ hòu jià chē yǐn qǐ de
뒤차의 운전자가 음주운전을 해서 일어난 것입니다.

EXample

Q : 不是我的责任。
bù shì wǒ de zé rèn

A : 当时情况怎么样?
dāng shí qíng kuàng zěn me yàng

Q : 对面的车闯中间线了。
duì miàn de chē chuǎng zhōng jiān xiàn le

Q : 제 책임이 아닙니다.
A : 당시의 상황은 어떠했습니까?
Q : 맞은편 차가 중앙선을 넘었습니다.

PART 8

여행에 관한 표현

해외여행은 그 자체만으로 가슴을 설레게 합니다. 막연히 여행을 떠나는 것보다는 기본적인 회화를 익혀두어야 함은 물론이고, 또한 여행 계획을 잘 짜두어야 훨씬 안전하고 즐거운 여행을 할 수 있습니다.

| 제 좌석은 어디에 있나요? |

항공기에 탑승할 때 자기 좌석이 어디 있는지 모른다면 스튜어디스에게 물어보면 친절하게
안내를 해줄 것입니다. 「저의 좌석까지 안내해주십시오」라고 말할 수도 있습니다.

PATTERN DRILL

➡ 请问我的座位在哪里？
qǐngwèn wǒ de zuò wèi zài nǎ lǐ

_能帮我找座位吗？
néngbāng wǒ zhǎo zuò wèi má

제 좌석을 찾아주시겠어요?

_能不能领我到我的座位上。
néng bù néng lǐng wǒ dào wǒ de zuò wèi shàng

제 좌석까지 안내해주실 수 없습니까?

_这是我的登机牌。
zhè shì wǒ de dēng jī pái

이것은 제 탑승권입니다.

_我要换到禁烟席。
wǒ yào huàn dào jìn yān xí

금연석으로 바꿔주세요.

_能不能换座位？
néng bù nénghuàn zuò wèi

좌석을 바꿀 수 있겠습니까?

EXample

Q：空中小姐，请问我的座位在哪儿？
kōngzhōng xiǎo jiě　qǐng wèn wǒ de zuò wèi zài nǎ ér

A：您的登机牌呢？
nín de dēng jī pái ne

Q：这是我的登机牌。
zhè shì wǒ de dēng jī pái

Q：스튜어디스, 제 좌석이 어디에 있나요?
A：승객님의 탑승권은요?
Q：이것이 제 탑승권입니다.

| 커피를 마시겠습니다. |

스튜어디스가 기내서비스를 할 때 무엇을 마시겠는가고 물을 때는 자신이 마시려고 하는 것을
알려주어야 합니다. 이때 쓰이는 표현이 「您要喝什么?(당신은 무엇을 마시겠습니까?)」입니다.

PATTERN DRILL

➥ 我要喝咖啡。
wǒ yào hē kā fēi

请给我一杯可乐。
qǐng gěi wǒ yì bēi kě lè

골라 한 잔 주세요.

请给我可乐。
qǐng gěi wǒ kě lè

콜라를 주십시오.

我想要啤酒
wǒ xiǎng yào pí jiǔ

저는 맥주를 마시겠습니다.

我要果汁。
wǒ yào guǒ zhī

저는 주스를 마시겠습니다.

我不喝, 谢谢。
wǒ bù hē   xiè xiè

마시지 않겠습니다. 감사합니다.

EXample

Q : 您要喝什么?
nín yào hē shén me

A : 我要喝果汁。
wǒ yào hē guǒ zhī

Q : 您要什么果汁?
nín yào shén me guǒ zhī

A : 我要苹果汁。
wǒ yào píng guǒ zhī

Q: 무엇을 드릴까요?
A: 맥주를 마시고 싶습니다.
Q: 어떤 주스를 드릴까요?
A: 사과주스로 주세요.

265

| 한국어 신문은 있습니까? |

기내에서 다양한 서비스를 받을 수 있으며, 또한 요구도 할 수 있습니다. 말이 통하지 않아
만약 한국말을 할 줄 아는 스튜어디스가 있는지를 물을 때는 「有没有会韩国语的小姐?」
라고 하면 됩니다.

PATTERN DRILL

➥ 有没有韩文报纸?
yǒu méi yǒu hán wén bào zhǐ

_洗手间在哪儿?
xǐ shǒu jiān zài nǎ ér
화장실은 어디에 있습니까?

_可不可以换座位?
kě bù kě yǐ huàn zuò wèi
좌석을 바꿔 앉아도 됩니까?

_请给我一块毛毯。
qǐng gěi wǒ yī kuài máo tǎn
담요 한 장 주세요.

_有没有会韩国语的小姐?
yǒu méi yǒu huì hán guó yǔ de xiǎo jiě
한국어를 아는 스튜어디스가 있습니까?

EXample

Q : 小姐, 有没有韩文报纸?
xiǎo jiě yǒu méi yǒu hán wén bào zhǐ

A : 有, 您要哪一个?
yǒu nín yào nǎ yī gè

Q : 我想要东亚日报。
wǒ xiǎng yào dōng yà rì bào

A : 给您。
gěi nín

Q: 스튜어디스, 한국어 신문이 있습니까?
A: 있습니다. 어떤 것을 보시겠어요?
Q: 저는 동아일보를 보고 싶습니다.
A: 여기 있습니다.

| 몸이 좀 불편합니다. |

비행기 안에서 갑자기 몸이 불편할 때에는 스튜어디스에게 도움을 청하고, 자신이 아픈 증세
등을 정확히 말해야 합니다.

PATTERN DRILL

➡ 我有点不舒服。
wǒ yǒu diǎn bù shū fú

_我得了感冒，有没有药?
wǒ dé le gǎn mào　yǒu méi yǒu yào
감기에 걸렸습니다. 약이 있습니까?

_我晕机，有药吗?
wǒ yūn jī　yǒu yào ma
멀미가 납니다. 약이 있습니까?

_我头有点疼。
wǒ tóu yǒu diǎn téng
머리가 좀 아픕니다.

_我想吐，能给清洁袋吗?
wǒ xiǎng tǔ　néng gěi qīng jié dài ma
토할 것 같습니다. 위생봉투를 주세요.

_飞机乘客中有没有医生?
fēi jī chéng kè zhōng yǒu méi yǒu yī shēng
승객들 중에 의사가 있습니까?

EXample

Q : 我有点不舒服。
wǒ yǒu diǎn bù shū fú

A : 您哪儿不舒服?
nín nǎ ér bù shū fú

Q : 我头疼，有药吗?
wǒ tóu téng　yǒu yào ma

A : 您稍等，我给您拿来。
nín shāo děng　wǒ gěi nín ná lái

Q: 몸이 좀 불편합니다.
A: 어디가 아프세요?
Q: 머리가 아픕니다. 약이 있습니까?
A: 잠시만 기다려주세요. 갖다 드리겠습니다.

飞机几点到达？

목적지에 관한 사항에 대하여 스튜어디스에게 문의할 수도 있습니다. 목적지의 날씨, 도착시간, 혹은 지금의 비행고도를 물어볼 수도 있습니다. 「还要飞多长时间?」는 「아직도 몇 시간 더 비행해야 합니까?」라는 뜻이다.

PATTERN DRILL

➡ 飞机几点到达？
fēi jī jǐ diǎn dào dá

飞机要飞多长时间?
fēi jī yào fēi duō cháng shí jiān
몇 시간 비행해야 합니까?

北京的天气怎么样?
běi jīng de tiān qì zěn me yàng
북경의 날씨는 어떻습니까?

离目的地还有多长时间?
lí mù di dì hái yǒu duō cháng shí jiān
목적지까지 아직 얼마나 남았습니까?

请给我一张入境登记卡。
qǐng gěi wǒ yī zhāng rù jìng dēng jì kǎ
입국신고카드 한 장 주세요.

EXample

Q : 几点到达北京?
jǐ diǎn dào dá běi jīng

A : 还有半小时。
hái yǒu bàn xiǎo shí

Q : 北京现在的天气怎么样?
běi jīng xiàn zài de tiān qì zěn me yàng

A : 北京现在下小雨。
běi jīng xiàn zài xià xiǎo yǔ

Q: 몇 시에 북경에 도착합니까?
A: 아직 반시간 남았습니다.
Q: 북경의 지금 날씨는 어떻습니까?
A: 북경은 지금 비가 약간 내리고 있습니다.

비행기가 연착되었다.

PATTERN DRILL

航班延误了。
háng bān yán wù le

由于天气原因飞机要延误了。
yóu yú tiān qì yuán yīn fēi jī yào yán wù le
날씨 때문에 비행기가 늦어지겠습니다.

机场有雾，不能降落。
jī chǎng yǒu wù　bù néng jiàng luò
비행장에 안개가 껴서 착륙할 수 없습니다.

天气太恶劣，不能正常起飞。
tiān qì tài è liè　bù néng zhèng cháng qǐ fēi
날씨가 나빠서 정상적으로 이륙할 수 없습니다.

由于天气原因，我们要转到其他机场。
yóu yú tiān qì yuán yīn　wǒ mèn yào zhuǎn dào qí tā jī chǎng
날씨 때문에 다른 공항으로 선회합니다.

我们要在南京做短暂停留。
wǒ mèn yào zài nán jīng zuò duǎn zàn tíng liú
우리는 남경에서 잠시 머물겠습니다.

各位乘客非常抱歉，飞机要晚点了。
gè wèi chéng kè fēi cháng bào qiàn　fēi jī yào wǎn diǎn le
승객여러분, 정말 죄송합니다. 항공기가 늦게 도착하게 되었습니다.

EXample

Q : 航班要延误了。
háng bān yào yán wù le

A : 是什么原因?
shì shén mè yuán yīn

Q : 机场有雾，不能降落。
jī chǎng yǒu wù　bù néng jiàng luò

Q : 비행기가 연착될 것 같습니다.
A : 이유가 뭡니까?
Q : 비행장에 안개가 껴서 착륙할 수 없습니다.

항공권을 보여주시겠어요?

탑승수속을 할 때 먼저 항공권 제시를 요구합니다. 물론 이 때 신분증도 함께 제시해야 합니다. 「您的机漂呢?」는 「당신의 항공권은요?」라는 뜻입니다.

PATTERN DRILL

➡ 请出示您的机票。
qǐng chū shì nín de jī piào

这里是我的机票。
zhè lǐ shì wǒ de jī piào
이것은 제 항공권입니다.

请出示您的身份证。
qǐng chū shì nín de shēn fèn zhèng
신분증을 보여주십시오.

请出示您的登机牌。
qǐng chū shì nín de dēng jī pái
탑승권을 보여주십시오.

请拿出你的护照。
qǐng ná chū nǐ de hù zhào
여권을 보여주십시오.

您的机票呢?
nín de jī piào ne
손님의 항공권은요?

EXample

Q : 请出示您的机票和护照。
qǐng chū shì nín de jī piào hé hù zhào

A : 在这里。
zài zhè lǐ

Q : 请您到十六号登机口登机。
qǐng nín dào shí liù hào dēng jī kǒu dēng jī

Q : 항공권과 여권을 보여주십시오
A : 여기 있습니다.
Q : 16번 탑승구에 가서 탑승하세요.

PATTERN DRILL

➥ 打算逗留几天?
dǎ suàn dòu liú jǐ tiān

_你打算在北京停留多久?
nǐ dǎ suàn zài běi jīng tíng liú duō jiǔ
북경에 얼마 동안 머물 예정입니까?

_我打算停留一个星期。
wǒ dǎ suàn tíng liú yí gè xīng qī
저는 1주일간 머물려고 합니다.

_你打算在这儿留多长时间?
nǐ dǎ suàn zài zhè er liú duō cháng shí jiān
당신은 여기서 얼마 동안 머물 예정입니까?

_你打算在这儿留几天?
nǐ dǎ suàn zài zhè er liú jǐ tiān
여기에 며칠 머물 예정입니까?

_你要逗留多长时间?
nǐ yào dòu liú duō cháng shí jiān
여기에 얼마 동안 체류할 예정입니까?

EXample

Q : 您打算在中国停留多久?
nín dǎ suàn zài zhōng guó tíng liú duō jiǔ

A : 我打算停留1个月。
wǒ dǎ suàn tíng liú gè yuè

Q : 您的入境目的是什么?
nín dè rù jìng mù dì shì shén mè

A : 我是来旅游的。
wǒ shì lái lǚ yóu dè

Q : 중국에 얼마 동안 머물 예정입니까?
A : 한 달간 머물려고 합니다.
Q : 입국목적은 무엇입니까?
A : 관광여행입니다.

271

| 여권을 보여주십시오. |

PATTERN DRILL

➠ 请出示您的护照。
qǐng chū shì nín de hù zhào

_请让我看一下您的护照。
qǐng ràng wǒ kàn yí xià nín de hù zhào

여권을 보여주시겠습니까?

_您得先出示您的护照并接受检查。
nín děi xiān chū shì nín de hù zhào bìng jiē shòu jiǎn chá

우선 여권을 꺼내서 검사를 받으셔야 합니다.

_请出示您的证件。
qǐng chū shì nín de zhèng jiàn

증명서를 보여주십시오.

_能给我看一下您的身份证吗?
néng gěi wǒ kàn yī xià nín de shēn fèn zhèng ma

신분증을 보여주시겠습니까?

_让我看看您的护照。
ràng wǒ kàn kàn nín de hù zhào

여권을 보여주십시오.

EXample

Q : 您好, 能出示一下您的护照吗?
nín hǎo   néng chū shì yī xià nín de hù zhào ma

A : 好的, 给您!
hǎo de   gěi nín

Q : 您的入境目的是什么?
nín de rù jìng mù dì shì shén me

A : 我是来谈商务的。
wǒ shì lái tán shāng wù de

Q : 안녕하세요. 여권을 보여주시겠어요?
A : 네, 여기 있습니다.
Q : 입국목적은 무엇입니까?
A : 비즈니스입니다.

| 입국신고서를 기입해주세요. |

PATTERN DRILL

➡ 请填入境登记卡。
qǐngtián rù jìng dēng jì kǎ

＿请您添一张入境登记卡。
qǐng nín tiān yì zhāng rù jìng dēng jì kǎ

입국카드를 한 장 기입해주세요.

＿入境登记卡在哪儿添?
rù jìng dēng jì kǎ zài nǎ er tiān

입국카드는 어디에서 씁니까?

＿请在这张表里填好相关事项。
qǐng zài zhè zhāng biǎo lǐ tián hǎo xiāngguān shì xiàng

관련 사항을 이 서식에 잘 기입해주세요.

＿您得填入境登记卡。
nín děi tián rù jìng dēng jì kǎ

입국신고서를 기입해야 합니다.

＿请先填好这张卡。
qǐng xiān tián hǎo zhè zhāng kǎ

먼저 이 카드를 잘 기입하십시오.

EXample

Q : 请问, 办入境手续时都需要什么证明?
qǐng wèn   bàn rù jìng shǒu xù shí dōu xū yào shén me zhèngmíng

A : 需要护照和入境登记卡。
xū yào hù zhào hé rù jìng dēng jì kǎ

Q : 入境登记卡在哪儿填?
rù jìng dēng jì kǎ zài nǎ er tián

A : 给您, 请在这张卡片上填一下您的姓名, 国籍,
gěi nín   qǐng zài zhè zhāng kǎ piànshàng tián yī xià nín dè xìngmíng   guó jí

地址等项目。
dì zhǐ děngxiàng mù

Q : 실례합니다만, 입국수속을 받으려면 어떤 증명이 필요하죠?
A : 여권하고 입국카드가 필요합니다.
Q : 입국카드는 어디에서 씁니까?
A : 여기서요 이 카드에 당신의 성명, 국적, 주소 등 항목을 기입해주십시오

| 짐은 어디서 찾습니까? |

입국심사가 끝난 후 짐을 찾게 되는데 만약 짐을 못 찾을 경우(분실할 경우) 출국할 때 받은 수화물인환권과 여권, 항공권을 가지고 소화물분실신고센터에 가서 분실신고를 해야 합니다.

PATTERN DRILL

➡ 在哪儿取行李？
zài nǎ er qǔ xíng lǐ

_请问，领取行李的地方在哪儿？
qǐng wèn　lǐng qǔ xíng lǐ dè dì fāng zài nǎ er

실례지만, 짐 찾는 곳이 어디에 있죠?

_那边有取行李的地方。
nà biān yǒu qǔ xíng lǐ dè dì fāng

저쪽에 짐을 찾는 곳이 있습니다.

_请到那边的行李领取处领取您的行李。
qǐng dào nà biān dè xíng lǐ lǐng qǔ chù lǐng qǔ nín dè xíng lǐ

저쪽의 짐 찾는 곳에서 당신의 짐을 찾으세요.

你知道行李领取处在什么地方吗？
nǐ zhī dào xíng lǐ lǐng qǔ chù zài shén mè dì fāng ma

수화물을 수취하는 곳이 어디에 있는지 아십니까?

_能告诉我什么时候可以领取行李吗？
néng gào sù wǒ shén mè shí hòu kě yǐ lǐng qǔ xíng lǐ ma

언제 짐을 찾을 수 있는지 알려주시겠어요?

EXample

Q : 请问，在哪儿可以取行李？
qǐng wèn　zài nǎ er kě yǐ qǔ xíng lǐ

A : 往前一直走就是。
wǎng qián yī zhí zǒu jiù shì

Q : 往前一直走就行吗？
wǎng qián yī zhí zǒu jiù xíng ma

A : 对，你会找到的。
duì　nǐ huì zhǎo dào dè

Q : 실례합니다, 어디에서 짐을 찾을 수 있죠?
A : 앞으로 곧장 가시면 됩니다.
Q : 앞으로 곧장 가면 됩니까?
A : 예, 그곳으로 가면 찾을 수 있을 거예요.

제 짐이 안 보입니다.

PATTERN DRILL

➡ 我的行李不见了。
wǒ dè xíng lǐ bú jiàn le

_你领取行李了吗?
nǐ lǐng qǔ xíng lǐ le má

짐을 찾았습니까?

_我的行李怎么没有了。
wǒ dè xíng lǐ zěn mè méi yǒu le

내 짐이 없어졌어.

_我的行李不知道在哪儿。
wǒ dè xíng lǐ bù zhī dào zài nǎ er

내 짐이 어디에 있는지 모르겠습니다.

_你找到你的行李了吗?
nǐ zhǎo dào nǐ dè xíng lǐ le ma

네 짐은 찾았니?

_我的行李好像丢了。
wǒ dè xíng lǐ hǎo xiàng diū le

내 짐을 잃어버린 것 같아.

EXample

Q : 能帮我找一下我的行李吗?我的行李找不到了。
néngbāng wǒ zhǎo yī xià wǒ dè xíng lǐ ma   wǒ dè xíng lǐ zhǎo bù dào le

A : 好的，您有几件行李?
hǎo dè   nín yǒu jǐ jiàn xíng lǐ

Q : 一共两件，一个手提包和一个旅行包。
yī gòngliǎng jiàn   yī gè shǒu tí bāo hé yī gè lǚ xíng bāo

A : 我先帮您确认一下吧!
wǒ xiānbāng nín què rèn yī xià bā

Q : 제 짐을 좀 찾아줄 수 없을까요? 짐을 찾을 수가 없네요.
A : 알겠습니다. 짐이 몇 개입니까?
Q : 모두 두 개입니다. 하나는 핸드백이고 하나는 여행가방입니다.
A : 먼저 확인 좀 할게요

能帮我查一下吗？

PATTERN DRILL

能帮我查一下吗？
néngbāng wǒ chá yí xià má

_帮我确认一下我的行李在哪儿。
bāng wǒ què rèn yí xià wǒ dè xíng lǐ zài nǎ er
제 짐이 어디에 있는지 확인해주세요.

_请您稍等，我马上给您确认。
qǐng nín shāoděng　wǒ mǎ shàng gěi nín què rèn
잠시만 기다리세요. 제가 곧 확인해드리겠습니다.

_帮我看一下我的行李到没到。
bāng wǒ kàn yí xià wǒ dè xíng lǐ dào méi dào
제 짐이 도착했는지를 봐주세요.

_请帮我看一下有没有我的行李。
qǐngbāng wǒ kàn yí xià yǒu méi yǒu wǒ dè xíng lǐ
제 짐이 있는지 한번 확인해주세요.

_你确信是你的吗？
nǐ què xìn shì nǐ dè ma
당신 것이라고 확신할 수 있습니까?

EXample

Q : 我还没找到行李，能帮我确认一下吗？
wǒ hái méi zhǎo dào xíng lǐ　néngbāng wǒ què rèn yī xià ma

A : 好的，能告诉我是什么行李吗？
hǎo dè　néng gào sù wǒ shì shén mè xíng lǐ ma

Q : 是两个大皮箱。
shì liǎng gè dà pí xiāng

A : 稍等一下，行李是到了，但送到行李领取处可能得需
shāoděng yī xià　xíng lǐ shì dào le　dàn sòng dào xíng lǐ lǐng qǔ chù kě néng děi xū
要点儿时间。
yào diǎn er shí jiān

Q : 제 짐을 못 찾았는데, 확인 좀 해주실 수 없어요?
A : 좋습니다. 무슨 물건인지 알려주시겠어요?
Q : 큰 트렁크가 두 개입니다.
A : 잠시만요. 짐은 왔는데, 짐 찾는 곳까지 보내는데 시간이 약간 걸릴 거예요.

→ **需要申报吗？**

PATTERN DRILL

➡ **需要申报吗？**
xū yào shēn bào ma

您有要申报的物品吗？
nín yǒu yào shēn bào de wù pǐn má

신고할 물품이 있습니까?

这些是您要申报的物品吗？
zhè xiē shì nín yào shēn bào de wù pǐn má

이 물건들은 신고하려는 것입니까?

还有要申报的吗？
hái yǒu yào shēn bào de má

더 신고하실 것은 없습니까?

没什么特别的。
méi shén me tè bié de

특별한 것은 없습니다.

这种物品也需要申报吗？
zhè zhǒng wù pǐn yě xū yào shēn bào ma

이런 물품도 신고해야 합니까?

EXample

Q : **您有什么要申报的吗？**
nín yǒu shén me yào shēn bào de ma

A : **有，我带了一台照相机。**
yǒu wǒ dài le yī tái zhàoxiāng jī

Q : **那请在申报单上写上您要申报的物品。**
nà qǐng zài shēn bào dān shàng xiě shàng nín yào shēn bào de wù pǐn

A : **好的。**
hǎo de

Q : 세관에 신고하실 물건이 있습니까?
A : 있습니다. 카메라 한 대를 가져왔습니다.
Q : 그럼 신고서에 신고하려는 물품을 적어주세요
A : 알겠습니다.

PATTERN DRILL

➡ 请打开这个包。
qǐng dǎ kāi zhè gè bāo

_请帮我打开这个包。
qǐngbāng wǒ dǎ kāi zhè ge bāo

이 가방을 열어주시겠어요?

_请让我看一下里面都装有什么东西。
qǐngràng wǒ kàn yí xià lǐ miàn dōu zhuāng yǒu shén mè dōng xi

안에 뭐가 들었는지 좀 봐도 될까요?

_请让我看一下包里面是什么东西。
qǐngràng wǒ kàn yī xià bāo lǐ miàn shì shén mè dōng xi

가방 안에 뭐가 들었는지 보여주시겠어요?

_请帮我打开一下这个箱子，让我看看里面有什
qǐngbāng wǒ dǎ kāi yī xià zhè ge xiāng zi   ràng wǒ kàn kàn lǐ miàn yǒu shén

么东西。
mè dōng xi

이 상자를 열어서 안에 뭐가 들었는지 좀 보여주세요.

_这个行李能让我打开看看吗?
zhè gè xíng lǐ néngràng wǒ dǎ kāi kàn kàn ma

이 짐을 펼쳐도 됩니까?

EXample

Q : 这里有什么东西?
zhè lǐ yǒu shén mè dōng xi

A : 有一些书和文具。
yǒu yī xiē shū hé wén jù

Q : 请把行李打开给我看看。
qǐng bǎ xíng lǐ dǎ kāi gěi wǒ kàn kàn

A : 好的。
hǎo dè

Q : 이 안에는 뭐가 들었죠?
A : 책과 문구 따위가 들어 있습니다.
Q : 짐을 펼쳐주시겠어요?
A : 알겠습니다.

| 예약하다. |

국제선을 이용하여 출국하려면 적어도 2시간 전에는 공항에 도착하여 출국절차를 밟아야 합니다. 출국수속은 탑승수속, 체크인, 출국심사 순서로 진행됩니다. 출국수속이 끝나면 탑승권을 갖고 대합실의 면세점에서 물건을 살 수가 있습니다.

PATTERN DRILL

➥ 预定。
yù dìng

_回国的机票预定好了吗?
huí guó dè　jī piào yù dìng hǎo le mǎ

귀국하는 비행기표를 예약해두었습니까?

_机票预订了吗?
jī piào yù dìng le mǎ

비행기표를 예약했습니까?

_您得先预定好机票。
nín dé xiān yù dìng hǎo jī piào

우선 비행기표를 예약해두어야 합니다.

_我想预定一张去中国上海的机票。
wǒ xiǎng yù dìng yī zhāng qù zhōng guó shàng hǎi dè　jī piào

중국 상해로 가는 비행기표를 한 장 예약하고 싶습니다.

EXample

Q : 我想预订一张机票。
wǒ xiǎng yù dìng yī zhāng jī piào

A : 您想到什么地方?
nín xiǎng dào shén mè　dì fāng

Q : 到中国的北京。
dào zhōng guó dè　běi jīng

A : 您想什么时候出发?
nín xiǎng shén mè　shí hòu chū fā

Q : 비행기표 한 장 예약하고 싶은데요
A : 어디로 가실 건가요?
Q : 중국의 북경이요
A : 언제 출발하실 건가요?

PATTERN DRILL

➡ 免税店在哪儿？
miǎnshuìdiàn zài nǎ er

_在免税店买东西可以便宜地买到进口货。
zài miǎn shuì diàn mǎi dōng xi kě yǐ biàn yi de mǎi dào jìn kǒu huò

면세점에서 물건을 사면 비교적 싸게 수입상품을 구입할 수 있습니다.

_免税店在什么地方？
miǎn shuì diàn zài shén me dì fāng

면세점은 어디에 있습니까?

_请问，免税店在哪儿？
qǐng wèn miǎn shuì diàn zài nǎ er

실례합니다만, 면세점이 어디에 있죠?

_免税店在三楼。
miǎn shuì diàn zài sān lóu

면세전이 3층에 있습니디.

_免税店，顾名思意就是免税的商店。
miǎn shuì diàn gù míng sī yì jiù shì miǎn shuì de shāng diàn

면세점은 글자 그대로 관세를 부가하지 않는 상점을 말합니다.

EXample

Q : 请问，免税店在哪儿？
qǐng wèn miǎn shuì diàn zài nǎ r

A : 您得先接受出国检查，然后才可以到免税店。
nín děi xiān jiē shòu chū guó jiǎn chá rán hòu cái kě yǐ dào miǎn shuì diàn

Q : 是吗？谢谢你了！
shì ma xiè xiè nǐ le

A : 不用谢!
bù yòng xiè

Q : 실례합니다만, 면세점이 어디에 있죠?
A : 우선 출국심사를 받으셔야 합니다. 그래야 면세점에 가실 수 있습니다.
Q : 그렇습니까? 감사합니다.
A : 별말씀을요

| 여권을 잃어버렸습니다. |

여권이나 현금 따위의 소지품을 도난당하거나 분실했을 경우 근처의 경찰관이나 경비원 등에게 먼저 도움을 청한 후, 곧 현지 한국공관이나 한국관광공사 해외지사 등의 관계기관에 연락을 하여 도움을 받는 것이 좋습니다.

PATTERN DRILL

➡ 我的护照丢了。
wǒ de hù zhào diū le

_我不知道把护照忘在哪儿了。
wǒ bù zhī dào bǎ hù zhàowàng zài nǎ er le

제 여권을 어디에 두었는지 생각이 나지 않습니다.

_我把护照给弄丢了，能帮我找找吗?
wǒ bǎ hù zhào gěi nòng diū le néngbāng wǒ zhǎozhǎo ma

제가 여권을 잃어버렸는데 좀 찾아주실 수 있습니까?

_我找不到我的护照了。
wǒ zhǎo bù dào wǒ de hù zhào le

제 여권을 찾지 못하겠습니다.

_我的护照不见了，怎么办?
wǒ de hù zhào bù jiàn le zěn me bàn

제 여권이 보이질 않습니다. 어떡하죠?

EXample

Q : 我的护照丢了，该怎么办?
wǒ de hù zhào diū le gāi zěn me bàn

A : 您得先到当地的警察局申报并领取"丢失证明书"。
nín děi xiān dào dāng dì de jǐng chá jú shēn bào bìng lǐng qǔ diū shī zhèngmíng shū

Q : 然后呢?
rán hòu ne

A : 然后到韩国驻当地公馆说明事实后领取"旅行证明书"。
rán hòu dào hán guó zhù dāng dì gōngguǎnshuōmíng shì shí hòu lǐng qǔ lǚ xíngzhèngmíng shū

Q : 제 여권을 분실했는데, 어떻게 해야 합니까?
A : 먼저 현지 경찰서에 신고하고 분실증명서를 받아야 합니다.
Q : 그리고 나서요?
A : 현지 주재 한국공관에 가서 분실 사실을 알려 여행증명서를 발급받으면 됩니다.

PATTERN DRILL

➡ 我记不清了。
wǒ jì bù qīng le

我想不起来。
wǒ xiǎng bù qǐ lái

생각이 나지 않습니다.

我的记性真不好。
wǒ dè jì xìngzhēn bù hǎo

저는 기억력이 정말 나쁩니다.

我一点儿也想不起来你说过的话。
wǒ yī diǎn er yě xiǎng bù qǐ lái nǐ shuōguò dè huà

당신이 한 말이 조금도 생각이 나지 않습니다.

我不知道是在哪儿丢的。
wǒ bù zhī dào shì zài nǎ er diū dè

어디서 잃어버렸는지 모르겠어요.

我的钱包记不清丢哪儿了。
wǒ dè qián bāo jì bù qīng diū nǎ er le

지갑을 어디서 분실했는지 기억이 잘 안 나요.

EXample

Q : 您来有什么事情吗?
nín lái yǒu shén mè shì qíng ma

A : 我的护照丢了。
wǒ dè hù zhào diū le

Q : 在什么地方丢的?
zài shén mè dì fāng diū dè

A : 我记不清了。
wǒ jì bù qīng le

Q : 무슨 일로 오셨습니까?
A : 제 여권을 잃어버렸습니다.
Q : 어디서 잃으셨습니까?
A : 잘 기억이 안 나요.

| 집에 놓고 왔습니다. |

PATTERN DRILL

➡ 忘在家里了。
wàng zài jiā lǐ le

你是不是把护照忘在旅馆里了。
nǐ shì bú shì bǎ hù zhào wàng zài lǚ guǎn lǐ le

여권을 호텔에 두고 안 가져온 것 아닙니까?

我忘了拿护照了。
wǒ wàng le ná hù zhào le

여권을 잊고 가져오지 않았어요.

我把钱包忘在家里没拿来。
wǒ bǎ qián bāo wàng zài jiā lǐ méi ná lái

지갑을 집에 놓고 가지고 오지 않았어요.

我好像把钥匙锁在家里了。
wǒ hǎo xiàng bǎ yào chi suǒ zài jiā lǐ le

열쇠를 집에 놓고 문을 잠근 것 같아요.

EXample

Q : 您记起来是在哪儿丢的吗?
nín jì qǐ lái shì zài nǎ er diū dè ma

A : 我好像把背包忘在出租汽车里了。
wǒ hǎo xiàng bǎ bèi bāo wàng zài chū zū qì chē lǐ le

Q : 请填这张表，写上丢失的经过。　我会尽全力帮您
qǐng tián zhè zhāng biǎo　xiě shàng diū shī dè jīng guò　wǒ huì jìn quán lì bāng nín

找的。
zhǎo dè

A : 拜托您了。
bài tuō nín le

Q : 어디서 분실하셨는지 기억나세요?
A : 제가 멜가방을 택시에 두고 내린 것 같습니다.
Q : 여기에 분실한 경위를 적어주세요. 제가 최선을 다해 찾아드리겠습니다.
A : 부탁드립니다.

어디서 외화를 환전할 수 있나요?

PATTERN DRILL

➡ 在哪儿可以兑换外汇?
zài nǎ er kě yǐ duì huàn wài huì

在这里可以把人民币兑成美元吗?
zài zhè lǐ kě yǐ bǎ rén mín bì duì chéng měi yuán má

이곳에서 인민폐를 미국 달러로 환전할 수 있나요?

我想把支票兑成现金。
wǒ xiǎng bǎ zhī piào duì chéng xiàn jīn

수표를 현금으로 바꾸고 싶습니다.

我想兑换1000美元。
wǒ xiǎng duì huàn měi yuán

1000달러를 환전하고 싶습니다.

这是目前的兑换换算表。
zhè shì mù qián de duì huàn huàn suàn biǎo

이것은 현재 환율표입니다.

我想把人民币换成美元。
wǒ xiǎng bǎ rén mín bì huàn chéng měi yuán

인민폐를 달러로 환전하고 싶습니다.

EXample

Q : 你知道韩元对人民币的汇率是多少吗?
nǐ zhī dào hán yuán duì rén mín bì de huì lǜ shì duō shǎo ma

A : 我不知道, 你呢?
wǒ bù zhī dào nǐ ne

Q : 不知道才问你的, 我们一起在网上查吧!
bù zhī dào cái wèn nǐ de wǒ mén yī qǐ zài wǎng shàng chá ba

A : 这儿有, 当前牌价是人民币 1元 兑换 145.225韩圆。
zhè er yǒu dāng qián pái jià shì rén mín bì yuán duì huàn hán yuán

Q : 한국 원과 인민폐의 환율을 아십니까?
A : 모릅니다. 당신은요?
Q : 몰라서 묻는 것인데, 우리 같이 인터넷에서 찾읍시다.
A : 여기 있어요. 현재 외환시세는 인민폐 1원에 145.225 한국 원입니다.

| **현금은 가지고 계세요?** |

중국을 여행할 때 현금의 경우는 편하지만 분실 또는 도난당했을 때 대책이 없고, 여행자수표의 경우에는 분실하거나, 도난당했을 때 재발급 받을 수 있는 반면에 현금이 필요할 경우에 소액 사용이 불편하며 현지에서 현금으로 바꿀 경우에는 수수료를 내야 합니다. 신용카드는 도난과 분실의 경우 재발급 가능하며, 현금이 필요할 때 현금자동지급 서비스를 받을 수 있으며, 렌터카나 호텔 등을 예약할 때 예치금 대용 등의 장점이 있으나, 과소비를 조장하고 사용할 때 제한이 따르며, 높은 환율 등의 단점이 있습니다.

PATTERN DRILL

➡ 您带现金了吗？
nín dài xiàn jīn le má

_你带信用卡了吗？
nǐ dài xìn yòng kǎ le má

신용카드를 가지고 계세요?

_我现在只有信用卡。
wǒ xiàn zài zhǐ yǒu xìn yòng kǎ

전 지금 신용카드밖에 없어요.

_这信用卡在中国也可以用吗？
zhè xìn yòng kǎ zài zhōng guó yě kě yǐ yòng ma

이 신용카드는 중국에서도 사용할 수 있습니까?

EXample

Q : 我这次要到海外旅行，你说我带现金好还是带旅行
wǒ zhè cì yào dào hǎi wài lǚ xíng　nǐ shuō wǒ dài xiàn jīn hǎo hái shì dài lǚ xíng

者支票好？
zhě zhī piào hǎo

A : 为了安全起见，两个都带为好。
wéi le ān quán qǐ jiàn　liǎng gè dū dài wéi hǎo

Q : 旅行者支票70%，现金30%吗？
lǚ xíng zhě zhī piào　xiàn jīn　ma

A : 是的，但还要根据你的状况及品位适当调节。
shì de　dàn hái yào gēn jù nǐ de zhuàngkuàng jí pǐn wèi shì dāngdiào jié

Q : 이번에 해외로 여행을 가려고 하는데 현금으로 가져가는 것이 좋나요, 아니면 여행자수표를 가져가는 것이 좋아요?

A : 안전을 위해 두 개를 다 가져가는 것이 좋습니다.

Q : 여행자수표 70%, 현금 30% 정도로요?

A : 맞아요. 그러나 당신의 사정이나 형편에 맞춰 조절하는 것도 필요합니다.

PATTERN DRILL

➡ 就要到了。
jiù yào dào le

离你家远吗?
lí nǐ jiā yuǎn ma
집까지 거리가 멉니까?

就要到目的地了。
jiù yào dào mù dì dì le
곧 목적지에 도착합니다.

眼看就要到了。
yǎn kàn jiù yào dào le
이제 곧 도착합니다.

前面就是目的地。
qiánmiàn jiù shì mù dì dì
앞쪽이 바로 목적지입니다.

准备下车。
zhǔn bèi xià chē
차에서 내리실 준비하세요.

EXample

Q : 我们什么时候能到北京?
wǒ mèn shén mè shí hòu néng dào běi jīng

A : 我们再过五分钟就要到了!
wǒ mèn zài guò wǔ fēn zhōng jiù yào dào le

Q : 是吗, 太好了! 我很早就想到北京看看。
shì ma　tài hǎo le　　wǒ hěn zǎo jiù xiǎng dào běi jīng kàn kàn

A : 那这次多转转吧。
nà zhè cì duō zhuànzhuàn ba

Q : 언제쯤이면 북경에 도착할 수 있습니까?
A : 이제 5분 후면 도착할 수 있습니다.
Q : 그렇습니까? 너무 좋네요. 저는 예전부터 북경에 와보고 싶었어요.
A : 그럼 이번에 많이 돌아보세요.

명승고적을 구경하다.

PATTERN DRILL

➡ 游览名胜古迹。
yóu lǎn míngshèng gǔ jì

北京有很多名胜古迹。
běi jīng yǒu hěn duō míngshèng gǔ jì
북경에는 많은 명승고적들이 있습니다.

这里都有什么名胜?
zhè lǐ dōu yǒu shén me míngshèng
여기에는 어떤 명승지들이 있습니까?

颐和园是一个观光名胜。
yí hé yuán shì yī ge guānguāngmíngshèng
의화원은 하나의 관광명소입니다.

杭州是华东的旅游胜地。
hángzhōu shì huá dōng de lǚ yóu shèng dì
항주는 화동의 여행지로 꼽힙니다.

故宫是一个值得观光的地方。
gù gōng shì yī ge zhí dé guānguāng de dì fāng
고궁은 관광을 해볼만한 곳입니다.

EXample

Q : 听说北京有很多名胜古迹, 能告诉我都有哪些吗?
tīng shuō běi jīng yǒu hěn duō míngshèng gǔ jì néng gào sù wǒ dōu yǒu nǎ xiē má

A : 好的, 有天安门, 八达岭长城等…
hǎo de yǒu tiān ān mén bā dá lǐng chángchéngděng

Q : 还有个叫紫禁城的吧。
hái yǒu ge jiào zǐ jìn chéng de ba

A : 紫禁城也叫故宫, 就是明清时代的皇宫。
zǐ jìn chéng yě jiào gù gōng jiù shì míngqīng shí dài de huánggōng

Q : 북경에는 많은 명승고적지가 있다고 들었는데, 어떤 것들이 있는지 알려주시겠어요?
A : 알겠습니다, 천안문, 팔달령, 장성 등이 있습니다.
Q : 자금성이라는 것도 있죠
A : 자금성을 고궁이라고도 하는데, 명청 시대의 황궁입니다.

PATTERN DRIVE

➡ 请介绍一下。
qǐng jiè shào yí xià

请介绍一下北京的游览胜地。
qǐng jiè shào yí xià běi jīng de yóu lǎn shèng dì

북경의 유람명승지에 대해서 설명 좀 부탁드립니다.

请问北京都有哪些名胜?
qǐng wèn běi jīng dū yǒu nǎ xiē míngshèng

북경에는 어떤 명승지들이 있습니까?

能不能说明一下?
néng bù néng shuōmíng yī xià

설명해주실 수 없습니까?

能不能介绍一下?
néng bù néng jiè shào yī xià

소개해주십시오.

帮我介绍一下好吗?
bāng wǒ jiè shào yī xià hǎo ma

저에게 설명해주실 수 있습니까?

EXample

Q : 请你介绍一下西安都有什么名胜古迹。
qǐng nǐ jiè shào yī xià xī ān dū yǒu shén me míngshèng gǔ jì

A : 有华清池, 大雁塔, 兵马俑博物馆等。
yǒu huá qīng chí dà yàn tǎ bīng mǎ yǒng bó wù guǎnděng

Q : 我听说过兵马俑, 能再详细介绍一下吗?
wǒ tīng shuō guò bīng mǎ yǒng néng zài xiáng xì jiè shào yī xià ma

A : 兵马俑是秦始皇的陵墓, 被誉为世界八大奇迹之一。
bīng mǎ yǒng shì qín shǐ huáng de líng mù bèi yù wéi shì jiè bā dà qí jì zhī yī

Q : 서안에 어떤 명승고적들이 있는지 소개 좀 부탁드립니다.
A : 화청지, 대안탑, 병마용 등이 있습니다.
Q : 병마용에 대해 들어보았는데, 더 상세히 설명해줄 수 있어요?
A : 병마용은 진시황의 능묘인데 세계 8대 불가사의의 하나라고 합니다.

PATTERN DRILL

➥ 还有别的吗？
hái yǒu bié de ma

_除了这个以外还有别的吗？
chú le zhè ge yǐ wài hái yǒu bié de ma
이것 외에 다른 것이 또 있습니까?

_除了这些，还有没有别的？
chú le zhè xiē hái yǒu méi yǒu bié de
이것들을 제외하고 또 있습니까?

_除此之外就没别的吗？
chú cǐ zhī wài jiù méi bié de ma
이것을 제외하고 다른 것은 없나요?

_还有很多没拿出来的。
hái yǒu hěn duō méi ná chū lái de
또 꺼내지 않은 것이 아주 많이 있습니다.

_我们都没去过白头山，只有他除外。
wǒ men dū méi qù guò bái tóu shān zhǐ yǒu tā chú wài
그를 제외하고는 우린 다 백두산에 가보지 못했습니다.

EXample

Q : 中国东北三省除了白头山以外还有哪些观光胜地？
zhōng guó dōng běi sān shěng chú le bái tóu shān yǐ wài hái yǒu nǎ xiē guānguāngshèng dì

A : 有松花湖，镜泊湖，成吉思汗陵等。
yǒu sōng huā hú jìng bó hú chéng jí sī hán líng děng

Q : 还有别的比较有名的吗？
hái yǒu bié de bǐ jiào yǒu míng de ma

A : 当然，还有高句丽旧都城遗址和广开土大王碑等等。
dāng rán hái yǒu gāo gōu lì jiù dū chéng yí zhǐ hé guǎng kāi tǔ dà wáng bēi děngděng

Q : 중국 동북 삼성에는 백두산 이외에 또 다른 관광명소가 있습니까?
A : 송화호, 경박호, 칭키스칸릉 따위가 있습니다.
Q : 그 이외에 비교적 유명한 것이 있습니까?
A : 물론이죠. 고구려 옛 도성과 광개토대왕비 등도 있습니다.

这里可以照相吗？

PATTERN DRILL

这里可以照相吗？
zhè lǐ kě yǐ zhàoxiāng ma

这儿可以拍照吗？
zhè er kě yǐ pāi zhào ma
여기서 사진을 찍어도 됩니까?

这里可以拍摄吗？
zhè lǐ kě yǐ pāi shè ma
여기서 사진 찍을 수 있나요?

我想在这里照相可以吗？
wǒ xiǎng zài zhè lǐ zhàoxiāng kě yǐ ma
여기서 사진 찍고 싶은데 가능하겠습니까?

麻烦您给我照张相，好吗？
má fán nín gěi wǒ zhàozhāngxiāng hǎo ma
죄송한데요, 사진 한 장 찍어주시겠습니까?

可以给我照张相吗？
kě yǐ gěi wǒ zhàozhāngxiāng ma
사진 한 장 찍어주실 수 있어요?

Example

Q : 麻烦您给我拍张照好吗？
má fán nín gěi wǒ pāi zhāngzhào hǎo ma

A : 好的，这个怎么拍？
hǎo dè zhè ge zěn mè pāi

Q : 按这个按钮就行。
àn zhè ge àn niǔ jiù xíng

A : 明白了。
míng bái le

Q : 미안한데요, 사진 한 장 찍어주실 수 있어요?
A : 좋아요, 이것 어떻게 찍죠?
Q : 이 버튼을 누르면 됩니다.
A : 알겠습니다.

290

| 어디서 살 수 있습니까? |

PATTERN DRILL

➡ 在哪儿能买到。
　zài nǎ r néng mǎi dào

_在哪儿能买到这种词典?
　zài nǎ r néng mǎi dào zhè zhǒng cí diǎn

어디서 이런 사전을 살 수 있어요?

_在哪儿卖?
　zài nǎ r mài

어디서 팝니까?

_在哪儿买?
　zài nǎ r mǎi

어디서 샀습니까?

_到什么地方可以买到这本书?
　dào shén me dì fāng kě yǐ mǎi dào zhè běn shū

어디에 가면 이 책을 살 수 있어요?

_在哪儿出售?
　zài nǎ r chū shòu

어디서 판매합니까?

EXample

Q : 这里卖纪念品吗?
　　zhè lǐ mài jì niàn pǐn ma

A : 不卖, 这儿是一般小卖铺。
　　bù mài　zhè r shì yī bān xiǎo mài pū

Q : 那么在哪儿能买到?
　　nà me zài nǎ r néng mǎi dào

A : 你去对面的旅游纪念品店, 在那儿卖。
　　nǐ qù duì miàn de lǚ yóu jì niàn pǐn diàn　zài nà ér mài

Q : 여기서 기념품을 팝니까?
A : 안 팝니다. 여기는 일반 매점입니다.
Q : 그럼, 어디서 살 수 있을까요?
A : 맞은편의 여행기념품 상점에 가보세요. 거기서 팝니다.

291

PATTERN DRILL

➡ 几点开门?
jǐ diǎn kāi mén

博物馆几点开门?
bó wù guǎn jǐ diǎn kāi mén
박물관은 몇 시에 문을 엽니까?

外面的商店已经关门了。
wài miàn dè shāngdiàn yǐ jīng guānmén le
바깥의 상점은 이미 문을 닫았습니다.

我开的饭店下个星期开张。
wǒ kāi dè fàn diàn xià ge xīng qī kāi zhāng
내가 차린 음식점은 다음주에 신장개업을 합니다.

现在已经深夜了，商店肯定关门了。
xiàn zài yǐ jīng shēn yè le   shāngdiàn kěn dìngguānmén le
지금은 너무 밤이 깊었어. 상점은 문을 닫았을 기야.

美术馆下午六点闭馆。
měi shù guǎn xià wǔ liù diǎn bì guǎn
미술관은 오후 6시에 폐관합니다.

EXample

Q : 这个博物馆什么时候开馆?
zhè ge bó wù guǎnshén mè shí hòu kāi guǎn

A : 上午10点。
shàng wǔ   diǎn

Q : 闭馆是什么时候?
bì guǎn shì shén mè shí hòu

A : 下午6点。
xià wǔ   diǎn

Q : 이 박물관은 언제 문을 엽니까?
A : 오전 10시에요.
Q : 문은 언제 닫습니까?
A : 오후 6시에요.

PATTERN DRILL

➥ 位于哪个地方？
wèi yú nǎ gè dì fāng

故宫位于北京市的中心。
gù gōng wèi yú běi jīng shì dè zhōng xīn
고궁은 북경시의 중심에 자리 잡고 있습니다.

延边位于东北亚金三角。
yán biān wèi yú dōng běi yà jīn sān jiǎo
연변은 동북아시아의 금삼각에 위치하고 있습니다.

上海地处长江的入海口。
shàng hǎi dì chù chángjiāng dè rù hǎi kǒu
상해는 장강의 바다 입구에 위치하고 있습니다.

中国的人口位居世界第一。
zhōng guó dè rén kǒu wèi jū shì jiè dì yī
중국의 인구는 세계 1위를 차지하고 있습니다.

EXample

Q : 能介绍一下天安门吗？
néng jiè shào yī xià tiān ān mén ma

A : 天安门位于北京市区中心，是在明清朝时代皇帝颁
tiān ān mén wèi yú běi jīng shì qū zhōng xīn　shì zài míng qīng cháo shí dài huáng dì bān

发诏令的地方。
fā zhào lìng dè dì fāng

Q : 那天安门广场呢？
nà tiān ān mén guǎngchǎng ne

A : 天安门广场就在天安门的前方，是由旧时的皇宫广
tiān ān mén guǎngchǎng jiù zài tiān ān mén dè qián fāng　shì yóu jiù shí dè huánggōngguǎng

场扩建而成。
chǎng kuò jiàn ér chéng

Q : 천안문을 좀 소개해줄 수 있어요?
A : 천안문은 북경시 중심에 있는데, 명·청시대에 황제가 조령을 반포하던 장소입니다.
Q : 그럼 천안문광장은요?
A : 천안문광장은 천안문의 앞쪽에 있는데, 구시대의 황궁 광장을 확장 건설한 것입니다.

관광지도 좀 주세요.

PATTERN DRILL

➡ 请给我旅游地图。
qǐng gěi wǒ lǚ yóu dì tú

_请给我拿一杯葡萄酒。
qǐng gěi wǒ ná yì bēi pú táo jiǔ
와인 한 잔 주세요.

_我要这个红的。
wǒ yào zhè ge hóng de
저는 이 붉은 것으로 주세요.

_我想买可乐。
wǒ xiǎng mǎi kě lè
콜라를 사려고 합니다.

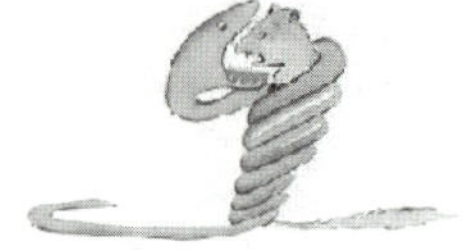

_这儿卖啤酒吗?
zhè r mài pí jiǔ ma
여기서 맥주를 팝니까?

_我要看这件衣服。
wǒ yào kàn zhè jiàn yī fú
저는 이 옷을 보겠습니다.

EXample

Q : 请给我一张上海市区地图。
qǐng gěi wǒ yī zhāng shàng hǎi shì qū dì tú

A : 您是外地人吗?
nín shì wài dì rén ma

Q : 是的，我是从西安来的。
shì de wǒ shì cóng xī ān lái de

A : 怪不得要上海市区地图。
guài bù dé yào shàng hǎi shì qū dì tú

Q : 상해시 지도 한 장 주시겠어요?
A : 당신은 외지인입니까?
Q : 그렇습니다. 서안에서 왔습니다.
A : 그래서 상해시 지도를 달라고 하시는군요.

294

| 세계적으로 명성이 있다. |

PATTERN DRILL

➡ 世界闻名。
shì jiè wénmíng

中国的茶文化世界闻名。
zhōng guó dè chá wén huà shì jiè wénmíng

중국의 차 문화는 세계적으로 명성이 있습니다.

中国的饮食文化闻名天下。
zhōng guó dè yǐn shí wén huà wénmíng tiān xià

중국의 음식문화는 온 세계에 이름이 났습니다.

川菜中的麻辣豆腐扬名四海。
chuān cài zhōng dè má là dòu fǔ yángmíng sì hǎi

사천요리의 마파두부는 세계적으로 명성을 떨치고 있습니다.

北京的各种古建筑闻名遐迩。
běi jīng dè gè zhǒng gǔ jiàn zhù wénmíng xiá ěr

북경의 여러 고대 건축은 세계 여러 나라에 알려져 있습니다.

EXample

Q : 听说有"桂林山水甲天下"的说法。
tīng shuō yǒu guì lín shān shuǐ jiǎ tiān xià dè shuō fǎ

A : 桂林因其山清，水秀，洞奇，石美而闻名。
guì lín yīn qí shān qīng shuǐ xiù dòng qí shí měi ér wén míng

Q : 你最喜欢其中的哪个景点?
nǐ zuì xǐ huān qí zhōng dè nǎ ge jǐng diǎn

A : 我最喜欢漓江风景。其风光优美，景物之多，有人
wǒ zuì xǐ huān lí jiāng fēng jǐng qí fēng guāng yōu měi jǐng wù zhī duō yǒu rén

称之为"漓江画廊"。
chēng zhī wéi lí jiāng huà láng

Q : 「계림산수갑천하」라는 말이 있다고 들었어요.
A : 계림은 산 좋고, 물 맑고, 동굴이 기이하고, 바위가 아름다움으로 유명합니다.
Q : 당신은 그 중에서 어느 경치를 제일 좋아합니까?
A : 저는 이강의 경치를 제일 좋아합니다. 경치가 아름답고, 풍물이 많아서 사람들
이 「이강화랑」이라고 합니다.

→ 什么时候的?

PATTERN DRILL

➡ **什么时候的?**
shén me shí hòu de

这件作品是什么时候的?
zhè jiàn zuò pǐn shì shén me shí hòu de

이 작품은 어느 시기의 것입니까?

这座建筑物是哪个年代的?
zhè zuò jiàn zhù wù shì nǎ ge nián dài de

이 건물은 어느 시대의 것입니까?

这个瓷器什么朝代的?
zhè ge cí qì shén me zhāo dài de

이 도자기는 어느 시대의 것입니까?

这个作品是什么时期的?
zhè ge zuò pǐn shì shén me shí qī de

이 작품은 어느 시기의 것입니까?

这个风俗是什么地方的?
zhè ge fēng sú shì shén me dì fāng de

이 풍속은 어느 지방의 것입니까?

EXample

Q: 你知道这个瓷器是中国什么朝代的吗?
nǐ zhī dào zhè gè cí qì shì zhōng guó shén me cháo dài de ma

A: 这不是唐朝时期的唐三彩吗?
zhè bù shì táng cháo shí qī de táng sān cǎi ma

Q: 对, 你怎么知道?
duì nǐ zěn me zhī dào

A: 我在历史书上看过介绍。
wǒ zài lì shǐ shū shàng kàn guò jiè shào

Q: 이 도자기는 중국의 어느 왕조의 것인지 아십니까?
A: 이것이 당나라 시대의 당삼채가 아닌가요?
Q: 맞습니다. 어떻게 아셨습니까?
A: 역사책에서 본 적이 있습니다.

| 길이는 얼마나 됩니까? |

「有多长?」은 일반적으로 비교적 긴 거리의 길이를 물을 때 쓰는 말입니다. 반대로 비교적 짧은 거리거나 물건의 길이를 물을 때는「长度是多少?」라고 합니다.

PATTERN DRILL

➡ 有多长?
yǒu duō cháng

北京到上海的距离有多长?
běi jīng dào shàng haǐ dè jù lí yǒu duō cháng
북경부터 상해까지의 거리는 얼마입니까?

从天津到大连的直线距离是多少?
cóng tiān jīn dào dà lián dè zhí xiàn jù lí shì duō shǎo
천진부터 대련까지의 직선거리는 얼마나 됩니까?

万里长城的全长是多少?
wàn lǐ chángchéng dè quáncháng shì duō shǎo
만리장성의 전체 길이는 얼마입니까?

上海到仁川的距离有多远?
shàng haǐ dào rén chuān dè jù lí yǒu duō yuǎn
상해부터 인천까지의 거리는 어떻게 됩니까?

EXample

Q : 万里长城究竟有多长?
wàn lǐ chángchéng jiū jìng yǒu duō cháng

A : 我不太清楚, 你说真的有万里吗?
wǒ bù tài qīng chu nǐ shuō zhēn dè yǒu wàn lǐ ma

Q : 我告诉你吧, 万里长城全长6700公里。
wǒ gào sù nǐ ba wàn lǐ chángchéng quáncháng gōng lǐ

A : 那么说其长度超过万里了!
nà mè shuō qí cháng dù chāo guò wàn lǐ le

Q : 만리장성은 도대체 얼마나 깁니까?
A : 저는 잘 모르겠습니다. 정말 만 리가 될까요?
Q : 알려드릴게요. 만리장성의 길이는 6700km입니다.
A : 그러면, 그 길이가 만 리를 넘는다는 얘기네요

| 정말 웅장합니다! |

PATTERN DRILL

➡ 真雄伟啊!
zhēnxióng wěi   ā

_万里长城真雄伟啊。
wàn lǐ chángchéngzhēnxióng wěi   ā
만리장성은 정말 웅장합니다.

_桂林真是太漂亮了。
guì lín zhēn shì tài piāoliàng le
계림은 참으로 아름답습니다.

_长江三峡多么壮观啊!
chángjiāng sān xiá duō mè zhuàngguān ā
장강삼협은 정말 장관입니다!

_这件瓷器做得太精巧了。
zhè jiàn cí qì zuò de tài jīng qiǎo le
이 도자기는 정말로 정교하군요.

_这朵花实在是漂亮。
zhè duǒ huā shí zài shì piāoliàng
이 꽃은 참으로 아름답습니다.

EXample

Q : 长江最壮丽的一段是哪儿?
chángjiāng zuì zhuàng lì dè yī duàn shì nǎ   r

A : 是长江三峡。
shì chángjiāng sān xiá

Q : 是不是这张照片里的?
shì bù shì zhè zhāngzhào piàn lǐ dè

A : 是的,你看长江三峡多么雄伟呀!
shì dè   nǐ kàn chángjiāng sān xiá duō mè xióng wěi yā

Q : 장강에서 제일 장관인 구간은 어디죠?
A : 장강삼협입니다.
Q : 이 사진에 있는 것이 아닙니까?
A : 맞습니다. 이것 보세요, 장강삼협이 얼마나 웅장합니까?

숙박에 관한 표현

중국의 호텔에서는 체크인할 때 일반적으로 선금을 내야 하는데, 이것을 押金(야진)이라고 합니다. 예약금의 형식으로 이런 押金은 객실비보다 더 많이 내야 합니다. 물론 체크아웃 할 때 잔금은 돌려줍니다.

PATTERN DRILL

➡ 我要预定房间。
wǒ yào yù dìngfángjiān

_我要预定客房，有房间吗?
wǒ yào yù dìng kè fáng   yǒu fáng jiān ma

방을 예약하고 싶습니다. 방이 있습니까?

_我要预约客房。
wǒ yào yù yuē kè fáng

방을 예약하고 싶습니다.

_有空房吗?
yǒu kōngfáng ma

빈 방이 있습니까?

_我要预约两间客房。
wǒ yào yù yuē liǎng jiān kè fáng

방 두 개를 예약하고 싶습니다.

_我要取消预约。
wǒ yào qǔ xiāo yù yuē

예약을 취소하고 싶습니다.

EXample

Q : 是北京饭店吗?
shì běi jīng fàn diàn ma

A : 是，您有什么事吗?
shì   nín yǒu shén me shì ma

Q : 我要预定房间。有空房吗?
wǒ yào yù dìng fáng jiān   yǒu kōngfáng ma

A : 有。
yǒu

Q : 북경호텔입니까?
A : 예, 무엇을 도와드릴까요?
Q : 방을 예약하려고 합니다. 빈방이 있습니까?
A : 있습니다.

有什么样的客房?
yǒu shén me yàng de kè fáng

你们那儿有什么样的客房?
nǐ men nà r yǒu shén me yàng de kè fáng

어떤 방이 있습니까?

现在剩下的客房都有什么样的?
xiàn zài shèng xià de kè fáng dōu yǒu shén me yàng de

지금 남은 방들은 어떤 것들이 있습니까?

您要什么样的客房?
nín yào shén me yàng de kè fáng

어떤 방을 원하십니까?

我要一个单间。
wǒ yào yī ge dān jiān

싱글 룸 하나 주세요.

我要标准间。
wǒ yào biāo zhǔn jiān

보통 방을 원합니다.

Q: 您要什么样的客房?
nín yào shén me yàng de kè fáng

A: 我要一个标准间。
wǒ yào yī ge biāo zhǔn jiān

Q: 对不起, 标准间已经预定完了。
duì bù qǐ biāo zhǔn jiān yǐ jīng yù dìng wán le

A: 那我要两个单间。
nà wǒ yào liǎng ge dān jiān

Q: 어떤 방을 원하십니까?
A: 보통방 하나 주세요.
Q: 죄송합니다. 보통방은 이미 예약이 끝났습니다.
A: 그럼 싱글 룸으로 두 개 주세요.

→ 房费一天多少钱？

PATTERN DRILL

➡ 房费一天多少钱？
fáng fèi yì tiān duō shǎo qián

_住宿费按人算，还是按房间算？
zhù sù fèi àn rén suàn hái shì àn fáng jiān suàn

숙박비는 인원수에 따라 계산합니까? 아니면 방에 따라 계산합니까?

_房费包括早餐吗？
fáng fèi bāo kuò zǎo cān ma

방 값에 아침식사비가 포함됩니까?

_加一张床多少钱？
jiā yī zhāng chuáng duō shǎo qián

침대 하나를 더 놓으면 얼마입니까?

_有没有便宜一点的房间？
yǒu méi yǒu pián yí yī diǎn dè fáng jiān

좀 더 싼 방이 있습니까?

_房费包括服务费吗？
fáng fèi bāo kuò fú wù fèi ma

방값에 봉사료가 포함됩니까?

EXample

Q : 房费一天多少钱？
fáng fèi yī tiān duō shǎo qián

A : 一天六百元。
yī tiān liù bǎi yuán

Q : 房费包括服务费吗？
fáng fèi bāo kuò fú wù fèi ma

A : 不包括，服务费另收。
bù bāo kuò fú wù fèi lìng shōu

Q : 숙박료는 하루에 얼마입니까?
A : 하루에 600원입니다.
Q : 방값에 봉사료가 포함됩니까?
A : 포함되지 않습니다. 봉사료는 따로 받습니다.

| 저는 이미 예약했습니다. |

PATTERN DRILL

➡ 我已经预约好了。
wǒ yǐ jīng yù yuē hǎo le

_我已经在网上预定好了。
wǒ yǐ jīng zài wǎngshàng yù dìng hǎo le

저는 이미 인터넷으로 예약했습니다.

_您预约了吗?
nín yù yuē le ma

예약하셨습니까?

_我没有预约。
wǒ méi yǒu yù yuē

저는 예약하지 않았습니다.

_请填写这张住宿登记卡。
qǐng tián xiě zhè zhāng zhù sù dēng jì kǎ

이 숙박카드를 작성해주십시오.

_您用什么名字预定的?
nín yòngshén me míng zì yù dìng de

누구 이름으로 예약하셨습니까?

EXample

Q : 我已经预约了。
wǒ yǐ jīng yù yuē le

A : 您用什么名字预约的?
nín yòngshén me míng zì yù yuē de

Q : 我叫李永浩。
wǒ jiào lǐ yǒng hào

A : 找到了, 请您填写这张住宿登记卡。
zhǎo dào le qǐng nín tián xiě zhè zhāng zhù sù dēng jì kǎ

Q : 저는 이미 예약했습니다.
A : 누구 이름으로 예약하셨습니까?
Q : 저는 이영호라고 합니다.
A : 찾았습니다. 여기 숙박카드를 작성해주십시오.

PATTERN DRILL

➡ 可以先看一下房间吗？
kě yǐ xiān kàn yí xià fáng jiān ma

我想先看看房间。
wǒ xiǎng xiān kàn kàn fáng jiān

먼저 방을 보고 싶습니다.

这个房间太暗了，我要换房间。
zhè ge fáng jiān tài àn le　wǒ yào huàn fáng jiān

이 방은 너무 어둡습니다. 방을 바꾸고 싶습니다.

我想要安静一点的房间。
wǒ xiǎng yào ān jìng yī diǎn dè fáng jiān

저는 조용한 방으로 부탁합니다.

我要一间能看到好风景的房间。
wǒ yào yī jiān néng kàn dào hǎo fēng jǐng dè fáng jiān

저는 경치가 좋은 방으로 주세요.

我要换别的房间。
wǒ yào huàn bié dè fáng jiān

다른 방으로 바꾸고 싶습니다.

EXample

Q : 可以先看一下房间吗？
kě yǐ xiān kàn yī xià fáng jiān ma

A : 可以，请跟我来。
kě yǐ　qǐng gēn wǒ lái

Q : 我想换一间。
wǒ xiǎng huàn yī jiān

A : 您想要什么样的房间呢？
nín xiǎng yào shén mè yàng dè fáng jiān ne

Q : 我想要一间安静一点的房间。
wǒ xiǎng yào yī jiān ān jìng yī diǎn dè fáng jiān

Q : 방을 먼저 보여줄 수 있습니까?
A : 보여 드리겠습니다. 이쪽으로 오십시오
Q : 방을 바꾸고 싶습니다.
A : 어떤 방을 원하십니까?
Q : 저는 조용한 방을 원합니다.

이름을 찾을 수 없습니다.

PATTERN DRILL

找不到您的名字。
zhǎo bú dào nín dè míng zì

我确实已经预约了。
wǒ què shí yǐ jīng yù yuē le
분명히 예약을 했는데요.

预约者名单里没有你的名字。
yù yuē zhě míng dān lǐ méi yǒu nǐ dè míng zì
예약자 명단에 손님의 이름이 없습니다.

麻烦你再查一遍。
má fán nǐ zài chá yī biàn
수고스럽지만, 다시 찾아보십시오.

我预约了房间，但是找不到我的名字。
wǒ yù yuē le fáng jiān dàn shì zhǎo bù dào wǒ dè míng zì
방을 예약했는데 제 이름을 찾을 수가 없습니다.

请你们的经理出来一下。
qǐng nǐ mèn dè jīng lǐ chū lái yī xià
매니저를 만나볼 수 있나요?

EXample

Q : 对不起，找不到您的名字。
duì bù qǐ zhǎo bù dào nín dè míng zì

A : 我确实已经预约了。麻烦你再查一遍。
wǒ què shí yǐ jīng yù yuē le má fán nǐ zài chá yī biàn

Q : 还是找不到。
hái shì zhǎo bù dào

A : 请你们的经理出来一下。
qǐng nǐ mèn dè jīng lǐ chū lái yī xià

Q : 죄송합니다. 당신의 이름을 찾을 수 없습니다.
A : 분명히 예약을 했는데요. 번거롭더라도 다시 찾아봐주세요.
Q : 여전히 찾지 못하겠는데요.
A : 매니저를 만나볼 수 있을까요?

PATTERN DRILL

➥ 请把行李搬到房间去。
qǐng bǎ xíng lǐ bān dào fáng jiān qù

请把我房间的行李拿下来。
qǐng bǎ wǒ fáng jiān dè xíng lǐ ná xià lái

제 방에서 짐을 내려다주십시오.

请叫服务员给我搬行李。
qǐng jiào fú wù yuán gěi wǒ bān xíng lǐ

포터에게 짐을 옮겨달라고 해주세요.

有手推车吗?
yǒu shǒu tuī chē ma

카터는 있습니까?

请把行李搬到大厅。
qǐng bǎ xíng lǐ bān dào dà tīng

짐을 로비까지 옮겨주십시오.

需要给您搬运行李吗?
xū yào gěi nín bān yùn xíng lǐ ma

짐을 옮겨드릴까요?

EXample

Q : 有手推车吗?
yǒu shǒu tuī chē ma

A : 没有, 我们这儿由服务员给客人搬行李。
méi yǒu wǒ mén zhè r yóu fú wù yuán gěi kè rén bān xíng lǐ

Q : 那麻烦你, 请帮我把行李搬到房间去。
nà má fán nǐ qǐng bāng wǒ bǎ xíng lǐ bān dào fáng jiān qù

A : 好的。
hǎo dè

Q : 카터는 있습니까?
A : 없습니다. 저희들은 포터가 손님들 짐을 날라드립니다.
Q : 그럼 수고스럽지만, 짐을 방으로 옮겨주세요
A : 지금 옮겨드리지요.

PATTERN DRILL

➡ 这个怎么弄?
zhè gè zěn me nòng

餐厅几点关门?
cān tīng jǐ diǎn guān mén
레스토랑은 몇 시에 끝납니까?

空调温度怎么调?
kōng diào wēn dù zěn me diào
에어컨은 어떻게 조절합니까?

热水在哪儿?
rè shuǐ zài nǎ r
더운물은 어디에 있어요?

早餐需要预定吗?
zǎo cān xū yào yù dìng ma
아침식사는 예약해야 합니까?

拖鞋在哪里?
tuō xié zài nǎ lǐ
슬리퍼는 어디에 있습니까?

EXample

Q : 拖鞋在哪儿?
tuō xié zài nǎ r

A : 拖鞋在鞋柜里。
tuō xié zài xié guì lǐ

Q : 早餐需要预定吗?
zǎo cān xū yào yù dìng ma

A : 早餐需要预定。
zǎo cān xū yào yù dìng

Q : 슬리퍼는 어디에 있습니까?
A : 슬리퍼는 신발장에 있습니다.
Q : 아침식사는 예약해야 합니까?
A : 아침식사는 예약이 필요합니다.

307

PATTERN DRILL

➡ 我需要客房服务。
wǒ xū yào kè fáng fú wù

请给我送一杯咖啡和一个三明治。
qǐng gěi wǒ sòng yì bēi kā fēi hé yí ge sān míng zhì

커피 한 잔과 샌드위치 하나 주세요.

这里是1108房间。
zhè lǐ shì fáng jiān

여기는 1108호입니다.

请把早餐送到我的房间。
qǐng bǎ zǎo cān sòng dào wǒ dè fáng jiān

아침식사를 제 방까지 가져다주십시오.

麻烦你明天早晨六点叫醒我。
má fán nǐ míng tiān zǎo chén liù diǎn jiào xǐng wǒ

수고스럽지만, 내일 아침 6시에 깨워주십시오.

请打扫一下我的房间。
qǐng dǎ sǎo yī xià wǒ dè fáng jiān

제 방을 청소해주십시오.

EXample

Q : 这里是1216房间，我需要客房服务。
zhè lǐ shì fáng jiān wǒ xū yào kè fáng fú wù

A : 您需要什么服务?
nín xū yào shén mè fú wù

Q : 请把早餐送到我的房间。
qǐng bǎ zǎo cān sòng dào wǒ dè fáng jiān

A : 好，请您稍等。
hǎo qǐng nín shāo děng

Q : 여기는 1216호입니다. 룸서비스를 부탁합니다.
A : 어떤 서비스를 원하십니까?
Q : 아침식사를 제 방까지 가져다주십시오.
A : 잠시만 기다려주십시오.

드라이클리닝을 부탁합니다.

PATTERN DRILL

➡ 我想干洗衣服。
wǒ xiǎng gān xǐ yī fú

_酒店内有洗衣店吗?
jiǔ diàn nèi yǒu xǐ yī diàn ma
호텔 안에 세탁소가 있습니까?

_干洗衣服需要几天?
gān xǐ yī fú xū yào jǐ tiān
드라이클리닝을 하려면 며칠이 걸립니까?

_请把这件衣服熨一下。
qǐng bǎ zhè jiàn yī fú yùn yī xià
이 옷을 다림질해주십시오.

_我急着用, 能快点洗吗?
wǒ jí zhe yòng néng kuài diǎn xǐ ma
급히 써야 하니까 빨리 세탁해주실 수 있습니까?

_什么时候能取衣服?
shén mè shí hòu néng qǔ yī fú
언제 옷을 찾을 수 있습니까?

EXample

Q : 我想干洗衣服。
wǒ xiǎng gān xǐ yī fú

A : 我们这就过去拿。
wǒ mèn zhè jiù guò qù ná

Q : 干洗衣服需要几天?
gān xǐ yī fú xū yào jǐ tiān

A : 您明天就能拿到。
nín míng tiān jiù néng ná dào

Q : 드라이클리닝을 하고 싶은데요.
A : 지금 곧 가서 가져갈게요.
Q : 며칠 걸리는가요?
A : 내일이면 받으실 수 있습니다.

| 방 열쇠를 보관해주십시오. |

PATTERN DRILL

➡ **请保管房间钥匙。**
qǐng bǎo guǎn fáng jiān yào chí

_能不能保管贵重物品?
néng bù néng bǎo guǎn guì zhòng wù pǐn

귀중품을 보관할 수 있습니까?

_我要保管贵重物品。
wǒ yào bǎo guǎn guì zhòng wù pǐn

귀중품을 보관하고 싶은데요.

_我出去一下, 请帮我保管房间钥匙。
wǒ chū qù yí xià　　qǐng bāng wǒ bǎo guǎn fáng jiān yào chi

잠시 나갔다 오겠습니다. 방 열쇠를 보관해주세요.

_请给我1218房间的钥匙。
qǐng gěi wǒ　　　　fáng jiān dè yào chi

1218호실 방 열쇠를 주십시오.

_有没有我的信件或留言?
yǒu méi yǒu wǒ dè xìn jiàn huò liú yán

저한테 온 우편물이나 메시지가 없습니까?

EXample

Q : 请帮我保管贵重物品。
qǐng bāng wǒ bǎo guǎn guì zhòng wù pǐn

A : 您住几号房间?
nín zhù jǐ hào fáng jiān

Q : 我住902房间。
wǒ zhù　　　fáng jiān

A : 请您填写这张表格。
qǐng nín tián xiě zhè zhāng biǎo gé

Q : 귀중품을 보관하고 싶은데요.
A : 몇 호실입니까?
Q : 902호실입니다.
A : 이 표를 작성해주십시오.

→ 我想寄信。

PATTERN DRILL

➡ 我想寄信。
wǒ xiǎng jì xìn

_请按上面的地址发这封信。
qǐng àn shàngmiàn de dì zhǐ fā zhè fēng xìn

여기 주소로 편지를 보내주세요.

_我要往韩国发传真。
wǒ yào wǎng hán guó fā chuánzhēn

한국에 팩스를 보내고 싶은데요.

_我想订一张火车票。
wǒ xiǎngdìng yī zhāng huǒ chē piào

기차표 한 장 구입하고 싶은데요.

_明天帮我叫一辆出租车。
míng tiān bāng wǒ jiào yī liàng chū zū chē

내일 택시 한 대를 불러주세요.

_请帮我订去美国的机票。
qǐngbāng wǒ dìng qù měi guó de jī piào

미국으로 가는 항공권을 예약해주세요.

EXample

Q : 我想把这封信寄到韩国。
wǒ xiǎng bǎ zhè fēng xìn jì dào hán guó

A : 请您写好地址，交给我们，我们会按时寄出去的。
qǐng nín xiě hǎo dì zhǐ jiāo gěi wǒ mén wǒ mén huì àn shí jì chū qù de

Q : 谢谢。麻烦你们了。
xiè xiè má fán nǐ mén le

Q : 이 편지를 한국에 부치고 싶은데요.
A : 주소를 쓰신 다음 저에게 주십시오. 제 때에 부쳐드리겠습니다.
Q : 감사합니다. 부탁드립니다.

PATTERN DRILL

➡ 有人来找您。
yǒu rén lái zhǎo nín

_他在大厅里等您。
tā zài dà tīng lǐ děng nín

그분은 로비에서 기다리고 계십니다.

_有位先生已经等了半个小时。
yǒu wèi xiānshēng yǐ jīng děng le bàn ge xiǎo shí

손님 한분이 30분이나 기다렸습니다.

_要他上去吗?
yào tā shàng qù ma

올라가시게 안내해드릴까요?

_那位说有急事找您。
nà wèi shuō yǒu jí shì zhǎo nín

그분이 급한 용무가 있다고 하십니다.

_我这就下去。
wǒ zhè jiù xià qù

제가 곧 내려갈게요.

EXample

Q : 先生有人来找你。
xiānshēng yǒu rén lái zhǎo nǐ

A : 他现在在哪儿?
tā xiàn zài zài nǎ r

Q : 他在大厅里, 他说有急事找您。
tā zài dà tīng lǐ tā shuō yǒu jí shì zhǎo nín

A : 我现在就下去。
wǒ xiàn zài jiù xià qù

Q : 손님, 어떤 분이 찾으십니다.
A : 지금 어디에 있습니까?
Q : 로비에 있습니다. 급한 볼일이 있다고 하십니다.
A : 지금 곧 내려갈게요.

직통전화를 할 수 있나요?

PATTERN DRILL

➡ 能打直播电话吗？
néng dǎ zhí bō diàn huà ma

_打外线摁几号？
dǎ wài xiàn èn jǐ hào

외선으로 하려면 몇 번을 눌러야 합니까?

_房间内的电话能打外线吗？
fáng jiān nèi dè diàn huà néng dǎ wài xiàn ma

방안의 전화는 외부로 걸 수 있습니까?

_怎么打外线？
zěn mè dǎ wài xiàn

외선으로 어떻게 겁니까?

_市内电话怎么打？
shì nèi diàn huà zěn mè dǎ

시내전화는 어떻게 겁니까?

_我想打外线。
wǒ xiǎng dǎ wài xiàn

외선으로 걸고 싶습니다.

EXample

Q : 能打直播电话吗？
néng dǎ zhí bō diàn huà ma

A : 不行，要通过总机打。
bù xíng yào tōng guò zǒng jī dǎ

Q : 能告诉我具体方法吗？
néng gào sù wǒ jù tǐ fāng fǎ ma

A : 好的。
hǎo dè

Q : 직통전화를 할 수 있나요?
A : 안됩니다. 교환을 거쳐야 합니다.
Q : 구체적인 방법을 알려주실 수 없습니까?
A : 알려드리죠

PATTERN DRILL

➡ 我要打国际长途电话。
wǒ yào dǎ guó jì cháng tú diàn huà

_国际电话怎么打?
guó jì diàn huà zěn me dǎ

국제전화는 어떻게 겁니까?

_我要往韩国打电话。
wǒ yào wǎng hán guó dǎ diàn huà

한국으로 전화를 걸고 싶은데요.

_我要打对方付款电话。
wǒ yào dǎ duì fāng fù kuǎn diàn huà

컬렉트콜로 하고 싶은데요.

_往韩国打电话费是多少?
wǎng hán guó dǎ diàn huà fèi shì duō shǎo

한국으로 전화하고 싶은데 전화비가 얼마입니까?

_请告诉我对方付款电话怎么打?
qǐng gào sù wǒ duì fāng fù kuǎn diàn huà zěn me dǎ

컬렉트콜을 어떻게 거는지 알려주십시오.

EXample

Q : 我要打国际电话。
wǒ yào dǎ guó jì diàn huà

A : 您要往哪儿打?
nín yào wǎng nǎ r dǎ

Q : 我要往韩国打, 我要打对方付款电话。
wǒ yào wǎng hán guó dǎ   wǒ yào dǎ duì fāng fù kuǎn diàn huà

A : 请告诉我对方的电话号码。 放下电话稍等。
qǐng gào sù wǒ duì fāng de diàn huà hào mǎ   fàng xià diàn huà shāo děng

Q : 국제전화를 하고 싶은데요.
A : 어디로 거실 겁니까?
Q : 한국으로 하고 싶습니다. 컬렉트콜로 부탁합니다.
A : 상대방 전화번호를 알려주세요 전화를 놓고 잠시만 기다려주세요.

314

| 식당이 어디 있습니까? |

PATTERN DRILL

➡ 餐厅在哪儿？
cān tīng zài nǎ ér

_早餐都有什么？
zǎo cān dōu yǒu shén me

아침식사는 어떤 것이 있나요?

_早餐能送到房间吗？
zǎo cān néng sòng dào fáng jiān ma

아침식사를 방까지 가져다주실 수 있습니까?

_几点开始供应早餐？
jǐ diǎn kāi shǐ gōngyīng zǎo cān

몇 시부터 아침식사가 시작되는가요?

_餐厅几点关门？
cān tīng jǐ diǎn guān mén

식당은 몇 시에 문을 닫습니까?

_咖啡厅在哪儿？
kā fēi tīng zài nǎ r

커피숍은 어디에 있습니까?

EXample

Q : 餐厅在哪儿？
cān tīng zài nǎ r

A : 餐厅在一楼大厅右侧。
cān tīng zài yī lóu dà tīng yòu cè

Q : 早餐几点开始？
zǎo cān jǐ diǎn kāi shǐ

A : 早餐从六点开始。
zǎo cān cóng liù diǎn kāi shǐ

Q : 식당은 어디에 있습니까?
A : 식당은 1층 로비 오른쪽에 있습니다.
Q : 아침식사는 몇 시부터 시작합니까?
A : 아침식사는 6시부터 시작합니다.

➡ 饭店内有夜总会吗？
fàn diàn nèi yǒu yè zǒng huì ma

_饭店内的夜总会开到几点？
fàn diàn nèi de yè zǒng huì kāi dào jǐ diǎn

호텔 나이트클럽은 몇 시까지 합니까?

_饭店内还有什么其他设施？
fàn diàn nèi hái yǒu shén me qí tā shè shī

호텔에 다른 시설이 있습니까?

_住宿客能不能免费利用其他设施？
zhù sù kè néng bù néng miǎn fèi lì yòng qí tā shè shī

호텔 투숙객들이 무료로 기타 시설을 이용할 수 있습니까?

_酒店的游泳池租借泳衣吗？
jiǔ diàn de yóu yǒng chí zū jiè yǒng yī ma

호텔의 풀장에서 수영복을 빌려줍니까?

_网球场开到几点？
wǎng qiú chǎng kāi dào jǐ diǎn

테니스장은 몇 시까지 문을 엽니까?

Q : 酒店内有夜总会吗？
jiǔ diàn nèi yǒu yè zǒng huì ma

A : 有，在餐厅旁边。
yǒu zài cān tīng páng biān

Q : 住宿客能不能免费入场？
zhù sù kè néng bù néng miǎn fèi rù chǎng

A : 可以免费入场。
kě yǐ miǎn fèi rù chǎng

Q : 호텔에 나이트클럽이 있습니까?
A : 있습니다. 식당 옆입니다.
Q : 투숙객들이 무료로 입장할 수 있습니까?
A : 무료로 입장하실 수가 있습니다.

PATTERN DRILL

➡ 房间的钥匙坏了。
fángjiān dè yào chí huài le

能派人来帮我开门吗?
néng pài rén lái bāng wǒ kāi mén ma

사람을 보내서 제 방문을 열어주실 수 있습니까?

房门打不开。
fángmén dǎ bù kāi

방문을 열 수 없습니다.

我把房间的钥匙弄丢了。
wǒ bǎ fángjiān dè yào chi nòng diū le

방 열쇠를 잃어버렸습니다.

我把钥匙落在房间里了。
wǒ bǎ yào chi lùo zài fángjiān lǐ le

열쇠를 방에 두고 나왔습니다.

请帮我开一下房门。
qǐngbāng wǒ kāi yī xià fángmén

문 좀 열어주시겠어요?

EXample

Q: 房门打不开。
fáng mén dǎ bù kāi

A: 是什么原因呢?
shì shén mè yuán yīn ne

Q: 好像钥匙坏了。
hǎo xiàng yào chi huài le

A: 请稍等, 给您拿预备钥匙。
qǐng shāoděng gěi nín ná yù bèi yào chi

Q: 방문을 열 수가 없습니다.
A: 무엇 때문이죠?
Q: 열쇠가 고장난 것 같습니다.
A: 잠시만 기다리세요. 예비 열쇠를 가져다 드릴게요.

→ **浴室里不出热水。**

PATTERN DRILL

➡ 浴室里不出热水。
yù shì lǐ bù chū rè shuǐ

_房间的灯坏了。
fáng jiān dè dēng huài le
방의 전등이 고장났습니다.

_卫生间的水冲不下去。
wèi shēng jiān dè shuǐ chōng bù xià qù
화장실 물이 내려가지 않습니다.

_没有毛巾(肥皂)。
méi yǒu máo jīn féi zào
수건(비누)이 없습니다.

_空调(电冰箱)坏了。
kōng tiáo diàn bīng xiāng huài le
에어컨(냉장고)이 고장났습니다.

_电视机没有画面。
diàn shì jī méi yǒu huà miàn
텔레비전 화면이 나오지 않습니다.

EXample

Q : 服务台吗?
fú wù tái ma

A : 您有什么需要吗?
nín yǒu shén mè xū yào mà

Q : 浴室里不出热水。
yù shì lǐ bù chū rè shuǐ

A : 我们马上派人去修理。
wǒ mèn mǎ shàng pài rén qù xiū lǐ

Q : 프런트입니까?
A : 무슨 일이십니까?
Q : 욕실에 물이 나오지 않습니다.
A : 지금 곧 사람을 보내 수리해드리겠습니다.

체크아웃을 부탁합니다.

PATTERN DRILL

➡ 我要退房。
wǒ yào tuì fáng

我现在就退房。
wǒ xiàn zài jiù tuì fáng
지금 체크아웃을 하겠습니다.

退房截止时间是几点?
tuì fáng jié zhǐ shí jiān shì jǐ diǎn
체크아웃 시간은 몇 시까지입니까?

我想提前一天退房。
wǒ xiǎng tí qián yī tiān tuì fáng
하루 앞당겨 체크아웃하고 싶은데요.

我还想住一天。
wǒ hái xiǎng zhù yī tiān
하루 더 묵고 싶은데요.

我今天就走。
wǒ jīn tiān jiù zǒu
오늘 떠나고 싶은데요.

EXample

Q : 我要退房。
wǒ yào tuì fáng

A : 您今天就退吗?
nín jīn tiān jiù tuì ma

Q : 是的，退房截止时间是几点?
shì de　　tuì fáng jié zhǐ shí jiān shì jǐ diǎn

A : 退房截止时间是中午十二点。超过时间要加算房费。
tuì fáng jié zhǐ shí jiān shì zhōng wǔ shí èr diǎn　　chāo guò shí jiān yào jiā suàn fáng fèi

Q : 체크아웃을 부탁합니다.
A : 오늘 떠나시렵니까?
Q : 예, 체크아웃 시간은 몇 시까지입니까?
A : 낮 12시까지입니다. 시간을 초과하면 돈을 더 지불하셔야 합니다.

→ **请给我帐单。**

PATTERN DRILL

➡ 请给我帐单。
qǐng gěi wǒ zhàng dān

我想用现金结帐。
wǒ xiǎng yòng xiàn jīn jié zhàng
현금으로 계산하고 싶은데요.

可以用信用卡结帐吗?
kě yǐ yòng xìn yòng kǎ jié zhàng ma
신용카드로 결제해도 됩니까?

能说明这些收费项目吗?
néng shuōmíng zhè xiē shōu fèi xiàng mù ma
이 항목들을 설명해주실 수 있습니까?

这是什么费用?
zhè shì shén me fèi yòng
이것은 무슨 비용입니까?

一共多少钱?
yī gòng duō shǎo qián
모두 얼마입니까?

EXample

Q : 一共多少钱?
yī gòng duō shǎo qián

A : 一共两千五百元。
yī gòng liǎng qiān wǔ bǎi yuán

Q : 可以用信用卡结帐吗?
kě yǐ yòng xìn yòng kǎ jié zhàng ma

A : 可以, 请您在这儿签字。
kě yǐ qǐng nín zài zhè ér qiān zì

Q: 모두 얼마입니까?
A: 모두 2천 5백원입니다.
Q: 카드로 결제할 수 있습니까?
A: 가능합니다. 여기에 사인을 해주십시오.

PATTERN DRILL

➡ 你家在哪儿？
nǐ jiā zài nǎ r

_你家住哪儿？
nǐ jiā zhù nǎ r
너는 어디서 사니?

_你家在那个区？
nǐ jiā zài nà ge qū
당신의 집은 어디에 있습니까?

_你家是公寓还是独门宅院吗？
nǐ jiā shì gōng yù hái shì dú mén zhái yuàn ma
당신의 집은 아파트입니까, 단독주택입니까?

_你家离公司远吗？
nǐ jiā lí gōng sī yuǎn ma
당신의 집은 회사에서 멉니까?

_去你家需要多长时间？
qù nǐ jiā xū yào duō cháng shí jiān
당신 집까지 가는데 얼마나 시간이 걸립니까?

EXample

Q : 你家在哪儿？
nǐ jiā zài nǎ r

A : 我家在朝阳区。
wǒ jiā zài zhāoyáng qū

Q : 你家是公寓还是独门宅院？
nǐ jiā shì gōng yù hái shì dú mén zhái yuàn

A : 我家是公寓。
wǒ jiā shì gōng yù

Q: 당신 집은 어디에 있습니까?
A: 우리 집은 조양구에 있습니다.
Q: 당신 집은 아파트입니까, 아니면 단독주택입니까?
A: 우리 집은 아파트입니다.

PATTERN DRILL

➡ 你的家乡是哪儿？
nǐ dè jiā xiāng shì nǎ r

_你是不是东北人？
nǐ shì bú shì dōng běi rén

당신은 동북 사람입니까?

_你的老家在哪儿？
nǐ dè lǎo jiā zài nǎ r

당신의 고향은 어디입니까?

_我的老家在一个小山村。
wǒ dè lǎo jiā zài yī ge xiǎoshān cūn

제 고향은 작은 시골에 있습니다.

_我的家乡是哈尔滨。
wǒ dè jiā xiāng shì hā ěr bīn

제 고향은 하얼빈입니다.

_我的家乡很美丽。
wǒ dè jiā xiāng hěn měi lì

제 고향은 아주 아름답습니다.

EXample

Q : 你的家乡在哪儿？
nǐ dè jiā xiāng zài nǎ r

A : 我的家乡在长白山脚下。
wǒ dè jiā xiāng zài cháng bái shān jiǎo xià

Q : 那你的家乡风景很好吧？
nà nǐ dè jiā xiāng fēng jǐng hěn hǎo ba

A : 我的家乡很美丽。
wǒ dè jiā xiāng hěn měi lì

Q : 네 고향은 어디니?
A : 내 고향은 장백산 기슭에 있어.
Q : 그럼, 네 고향은 경치가 매우 아름답겠구나.
A : 내 고향은 아주 아름다워.

| 느낌이 어때요? |

➡ 印象如何?
　yìn xiàng rú hé

对这所房子印象如何?
duì zhè suǒ fáng zǐ yìn xiàng rú hé
이 집에 대한 느낌이 어떻습니까?

这所房子漂亮吧。
zhè suǒ fáng zǐ piào liang ba
이 집은 아름답죠.

觉得怎么样?
jué de zěn me yàng
어떻게 생각하십니까?

什么样的印象?
shén me yàng de yìn xiàng
어떤 인상이 남았습니까?

什么形象?
shén me xíng xiàng
어떤 모습입니까?

感觉如何?
gǎn jué rú hé
어떤 느낌이 있습니까?

Q : 你对汉城的印象如何?
　　nǐ duì hàn chéng de yìn xiàng rú hé

A : 是一个美丽的城市。你觉得呢?
　　shì yī ge měi lì de chéng shì　nǐ jué dé ne

Q : 我也觉得很美丽。
　　wǒ yě jué dé hěn měi lì

Q : 너는 서울에 대한 인상이 어때?
A : 아름다운 도시지. 너의 느낌은?
Q : 나도 아름답다고 느꼈어.

323

저희 집에 오신 걸 환영합니다.

PATTERN DRILL

➡ **欢迎光临我家。**
huānyíngguāng lín wǒ jiā

不要客气，就当是你家。
bú yào kè qì jiù dāng shì nǐ jiā
사양하지 마세요. 당신 집처럼 생각하세요.

欢迎光临寒舍。
huānyíngguāng lín hán shè
우리 집에 온 것을 환영합니다.

给你们添麻烦了。
gěi nǐ mén tiān má fán le
여러분께 폐를 끼치게 되었습니다.

快请进。
kuàiqǐng jìn
어서 안으로 들어가십시오.

不要客气，请随便。
bù yào kè qì qǐng suí biàn
사양하지 마시고 편하실 대로 하십시오.

EXample

Q : **欢迎光临我家。**
huān yíng guāng lín wǒ jiā

A : **给你们添麻烦了。**
gěi nǐ mén tiān má fán le

Q : **不要客气，快请进。**
bù yào kè qì kuài qǐng jìn

Q : 우리 집에 오신 걸 환영합니다.
A : 당신들께 폐를 끼쳐드리게 됐습니다.
Q : 별말씀을 다 하십니다. 어서 들어가십시오.

PATTERN DRILL

➥ 你家有几个房间？
nǐ jiā yǒu jǐ ge fángjiān

我的房子是三室一厅。
wǒ de fáng zǐ shì sān shì yì tīng
우리 집은 방 3개, 거실이 하나입니다.

厨房很干净。
chú fáng hěn gān jìng
부엌이 아주 깨끗하구나.

卫生间很大。
wèi shēng jiān hěn dà
화장실이 아주 넓습니다.

你家有几个卧室？
nǐ jiā yǒu jǐ ge wò shì
너의 집에는 방이 몇 개 있니?

装饰肯定花了不少工夫。
zhuāng shì kěn dìng huā le bù shǎogōng fū
방을 꾸미는데 고생 많이 했겠구나.

EXample

Q : 你家有几个卧室？
nǐ jiā yǒu jǐ ge wò shì

A : 我家是三室一厅。
wǒ jiā shì sān shì yī tīng

Q : 你家的客厅很大啊。
nǐ jiā de kè tīng hěn dà ā

Q : 너의 집에는 방이 몇 개 있니?
A : 우리 집은 방이 세 개, 거실이 하나야.
Q : 너의 집 거실은 아주 넓구나.

| 너의 집은 아주 호화롭구나. |

PATTERN DRILL

➡ 你家挺豪华啊。
nǐ jiā tǐng háo huá ā

房间布置得很温馨。
fáng jiān bù zhì de hěn wēn xīn
방을 아주 아담하게 꾸몄습니다.

你家的家具很漂亮。
nǐ jiā de jiā jù hěn piàoliang
너의 집 가구는 아주 멋있구나.

你住在好美的房子里啊。
nǐ zhù zài hǎo měi de fáng zǐ lǐ ā
너는 아주 아름다운 집에서 사는구나.

房间布置得真漂亮。
fáng jiān bù zhì de zhēn piàoliang
방이 아주 아름답게 꾸며졌구나.

EXample

Q : 你家装修得挺豪华啊。
nǐ jiā zhuāng xiū de tǐng háo huá ā

A : 哪里哪里。
nǎ lǐ nǎ lǐ

Q : 我能看一下家具吗?
wǒ néng kàn yī xià jiā jù ma

A : 请随便。
qǐng suí biàn

Q : 你家的家具真漂亮。
nǐ jiā de jiā jù zhēn piàoliang

Q : 너의 집은 아주 호화롭게 꾸며졌구나.
A : 천만에요.
Q : 가구를 봐도 되겠니?
A : 마음대로 하세요.
Q : 너의 집 가구는 참 멋지구나.

PART 10

쇼핑에 관한 표현

해외여행을 할 때 빠뜨릴 수 없는 것 중의 하나가 쇼핑일 것입니다. 효과적인 쇼핑을 위해서는 세심한 계획을 세워 충동적인 구매는 삼가야 합니다. 여기에 나오는 표현을 잘 익혀서 상황에 맞게 적절하게 사용해 봅시다.

| 어서 오십시오! |

중국의 서비스업계에서는 손님을 맞이할 때 「왕림을 환영합니다(欢迎光临)」라는 표현을
씁니다. 또한 서비스를 받고 나가는 손님한테는 「다시 오실 것을 환영합니다(欢迎再来)」라
는 표현을 씁니다.

PATTERN DRILL

→ 欢迎光临!
huānyíngguāng lín

_欢迎再来!
huānyíng zài lái
다음에 또 오세요!

_下次再来!
xià cì zài lái
다음에 또 오세요!

_请下次再来光顾我店!
qǐng xià cì zài lái guāng gù wǒ diàn
다음에 저희의 점포로 또 오십시오.

_请您再来!
qǐng nín zài lái
또 오십시오!

EXample

Q : 欢迎光临!
huān yíng guāng lín

A : 你们这儿卖凉鞋吗?
nǐ mén zhè r mài liáng xié ma

Q : 卖, 凉鞋柜台在那边。
mài liáng xié guì tái zài nà biān

A : 谢谢!
xiè xiè

Q : 어서 오십시오!
A : 여기서 샌들을 팝니까?
Q : 팝니다. 샌들 코너는 저쪽에 있습니다.
A : 감사합니다.

여기는 정찰제입니다.

PATTERN DRILL

➡ 这里不讲价。
zhè lǐ bù jiǎng jià

— 这里是不二价的。
zhè lǐ shì bú èr jià de

여기는 정찰제입니다.

— 可以讨价还价吗?
kě yǐ tǎo jià huán jià mǎ

흥정할 수 있습니까?

— 这里的商品都是明码标价出售的。
zhè lǐ de shāng pǐn dōu shì míng mǎ biāo jià chū shòu de

이곳의 상품은 모두 정찰제로 판매합니다.

— 这里的价格都是明码标价。
zhè lǐ de jià gé dōu shì míng mǎ biāo jià

여기는 모두 정찰제입니다.

— 价格都是固定的。
jià gé dōu shì gù dìng de

가격은 모두 정찰제입니다.

EXample

Q : 能打点折吗?
néng dǎ diǎn zhé ma

A : 这里的商品都是明码标价出售的。
zhè lǐ de shāng pǐn dōu shì míng mǎ biāo jià chū shòu de

Q : 再便宜点就好了, 觉得有点贵。
zài pián yi diǎn jiù hǎo le jué de yǒu diǎn guì

A : 但是我们对于出售的商品, 我们都保证绝对的品质。
dàn shì wǒ mén duì yú chū shòu de shāng pǐn wǒ mén dōu bǎo zhèng jué duì de pǐn zhì

Q : 할인이 됩니까?
A : 이곳의 상품은 모두 정찰제로 판매합니다.
Q : 좀 더 싸면 좋겠네요. 좀 비싼 같아요.
A : 하지만 저희들은 판매하는 상품에 대해서 절대적으로 품질을 보증합니다.

| 무엇을 찾으십니까? | 무엇을 사시겠습니까? |

PATTERN DRILL

➡ 您想买点什么？
nín xiǎng mǎi diǎn shén mè

需要帮忙吗？
xū yào bāngmáng má

뭘 찾으세요?

我想买一双鞋。
wǒ xiǎng mǎi yì shuǎng xié

신발을 사려고 합니다.

您找什么？
nín zhǎoshén mè

뭘 찾으십니까?

您要买点什么？
nín yào mǎi diǎnshén mè

뭘 사시겠습니까？

需要帮忙吗？
xū yào bāngmáng ma

뭘 도와드릴까요?

EXample

Q : 您想买点什么？
nín xiǎng mǎi diǎn shén mè

A : 不买什么，只是看看。
bù mǎi shén mè   zhǐ shì kàn kàn

Q : 那请您随便看。
nà qǐng nín suí biàn kàn

A : 好的。
hǎo dè

Q : 무엇을 사시겠습니까?
A : 그저 구경을 하고 있습니다.
Q : 그러면 편하게 보세요.
A : 좋습니다.

| 어떤 색상을 원하십니까? |

➡ 您要什么颜色的？
nín yào shén me yán sè de

_你喜欢穿什么颜色的衣服？
nǐ xǐ huān chuān shén me yán sè de yī fú
당신은 어떤 색상의 옷을 즐겨 입습니까?

_我觉得这种款式适合你？
wǒ jué de zhè zhǒng kuǎn shì shì hé nǐ
제가 보기에는 이런 스타일이 당신한테 어울려요.

_您平时喜欢穿什么颜色的？
nín píng shí xǐ huān chuān shén me yán sè de
평소에 어떤 색상의 옷을 즐겨 입으세요?

_您要什么式样的？
nín yào shén me shì yàng de
어떤 무늬를 원하십니까?

_您要什么尺寸的？
nín yào shén me chǐ cùn de
어떤 사이즈를 원하십니까?

EXample

Q : 您要什么颜色的？
nín yào shén me yán sè de

A : 我喜欢蓝色。
wǒ xǐ huān lán sè

Q : 那我给您找一件蓝色的吧。
nà wǒ gěi nín zhǎo yī jiàn lán sè de ba

A : 谢谢。
xiè xie

Q : 어떤 색상을 원하십니까?
A : 저는 파랑색을 좋아합니다.
Q : 그럼, 파랑색으로 찾아드리겠습니다.
A : 감사합니다.

PATTERN DRILL

➡ 我能试试看吗?
wǒ néng shì shì kàn má

请给我看一下那件婚礼服。
qǐng gěi wǒ kàn yí xià nà jiàn hūn lǐ fú

저 혼례복 좀 보여주시겠어요?

请给我拿一件秋天穿的毛衣。
qǐng gěi wǒ ná yí jiàn qiū tiān chuān dè máo yī

가을에 입는 스웨터 한 벌 보여주시겠어요?

请(拿)给我看看那件毛衣。
qǐng ná gěi wǒ kàn kàn nà jiàn máo yī

저 스웨터를 좀 보여주시겠습니까?

能给我看一下那条领带吗?
néng gěi wǒ kàn yī xià nà tiáo lǐng dài ma

저 넥타이를 좀 봐도 될까요?

我可以看一下那条围巾吗?
wǒ kě yǐ kàn yī xià nà tiáo wéi jīn ma

저 스카프를 좀 봐도 될까요?

EXample

Q : 需要帮助吗?
xū yào bāng zhù ma

A : 请给我看一下那台银色的录音机。
qǐng gěi wǒ kàn yī xià nà tái yín sè dè lù yīn jī

Q : 是这件吗?
shì zhè jiàn ma

A : 是的。
shì dè

Q : 뭘 도와드릴까요?
A : 저 은색 녹음기를 좀 보여주시겠어요?
Q : 이거 말입니까?
A : 예.

PATTERN DRILL

➡ 除了这个，还有别的吗？
　chú　le　zhè　ge　　hái　yǒu　bié　de　ma

＿除了这个，还有没有别的？
　chú　le　zhè　ge　　hái　yǒu méi　yǒu　bié　de

이것 외에 또 다른 거 있나요?

＿您还要看别的吗？
　nín　hái　yào　kàn　bié　de　ma

다른 걸 더 보시겠어요?

＿请给我看看别的(其他的)。
　qǐng gěi　wǒ　kàn kàn bié　de　　qí　tā　de

다른 것을 좀 보여주시겠어요?

＿还有很多。
　hái　yǒu hěn　duō

이것 외에도 아주 많습니다.

＿还有这么多呀!
　hái　yǒu　zhè　me　duō　yā

이것 외에도 정말 많네요!

EXample

Q : 您选好了吗?
　　nín xuǎn hǎo　le　ma

A : 这些我都不大喜欢。　除此这些，还有别的吗?
　　zhè　xiē　wǒ　dū　bù　dà　xǐ huān　　chú　cǐ　zhè　xiē　　hái　yǒu bié　de　ma

Q : 有，请到这边来。
　　yǒu　　qǐng dào zhè biān　lái

A : 还有这么多呀!
　　hái　yǒu　zhè　me　duō　yā

> Q : 다 고르셨습니까?
> A : 이것들은 다 별로네요. 이것 외에 다른 것이 있나요?
> Q : 있습니다. 이쪽으로 오십시오
> A : 이것 외에도 정말 많네요!

PATTERN DRILL

➡ 请先付钱。
qǐngxiān fù qián

_您得先付。
nín děi xiān fù
선불로 내야 합니다.

_您得先预付。
nín děi xiān yù fù
선불로 내셔야 됩니다.

_您得先交预付款。
nín děi xiān jiāo yù fù kuǎn
먼저 선불금을 내셔야 합니다.

_在哪儿付钱?
zài nǎ r fù qián
어디서 계산합니까?

_在这儿付钱吗?
zài zhè r fù qián ma
여기서 계산합니까?

EXample

Q : 请给我拿一杯红葡萄酒。
qǐng gěi wǒ ná yī bēi hóng pú táo jiǔ

A : 好的, 对不起, 您得先付钱。
hǎo de   duì bù qǐ   nín děi xiān fù qián

Q : 是吗? 多少钱?
shì ma   duō shǎo qián

A : 二十块。
èr shí kuài

Q : 포도주 한 잔 주시겠어요?
A : 알겠습니다. 미안하지만, 여기는 선불입니다.
Q : 그래요? 얼마죠?
A : 20원입니다.

PATTERN DRILL

➡ 您想要哪个?
nín xiǎng yào nǎ ge

我要这个。
wǒ yào zhè ge

이것으로 하겠습니다.

您想好要买哪个了吗?
nín xiǎng hǎo yào mǎi nǎ ge le má

어떤 것을 사실 건지 생각해두셨어요?

您决定买哪个呀?
nín jué dìng mǎi nǎ ge yā

어떤 것을 사시겠습니까?

您要买哪个，决定了吗?
nín yào mǎi nǎ ge jué dìng le ma

어떤 것을 사실 것인지 결정하셨습니까?

您觉得哪个好?
nín jué dè nǎ ge hǎo

어떤 것이 좋아요?

EXample

Q : 您要买哪个，决定了吗?
nín yào mǎi nǎ ge jué dìng le ma

A : 定好了，给我这件吧!
dìng hǎo le gěi wǒ zhè jiàn ba

Q : 这件真不错，您挺有眼光啊!
zhè jiàn zhēn bù cuò nín tǐng yǒu yǎn guāng ā

A : 多谢!
duō xiè

Q : 어떤 것을 사실건지 결정하셨어요?
A : 결정했어요. 이것을 주세요
Q : 정말 괜찮네요. 고르는 눈이 있으시네요
A : 감사합니다.

| 다른 걸로 바꿔주실 수 있어요? |

PATTERN DRILL

➡ 能给我换另一件吗？
néng gěi wǒ huànlìng yī jiàn ma

这件衣服有毛病，请给我换一件。
zhè jiàn yī fú yǒu máobìng　qǐng gěi wǒ huàn yí jiàn

이 옷에는 흠집이 있는데, 다른 것으로 바꿔주세요.

质量不太满意，请给我换一下。
zhì liáng bù tài mǎn yì　qǐng gěi wǒ huàn yī xià

품질에 대해 만족하지 못하겠는데 바꿔주시겠어요?

质量上有问题。
zhì liángshàng yǒu wèn tí

품질에 문제가 있습니다.

质量低劣，请给我更换。
zhì liáng dī liè　qǐng gěi wǒ gēnghuàn

품질이 안 좋은데 바꿔주세요.

我看这衣服质量很差，给我换件别的吧。
wǒ kàn zhè yī fú zhì liáng hěn chā　gěi wǒ huàn jiàn bié dè ba

제가 보기에 이 옷은 품질이 매우 안 좋은데, 다른 것으로 바꿔주세요.

EXample

Q : 这件衣服质量不过关，能给我换一件吗？
zhè jiàn yī fú zhì liáng bù guò guān　néng gěi wǒ huàn yī jiàn ma

A : 是吗，能告诉我哪儿有毛病吗？
shì ma　néng gào sù wǒ nǎ r yǒu máo bìng ma

Q : 这件衣服脱色严重。
zhè jiàn yī fú tuō sè yán zhòng

A : 真对不起，我马上给您换一件。
zhēn duì bù qǐ　wǒ mǎ shàng gěi nín huàn yī jiàn

Q : 이 옷은 품질에 문제가 있어요. 다른 것으로 바꿔주시겠어요?
A : 그래요, 어디에 문제가 있는지 알려주시겠어요?
Q : 이 옷은 탈색이 심해요.
A : 정말 미안합니다. 제가 바로 바꿔드릴게요.

| 어떻게 팝니까? |

「怎么卖?」는 물품의 가격을 물어보거나 어떤 단위로 어떤 가격에 파는지가 궁금할 때 쓰는 표현입니다. 예를 들어 「这苹果怎么卖?(이 사과는 어떻게 팝니까?)」라고 할 때, 「一斤五块(한 근에 5원)」, 혹은 「一个一块(한 개에 1원)」 등으로 대답할 수 있습니다.

PATTERN DRILL

➡ 怎么卖?
zěn me mài

这西瓜是怎么卖的?
zhè xī guā shì zěn me mài de
이 수박은 어떻게 파는 겁니까?

是论公斤卖的吗?
shì lùn gōng jīn mài de má
킬로그램으로 파는 겁니까?

这苹果怎么卖?
zhè píng guǒ zěn me mài
이 사과는 어떻게 팝니까?

您要多少?
nín yào duō shǎo
얼마나 원하십니까?

EXample

Q : 请问, 这种香蕉怎么卖?
qǐng wèn　zhè zhǒng xiāng jiāo zěn me mài

A : 一箱20块。
yī xiāng　　kuài

Q : 论斤买可以吗?
lùn jīn mǎi kě yǐ ma

A : 可以。
kě yǐ

Q: 이 바나나는 어떻게 팝니까?
A: 한 상자에 20원씩입니다.
Q: 근으로 사도 됩니까?
A: 물론입니다.

PATTERN DRILL

➡ 信誉第一，顾客至上！
　　xìn yù dì yī　gù kè zhì shàng

标语牌上写着"信誉第一，顾客至上！"
biāo yǔ pái shàng xiě zhe　xìn yù dì yī　gù kè zhì shàng

표어에는 「신용제일, 고객지상(우선)」이라고 쓰여 있습니다.

顾客为本，诚信服务，追求完美。
gù kè wéi běn　chéng xìn fú wù　zhuī qiú wán měi

고객을 근본으로, 성의와 신용으로 서비스를, 이상을 추구합니다.

顾客是上帝！
gù kè shì shàng dì

고객제일!

我们的口号是"顾客为本，服务至上！"
wǒ mén dè kǒu hào shì　gù kè wéi běn　fú wù zhì shàng

저희들의 구호는 「고객을 근본으로, 서비스를 최고로」하는 것입니다.

讲信誉是我们的承诺。
jiǎng xìn yù shì wǒ mén dè chéng nuò

신용을 지키는 것은 고객과의 약속입니다.

EXample

Q : 你们的服务真不错。
　　nǐ mén dè fú wù zhēn bù cuò

A : 我们百货公司本着"信誉第一，顾客至上！"的原则迎
　　wǒ mén bǎi huò gōng sī běn zhe　xìn yù dì yī　gù kè zhì shàng　dè yuán zé yíng
接顾客。
jiē gù kè

Q : 祝你们事业蒸蒸日上。
　　zhù nǐ mén shì yè zhēngzhēng rì shàng

A : 谢谢鼓励！
　　xiè xiè gǔ lì

Q : 당신들의 서비스가 정말 괜찮군요
A : 우리 백화점에서는 「신용제일, 고객지상」의 원칙으로 고객을 맞이하고 있습니다.
Q : 사업이 날로 거듭 발전하시길 바랍니다.
A : 격려 감사드립니다.

내일부터 특가대처분합니다.

PATTERN DRILL

➡ **明天开始特价大甩卖。**
míngtiān kāi shǐ tè jià dà shuǎi mài

听说那家百货公司特价处理很多商品。
tīng shuō nà jiā bǎi huò gōng sī tè jià chù lǐ hěn duō shāng pǐn

저 백화점에서는 많은 상품들을 특가판매하고 있답니다.

廉价出售一些商品。
lián jià chū shòu yì xiē shāng pǐn

저렴한 가격으로 일부 상품을 판매하고 있습니다.

我们准备好了价廉物美的商品来迎接顾客。
wǒ mén zhǔn bèi hǎo le jià lián wù měi dè shāng pǐn lái yíng jiē gù kè

우리는 가격이 싸고 품질이 좋은 상품으로 고객을 맞이합니다.

还买一赠一呢!
hái mǎi yī zèng yī ne

하나 사시면 하나 더 드립니다!

我们百货公司清仓大甩卖一些商品。
wǒ mén bǎi huò gōng sī qīng cāng dà shuǎi mài yī xiē shāng pǐn

저희 백화점에서는 일부 상품의 재고를 대처분하고 있습니다.

EXample

Q : **那家百货店迎新春佳节特价大甩卖很多商品。**
nà jiā bǎi huò diàn yíng xīn chūn jiā jié tè jià dà shuǎi mài hěn duō shāng pǐn

A : **是吗?我得去看看。**
shì ma wǒ děi qù kàn kàn

Q : **而且有的商品施行买一赠一呢。**
ér qiě yǒu dè shāng pǐn shī xíng mǎi yī zèng yī ne

A : **我得趁此机会买点东西。**
wǒ děi chèn cǐ jī huì mǎi diǎn dōng xī

Q : 새봄 명절을 맞이하여 많은 상품을 특가에 세일합니다.
A : 그래요? 가봐야 되겠네요
Q : 뿐만 아니라, 어떤 상품은 하나를 사면 덤으로 하나를 더 준답니다.
A : 이번 기회에 물건을 좀 사야겠네요.

PATTERN DRILL

➡ 价钱能不能便宜点?
jià qián néng bù néng biàn yí diǎn

再便宜点儿吧!
zài pián yi diǎn r ba

좀더 싸게 해주세요.

再便宜点儿我就买了。
zài pián yi diǎn r wǒ jiù mǎi le

조금만 더 싸면 제가 사겠습니다.

可以便宜点儿吗?
kě yǐ pián yi diǎn r ma

좀 깎을 수 없나요?

再让一点儿价钱吧。
zài ràng yī diǎn r jià qián ba

조금만 더 싸게 해주세요.

可以打折吗?
kě yǐ dǎ zhé ma

할인이 가능한가요?

EXample

Q : 定价是多少钱?
dìng jià shì duō shǎo qián

A : 15块。
kuài

Q : 价格有点贵, 能不能便宜点?
jià gé yǒu diǎn guì   néng bù néng pián yi diǎn

A : 那我给您打点折儿吧。
nà wǒ gěi nín dǎ diǎn zhé r ba

Q : 정가는 얼마입니까?
A : 15원입니다.
Q : 가격이 좀 비싸네요. 좀 싸게 할 수 없어요?
A : 그럼 값을 좀 깎아드릴게요

PATTERN DRILL

➡ 找您钱。
zhǎo nín qián

_收您50块，找您20块。
shōu nín　　kuài　zhǎo nín　　kuài

50원 받겠습니다. 20원 거슬러 드리겠습니다.

_请您点一点，看看数目对不对。
qǐng nín diǎn yì diǎn　　kàn kàn shù mù duì bú duì

한번 세어보세요. 맞는 지를 확인해보세요.

_这是找您的零钱。
zhè shì zhǎo nín dè líng qián

이것은 거스름돈입니다.

_100块钱的能破得开吗?
　　　kuài qián dè néng pò dè kāi ma

100원짜리를 잔돈으로 바꿀 수 있습니까?

_您有没有零钱? 我们这儿只剩大票了。
nín yǒu méi yǒu líng qián　　wǒ mèn zhè　r zhǐ shèng dà piào le

잔돈을 가지고 계셔요? 여기는 큰돈만 있어요.

EXample

Q : 一共多少钱?
　　yī gòng duō shǎo qián

A : 一共70块钱。
　　yī gòng　　kuài qián

Q : 给您钱。
　　gěi nín qián

A : 收您100块, 找您30块, 请您点一下吧, 看看对不对。
　　shōu nín　　kuài　zhǎo nín　　kuài　qǐng nín diǎn yī xià ba　kàn kàn duì bù duì

Q: 모두 얼마입니까?
A: 전부 해서 70원입니다.
Q: 여기 있습니다.
A: 100원 받았습니다. 30원 거슬러 드리겠습니다. 한번 맞나 세어보세요.

→ 能试一下吗?

PATTERN DRILL

➡ 能试一下吗?
néng shì yī xià ma

_能试一试吗?
néng shì yī shì ma

(써, 신어, 입어)봐도 될까요?

_能试穿吗?
néng shì chuān ma

입어봐도 될까요?

_我可以试一下吗?
wǒ kě yǐ shì yī xià ma

한번 입어봐도 됩니까?

_能让我试试吗?
néngràng wǒ shì shì ma

저 (써, 신어, 입어)봐도 될까요?

_你还是试试看吧。
nǐ hái shì shì shì kàn ba

그래도 한 번 입어보세요.

EXample

Q : 我可以试一下吗?
wǒ kě yǐ shì yī xià ma

A : 当然。
dāng rán

Q : 那边有更衣室, 您到那边试穿吧。
nà biān yǒu gēng yī shì   nín dào nà biān shì chuān ba

A : 好的。
hǎo de

Q : 한번 입어봐도 됩니까?
A : 물론이죠.
Q : 저쪽에 탈의실이 있습니다. 그쪽으로 가서서 입어보세요.
A : 예.

342

PATTERN DRILL

➡ 有没有再小一点儿的?
yǒu méi yǒu zài xiǎo yì diǎn r de

这儿有比那个小点儿的。
zhè r yǒu bǐ nà ge xiǎodiǎn er de
여기에 그것보다 조금 작은 것이 있어요.

有没有尺寸再大点儿的。
yǒu méi yǒu chǐ cùn zài dà diǎn r de
사이즈가 조금 더 큰 것은 없어요?

有再小一点儿的吗?
yǒu zài xiǎo yī diǎn r de ma
좀 더 작은 것이 있어요?

有没有再小一点的尺码?
yǒu méi yǒu zài xiǎo yī diǎn de chǐ mǎ
더 작은 사이즈는 없어요?

有没有再大一点儿的, 这个太小了。
yǒu méi yǒu zài dà yī diǎn r de   zhè ge tài xiǎo le
좀 더 큰 건 없어요? 이건 너무 작아요.

EXample

Q : 这件太艳了, 有没有素一点的?
zhè jiàn tài yàn le   yǒu méi yǒu sù yī diǎn de

A : 请稍等, 我给您找一找。
qǐng shāoděng   wǒ gěi nín zhǎo yī zhǎo

Q : 好的。
hǎo de

A : 您看这件怎么样?
nín kàn zhè jiàn zěn me yàng

Q : 이 옷은 너무 화려하네요. 좀 수수한 건 없어요?
A : 잠시만 기다리세요. 찾아드릴게요.
Q : 알겠습니다.
A : 이 옷은 어때요?

343

PATTERN DRILL

➡ 哪个比较好？
nǎ gè bǐ jiào hǎo

_哪个比较不错？
nǎ ge bǐ jiào bù cuò

어느 것이 비교적 괜찮습니까?

_哪个称心。
nǎ ge chēng xīn

어느 것이 마음에 듭니까?

_你认为哪个颜色的好？
nǐ rèn wéi nǎ ge yán sè de hǎo

당신 보기에는 어떤 색상이 좋습니까?

_我认为那条红色的围巾就挺好。
wǒ rèn wéi nà tiáo hóng sè de wéi jīn jiù tǐng hǎo

저는 저 빨간색 스카프가 괜찮을 것 같습니다.

_哪个不错？
nǎ ge bù cuò

어느 것이 괜찮아요?

EXample

Q : 你看这些裤子怎么样？
nǐ kàn zhè xiē kù zi zěn me yàng

A : 种类这么齐全啊!
zhǒng lèi zhè me qí quán ā

Q : 你觉得哪条比较不错？
nǐ jué de nǎ tiáo bǐ jiào bù cuò

A : 这件就挺好。
zhè jiàn jiù tǐng hǎo

Q : 이 바지들은 어때요?
A : 종류가 다 갖추어져 있네요.
Q : 어느 바지가 마음에 들어요?
A : 이것이 괜찮네요.

| 이것이 유행하는 것입니다. |

➟ 这是流行的。
zhè shì liú xíng de

_最近流行的款式是哪一种?
zuì jìn liú xíng de kuǎn shì shì nǎ yì zhǒng
요즘 유행하는 스타일은 어떤 것입니까?

_现在时兴吃绿色食品。
xiàn zài shí xīng chī lǜ sè shí pǐn
요즘은 무공해식품이 인기입니다.

_你知道现在时兴什么吗?
nǐ zhī dào xiàn zài shí xīng shén me ma
지금 어떤 것이 유행하는지 아세요?

_这是现在流行的时装。
zhè shì xiàn zài liú xíng de shí zhuāng
이것이 지금 유행하는 패션입니다.

_现在已经很难跟上时髦了。
xiàn zài yǐ jīng hěn nán gēn shàng shí máo le
요즘은 유행을 따라가기가 힘드네요.

Q : 最近流行什么样式的?
zuì jìn liú xíng shén me yàng shì de

A : 这种是现在最流行的款式, 我看这件肯定适合您。
zhè zhǒng shì xiàn zài zuì liú xíng de kuǎn shì wǒ kàn zhè jiàn kěn dìng shì hé nín

Q : 挺不错嘛, 就买这件了, 请给我包装吧。
tǐng bù cuò má jiù mǎi zhè jiàn le qǐng gěi wǒ bāo zhuāng ba

A : 谢谢!
xiè xie

Q : 요즘은 어떤 스타일이 유행이죠?
A : 이것은 요즘 제일 유행하는 스타일입니다. 당신이 입으면 어울릴 것 같네요.
Q : 괜찮네요. 이걸로 할 테니까 포장해주시겠어요?
A : 감사합니다.

PATTERN DRILL

➡ 并不怎么艳。
bìng bù zěn me yàn

这件衣服是不是很艳?
zhè jiàn yī fú shì bú shì hěn yàn
이 옷은 너무 화려한 거 아니에요?

我看还行, 并不怎么艳。
wǒ kàn hái xíng　 bìng bù zěn me yàn
제가 보기에는 괜찮아요, 별로 화려하지 않아요.

这件衣服没有你所说的那么艳。
zhè jiàn yī fú méi yǒu nǐ suǒ shuō de nà me yàn
이 옷은 네가 말한 것처럼 별로 화려하지 않아.

我看这件衣服你穿起来并不怎么大。
wǒ kàn zhè jiàn yī fú nǐ chuān qǐ lái bìng bù zěn me dà
내가 보기에는 이 옷은 네가 입으면 별로 크지 않아.

我觉得正好, 不算太大。
wǒ jué de zhèng hǎo　 bù suàn tài dà
내가 보기에는 딱 좋아. 별로 크지 않아.

EXample

Q : 这件衣服不适合我。
zhè jiàn yī fú bù shì hé wǒ

A : 为什么?
wèi shén me

Q : 因为太华丽了, 我有点适应不了。
yīn wéi tài huá lì le　 wǒ yǒu diǎn shì yīng bù liǎo

A : 哎呀, 这件衣服不算太艳啊!
āi yā　 zhè jiàn yī fú bù suàn tài yàn ā

Q : 이 옷은 저한테 맞지 않는 것 같아요
A : 왜요?
Q : 너무 화려해서 부담스럽네요
A : 아 참, 이 옷은 별로 화려한 것이 아닌데.

➡ 尺码是多少?
chǐ mǎ shì duōshǎo

_您穿几号的?
nín chuān jǐ hào de

당신은 몇 호를 입으십니까?

_您要什么尺码的?
nín yào shén me chǐ mǎ de

당신은 어떤 치수를 원하십니까?

_能告诉我您的身高是多少吗?
néng gào sù wǒ nín de shēn gāo shì duō shǎo mǎ

당신의 신장이 얼마인지를 말씀해주시겠어요?

_您要几号的?
nín yào jǐ hào de

몇 호를 원하십니까?

_你要哪个号码的?
nǐ yào nǎ gè hào mǎ de

어떤 치수를 원하십니까?

EXample

Q : 您要多大尺码的?
nín yào duō dà chǐ mǎ de

A : 我要「M」的。
wǒ yào   de

Q : 您觉得怎么样?我看那件挺合您身的。
nín jué de zěn me yàng wǒ kàn nà jiàn tǐng hé nín shēn de

A : 感觉挺好, 真不错。
gǎn jué tǐng hǎo zhēn bù cuò

Q : 사이즈는 어떤 걸로 드릴까요?
A : M 사이즈로 주세요
Q : 어떠세요? 제가 보기에는 당신의 몸에 잘 맞네요
A : 느낌이 좋아요. 괜찮네요

너무 헐렁하다.

PATTERN DRILL

➡ 太肥了。
tài féi le

那件衣服穿起来太肥了。
nà jiàn yī fú chuān qǐ lái tài féi le
그 옷은 입으면 너무 헐렁합니다.

我穿着是不是看起来很大。
wǒ chuān zhe shì bú shì kàn qǐ lái hěn dà
제가 입으면 너무 커 보이지 않나요?

这套衣服做的过于大。
zhè tào yī fú zuò de guò yú dà
이 옷은 너무 크게 만들었습니다.

这裤子太瘦了，穿不了了。
zhè kù zǐ tài shòu le chuān bù liǎo le
이 바지는 너무 껴. 못 입겠어.

这帽子我戴起来太大，我看你戴起来合适。
zhè mào zǐ wǒ dài qǐ lái tài dà wǒ kàn nǐ dài qǐ lái hé shì
이 모자는 내가 쓰기에는 너무 커. 내가 보기에는 네가 쓰면 맞을 같아.

EXample

Q : 这裤子太肥了，你看呢?
zhè kù zǐ tài féi le nǐ kàn ne

A : 有点儿，你穿另一件试试吧。
yǒu diǎn er nǐ chuān lìng yī jiàn shì shì ba

Q : 哈哈! 这件又太瘦了。
hā hā zhè jiàn yòu tài shòu le

A : 真怪，你是不得定做呀!
zhēn guài nǐ shì bù děi dìng zuò yā

Q : 이 바지는 너무 헐렁하네요, 당신이 보기에는요?
A : 조금 그러네요. 다른 걸로 입어보세요.
Q : 하하! 이건 또 너무 끼네요.
A : 이상하네요. 맞춰서 입어야 되지 않을까요?

PATTERN DRILL

➡ 我认为还是, ～
　wǒ rèn wéi hái shì

我还是觉得蓝颜色的适合我。
wǒ hái shì jué de lán yán sè de shì hé wǒ

제가 보기에는 그래도 파랑 색이 저한테 어울리는 것 같아요.

我认为还是刚才的那件不错。
wǒ rèn wéi hái shì gāng cái de nà jiàn bú cuò

제가 보기에는 그래도 방금 그 옷이 괜찮은 것 같아요.

你不觉得还是这件好吗?
nǐ bù jué de hái shì zhè jiàn hǎo má

그래도 이 옷이 좋은 것 같지 않아요?

我觉得这种款式适合你。
wǒ jué de zhè zhǒng kuǎn shì shì hé nǐ

제가 보기에는 이런 스타일이 당신한테 어울리는 것 같아요.

你看这件多合你身啊!
nǐ kàn zhè jiàn duō hé nǐ shēn ā

이 옷이 당신한테 정말 잘 어울려요.

EXample

Q : 买衣服的时候你一般挑什么颜色的。
mǎi yī fú de shí hòu nǐ yī bān tiāo shén me yán sè de

A : 我一般挑亮颜色的, 暗颜色的不太适合我。
wǒ yī bān tiāo liàng yán sè de　àn yán sè de bù tài shì hé wǒ

Q : 但我看暗颜色的也适合你。
dàn wǒ kàn àn yán sè de yě shì hé nǐ

A : 我认为还是亮颜色的好。
wǒ rèn wéi hái shì liàng yán sè de hǎo

Q : 옷을 살 때 보통 어떤 색상을 고르나요?
A : 보통 밝은 색상을 고릅니다. 어두운 색상은 저에게 어울리지 않습니다.
Q : 그런데 제가 보기에는 어두운 색상도 당신한테 어울릴 것 같아요
A : 제 생각에는 그래도 밝은 색이 좋습니다.

→ # 在哪儿出售？

PATTERN DRILL

➡ ## 在哪儿出售？
zài nǎ er chū shòu

_皮鞋在哪儿卖？
pí xié zài nǎ r mài

구두는 어디서 팝니까?

_要买帽子得到哪儿？
yào mǎi mào zi děi dào nǎ r

모자를 사려면 어디로 가야 합니까?

_家用电器在哪块儿卖？
jiā yòngdiàn qì zài nǎ kuài r mài

가전제품은 어디서 팝니까?

_文具柜台在哪儿？
wén jù guì tái zài nǎ r

문구 코너가 어디죠?

_体育用品在几楼？
tǐ yù yòng pǐn zài jǐ lóu

스포츠용품은 몇 층에 있죠?

EXample

Q : 请问，帽子在哪儿卖？
qǐng wèn mào zi zài nǎ er mài

A : 在服装柜台出售。
zài fú zhuāng guì tái chū shòu

Q : 顺便再问一下，这附近有没有自动取款机或者银行？
shùn biàn zài wèn yī xià zhè fù jìn yǒu méi yǒu zì dòng qǔ kuǎn jī huò zhě yín háng

A : 一楼入口有自动取款机。
yī lóu rù kǒu yǒu zì dòng qǔ kuǎn jī

Q : 모자는 어디서 팝니까?
A : 의류 코너에서 판매합니다.
Q : 묻는 김에 마저 묻겠는데요, 이 근처에 현금자동인출기나 은행이 있나요?
A : 1층 입구에 현금자동인출기가 있습니다.

PATTERN DRILL

➡ 是哪位穿的？
shì nǎ wèi chuān de

_ 是您穿的吗？
shì nín chuān de ma
당신이 입으실 겁니까?

_ 是您本人穿的吗？
shì nín běn rén chuān de ma
당신 본인이 입으실 겁니까?

_ 哪位想穿？
nǎ wèi xiǎng chuān
어느 분이 입으실 겁니까?

_ 您想买给谁？
nín xiǎng mǎi gěi shéi
누구한테 사주시려는 겁니까?

_ 给别人买礼物的。
gěi bié rén mǎi lǐ wù de
선물로 사려고 합니다.

EXample

Q : 需要帮忙吗？
xū yào bāngmáng ma

A : 能帮我挑一件连衣裙吗？
néngbāng wǒ tiāo yī jiàn lián yī qún ma

Q : 您想买给谁？
nín xiǎng mǎi gěi shéi

A : 我想送给我爱人作为生日礼物。
wǒ xiǎngsòng gěi wǒ ài rén zuò wéi shēng rì lǐ wù

Q : 뭘 도와드릴까요?
A : 원피스 한 벌을 골라주시겠어요?
Q : 누구한테 사드릴 거예요?
A : 애인한테 생일선물로 줄려고요.

PATTERN DRILL

➡ 现已售完。
xiàn yǐ shòuwán

_已经卖完了。
yǐ jīng mài wán le

이미 다 팔았어요.

_存货现已售完。
cún huò xiàn yǐ shòuwán

(창고에) 보관했던 물건이 다 팔렸습니다.

_很抱歉! 您找的商品已经都卖完了。
hěn bào qiàn　　nín zhǎo de shāng pǐn yǐ jīng dōu mài wán le

죄송합니다. 당신이 찾고 있는 상품은 이미 다 팔렸습니다.

_现在还有没有库存?
xiàn zài hái yǒu méi yǒu kù cún

지금 재고상품이 있나요?

_上次进的货全卖光了, 得再进了。
shàng cì jìn de huò quán mài guāng le　　děi zài jìn le

지난번 들여온 물건이 다 팔렸습니다. 더 들여와야 되겠어요.

EXample

Q : 你们这儿还卖便携式帐篷吗?
nǐ men zhè r hái mài biàn xié shì zhàngpéng ma

A : 真对不起, 那种帐篷已经卖完了。
zhēn duì bù qǐ　　nà zhǒngzhàngpéng yǐ jīng mài wán le

Q : 不要紧, 那什么时候还可以买到?
bù yào jǐn　　nà shén me shí hòu hái kě yǐ mǎi dào

A : 请你后天再来吧, 那时候就会有。
qǐng nǐ hòu tiān zài lái ba　　nà shí hòu jiù huì yǒu

Q : 여기서 아직도 휴대용 텐트를 팝니까?
A : 정말 죄송하네요. 그런 텐트는 다 팔았어요.
Q : 괜찮아요. 그럼 언제 다시 살 수 있을까요?
A : 모레 다시 오세요. 그 때면 있을 거예요.

PATTERN DRILL

➥ 这个怎么这么贵?
zhè gè zěn me zhè me guì

_价格这么贵啊!
jià gé zhè me guì ā

가격이 비싸네요.

_这因为是真皮的，所以贵一点。
zhè yīn wéi shì zhēn pí de　　suǒ yǐ guì yì diǎn

이건 진짜 가죽이기 때문에 조금 비쌉니다.

_由于市场上缺这个货，所以自然要贵些了。
yóu yú shì chǎng shàng quē zhè ge huò　　suǒ yǐ zì rán yào guì xiē le

시장에 이 물건이 부족하기 때문에 자연히 비싸지겠죠.

_进口商品一般贵一点儿。
jìn kǒu shāng pǐn yī bān guì yī diǎn r

수입 상품은 일반적으로 조금 비쌉니다.

_因为是减价期间，价格要便宜一点儿。
yīn wéi shì jiǎn jià qī jiān　　jià gé yào pián yi yī diǎn r

세일기간이라서 가격이 좀 쌉니다.

EXample

Q : 您看这个怎么样?
nín kàn zhè gè zěn me yàng

A : 价格这么贵啊!
jià gé zhè me guì ā

Q : 这种商品因为是手工制作的, 所以价钱贵一点。
zhè zhǒng shāng pǐn yīn wéi shì shǒu gōng zhì zuò de　　suǒ yǐ jià qián guì yī diǎn

A : 好是好, 但我买不起啊。
hǎo shì hǎo　　dàn wǒ mǎi bù qǐ ā

Q : 이건 어때요?
A : 가격이 비싸네요
Q : 이런 상품은 수제품이라서 좀 비쌉니다.
A : 좋긴 한데 살 여력이 안 되네요

353

PATTERN DRILL

➡ 不错是不错，可是买不起。
bú cuò shì bú cuò　　kě shì mǎi bù qǐ

好是好，但好像都不适合我。
hǎo shì hǎo　　dàn hǎo xiàng dōu bú shì hé wǒ
좋긴 한데 나한텐 어울리지 않은 것 같아.

多倒是多，但没有我找的。
duō dào shi duō　　dàn méi yǒu wǒ zhǎo de
많긴 한데 내가 찾는 것은 없습니다.

地图有是有，可是不大详细。
dì tú yǒu shì yǒu　　kě shì bù dà xiáng xì
지도가 있긴 한데 상세하지 못합니다.

有倒是有，但我都不满意。
yǒu dào shì yǒu　　dàn wǒ dōu bù mǎn yì
있긴 있는데 다 만족스럽지 못합니다.

有，但没有我称心的。
yǒu　　dàn méi yǒu wǒ chēng xīn de
있습니다만, 마음에 드는 것은 없어요.

EXample

Q : 你要买的西服买到了吗?
nǐ yào mǎi de xī fú mǎi dào le ma

A : 没有。
méi yǒu

Q : 怎么? 这家百货店不卖西服吗?
zěn me　　zhè jiā bǎi huò diàn bù mài xī fú ma

A : 卖是卖, 但没有我喜欢的。
mài shì mài　　dàn méi yǒu wǒ xǐ huān de

Q : 당신이 사고 싶은 양복을 샀어요?
A : 못 샀어요.
Q : 왜요? 이 백화점에서 양복을 안 팔아요?
A : 팔긴 파는데 마음에 드는 게 없네요.

| 이 기회에 하나 삽시다. |

➡ 趁机买一个吧。
chèn jī mǎi yī gè ba

_我顺便还要买一支钢笔。
wǒ shùnbiàn hái yào mǎi yì zhī gāng bǐ
사는 김에 만년필 한 자루도 살래요.

_回去的路上再到百货店买双鞋吧。
huí qù dè lù shàng zài dào bǎi huò diàn mǎi shuāng xié ba
가는 길에 백화점에 들러 신발 한 켤레 삽시다.

_趁这个机会买一台电视机吧。
chèn zhè ge jī huì mǎi yì tái diàn shì jī ba
이번 기회에 텔레비전 하나 삽시다.

_这样的机会不会再来的。
zhè yàng de jī huì bú huì zài lái de
이런 기회는 두 번 다시 오지 않습니다.

_错过这机会就买不到了。
cuò guò zhè jī huì jiù mǎi bú dào le
이 기회를 놓치면 살 수 없습니다.

Q : 都买完了吗?
dōu mǎi wán le ma

A : 顺便我还要买本记事本。
shùnbiàn wǒ hái yào mǎi běn jì shì běn

Q : 正好我也想买一本。
zhèng hǎo wǒ yě xiǎng mǎi yī běn

A : 是吗? 这么巧啊!
shì ma zhè mè qiǎo ā

Q : 다 샀어요?
A : 사는 김에 다이어리 한 권 더 사야겠어요
Q : 마침 저도 한 권 사려던 참이었는데.
A : 그래요? 타이밍이 딱 맞았네요

PATTERN DRILL

➡ 我想定做一套西服。
wǒ xiǎngdìng zuò yí tào xī fú

_我喜欢穿定做的衣服。
wǒ xǐ huānchuāndìng zuò dè yī fú

나는 맞춤옷을 좋아합니다.

_您要什么样的西服。
nín yào shén me yàng dè xī fú

어떤 양복을 원하십니까?

_到服装店定做一套西服穿。
dào fú zhuāngdiàndìng zuò yī tào xī fú chuān

양복점에서 양복 한 벌 지어 입었습니다.

_请给我做一套西服。
qǐng gěi wǒ zuò yī tào xī fú

양복 한 벌 맞춰주시겠어요?

_定做的衣服一般很合身，你也定做一套吧。
dìng zuò dè yī fú yī bān hěn hé shēn nǐ yě dìng zuò yī tào ba

맞춤옷은 보통 잘 어울리는데, 너도 한 벌 맞춰.

EXample

Q : 您要什么样的西服，是要冬天穿的还是夏天穿的。
nín yào shén me yàng dè xī fú shì yào dōng tiān chuān dè hái shì xià tiān chuān dè

A : 我要夏天穿的。
wǒ yào xià tiān chuān dè

Q : 您看一下这种面料怎么样。
nín kàn yī xià zhè zhǒngmiàn liào zěn me yàng

A : 挺好。
tǐng hǎo

Q : 어떤 양복을 원하십니까? 동복입니까, 아니면 하복입니까?
A : 여름에 입을 겁니다.
Q : 이런 옷감은 어떤지 한번 보세요
A : 좋네요

PATTERN DRILL

➥ 尺寸是多少?
chǐ cùn shì duōshǎo

—您要多大的?
nín yào duō dà de

얼마나 큰 것을 원하십니까?

—你穿多大的鞋?
nǐ chuān duō dà de xié

당신은 얼마나 큰 신을 신어요?

—先量一下尺寸吧。
xiānliáng yí xià chǐ cùn ba

우선 사이즈를 재 봅시다.

—您一般喜欢穿大还是穿小。
nín yī bān xǐ huānchuān dà hái shì chuānxiǎo

당신은 보통 옷을 크게 입나요, 작게 입나요?

—儿子正是长身体的时期, 做大点儿吧。
ér zi zhèng shì zhǎngshēn tǐ de shí qī zuò dà diǎn er ba

아들이 지금 한창 성장하고 있는 시기라서 좀 크게 해주세요.

EXample

Q : 先给您量一量尺寸吧。
xiān gěi nín liáng yī liáng chǐ cùn ba

A : 大概什么时候可以取?
dà gài shén me shí hòu kě yǐ qǔ

Q : 请你15号来取吧。
qǐng nǐ   hào lái qǔ ba

A : 那拜托您了。
nà bài tuō nín le

Q : 치수를 좀 재봅시다.
A : 언제쯤 찾을 수 있어요?
Q : 15일에 오세요
A : 그럼 부탁드릴게요.

PATTERN DRILL

➡ 品质优良。
pǐn zhì yōu liáng

质量很不错。
zhì liáng hěn bú cuò
품질이 아주 좋습니다.

我生产的产品都是品质优良的。
wǒ shēngchǎn dè chǎn pǐn dōu shì pǐn zhì yōu liáng dè
우리가 생산한 상품은 모두 품질이 우수합니다.

保证品质。
bǎo zhèng pǐn zhì
품질은 보증합니다.

高品质的衣服穿久了也不会显得太老样。
gāo pǐn zhì dè yī fú chuān jiǔ le yě bù huì xiǎn dè tài lǎo yàng
품질이 좋은 옷은 오래 입어도 유행이 뒤떨어져 보이지 않습니다.

不但质量好，而且穿起来合身。
bù dàn zhì liáng hǎo ér qiě chuān qǐ lái hé shēn
품질이 좋을 뿐만 아니라 몸에 잘 어울립니다.

EXample

Q : 这么多西服怎么就没有一件合身的呢?
zhè me duō xī fú zěn me jiù méi yǒu yī jiàn hé shēn dè ne

A : 要穿质量好，并且合身的西服最好定做。
yào chuān zhì liáng hǎo bìng qiě hé shēn dè xī fú zuì hǎo dìng zuò

Q : 是吗，为什么?
shì ma wèi shén me

A : 专门根据你的体型做的能不合身吗!
zhuān mén gēn jù nǐ dè tǐ xíng zuò dè néng bù hé shēn ma

Q : 양복이 이렇게 많은데 몸에 맞는 건 왜 한 벌도 없죠?
A : 품질 좋고 몸에 맞는 양복을 입으려면 맞춰 입는 것이 제일 좋습니다.
Q : 왜 그러죠?
A : 당신의 몸에 맞춰 만든 것인데 맞을 수밖에 없죠

| 제가 보기에는 별로입니다. |

➡ 我看一般。
wǒ kàn yì bān

_这衣服感觉挺不错。
zhè yī fú gǎn jué tǐng bú cuò
이 옷은 느낌이 상당히 좋습니다.

_我觉得不算太好。
wǒ jué de bú suàn tài hǎo
제가 느끼기에는 그다지 좋은 것은 아닙니다.

_我看这衣服质量不怎么样，再找另一件吧。
wǒ kàn zhè yī fú zhì liáng bù zěn me yàng zài zhǎo lìng yī jiàn ba
내가 보기에는 이 옷의 품질이 별로야. 다른 걸 더 찾아봐.

_样式很不错，但品质一般。
yàng shì hěn bù cuò dàn pǐn zhì yī bān
디자인은 좋은데 품질이 보통입니다.

_颜色搭配不怎么好。
yán sè dā pèi bù zěn me hǎo
색상이 잘 어울리지 않습니다.

Q : 您看这种面料怎么样?
nín kàn zhè zhǒng miàn liào zěn me yàng

A : 我看这种面料不怎么好。
wǒ kàn zhè zhǒng miàn liào bù zěn me hǎo

Q : 那这种呢?
nà zhè zhǒng ne

A : 这种不错，请用这种面料，并且按照这种款式给我
zhè zhǒng bù cuò qǐng yòng zhè zhǒng miàn liào bìng qiě àn zhào zhè zhǒng kuǎn shì gěi wǒ

做一套吧。
zuò yī tào ba

Q : 이런 옷감이 어때요?
A : 제가 보기에는 별로입니다.
Q : 그럼 이것은요?
A : 이건 괜찮네요. 이 옷감으로 이런 디자인으로 한 벌 부탁드립니다.

这附近有百货公司吗？

➡ 这附近有百货公司吗？
zhè fù jìn yǒu bǎi huò gōng sī ma

_邻近市区的地方就有很多家百货店。
lín jìn shì qū de dì fāng jiù yǒu hěn duō jiā bǎi huò diàn

도심지에는 많은 백화점들이 있습니다.

_能告诉我在哪儿吗？
néng gào sù wǒ zài nǎ r ma

어디에 있는지 알려주시겠어요?

_大楼邻进河边。
dà lóu lín jìn hé biān

빌딩이 강변에 인접해 있습니다.

_这周围有没有超级市场？
zhè zhōu wéi yǒu méi yǒu chāo jí shì chǎng

이 주위에 슈퍼마켓이 있나요？

_这块儿有没有电子商城？
zhè kuài r yǒu méi yǒu diàn zǐ shāng chéng

이 근처에 전자타운이 있어요？

EXample

Q : 请问，这附近有百货商店吗？
qǐng wèn zhè fù jìn yǒu bǎi huò shāng diàn ma

A : 有。
yǒu

Q : 能告诉我在哪儿吗？
néng gào sù wǒ zài nǎ er ma

A : 前面邮局的对过就有一家百货商店。
qián miàn yóu jú de duì guò jiù yǒu yī jiā bǎi huò shāng diàn

Q : 실례지만, 이 근처에 백화점이 있습니까？
A : 있습니다.
Q : 어디에 있는지 알려주시겠어요？
A : 앞에 있는 우체국 맞은편에 백화점이 하나 있습니다.

PATTERN DRILL

➡ 多少钱？
duōshǎoqián

在这儿卖多少钱?
zài zhè r mài duō shǎoqián
여기서는 얼마에 팝니까?

价钱是多少?
jià qián shì duō shǎo
가격은 얼마입니까?

我得交多少钱?
wǒ děi jiāo duō shǎoqián
얼마를 내야 합니까?

这房子能卖多少钱?
zhè fáng zi néng mài duō shǎoqián
이 집은 얼마에 팔 수 있습니까?

这种饼干怎么卖?
zhè zhǒngbǐng gān zěn me mài
이 과자는 어떻게 팔아요?

EXample

Q : 这梨多少钱一斤?
zhè lí duō shǎoqián yī jīn

A : 五块一斤。
wǔ kuài yī jīn

Q : 西红柿呢?
xī hóng shì ne

A : 西红柿3块钱一斤。
xī hóng shì kuài qián yī jīn

Q : 이 배는 한 근에 얼마입니까?
A : 한 근에 5원입니다.
Q : 토마토는요?
A : 토마토는 한 근에 3원입니다.

PATTERN DRILL

➡ 又便宜又好。
yòu biàn yí yòu hǎo

这种西瓜不仅大而且好吃。
zhè zhǒng xī guā bù jǐn dà ér qiě hǎo chī

이 수박은 클 뿐만 아니라 맛있습니다.

这鞋又便宜又好。
zhè xié yòu pián yi yòu hǎo

이 신발은 싸고 좋습니다.

那家百货店的商品又便宜又好。
nà jiā bǎi huò diàn dè shāng pǐn yòu pián yi yòu hǎo

그 백화점의 상품이 싸고 좋대요.

买这双吧，这鞋子既便宜又结实。
mǎi zhè shuāng ba   zhè xié zǐ jì pián yi yòu jié shí

이 걸로 사, 이 신발은 싸고 튼튼해.

这裤子不但(不仅)不起皱而且穿着舒服。
zhè kù zi bù dàn   bù jǐn   bù qǐ zhòu ér qiě chuān zhe shū fú

이 바지는 주름이 잡히지 않을 뿐만 아니라 입을 때 느낌이 편해.

EXample

Q : 听说那家百货店的商品又便宜又好。
tīng shuō nà jiā bǎi huò diàn dè shāng pǐn yòu pián yi yòu hǎo

A : 真是那样。
zhēn shì nà yàng

Q : 你去过吗?
nǐ qù guò ma

A : 去过，你要是现在有空我带你去吧。
qù guò   nǐ yào shì xiàn zài yǒu kōng wǒ dài nǐ qù ba

Q : 듣자하니 그 백화점의 상품이 싸고 좋대요
A : 정말 그래요
Q : 가보셨어요?
A : 가봤어요. 지금 시간이 되시면 제가 모셔다드릴게요

PATTERN DRILL

➡ 能不能再便宜点?
néng bù néng zài pián yí diǎn

不能再便宜点吗?
bù néng zài pián yi diǎn ma
조금만 더 싸게 할 수 없어요?

这已经是优惠价了。
zhè yǐ jīng shì yōu huì jià le
이것은 이미 할인된 가격입니다.

能不能再打点儿折?
néng bù néng zài dǎ diǎn er zhé
좀 더 싸게 할 수 없어요?

那也便宜点吧。
nà yě pián yi diǎn ba
그래도 싸게 해주세요.

我们不能再优惠了。
wǒ men bù néng zài yōu huì le
우리는 더 이상 싸게 할 수 없어요.

EXample

Q : 这么卖连本都不够。
zhè me mài lián běn dōu bù gòu

A : 价格已经很不错了。
jià gé yǐ jīng hěn bù cuò le

Q : 能不能再加点钱?
néng bù néng zài jiā diǎn qián

A : 不能在多添了。
bù néng zài duō tiān le

Q : 이렇게 팔면 본전도 안 됩니다.
A : 이만하면 가격이 괜찮습니다.
Q : 조금 더 보탤 수 없을까요?
A : 더 이상 보탤 수 없어요.

| 가격이 비싸다. |

PATTERN DRILL

➡ 价格高
jià gé gāo

我觉得价格有点高。
wǒ jué de jià gé yǒu diǎn gāo
가격이 좀 비싼 것 같습니다.

价格已经很便宜了。
jià gé yǐ jīng hěn pián yi le
가격은 아주 쌉니다.

这酒价格特别贵，我喝不起。
zhè jiǔ jià gé tè bié guì wǒ hē bù qǐ
이 술은 가격이 무척 비싸서 못 사 마시겠어.

价格低的商品一般品质不怎么好。
jià gé dī de shāng pǐn yī bān pǐn zhì bù zěn me hǎo
가격이 싼 상품은 보통 품질이 좋지 않습니다.

价格是贵点，但很满意。
jià gé shì guì diǎn dàn hěn mǎn yì
가격이 비싸긴 하지만 아주 만족스럽습니다.

EXample

Q : 有没有比这个更便宜的?
yǒu méi yǒu bǐ zhè gè gēng pián yi de

A : 这个就算是最便宜的了。
zhè gè jiù suàn shì zuì pián yi de le

Q : 我还是觉得有点贵。
wǒ hái shì jué de yǒu diǎn guì

A : 已经没有比这更便宜的了。
yǐ jīng méi yǒu bǐ zhè gēng pián yi de le

Q : 이것보다 더 싼 것은 없어요?
A : 이것이 제일 싼 것이라 할 수 있습니다.
Q : 그래도 비싸게 생각되네요.
A : 이보다 더 싼 것은 더 이상 없어요.

PATTERN DRILL

➡ 能不能打折?
néng bù néng dǎ zhé

_最多可以打几折?
zuì duō kě yǐ dǎ jǐ zhé

최고 몇 퍼센트 할인이 가능한가요?

_现在买的话八折优惠。
xiàn zài mǎi dè huà bā zhé yōu huì

지금 사면 20% 할인됩니다.

_现在买的话七五折优惠。
xiàn zài mǎi dè huà qī wǔ zhé yōu huì

지금 사면 25% 할인됩니다.

_半价出售部分商品。
bàn jià chū shòu bù fēn shāng pǐn

일부 상품은 반값에 판매합니다.

_我店的服装全部减价出售。
wǒ diàn dè fú zhuāngquán bù jiǎn jià chū shòu

우리 점포의 의류는 전부 할인해서 판매합니다.

EXample

Q : 现在是你们百货店优惠期间吧。
xiàn zài shì nǐ mén bǎi huò diàn yōu huì qī jiān ba

A : 是的, 现在对大部分商品施行优惠。
shì dè xiàn zài duì dà bù fēn shāng pǐn shī xíng yōu huì

Q : 最多可以打几折?
zuì duō kě yǐ dǎ jǐ zhé

A : 现在购买最多可以享受七折优惠。
xiàn zài gòu mǎi zuì duō kě yǐ xiǎngshòu qī zhé yōu huì

Q : 지금 거기 백화점은 세일 기간이죠?
A : 그렇습니다. 지금 거의 대부분 상품에 대해서 세일하고 있습니다.
Q : 제일 많은 건 몇 퍼센트 할인이 가능한가요?
A : 지금 구매하시면 최고로 30%까지 할인혜택을 받으실 수 있습니다.

PATTERN DRILL

➡ **卖给我吧。**
mài gěi wǒ ba

这个卖三十块钱。
zhè ge mài sān shí kuàiqián

30원에 팝니다.

二十块钱卖给我吧。
èr shí kuàiqián mài gěi wǒ ba

20원에 저한테 파세요.

20块钱我就买了。
kuàiqián wǒ jiù mǎi le

20원이면 사겠습니다.

30块卖吧。
kuài mài ba

30원에 파세요.

40块能卖给我吗?
kuàinéng mài gěi wǒ ma

40원에 저한테 파시겠어요?

EXample

Q : **30块钱我买了。**
kuài qián wǒ mǎi le

A : **30块钱卖不了, 我怎么也得挣点辛苦费呀。**
kuài qián mài bù liǎo   wǒ zěn me yě děi zhēngdiǎn xīn kǔ fèi yā

Q : **那么再给你加5块吧。**
nà me zài gěi nǐ jiā   kuài ba

A : **真没办法, 35块给你了。**
zhēn méi bàn fǎ   kuài gěi nǐ le

Q : 30원이면 사겠습니다.
A : 30원이면 못 팔아요. 제가 수고비라도 벌어야죠.
Q : 그럼 5원 더 드릴게요.
A : 어쩔 수 없군요. 35원에 드리겠습니다.

PATTERN DRILL

➡ 一共多少钱?
yí gòng duō shǎoqián

一共是多少钱?
yī gòng shì duō shǎoqián

모두 얼마입니까?

总共得交多少钱?
zǒnggòng děi jiāo duō shǎoqián

모두 얼마를 내야 합니까?

总共五十块钱。
zǒnggòng wǔ shí kuàiqián

모두 합해서 50원입니다.

全和起来多少钱?
quán hé qǐ lái duō shǎoqián

다 합치면 얼마입니까?

他的捐款总数达到50,000美元。
tā dè juānkuǎnzǒng shù dá dào   měi yuán

그의 기부금 총액은 5만 달러에 달했습니다.

EXample

Q : 能给我计算一下吗?
néng gěi wǒ jì suàn yī xià ma

A : 请稍等。
qǐng shāoděng

Q : 一共多少钱?
yī gòng duō shǎo qián

A : 正好30块。
zhèng hǎo   kuài

Q : 계산해주시겠어요?
A : 잠시만요
Q : 모두 얼마입니까?
A : 30원이네요.

| 외상으로는 안 됩니다. |

PATTERN DRILL

➡ 这儿不给赊帐。
zhè r bù gěi shē zhàng

_你要以什么付款方式付款?
nǐ yào yǐ shén me fù kuǎn fāng shì fù kuǎn
어떤 방식으로 지불하실 건가요?

_我要以分期付款的方式支付。
wǒ yào yǐ fēn qī fù kuǎn de fāng shì zhī fù
분할납부 방식으로 지불하겠습니다.

_可以分期付款处理。
kě yǐ fēn qī fù kuǎn chù lǐ
분할납부 방식으로 처리할 수 있습니다.

_我这是用分期付款的方法购买的。
wǒ zhè shì yòng fēn qī fù kuǎn de fāng fǎ gòu mǎi de
이것은 제가 할부로 구매한 것입니다.

_我要一次性现金付款。
wǒ yào yī cì xìng xiàn jīn fù kuǎn
현금 일시불로 하겠습니다.

EXample

Q : 您是要选择一次性付款还是按月分期付款?
nín shì yào xuǎn zé yī cì xìng fù kuǎn hái shì àn yuè fēn qī fù kuǎn

A : 两种方式在支付金额上有什么差异吗?
liǎng zhǒng fāng shì zài zhī fù jīn é shàng yǒu shén me chā yì ma

Q : 是的, 前者实付的金额要比后者少一些。
shì de qián zhě shí fù de jīn é yào bǐ hòu zhě shǎo yī xiē

A : 那种差异呀! 让我考虑一下。
nà zhǒng chā yì yā ràng wǒ kǎo lù yī xià

Q : 일시불 아니면 할부로 하시겠습니까?
A : 두 가지 방식은 지불금액상에서 어떤 차이가 있나요?
Q : 그렇습니다. 전자는 후자보다 실제 지불금액이 조금 적습니다.
A : 그런 차이가 있군요. 좀 생각해 볼게요.

带着零钱没有?

PATTERN DRILL

➡ **带着零钱没有?**
dài zhuó líng qián méi yǒu

_你带着零钱没有?
nǐ dài zhe líng qián méi yǒu

잔돈 가지고 계세요?

_我身上没有零钱。
wǒ shēnshàng méi yǒu líng qián

저한테 잔돈이 없어요.

_你有零钱没有?
nǐ yǒu líng qián méi yǒu

잔돈이 있습니까?

_您身上带着零钱吗?
nín shēnshàng dài zhe líng qián ma

잔돈을 가지고 계세요?

_您有没有零钱?
nín yǒu méi yǒu líng qián

잔돈이 있습니까?

EXample

Q : 您有没有零钱?
　　nín yǒu méi yǒu líng qián

A : 真不巧, 我身上没带着零钱。
　　zhēn bù qiǎo wǒ shēnshàng méi dài zhe líng qián

Q : 怎么办? 100块的我破不开。
　　zěn me bàn kuài de wǒ pò bù kāi

A : 那我想办法把100块的换成零钱吧。
　　nà wǒ xiǎng bàn fǎ bǎ kuài de huànchéng líng qián ba

> Q : 잔돈 가지고 계세요?
> A : 어쩌죠? 저한테 지금 잔돈이 없어요.
> Q : 어떡하면 좋죠? 지금 100원짜리를 거슬러드릴 잔돈이 없는데.
> A : 그럼 제가 가서 100원짜리를 잔돈으로 바꿔오도록 할게요.

→ 可以用信用卡付钱吗?

PATTERN DRILL

➡ 可以用信用卡付钱吗?
kě yǐ yòng xìn yòng kǎ fù qián ma

_用支票付款可以吗?
yòng zhī piào fù kuǎn kě yǐ ma

수표로 지불해도 됩니까?

_你也可以用个人支票付款。
nǐ yě kě yǐ yòng ge rén zhī piào fù kuǎn

자기앞수표로 지불하셔도 됩니다.

_我们只收现金。
wǒ mén zhǐ shōu xiàn jīn

우리는 현금만 받습니다.

_可以用旅行者支票吗?
kě yǐ yòng lǚ xíng zhě zhī piào mǎ

여행자수표도 받습니까?

EXample

Q : 请问, 在这里计算吗?
qǐng wèn zài zhè lǐ jì suàn ma

A : 是的。
shì dé

Q : 这里能用信用卡吗?
zhè lǐ néng yòng xìn yòng kǎ ma

A : 对不起, 我们只收现金。
duì bù qǐ wǒ mén zhǐ shōu xiàn jīn

Q : 저, 여기서 계산합니까?
A : 예.
Q : 신용카드도 됩니까?
A : 미안합니다. 우리는 현금만 받습니다.

PART 11

건강에 관한 표현

외국에 나가면 환경의 변화로 생각지도 않은 질병에 걸리기도 합니다. 병원이나 약국에 가서 자신의 증상을 정확히 전달할 수 있어야 정확한 치료를 받을 수 있으므로 질병의 증상에 관한 표현을 잘 익히도록 합시다.

| 건강은 어떠세요? |

「身体好吗?」는 다른 사람한테 건강하냐고 물어볼 때 인사처럼 사용하는 말로, 보통 손아랫사람이 손윗사람한테 사용하는데 이것은 「您最近身体好吗?」라고도 표현합니다.

PATTERN DRILL

➡ **身体好吗？**
shēn tǐ hǎo má

你最近身体好吗?
nǐ zuì jìn shēn tǐ hǎo má
요즘 건강은 어떠십니까?

托你的福我很健康。
tuō nǐ dè fú wǒ hěn jiàn kāng
덕분에 저는 아주 건강합니다.

我一向身体很健康。
wǒ yí xiàng shēn tǐ hěn jiàn kāng
저는 예전부터 몸이 건강했습니다.

你身体怎么样?
nǐ shēn tǐ zěn mè yàng
몸은 어때요?

健康状况怎么样?
jiàn kāng zhuàng kuàng zěn mè yàng
건강 상태는 어때요?

EXample

Q : **最近您身体好吗?**
zuì jìn nín shēn tǐ hǎo ma

A : **还行。**
hái xíng

Q : **您是不是天天锻炼?**
nín shì bù shì tiān tiān duàn liàn

A : **是的。**
shì dè

Q : 요즘 건강은 어떠세요?
A : 괜찮습니다.
Q : 날마다 운동하시죠?
A : 그렇습니다.

→ **身体不太好。**

PATTERN DRILL

➥ 身体不太好。
shēn tǐ bù tài hǎo

_身体状况良好。
shēn tǐ zhuàngkuàngliáng hǎo

건강상태가 양호합니다.

_这几天身体不太好。
zhè jǐ tiān shēn tǐ bú tài hǎo

요즘 몸이 좋지 않습니다.

_最近身体状态不怎么好。
zuì jìn shēn tǐ zhuàng tài bù zěn me hǎo

요즘 건강상태가 별로 좋지 않습니다.

_身体不舒服。
shēn tǐ bù shū fú

몸이 불편합니다.

_身体不太正常(有点异常)。
shēn tǐ bù tài zhèngcháng yǒu diǎn yì cháng

몸이 정상이 아닙니다.

EXample

Q : 你脸色很苍白。
nǐ liǎn sè hěn cāng bái

A : 是吗?
shì ma

Q : 是不是哪儿不舒服?
shì bù shì nǎ er bù shū fú

A : 我今天身体不太好。
wǒ jīn tiān shēn tǐ bù tài hǎo

Q : 너 안색이 아주 창백해.
A : 그래?
Q : 어디 아픈 거 아냐?
A : 오늘 몸이 좀 안 좋아.

373

→ 生病。

병에 걸리다.

PATTERN DRILL

➡ 生病。
shēngbìng

_你哪儿生病了？
nǐ nǎ r shēngbìng le
어디가 아프세요?

_你得了什么病？
nǐ dé le shén me bìng
무슨 병에 걸렸어요?

_哪儿生的病？
nǎ r shēng de bìng
어디에 병이 났어요?

_染上了流行病(传染疾病)。
rǎn shàng le liú xíngbìng chuán rǎn jí bìng
유행성 질병에 걸리다.

_病名是什么？
bìngmíng shì shén me
병명은 무엇입니까?

_你可不能得病卧床啊！
nǐ kě bù néng dé bìng wò chuáng ā
당신은 앓아누워서는 안 됩니다.

EXample

Q : 你去医院检查了吗？
nǐ qù yī yuàn jiǎn chá le ma

A : 去过了。
qù guò le

Q : 你得的什么病啊？
nǐ de de shén me bìng ā

Q : 병원에 가서 검사해봤어요?
A : 갔었습니다.
Q : 어디가 아프대요?

PATTERN DRILL

➡ **有什么症状？**
yǒu shén me zhèngzhuàng

您都有什么症状？
nín dōu yǒu shén me zhèngzhuàng
어떤 증상이 있어요?

有发热，头痛，流鼻涕 等症状。
yǒu fā rè　tóu tòng　liú bí tì　děng zhèngzhuàng
발열, 두통, 콧물이 나는 증상이 있습니다.

哪儿觉得不舒服？
nǎ　r jué dè bù shū fú
어디가 불편하세요?

是不还带寒战症状？
shì bù hái dài hán zhàn zhèngzhuàng
오한증세도 있죠?

症状表明是一般感冒。
zhèngzhuàng biǎo míng shì yī bān gǎn mào
증상으로 보면 일반 감기입니다.

EXample

Q : **您是来看什么病的?**
nín shì lái kàn shén me bìng dè

A : **我好像得了感冒。**
wǒ hǎo xiàng dé le gǎn mào

Q : **能告诉我有什么症状吗?**
néng gào sù wǒ yǒu shén me zhèngzhuàng ma

A : **头痛，发烧，还有总觉得冷。**
tóu tòng　fā shāo　hái yǒu zǒng jué dè lěng

Q : 어디가 아파서 왔습니까?
A : 감기에 걸린 것 같습니다.
Q : 증상을 좀 말씀해주시겠어요?
A : 두통, 발열에다 계속 추워요.

PATTERN DRILL

➡ 身体恢复。
shēn tǐ huī fù

他的病情有所好转了吗?
tā dè bìngqíng yǒu suǒ hǎo zhuǎn le mǎ

그의 병세는 나아졌어요?

从现在的状态来看很有可能马上好转。
cóng xiàn zài dè zhuàng tài lái kàn hěn yǒu kě néng mǎ shàng hǎo zhuǎn

지금 상태로 보아서 곧 회복될 가능성이 높습니다.

恢复正常。
huī fù zhèngcháng

정상으로 회복되다.

祝你早日恢复健康。
zhù nǐ zǎo rì huī fù jiàn kāng

하루빨리 건강을 회복하시기를 빌겠습니다.

病情正在好转。
bìngqíng zhèng zài hǎo zhuǎn

병세가 나아지고 있습니다.

希望您早日康复。
xī wàng nín zǎo rì kāng fù

빨리 회복하시기 바랍니다.

EXample

Q : 病情怎么样了?
bìng qíng zěn me yàng le

A : 现在已经差不多康复了。
xiàn zài yǐ jīng chā bù duō kāng fù le

Q : 我这就放心了。
wǒ zhè jiù fàng xīn le

Q : 병세는 어떠세요?
A : 지금은 거의 회복됐습니다.
Q : 이제야 시름이 놓이는군요

PATTERN DRILL

➡ 病情恶化。
bìngqíng è huà

_他的病情是不是加重了?
tā dè bìngqíng shì bú shì jiā zhòng le

병세가 심해진 거 아니에요?

_病情突然恶化了。
bìngqíng tū rán è huà le

병세가 갑자기 악화되었습니다.

_他今天病况更坏了。
tā jīn tiān bìngkuàng gēng huài le

그는 오늘 병세가 더욱 나빠졌습니다.

_病情是不是更严重了?
bìngqíng shì bù shì gēng yán zhòng le

병세가 더욱 악화되었잖아요?

_还有复发的可能。
hái yǒu fù fā dè kě néng

재발할 가능성이 있어요.

_不再加重就算不错了。
bù zài jiā zhòng jiù suàn bù cuò le

더 악화되지 않은 게 다행이에요.

EXample

Q : 他现在怎么样了?
tā xiàn zài zěn me yàng le

A : 现在观察呢, 医生说不会再恶化。
xiàn zài guān chá ne   yī shēng shuō bù huì zài è huà

Q : 真希望他能早日康复。
zhēn xī wàng tā néng zǎo rì kāng fù

Q : 그는 지금 어때요?
A : 지금 지켜보고 있어요. 의사 선생님이 더 악화되진 않는다고 하셨어요
Q : 그가 하루 빨리 회복되었으면 좋겠네요

→ 您哪儿疼？

➡ **您哪儿疼？**
nín nǎ r téng

您哪儿疼吗？
nín nǎ r téng ma
어디가 아프세요?

我的腿受了伤，疼得厉害。
wǒ dè tuǐ shòu le shāng téng de lì hài
다리를 다쳐서 많이 아파요.

您具体哪儿疼？
nín jù tǐ nǎ r téng
구체적으로 어디가 아프세요?

我的痛感消失了。
wǒ dè tòng gǎn xiāo shī le
통증이 사라졌어요.

是不是疼得很难受？
shì bù shì téng dè hěn nán shòu
통증 때문에 괴롭죠?

我现在疼痛难忍。
wǒ xiàn zài téngtòng nán rěn
지금 아파서 죽겠습니다.

Q : **您哪儿疼？**
nín nǎ r téng

A : **我的腰有点疼。**
wǒ dè yāo yǒu diǎn téng

Q : **您什么时候开始有腰痛的？**
nín shén mè shí hòu kāi shǐ yǒu yāo tòng dè

Q : 어디가 아프세요?
A : 허리가 좀 아픕니다.
Q : 언제부터 요통이 있었나요?

| 근육이 뭉쳤어요. |

PATTERN DRILL

➡ 你的肌肉都僵硬了
　nǐ dè jī ròu dōu jiāngyìng le

_你的肌肉都硬了。
　nǐ dè jī ròu dōu yìng le
당신은 근육이 뭉쳤어요.

_肌肉因为疲劳好像都变硬了。
　jī ròu yīn wéi pí láo hǎo xiàng dōu biànyìng le
근육이 피로로 인해 뭉쳤습니다.

_因为疲劳肌肉都僵硬了。
　yīn wéi pí láo jī ròu dōu jiāngyìng le
피로로 인해 근육까지 뭉쳤습니다.

_我帮你松弛一下肌肉。
　wǒ bāng nǐ sōng chí yī xià jī ròu
내가 근육을 풀어줄게.

_我给你按摩，解解疲劳吧。
　wǒ gěi nǐ àn mó jiě jiě pí láo ba
안마로 피로 좀 풀어 드릴게요.

_洗个热水澡，在热水里泡一下吧。
　xǐ gè rè shuǐ zǎo zài rè shuǐ lǐ pào yī xià ba
따뜻한 물에 몸을 담그고 목욕하세요.

EXample

Q : 你是不是没有好好休息?
　　nǐ shì bù shì méi yǒu hǎo hǎo xiū xī

A : 是的，因为有好多事要做。
　　shì dè yīn wéi yǒu hǎo duō shì yào zuò

Q : 再忙也得保重身体呀! 你看你的肌肉都僵硬了。
　　zài máng yě děi bǎo zhòngshēn tǐ yā nǐ kàn nǐ dè jī ròu dōu jiāngyìng le

Q : 잘 쉬지 못하셨죠?
A : 예, 할 일이 많아서요.
Q : 아무리 바빠도 몸은 돌보셔야죠. 보세요, 근육이 다 뭉쳐 있어요.

온몸이 쑤시고 아프다.

PATTERN DRILL

➡ 浑身酸痛。
hún shēn suān tòng

今天运动了一天，现在浑身酸痛。
jīn tiān yùn dòng le yì tiān xiàn zài hún shēn suān tòng
하루 종일 운동을 해서 온몸이 쑤시고 아픕니다.

我的腿有点刺痛。
wǒ dè tuǐ yǒu diǎn cì tòng
다리가 약간 쑤시듯이 아픕니다.

我的腹部有刺痛的感觉。
wǒ dè fù bù yǒu cì tòng dè gǎn jué
복부에 쑤시는 듯한 느낌이 있습니다.

感觉到了一阵剧烈的疼痛。
gǎn jué dào le yī zhèn jù liè dè téng tòng
한차례 심한 통증을 느꼈습니다.

每到阴天我的腿关节就会酸痛。
měi dào yīn tiān wǒ dè tuǐ guān jié jiù huì suān tòng
날씨가 흐리기만 하면 다리 관절이 쑤시듯이 아픕니다.

EXample

Q : 昨天踢球有意思吗?
zuó tiān tī qiú yǒu yì si ma

A : 挺有意思的。
tǐng yǒu yì si dè

Q : 你是不是今天腿很疼啊?
nǐ shì bù shì jīn tiān tuǐ hěn téng ā

A : 我现在可是浑身酸痛啊!
wǒ xiàn zài kě shì hún shēn suān tòng ā

Q : 어제 축구 재미있었어요?
A : 재미있던데요
Q : 오늘 다리가 많이 아프죠?
A : 지금 온 몸이 쑤셔요

PATTERN DRILL

➡ 发热。
fā rè

_他烧发得厉害。
tā shāo fā dé lì hài

그가 열이 많이 납니다.

_赶紧给他吃退烧药吧。
gǎn jǐn gěi tā chī tuì shāo yào ba

빨리 그한테 해열제를 복용시키세요.

_小孩子一直在发高烧，得赶紧给他退烧。
xiǎo hái zi yī zhí zài fā gāo shāo dǎi gǎn jǐn gěi tā tuì shāo

아이가 고열이 계속 나는데 빨리 열을 내려야 합니다.

_给他量一下体温，看看是不是发烧。
gěi tā liáng yī xià tǐ wēn kàn kàn shì bù shì fā shāo

열이 나는지 그의 체온을 한번 재보세요.

_他已经吃了药，还是高烧不退。
tā yǐ jīng chī le yào hái shì gāo shāo bù tuì

그는 약을 먹었는데도 여전히 열이 내리지 않습니다.

_我摸过他的额头，他有点微热。
wǒ mō guò tā dè é tóu tā yǒu diǎn wēi rè

그의 이마를 짚어보았는데 미열이 좀 있어요.

EXample

Q : 他脸怎么那么红? 是不是发烧?
tā liǎn zěn mè nà mè hóng shì bù shì fā shāo

A : 我得给他量一下体温。
wǒ děi gěi tā liáng yī xià tǐ wēn

Q : 你有体温计吗?
nǐ yǒu tǐ wēn jì ma

Q : 그의 얼굴이 왜 그렇게 붉어요? 열이 있는 거 아녜요?
A : 체온을 한번 재봐야겠어요.
Q : 당신한테 체온계가 있어요?

PATTERN DRILL

➡ 失去感觉。
shī qù gǎn jué

我因为腿麻走不动了
wǒ yīn wéi tuǐ má zǒu bú dòng le
다리가 저려서 걷지 못하겠습니다.

因为长时间盘腿坐在地上，腿都抽筋了。
yīn wéi cháng shí jiān pán tuǐ zuò zài dì shàng tuǐ dū chōu jīn le
오랫동안 마루 바닥에 책상다리하고 앉아 있어서 다리에 쥐가 납니다.

不知怎么的一只脚趾失去感觉了。
bù zhī zěn me de yī zhǐ jiǎo zhǐ shī qù gǎn jué le
왜 그런지 발가락 하나가 감각을 잃었어요.

因为病症两手发麻。
yīn wéi bìng zhèng liǎng shǒu fā má
병 때문에 두 손이 저립니다.

我腿现在发生痉挛呢。
wǒ tuǐ xiàn zài fā shēng jìng luán ne
다리가 지금 경련을 일으키고 있어요.

EXample

Q : 我的腿麻了，怎么办?
wǒ de tuǐ má le zěn me bàn

A : 慢慢活动一下就好了。
màn màn huó dòng yī xià jiù hǎo le

Q : 我现在活动不了。
wǒ xiàn zài huó dòng bù liǎo

A : 那我给你解一解吧。
nà wǒ gěi nǐ jiě yī jiě ba

Q : 다리가 마비됐어요. 어떡할까요?
A : 천천히 움직이면 나을 거예요.
Q : 지금 움직일 수 없어요.
A : 그럼 제가 풀어드릴게요.

| 허리를 삐다. |

PATTERN DRILL

➡ 扭了腰。
niǔ le yāo

扭伤了膝关节。
niǔ shāng le xī guān jié
무릎관절을 삐었습니다.

不小心捩伤了脚脖子。
bù xiǎo xīn liè shāng le jiǎo bó zi
부주의해서 발목을 삐었습니다.

打网球的时候不小心把手腕给弄歪了。
dǎ wǎng qiú de shí hòu bù xiǎo xīn bǎ shǒu wàn gěi nòng wāi le
테니스를 할 때 부주의해서 손을 삐었습니다.

骑自行车摔倒，把肩膀给扭了。
qí zì xíng chē shuāi dǎo bǎ jiān bǎng gěi niǔ le
자전거를 타다가 넘어져 어깨를 삐었습니다.

针灸对治疗扭伤很有疗效。
zhēn jiǔ duì zhì liáo niǔ shāng hěn yǒu liáo xiào
침술은 접질림에 좋은 치료 효과가 있습니다.

他不小心摔倒扭歪了膝盖。
tā bù xiǎo xīn shuāi dǎo niǔ wāi le xī gài
그는 부주의로 넘어져 무릎을 삐었습니다.

EXample

Q : 你怎么用左手吃饭?
nǐ zěn me yòng zuǒ shǒu chī fàn

A : 打网球的时候不小心扭了一下右手手腕。
dǎ wǎng qiú de shí hòu bù xiǎo xīn niǔ le yī xià yòu shǒu shǒu wàn

Q : 不要紧吗?
bù yào jǐn ma

Q : 왜 왼손으로 밥을 먹니?
A : 테니스 할 때 부주의로 오른손 손목을 삐었어.
Q : 괜찮아?

➡ 扭断了腿。
　niǔ duàn le tuǐ

我的右腿骨折了。
wǒ dè yòu tuǐ gǔ zhé le

오른쪽 다리가 부러졌습니다.

X-光检查显示小腿骨折了。
guāng jiǎn chá xiǎn shì xiǎo tuǐ gǔ zhé le

X-레이 검사 결과 다리뼈가 부러진 것으로 나타났습니다.

摔断了腕骨, 需要打石膏。
shuāiduàn le wàn gǔ　xū yào dǎ shí gāo

손목뼈가 부러져서 깁스를 해야 합니다.

因一只脚弄断了, 只能依靠拐杖走路。
yīn yī zhǐ jiǎo nòngduàn le　zhǐ néng yī kào guǎizhàng zǒu lù

한쪽 다리가 부러져서 목발에 의지하여 걷고 있습니다.

踢球时被踢断了脚趾骨。
tī qiú shí bèi tī duàn le jiǎo zhǐ gǔ

축구하다가 발가락이 채여 부러졌습니다.

Q : 踢球时小腿被踢断了。
tī qiú shí xiǎo tuǐ bèi tī duàn le

A : 你怎么不小心点儿呢?
nǐ zěn me bù xiǎo xīn diǎn r ne

Q : 当时双方踢得太激烈了。
dāng shí shuāngfāng tī dè tài jī liè le

Q : 축구할 때 다리를 다쳤어.
A : 왜 조심하지 않았어?
Q : 그때 양쪽 모두 너무 격렬하게 했어.

| 손이 트다. |

➡ 手裂了。
　shǒu liè le

_干活儿干得手都变粗糙了。
gàn huó r gān de shǒu dōu biàn cū cāo le
일을 해서 손이 거칠어졌습니다.

_因为气候干燥，嘴唇都裂开了。
yīn wéi qì hòu gān zào　zuǐ chún dōu liè kāi le
날씨가 건조해서 입술이 터졌습니다.

_到了秋天因为气候皮肤容易干燥。
dào le qiū tiān yīn wéi qì hòu pí fū róng yì gān zào
가을에는 기후 때문에 피부가 건조해지기 쉽습니다.

_因为疲劳，嘴唇都裂开了。
yīn wéi pí láo　zuǐ chún dū liè kāi le
피로 때문에 입술이 텄습니다.

_不知道是什么皮肤病，手背都裂了。
bù zhī dào shì shén me pí fū bìng shǒu bèi dū liè le
무슨 피부병인지 손등이 갈라 터졌습니다.

_脸上皮肤冻得都裂了。
liǎn shàng pí fū dòng dè dū liè le
얼굴 피부가 얼어서 텄습니다.

Q : 你的脸怎么了？
nǐ dè liǎn zěn mè le

A : 被冻着了。
bèi dòngzhuó le

Q : 怎么不好好保护皮肤呢，你看都裂了。
zěn mè bù hǎo hǎo bǎo hù pí fū ne　nǐ kàn dū liè le

Q : 얼굴이 왜 그래요?
A : 얼었어요
Q : 왜 피부를 잘 보호하지 않아요. 다 텄잖아요

PATTERN DRILL

➡ 腿肿了。
tuǐ zhǒng le

被踢伤的腿肿得厉害。
bèi tī shāng de tuǐ zhǒng dé lì hài
타박상으로 다리가 많이 부었습니다.

跟人家撞了一下头，都鼓起来了。
gēn rén jiā zhuàng le yí xià tóu dōu gǔ qǐ lái le
다른 사람하고 머리를 부딪쳐 부었습니다.

被蚊子叮得都肿了。
bèi wén zi dīng dé dū zhǒng le
모기한테 물려서 부었습니다.

你的眼睛怎么肿了？
nǐ de yǎn jīng zěn me zhǒng le
너 눈이 왜 부었니?

你的脸好像肿了。
nǐ de liǎn hǎo xiàng zhǒng le
네 얼굴이 부은 것 같아.

EXample

Q : 你的脸肿得厉害。
nǐ de liǎn zhǒng dé lì hài

A : 是吗？
shì ma

Q : 你是不是哪儿不舒服？
nǐ shì bù shì nǎ r bù shū fú

A : 不是，可能是因为昨晚吃拉面睡的缘故。
bù shì kě néng shì yīn wéi zuó wǎn chī lā miàn shuì de yuán gù

Q : 너 얼굴이 많이 부었어.
A : 그래?
Q : 너 어디 아픈 거 아니야?
A : 아니야, 아마 어제 저녁 라면을 먹고 자서 그럴 거야.

| 손을 데이다. |

PATTERN DRILL

➡ 烫伤了手。
tàngshāng le shǒu

我的手被火烧伤了。
wǒ de shǒu bèi huǒ shāoshāng le
손을 불에 데었습니다.

我打翻了热水烫伤了手。
wǒ dǎ fān le rè shuǐ tàngshāng le shǒu
뜨거운 물을 엎질러서 손이 데였습니다.

小心被化学药品烧伤了手。
xiǎo xīn bèi huà xué yào pǐn shāoshāng le shǒu
화학약품에 손이 데이지 않도록 조심하세요.

他被太阳晒黑了。
tā bèi tài yáng shài hēi le
햇볕에 까맣게 탔습니다.

我的脸要晒焦了。
wǒ de liǎn yào shài jiāo le
얼굴이 햇볕에 탄 것 같아.

EXample

Q : 你的手怎么了?
nǐ de shǒu zěn me le

A : 被热水烫着了。
bèi rè shuǐ tàng zhuó le

Q : 现在疼不疼?
xiàn zài téng bù téng

A : 还行，但一到晚上就疼得睡不着觉。
hái xíng　dàn yī dào wǎn shàng jiù téng de shuì bù zháo jiào

Q : 손이 왜 그래?
A : 뜨거운 물에 데었어.
Q : 지금 아파?
A : 괜찮아, 근데 밤만 되면 아파서 잠을 못 자.

PATTERN DRILL

➡ 呕吐。
ǒu tǔ

我感觉要吐了。
wǒ gǎn jué yào tù le
토할 것 같아.

吐出来会舒服点。
tù chū lái huì shū fu diǎn
토하면 시원할 거야.

不知怎么的一吃东西就想吐出来。
bù zhī zěn me dè yī chī dōng xī jiù xiǎng tǔ chū lái
왠지 뭘 좀 먹으면 금방 토하려고 합니다.

他喝完酒正在呕吐呢。
tā hē wán jiǔ zhèng zài ǒu tǔ ne
그는 술을 마시고 나서 토하고 있어.

谁都知道呕吐时很难受。
shéi dū zhī dào ǒu tǔ shí hěn nán shòu
다 알다시피 토할 때는 아주 괴롭습니다.

一闻到那种气味我就想吐。
yī wén dào nà zhǒng qì wèi wǒ jiù xiǎng tǔ
그런 냄새만 맡으면 토하고 싶습니다.

EXample

Q : 你怎么老是干作呕呢?
nǐ zěn me lǎo shì gān zuò ǒu ne

A : 我胃不好。
wǒ wèi bù hǎo

Q : 我看你得赶紧治啊!
wǒ kàn nǐ děi gǎn jǐn zhì ā

Q : 왜 늘 헛구역질을 해?
A : 난 위가 안 좋아.
Q : 내가 보기엔 빨리 치료해야 될 것 같아.

PATTERN DRILL

➡ 发晕。
fā yūn

不知怎么的头有点发昏。
bù zhī zěn me de tóu yǒu diǎn fā hūn
무엇 때문인지 머리가 약간 어지럽습니다.

我有点头晕。
wǒ yǒu diǎn tóu yūn
현기증이 좀 납니다.

小孩子闹得让我眩头转向(=晕头转向)。
xiǎo hái zi nào de ràng wǒ xuàn tóu zhuǎnxiàng   yūn tóu zhuǎnxiàng
어린애가 떠들어서 머리가 어지럽습니다.

因为没有吃饭，饿得我头晕。
yīn wéi méi yǒu chī fàn   è de wǒ tóu yūn
밥을 안 먹어서 배고파 머리가 어지럽습니다.

太累了，搞得我发昏。
tài lèi le   gǎo de wǒ fā hūn
너무 피곤해서 현기증이 납니다.

我的头有些晕，您呢?
wǒ de tóu yǒu xiē yūn   nín ne
나는 머리가 좀 어지러운데 당신은요?

EXample

Q : 他怎么晕倒了?
tā zěn me yūn dǎo le

A : 他可能有贫血症。
tā kě néng yǒu pín xiě zhèng

Q : 我真替他担心。
wǒ zhēn tì tā dān xīn

Q : 그가 왜 쓰러졌지?
A : 아마 빈혈이 있을 거야.
Q : 정말 그가 걱정되는구나.

| 통증이 가라앉다. |

PATTERN DRILL

➡ 疼痛消失。
téng tòng xiāo shī

_现在还疼吗?
xiàn zài hái téng má

지금도 아파요?

_吃了药以后疼痛消失了。
chī le yào yǐ hòu téng tòng xiāo shī le

약을 먹고 나서 통증이 가라앉았습니다.

_这药可以消除病痛。
zhè yào kě yǐ xiāo chú bìng tòng

이 약은 통증을 없앨 수 있습니다.

_有没有缓解疼痛的方法?
yǒu méi yǒu huǎn jiě téng tòng dè fāng fǎ

통증을 완화할 수 있는 방법이 없나요?

_吃完药, 睡一觉就会好的。
chī wán yào shuì yī jiào jiù huì hǎo dè

약을 먹고 한잠 자면 나을 거예요.

EXample

Q : 我现在头疼得厉害。
wǒ xiàn zài tóu téng de lì hài

A : 吃药了吗?
chī yào le ma

Q : 还没有。
hái méi yǒu

A : 那你试一下这药, 会缓解病痛的, 然后去医院看看。
nà nǐ shì yī xià zhè yào huì huǎn jiě bìng tòng dè rán hòu qù yī yuàn kàn kàn

Q : 지금 머리가 많이 아파.
A : 약 먹었니?
Q : 아직 안 먹었어.
A : 그럼 이 약을 먹어봐. 통증을 덜어줄 거야. 그 다음 병원에 가봐.

이 약은 효과가 있다.

➡ 这药有效果。
zhè yào yǒu xiào guǒ

这药对治疗感冒疗效显著。
zhè yào duì zhì liáo gǎn mào liáo xiào xiǎn zhù

이 약은 감기 치료에 아주 효과가 빠릅니다.

这药对我来说没有效果。
zhè yào duì wǒ lái shuō méi yǒu xiào guǒ

이 약은 나에게 효과가 없습니다.

这药对治疗咳嗽有特殊效果。
zhè yào duì zhì liáo ké sòu yǒu tè shū xiào guǒ

이 약은 기침 치료에 특효가 있습니다.

你推荐的药效果真不错。
nǐ tuī jiàn dè yào xiào guǒ zhēn bù cuò

당신이 추천한 약이 정말 효과가 좋았습니다.

根据临床实验结果，这种疗法疗效不错。
gēn jù lín chuáng shí yàn jié guǒ   zhè zhǒng liáo fǎ liáo xiào bù cuò

임상실험 결과에 따르면, 이런 요법은 치료 효과가 좋습니다.

对于治疗疾病有神奇的效果。
duì yú zhì liáo jí bìng yǒu shén qí dè xiào guǒ

질병 치료에 신기한 효과가 있습니다.

Q : 你的头痛还没好啊!
nǐ dè tóu tòng hái méi hǎo ā

A : 还没好，跟以前一样。
hái méi hǎo   gēn yǐ qián yī yàng

Q : 那你再试试这药，效果一定不错。
nà nǐ zài shì shì zhè yào   xiào guǒ yī dìng bù cuò

Q : 두통이 아직도 안 나았어?
A : 아직 안 나았어. 전과 똑 같아.
Q : 그럼, 이 약을 다시 써봐. 효과가 있을 거야.

391

몸에 이롭다. | 신체에 유익하다.

PATTERN DRILL

➡ 对身体有好处。
duì shēn tǐ yǒu hǎo chù

好的睡眠习惯对健康有益。
hǎo de shuìmián xí guàn duì jiàn kāng yǒu yì

좋은 수면 습관은 건강에 유익합니다.

生活无规律对健康有害。
shēng huó wú guī lǜ duì jiàn kāng yǒu hài

생활이 불규칙적이면 건강에 해롭습니다.

绿色食品对身体有好处。
lǜ sè shí pǐn duì shēn tǐ yǒu hǎo chù

무공해 식품은 몸에 이롭습니다.

一些食品对健康有害。
yī xiē shí pǐn duì jiàn kāng yǒu hài

일부 식품은 건강에 해롭습니다.

适当的运动有利于身体健康。
shì dāng de yùn dòng yǒu lì yú shēn tǐ jiàn kāng

적당한 운동은 신체건강에 유익합니다.

EXample

Q : 你喜欢喝牛奶吗?
nǐ xǐ huān hē niú nǎi ma

A : 很喜欢。
hěn xǐ huān

Q : 那是个很好的习惯, 喝牛奶可以增进健康。
nà shì gè hěn hǎo de xí guàn hē niú nǎi kě yǐ zēng jìn jiàn kāng

A : 是吗? 那我得多喝点儿了。
shì ma nà wǒ děi duō hē diǎn r le

Q: 우유 마시는 걸 좋아하세요?
A: 아주 좋아합니다.
Q: 그건 아주 좋은 습관입니다. 우유를 마시면 건강을 증진할 수 있어요.
A: 그래요? 그럼 더 많이 마셔야 되겠군요.

처방대로 약을 조제해주세요.

PATTERN DRILL

➡ 请按处方给我配药。
qǐng àn chù fāng gěi wǒ pèi yào

_诊察后，给你处方吧。
zhěn chá hòu　　gěi nǐ chù fāng ba

검진을 하고 나서 처방을 써드릴게요.

_我给你开个药方吧。
wǒ gěi nǐ kāi ge yào fāng ba

처방을 하나 써드릴게요.

_真是名医出名方啊!
zhēn shì míng yī chū míng fāng ā

정말로 명의한테서 명처방이 나오네요.

_这是按照处方调配好的药。
zhè shì àn zhào chù fāng diào pèi hǎo de yào

이것은 처방대로 조제해 놓은 약입니다.

_你在开处方的地方抓药吧。
nǐ zài kāi chù fāng de dì fāng zhuā yào ba

처방전을 쓴 데서 약을 지으세요.

EXample

Q : 你的感冒好了吗?
nǐ de gǎn mào hǎo le ma

A : 还没好，我这下子真得去医院了。
hái méi hǎo　　wǒ zhè xià zǐ zhēn děi qù yī yuàn le

Q : 还是按大夫的处方开的药见效快。
hái shì àn dài fū de chù fāng kāi de yào jiàn xiào kuài

A : 你说得对。
nǐ shuō de duì

Q : 감기 다 나았어요?
A : 아직 안 나았어요. 이번에 정말로 병원에 가 봐야 되겠네요.
Q : 역시 의사의 처방대로 지은 약을 먹는 것이 약효가 빨라요.
A : 당신 말이 맞아요.

→ 做健康检查。

PATTERN DRILL

➡ 做健康检查。
zuò jiàn kāng jiǎn chá

今年你做过身体检查吗?
jīn nián nǐ zuò guò shēn tǐ jiǎn chá mà
금년에 건강검진을 받아본 적이 있습니까?

预防疾病的最好办法就是定期检查身体。
yù fáng jí bìng dè zuì hǎo bàn fǎ jiù shì dìng qī jiǎn chá shēn tǐ
질병을 예방하는 제일 좋은 방법은 정기적으로 건강검진을 받는 것입니다.

做定期身体检查可有效预防疾病。
zuò dìng qī shēn tǐ jiǎn chá kě yǒu xiào yù fáng jí bìng
정기 건강검진을 받으면 효과적으로 질병을 예방할 수 있습니다.

我建议你检查一下身体。
wǒ jiàn yì nǐ jiǎn chá yī xià shēn tǐ
한번 건강검진을 받아보세요.

白从上次得一场大病以后我每月体检一次。
zì cóng shàng cì dé yī chǎng dà bìng yǐ hòu wǒ měi yuè tǐ jiǎn yī cì
지난번 큰 병에 걸린 후부터는 매달 한번씩 건강검진을 받습니다.

要检查得做血液检查。
yào jiǎn chá děi zuò xiě yè jiǎn chá
검사하려면 혈액검사를 해야 합니다.

EXample

Q : 你的腿伤怎么样了?做过检查吗?
nǐ dè tuǐ shāng zěn mè yàng le zuò guò jiǎn chá ma

A : 还没有呢?
hái méi yǒu ne

Q : 你关心一下你的身体吧! 我们赶紧去医院吧!
nǐ guān xīn yī xià nǐ dè shēn tǐ ba wǒ mèn gǎn jǐn qù yī yuàn bā

Q : 다리는 어때, 검사해 봤어?
A : 아직 안 해봤어.
Q : 몸 좀 돌봐. 빨리 병원에 가보자.

PATTERN DRILL

➡ 接受综合诊断。
jiē shòuzōng hé zhěnduàn

_医生说是什么病?
의사 선생님이 무슨 병이라고 하셨습니까?

_诊断结果怎么样?
zhěnduàn jié guǒ zěn mè yàng
진단 결과는 어떻습니까?

_医生建议我接受综合诊断。
yī shēng jiàn yì wǒ jiē shòuzōng hé zhěnduàn
의사 선생님이 저한테 종합검진을 받아 보라고 하셨습니다.

_血液检查结果，是阴性。
xiě yè jiǎn chá jié guǒ shì yīn xìng
혈액검사 결과가 음성으로 나타났습니다.

_我被诊断为高血压，医生说吃药就会好。
wǒ bèi zhěnduàn wéi gāo xiě yā yī shēngshuō chī yào jiù huì hǎo
고혈압으로 진단을 받았는데 의사의 말로는 약을 먹으면 낫는대.

EXample

Q : 去医院检查了吗?
qù yī yuàn jiǎn chá le ma

A : 去过一趟。
qù guò yī tàng

Q : 大夫说是什么病?
dài fū shuō shì shén mè bìng

A : 不是什么病，只是因劳累过度引起的。
bù shì shén mè bìng zhǐ shì yīn láo lèi guò dù yǐn qǐ de

Q : 병원에 가서 검사해 봤어?
A : 한번 갔다 왔어.
Q : 무슨 병이래?
A : 병은 아니고 그저 과로로 인한 것이래.

PATTERN DRILL

➡ 受手术。
shòushǒu shù

听说你要动手术?
tīng shuō nǐ yào dòngshǒu shù

수술을 받는다면서?

医生要给他动外科手术。
yī shēng yào gěi tā dòng wài kē shǒu shù

의사 선생님은 그에게 외과수술을 해야 한다고 했습니다.

他要接受心脏移植手术。
tā yào jiē shòu xīn zàng yí zhí shǒu shù

그는 심장이식 수술을 받으려고 합니다.

他最近做了手术。
tā zuì jìn zuò le shǒu shù

그는 최근에 수술을 받았습니다.

听说现在整容手术挺受欢迎。
tīng shuōxiàn zài zhěngróngshǒu shù tǐng shòuhuānyíng

지금 성형수술이 상당히 유행하고 있대요.

EXample

Q : 他的病是不是很严重?
tā dè bìng shì bù shì hěn yán zhòng

A : 不是那么太严重。
bù shì nà mè tài yán zhòng

Q : 那他怎么要做手术?
nà tā zěn mè yào zuò shǒu shù

A : 别担心, 只是个小手术。
bié dān xīn zhǐ shì ge xiǎoshǒu shù

Q : 그의 병이 심하지 않나요?
A : 그리 심한 편은 아닙니다.
Q : 그럼, 그가 왜 수술하려고 하죠?
A : 걱정 마세요. 작은 수술일 뿐입니다.

PATTERN DRILL

➡ 住院。
zhù yuàn

他得住院治疗。
tā děi zhù yuàn zhì liáo

그는 입원치료를 받아야 합니다.

他已经住了院。
tā yǐ jīng zhù le yuàn

그는 이미 입원했습니다.

他可能得住院接受治疗。
tā kě néng děi zhù yuàn jiē shòu zhì liáo

그는 입원치료를 받아야 할 것 같습니다.

住院费什么时候交?
zhù yuàn fèi shén me shí hòu jiāo

입원비는 언제 냅니까?

他因为心脏病突发被送到医院去了。
tā yīn wéi xīn zàngbìng tū fā bèi sòng dào yī yuàn qù le

그는 심장병이 발작하여 병원에 호송되었습니다.

他住了院, 你到医院看看他吧。
tā zhù le yuàn nǐ dào yī yuàn kàn kàn tā ba

그가 입원했어요. 병원에 병문안 가보세요.

EXample

Q: 他的病情怎么样了?
tā de bìng qíng zěn me yàng le

A: 他得住院接受观察。
tā děi zhù yuàn jiē shòu guān chá

Q: 真希望他能早日康复。
zhēn xī wàng tā néng zǎo rì kāng fù

Q: 그의 병세는 어떻게 됐죠?
A: 그는 입원하여 진찰을 받아야 합니다.
Q: 그가 빨리 회복됐으면 좋겠네요.

그는 이미 퇴원했습니다.

PATTERN DRILL

➡ 他已经出院了。
tā yǐ jīng chū yuàn le

真希望你早日出院。
zhēn xī wàng nǐ zǎo rì chū yuàn
하루 빨리 퇴원하기를 바랍니다.

出院后，得在家里休息一段日子。
chū yuàn hòu děi zài jiā lǐ xiū xī yí duàn rì · zi
퇴원 후 집에서 한동안 쉬어야 합니다.

一周之内就可以出院了。
yī zhōu zhī nèi jiù kě yǐ chū yuàn le
일주일 내에 퇴원할 수 있습니다.

过几天就可以出院了。
guò jǐ tiān jiù kě yǐ chū yuàn le
며칠 후면 퇴원할 수 있습니다.

具体什么时候可以出院?
jù tǐ shén me shí hòu kě yǐ chū yuàn
구체적으로 언제 퇴원합니까?

EXample

Q : 他怎么样了? 快要出院了吧。
tā zěn me yàng le kuài yào chū yuàn le ba

A : 他明天出院。
tā míng tiān chū yuàn

Q : 不知道康复得怎么样了?
bù zhī dào kāng fù dé zěn me yàng le

A : 听说他康复得跟正常人一样。
tīng shuō tā kāng fù dé gēn zhèng cháng rén yī yàng

Q : 그는 어떻게 되었어, 곧 퇴원하지 않나요?
A : 내일 퇴원해.
Q : 회복이 어떻게 됐는지 모르겠네?
A : 그가 정상인처럼 회복되었대.

| 눈이 나쁘다. |

➡ 眼睛不好。
yǎn jíng bú hǎo

_视力很差。
shì lì hěn chà

시력이 매우 안 좋습니다.

_视力不好，所以戴眼镜。
shì lì bù hǎo suǒ yǐ dài yǎn jìng

시력이 안 좋아서 안경을 씁니다.

_视力不太好。
shì lì bú tài hǎo

시력이 별로 좋지 않습니다.

_做近视眼手术能有效矫正视力。
zuò jìn shì yǎn shǒu shù néng yǒu xiào jiǎo zhèng shì lì

근시안 수술을 받으면 효과적으로 시력을 교정할 수 있습니다.

_远视是看不清近处东西的眼科疾病。
yuǎn shì shì kàn bù qīng jìn chù dōng xī de yǎn kē jí bìng

원시는 가까이에 있는 사물을 제대로 볼 수 없는 안과질병입니다.

_他是乱视眼。
tā shì luàn shì yǎn

그는 난시입니다.

Q : 我感觉我的视力越来越不好。
wǒ gǎn jué wǒ de shì lì yuè lái yuè bù hǎo

A : 你是不是平时没注意保护视力？
nǐ shì bù shì píng shí méi zhù yì bǎo hù shì lì

Q : 我没什么注意。
wǒ méi shén me zhù yì

Q : 눈이 점점 나빠지는 것 같아.
A : 너 평소 시력보호에 신경을 쓰지 않았지?
Q : 별로 주의하지 않았어.

| 이가 아프다. |

PATTERN DRILL

➡ 牙疼。
yá téng

_你的牙真齐呀!
nǐ dè yá zhēn qí yā
너는 치열이 정말 고르구나!

_我的牙齿有点松动。
wǒ dè yá chǐ yǒu diǎn sōngdòng
이가 약간 흔들거립니다.

_怪不得这几天牙有点疼, 原来是牙坏了。
guài bù dé zhè jǐ tiān yá yǒu diǎn téng yuán lái shì yá huài le
요즘 이가 좀 아프다 했더니 이가 썩었었구나.

_因为虫牙疼得厉害。
yīn wéi chóng yá téng dè lì hài
충치로 인해 많이 아픕니다.

_不小心把牙齿给碰断了。
bù xiǎo xīn bǎ yá chǐ gěi pèngduàn le
부주의로 이를 부딪쳐 부러뜨렸습니다.

EXample

Q : 我这几天牙疼得厉害。
wǒ zhè jǐ tiān yá téng dè lì hài

A : 去牙科医院看了吗?
qù yá kē yī yuàn kàn le ma

Q : 还没有。
hái méi yǒu

A : 你赶紧去检查吧, 不要耽误治疗。
nǐ gǎn jǐn qù jiǎn chá ba bù yào dān wù zhì liáo

Q : 요즘 이가 많이 아파.
A : 치과에 가 봤어?
Q : 아직 안 갔어.
A : 빨리 가서 검사해 봐. 치료를 늦추지 말고

PATTERN DRILL

➡ 拔牙。
　bá yá

＿怎么办，我要去拔牙了。
　zěn me bàn　　wǒ yào qù bá yá le

어떡하지. 가서 이를 빼야 돼.

＿我在拔掉牙的位置上镶了一颗假牙。
　wǒ zài bá diào yá de wèi zhì shàng xiāng le yī kē jiǎ yá

난 이를 뽑은 자리에 의치를 하나 씌웠어.

＿拔牙太可怕了，平时得好好保护牙齿呀。
　bá yá tài kě pà le　　píng shí děi hǎo hǎo bǎo hù yá chǐ yā

이를 뽑는 것은 너무 무서워. 평소에 치아를 잘 보호해야 해.

＿我要预约牙科，然后明天去拔掉坏牙。
　wǒ yào yù yuē yá kē　　rán hòu míng tiān qù bá diào huài yá

치과에 예약하고 내일 가서 썩은 이를 빼버리겠어.

＿镶的牙会不会不舒服？
　xiāng de yá huì bù huì bù shū fú

씌운 이가 불편하지 않을까?

EXample

Q : 牙还疼吗?
　　yá hái téng ma

A : 疼，我看我得去拔掉这颗牙了。
　　téng　　wǒ kàn wǒ děi qù bá diào zhè kē yá le

Q : 那今天就去吧。
　　nà jīn tiān jiù qù ba

A : 我现在就去。
　　wǒ xiàn zài jiù qù

Q: 이가 아직도 아파?
A: 아파. 가서 이를 빼야겠어.
Q: 그럼 오늘 바로 가.
A: 지금 갈게.

PATTERN DRILL

➡ 矫正牙齿。
jiǎo zhèng yá chǐ

_ 这是可以矫正视力的眼睛。
zhè shì kě yǐ jiǎo zhèng shì lì de yǎn jīng
이것은 시력을 교정할 수 있는 안경입니다.

_ 我牙齿上带的是牙齿矫正器。
wǒ yá chǐ shàng dài de shì yá chǐ jiǎo zhèng qì
이에 낀 것은 치아교정기입니다.

_ 为了矫正牙齿，带了牙齿矫正器。
wéi le jiǎo zhèng yá chǐ dài le yá chǐ jiǎo zhèng qì
치아교정을 위해 치아교정기를 꼈습니다.

_ 他的牙齿长得不齐，所以为了美观作了牙齿矫正。
tā de yá chǐ cháng de bù qí suǒ yǐ wéi le měi guān zuò le yá chǐ jiǎo zhèng
그는 치아가 고르지 않아서 미관을 위해 치아교정을 했습니다.

_ 要带上矫正器是不是很麻烦？
yào dài shàng jiǎo zhèng qì shì bù shì hěn má fán
치아교정기를 끼면 번거롭지 않나요?

EXample

Q : 我的牙长得太不美观了，愁死我了。
wǒ de yá zhǎng de tài bù měi guān le chóu sǐ wǒ le

A : 你怎么不作牙齿矫正呢？
nǐ zěn me bù zuò yá chǐ jiǎo zhèng ne

Q : 有效吗？
yǒu xiào ma

A : 挺有效的。
tǐng yǒu xiào de

Q : 내 치아는 너무 못생겼어. 속상해.
A : 너 왜 치아교정을 안 해?
Q : 효과가 있니?
A : 꽤 효과가 있어.

PATTERN DRILL

➡ 留下伤疤。
liú xià shāng bā

这是因为什么留下的伤疤?
zhè shì yīn wéi shén me liú xià dè shāng bā

이것은 무엇 때문에 생긴 흉터입니까?

这是上次烫伤留下的疤痕。
zhè shì shàng cì tàngshāng liú xià dè bā hén

이것은 지난번 화상을 입어 생긴 흉터입니다.

那军人的身上有很多伤痕。
nà jūn rén dè shēnshàng yǒu hěn duō shāng hén

저 군인의 몸에는 흉터가 많습니다.

这疤痕是历史的见证。
zhè bā hén shì lì shǐ dè jiàn zhèng

이 흉터는 역사의 증거입니다.

经过一场格斗, 他已是伤痕累累。
jīng guò yī chǎng gé dǒu   tā yǐ shì shāng hén lèi lèi

한차례 격투를 거쳐 그는 이미 상처투성이가 되었습니다.

EXample

Q : 你手背上是因为什么留下的疤痕?
nǐ shǒu bèi shàng shì yīn wéi shén me liú xià dè bā hén

A : 这是上次作手术留下的。
zhè shì shàng cì zuò shǒu shù liú xià dè

Q : 怎么你动过手术啊!
zěn me nǐ dòng guò shǒu shù ā

A : 只是小手术罢了。
zhǐ shì xiǎo shǒu shù bà le

Q : 손등의 상처는 어쩌다 생긴 것이야?
A : 이건 지난번 수술자국이야.
Q : 무슨 수술을 했는데?
A : 그냥 작은 수술이었어.

응급처지 하다.

PATTERN DRILL

➼ 抢救。
qiǎng jiù

他病危了，需要抢救。
tā bìng wēi le　　xū yào qiǎng jiù

그의 병이 위급해졌는데 응급치료를 해야 합니다.

赶紧送他到医院做紧急治疗。
gǎn jǐn sòng tā dào yī yuàn zuò jǐn jí zhì liáo

빨리 그를 병원에 호송해서 응급치료를 합시다.

我们随时可以做应急处理。
wǒ mèn suí shí kě yǐ zuò yīng jí chù lǐ

우리는 아무 때나 응급처리를 할 수 있습니다.

我们常备急救药品。
wǒ mèncháng bèi jí jiù yào pǐn

우리는 구급약품을 준비해 놓고 있습니다.

经过抢救，他总算苏醒过来了。
jīng guò qiǎng jiù　　tā zǒngsuàn sū xǐng guò lái le

응급치료를 통해 그는 마침내 깨어났습니다.

EXample

Q : 他的心脏病发作了。
tā dè xīn zàngbìng fā zuò le

A : 这儿有没有急救药品?
zhè r yǒu méi yǒu jí jiù yào pǐn

Q : 有。
yǒu

A : 你给他吃药，我去叫急救车。
nǐ gěi tā chī yào　　wǒ qù jiào jí jiù chē

Q : 그가 심장병이 발작했어.
A : 여기에 구급약품이 있니?
Q : 있어.
A : 그에게 약을 먹여. 난 구급차를 부르러 갈게.

PATTERN DRILL

➡ 擦伤。
cā shāng

不小心割伤了手指?
bù xiǎo xīn gē shāng le shǒu zhǐ
부주의하여 손가락을 베었습니다.

你是被什么东西割伤的?
nǐ shì bèi shén me dōng xī gē shāng de
무엇에 베인 거야?

不小心碰伤了膝盖。
bù xiǎo xīn pèng shāng le xī gài
부주의로 무릎을 다쳤어.

只是一点轻微的擦伤，没关系。
zhǐ shì yī diǎn qīng wēi de cā shāng méi guān xì
가벼운 상처뿐이니 괜찮아.

小心别刮伤手指头。
xiǎo xīn bié guā shāng shǒu zhǐ tóu
손가락을 베지 않게 조심해.

EXample

Q : 你刮伤的手指疼不疼?
nǐ guā shāng de shǒu zhǐ téng bù téng

A : 有一点儿疼。
yǒu yī diǎn r téng

Q : 那我帮你打字吧。
nà wǒ bāng nǐ dǎ zì ba

A : 谢谢!
xiè xie

Q : 베인 손가락이 아파요?
A : 조금 아픕니다.
Q : 그럼 제가 타이핑 해드릴게요
A : 감사합니다.

| 목이 쉬다. |

PATTERN DRILL

➡ 嗓子哑。
sǎng zi yā

_你怎么嗓子哑了?
nǐ zěn me sǎng zi yā le
왜 목이 쉬었어요?

_你嗓子有点哑, 赶紧吃药吧。
nǐ sǎng zi yǒu diǎn yā gǎn jǐn chī yào ba
너 목이 좀 쉬었어. 빨리 약을 먹어.

_我嗓子状态不好, 唱不了歌。
wǒ sǎng zi zhuàng tài bù hǎo chàng bù liǎo gē
목소리 상태가 안 좋아서 노래를 못하겠어.

_你要是嗓子疼就去看医生吧。
nǐ yào shì sǎng zi téng jiù qù kàn yī shēng ba
목이 아프면 의사한테 찾아가 진찰을 받아 봐.

_你不要提高桑门儿讲话, 这里没有聋子。
nǐ bù yào tí gāo sāng mén r jiǎng huà zhè lǐ méi yǒu lóng zǐ
큰소리로 얘기하지 마. 여기엔 귀머거리가 없어.

EXample

Q : 你的嗓子很嘶哑, 是不是得了感冒?
nǐ de sǎng zi hěn sī yā shì bù shì dé le gǎn mào

A : 是的, 我的脖子肿得厉害。
shì de wǒ de bó zi zhǒng de lì hài

Q : 看医生了吗?
kàn yī shēng le ma

A : 看了。
kàn le

Q : 목소리가 많이 쉬었어. 감기에 걸린 거 아냐?
A : 그래, 목이 많이 부었어.
Q : 진찰받았어?
A : 응, 받았어.

PART 12

통신에 관한 표현

이제 유선전화는 물론 휴대전화도 바쁘게 살아가는 현대인의 필수품이 되었습니다. 여기서 전화 통화에 관련된 다양한 표현은 물론, 인터넷, 우편, 은행 등 통신에 관한 표현을 착실히 익히도록 합시다.

➥ 打电话。
dǎ diànhuà

_你快给李静打电话吧。
nǐ kuài gěi lǐ jìng dǎ diànhuà ba
너 빨리 이정에게 전화해라.

_刚才有人打电话找你。
gāng cái yǒu rén dǎ diànhuà zhǎo nǐ
방금 누군가 전화해서 너를 찾더라.

_李经理正在和客户通电话，请稍等。
lǐ jīng lǐ zhèng zài hé kè hù tōng diànhuà qǐng shāo děng
이 사장님은 손님과 통화중이시니 잠시만 기다리세요.

_他想给李静挂电话，你知道电话号码吗?
tā xiǎng gěi lǐ jìng guà diànhuà nǐ zhī dào diànhuà hào mǎ ma
그가 이정씨한테 전화하려고 하는데 전화번호를 알고 있니?

_给你家去过电话，但是家里没人。
gěi nǐ jiā qù guò diànhuà dàn shì jiā lǐ méi rén
너의 집에 전화했었는데 아무도 없었어.

_我给你打了三次电话，都没接。
wǒ gěi nǐ dǎ le sān cì diànhuà dū méi jiē
너에게 전화 세 번 했는데 모두 받지 않더라.

Q : 明天什么时间见面?
míng tiān shén me shí jiān jiàn miàn

A : 我会给你打电话。
wǒ huì gěi nǐ dǎ diànhuà

Q : 好吧，那我等你电话。
hǎo ba nà wǒ děng nǐ diànhuà

Q : 내일 언제 만날까?
A : 내가 너한테 전화할게.
Q : 그래, 그럼 전화 기다릴게.

PATTERN DRILL

➡ 挂断电话。
guà duàn diàn huà

_他突然挂断了电话。
tā tū rán guà duàn le diàn huà
그는 갑자기 전화를 끊어버렸어.

_电话突然被挂断了。
diàn huà tū rán bèi guà duàn le
전화가 갑자기 끊어졌어.

_他没听完就挂了电话。
tā méi tīng wán jiù guà le diàn huà
그는 말을 채 듣지도 않고 전화를 끊어버렸어.

_她把电话挂了。
tā bǎ diàn huà guà le
그녀가 전화를 끊었어.

_我很想挂掉电话，但是忍住了。
wǒ hěn xiǎng guà diào diàn huà   dàn shì rěn zhù le
난 전화를 끊으려는 것을 겨우 참았어.

_他在电话里废话连篇，我把电话挂了。
tā zài diàn huà lǐ fèi huà lián piān   wǒ bǎ diàn huà guà le
그가 헛소리만 해서 전화를 끊어버렸어.

EXample

Q : 对不起, 不知道会不会妨碍你打电话?
duì bù qǐ   bù zhī dào huì bù huì fáng ài nǐ dǎ diàn huà

A : 没关系, 我正想挂断电话。
méi guān xì   wǒ zhèng xiǎng guà duàn diàn huà

Q : 实在很抱歉。
shí zài hěn bào qiàn

Q : 미안해. 너의 통화에 방해나 되지 않았는지 모르겠어.
A : 괜찮아. 난 전화를 끊으려고 하던 참이야
Q : 정말 미안해.

PATTERN DRILL

➡ 占线。
zhànxiàn

他家的电话老是占线。
tā jiā dè diàn huà lǎo shì zhānxiàn
그의 집 전화는 항상 통화중인 것 같아.

没放好话筒，电话打不进来。
méi fàng hǎo huà tǒng　diàn huà dǎ bú jìn lái
전화기를 제대로 놓지 않아서 전화가 걸려오지 않았습니다.

李静好象 正在打电话，所以打不通。
lǐ jìng hǎo xiàng zhèng zài dǎ diàn huà　suǒ yǐ dǎ bù tōng
이정이 통화하고 있는 중이라 전화가 안 되나 봐.

老板正在通话中，您稍等。
lǎo bǎn zhèng zài tōng huà zhōng　nín shāodĕng
사장님은 지금 통화중이시니 잠시만 기다리세요.

先生，这部电话在使用着，您用另一部吧。
xiānshēng　zhè bù diàn huà zài shǐ yòng zhe　nín yòng lìng yī bù ba
선생님, 이 전화는 지금 통화중이니 다른 전화를 이용해주십시오.

电话好象没放好，无法接通。
diàn huà hǎo xiàng méi fàng hǎo　wú fǎ jiē tōng
전화기를 잘못 놓아서 불통인가 봐.

EXample

Q : 我一直往李明家打电话，可是占线。
wǒ yī zhí wǎng lǐ míng jiā dǎ diàn huà　kĕ shì zhānxiàn

A : 那你给他打手机。
nà nǐ gĕi tā dǎ shǒu jī

Q : 我不知道他手机号。
wǒ bù zhī dào tā shǒu jī hào

Q : 계속 이명 집에 전화를 했는데 통화중이더라.
A : 그럼 핸드폰으로 해봐.
Q : 그의 핸드폰 번호를 몰라.

PATTERN DRILL

➡ 有杂音。
yǒu zá yīn

_电话有杂音，听不清楚。
diàn huà yǒu zá yīn　　tīng bù qīng chǔ
전화가 잡음이 많아서 잘 들리지 않습니다.

_电话信号很不好，杂音很多。
diàn huà xìn hào hěn bú hǎo　　zá yīn hěn duō
전화신호가 약해서 잡음이 많이 들립니다.

_请问我们家的电话是否线路有问题。
qǐng wèn wǒ mèn jiā dè diàn huà shì fǒu xiàn lù yǒu wèn tí
저희 집의 전화선로에 문제 있는 건 아닌지요?

_我家的电话有问题，需要换一部新的。
wǒ jiā dè diàn huà yǒu wèn tí　　xū yào huàn yī bù xīn dè
우리 집 전화기에 이상 있으니 새로 바꿔야겠어.

_杂音非常大，请重新再打一次吧。
zá yīn fēi cháng dà　　qǐng zhòng xīn zài dǎ yī cì ba
잡음이 많으니 다시 전화해보세요.

EXample

Q : 我的电话有杂音，电话线路好象不好。
wǒ dè diàn huà yǒu zá yīn　　diàn huà xiàn lù hǎo xiàng bù hǎo

A : 你给电话局打电话了吗?
nǐ gěi diàn huà jú dǎ diàn huà le ma

Q : 没有，你知道电话号码吗?
méi yǒu　　nǐ zhī dào diàn huà hào mǎ ma

A : 打——四问一下。
dǎ yāo yāo sì wèn yī xià

Q : 우리 전화에 잡음이 많은데 전화선로 문제인 것 같아.
A : 너 전화국에 연락은 했었니?
Q : 아니, 너 전화번호를 알고 있니?
A : 114에 전화를 해서 물어봐.

PATTERN DRILL

➥ 请稍等。
qǐng shāo děng

先生，请问您找谁？
xiānshēng qǐng wèn nín zhǎo shéi

선생님, 실례지만 누굴 찾으십니까?

先生，您找哪一位？需要我帮忙吗？
xiānshēng nín zhǎo nǎ yī wèi xū yào wǒ bāngmáng ma

선생님, 누굴 찾으시는지 제가 도와드릴까요?

他在接待客人，请稍等。
tā zài jiē dài kè rén qǐng shāo děng

그분은 손님을 접대하고 계십니다. 잠시만 기다려주세요.

我在接很重要的电话，稍等一下好吗？
wǒ zài jiē hěn zhòng yào de diàn huà shāo děng yī xià hǎo ma

중요한 통화중이니 잠깐만 기다려줄래?

他现在开会，请等一会儿再打过来好吗？
tā xiàn zài kāi huì qǐng děng yí huì r zài dǎ guò lái hǎo ma

그 분은 지금 회의 중이시라, 잠시 후에 다시 전화 주시겠습니까?

请先别挂断电话，马上给您接上。
qǐng xiān bié guà duàn diàn huà mǎ shàng gěi nín jiē shàng

전화를 끊지 마세요. 금방 연결해드릴게요.

EXample

Q：喂，你好！请找一下李老师。
wèi nǐ hǎo qǐng zhǎo yī xià lǐ lǎo shī

A：请稍等。
qǐng shāo děng

Q：谢谢！
xiè xie

Q: 여보세요, 안녕하세요. 이 선생님 부탁드립니다.
A: 잠시만요.
Q: 고마워요.

PATTERN DRILL

➡ 回电话。
huí diàn huà

让他给我回电话。
ràng tā gěi wǒ huí diàn huà
저에게 전화하라고 전해주세요.

等他来了我让他给你去电话。
děng tā lái le wǒ ràng tā gěi nǐ qù diàn huà
그가 오면 너에게 전화하라고 전할게.

对不起，现在很忙我回头再给你打电话。
duì bù qǐ xiàn zài hěn máng wǒ huí tóu zài gěi nǐ dǎ diàn huà
미안한데 나중에 다시 전화 줄게.

大概的事项都知道了，过两天再跟你联系。
dà gài de shì xiàng dū zhī dào le guò liǎng tiān zài gēn nǐ lián xì
대충 사항들을 알게 되었으니 며칠 후에 다시 연락할게요.

等小金回来，让他给您去电话。
děng xiǎo jīn huí lái ràng tā gěi nín qù diàn huà
김씨가 들어오는 대로 전화 드리라고 전할게요.

我办完这里的事再给你去电话。
wǒ bàn wán zhè lǐ de shì zài gěi nǐ qù diàn huà
내가 여기 일을 마치고 너에게 전화할게.

EXample

Q : 王丽，你好!我是李静。
wáng lì nǐ hǎo wǒ shì lǐ jìng

A : 对不起，我现在很忙。过一会儿再给你回电话。
duì bù qǐ wǒ xiàn zài hěn máng guò yī huì r zài gěi nǐ huí diàn huà

Q : 好吧，我等你电话。
hǎo ba wǒ děng nǐ diàn huà

Q : 왕려, 안녕! 난 이정이야.
A : 미안한데, 난 지금 몹시 바쁘거든. 잠시 후에 전화 다시 해줄게.
Q : 그래. 그럼 전화 기다릴게.

→ 转告。

PATTERN DRILL

➡ 转告。
zhuǎn gào

他回来后请转告他一声。
tā huí lái hòu qǐng zhuǎn gào tā yì shēng
그가 돌아오면 꼭 전해주세요.

我会给他转告的。
wǒ huì gěi tā zhuǎn gào dè
제가 전해드리겠습니다.

告诉你一个好消息。
gào sù nǐ yī ge hǎo xiāo xī
한 가지 좋은 소식을 전할게.

我是特意来给你转达消息的。
wǒ shì tè yì lái gěi nǐ zhuǎn dá xiāo xī dè
너한테 소식을 전하려고 일부러 왔어.

有什么事情可以替你转告一声。
yǒu shén mè shì qíng kě yǐ tì nǐ zhuǎn gào yī shēng
무슨 일인지 대신해서 전해줄 수 있어?

他让我把消息转告给你。
tā ràng wǒ bǎ xiāo xī zhuǎn gào gěi nǐ
그가 너한테 소식 전해 달라고 했어.

EXample

Q : 李静回来以后让她给我打电话吧。
lǐ jìng huí lái yǐ hòu ràng tā gěi wǒ dǎ diàn huà ba

A : 好的, 我会转告的。
hǎo dè wǒ huì zhuǎn gào dè

Q : 谢谢!
xiè xiè

Q : 이정씨가 돌아오면 저한테 전화 해달라고 전해주세요.
A : 좋아요. 그렇게 전해드릴게요.
Q : 고맙습니다.

PATTERN DRILL

➡ 保持联系。
bǎo chí lián xì

我们常保持联系吧。
wǒ mèn cháng bǎo chí lián xì ba

우리 자주 연락하면서 지냅시다.

我希望能够常常联络。
wǒ xī wàng néng gòu cháng cháng lián luò

자주 연락하기를 바랍니다.

希望你回到老家以后也会保持联系。
xī wàng nǐ huí dào lǎo jiā yǐ hòu yě huì bǎo chí lián xì

고향에 돌아가서도 자주 연락을 합시다.

咱们以因特网来经常联系吧。
zán mèn yǐ yīn tè wǎng lái jīng cháng lián xì ba

우리 인터넷으로 자주 연락하자.

我会跟您保持联系的。
wǒ huì gēn nín bǎo chí lián xì de

너하고 계속 연락할게.

EXample

Q : 我走了。
wǒ zǒu le

A : 好的，旅行中听到消息会很高兴的。
hǎo de　　lǚ xíng zhōng tīng dào xiāo xī huì hěn gāo xīng de

Q : 知道，我会跟您保持联系的。
zhī dào　　wǒ huì gēn nín bǎo chí lián xì de

Q : 나 갈게.
A : 그래. 여행 중에 소식을 들으면 매우 기쁠 거야
Q : 알았어. 너하고 계속 연락할게.

| 잘못 걸었습니다. |

PATTERN DRILL

➥ 我打错了。
wǒ dǎ cuò le

_对不起，您打错了。
duì bù qǐ　nín dǎ cuò le
죄송합니다. 잘못 거셨습니다.

_我拨错号码了。
wǒ bō cuò hào mǎ le
전화번호를 잘못 눌렀습니다.

_对不起，您拨的不是这个电话号儿。
duì bù qǐ　nín bō de bù shì zhè gè diàn huà hào ér
미안하지만, 전화번호를 잘못 누르셨습니다.

_您好像拨错号了，我这里是个人家。
nín hǎo xiàng bō cuò hào le，wǒ zhè lǐ shì gè rén jiā
번호를 잘못 누르신 것 같은데요. 여기는 가정집입니다.

_我打错了，对不起。
wǒ dǎ cuò le　duì bù qǐ
죄송해요. 잘못 걸었습니다.

_你拨错了，这不是王先生家。
nǐ bō cuò le　zhè bú shì wáng xiān shēng jiā
잘못 거셨네요. 여기는 왕 선생님 집이 아닙니다.

EXample

Q : 秀林在吗?
xiù lín zài ma

A : 对不起，您打错了。
duì bù qǐ　nín dǎ cuò le

Q : 对不起。
duì bù qǐ

Q : 수림이 집에 있어요?
A : 죄송하지만, 전화 잘못 거셨는데요
Q : 미안합니다.

PATTERN DRILL

接奇怪的电话。
jiē qí guài dè diàn huà

这几天老有奇怪的电话，不知是谁打的。
zhè jǐ tiān lǎo yǒu qí guài dè diàn huà bù zhī shì shéi dǎ dè
요즘 자꾸 이상한 전화가 와. 누군지 모르겠어.

我得装来电显示电话防止骚扰电话了。
wǒ dé zhuāng lái diànxiǎn shì diàn huà fáng zhǐ sāo ráo diàn huà le
발신자번호표시 전화기를 사서 장난전화를 막아야겠어.

这两天老有莫名其妙的电话打来。
zhè liǎng tiān lǎo yǒu mò míng qí miào dè diàn huà dǎ lái
요 며칠 이상한 전화가 자꾸 걸려와.

这几天连续打来的骚扰电话使她精神都快崩溃了。
zhè jǐ tiān lián xù dǎ lái dè sāo ráo diàn huà shǐ tā jīng shén dū kuài bēng kuì le
요 며칠 동안 자꾸 걸려오는 이상한 전화에 그녀는 정신이 돌 것 같았다.

要是有匿名电话打来，需要马上报警。
yào shì yǒu nì míng diàn huà dǎ lái xū yào mǎ shàng bào jǐng
만약 익명전화가 걸려오면 경찰서에 신고를 해야 합니다.

EXample

Q : 这两天总有奇怪的电话打来。
zhè liǎng tiān zǒng yǒu qí guài dè diàn huà dǎ lái

A : 那你追查过么?
nà nǐ zhuī chá guò mè

Q : 怎么查?
zěn mè chá

A : 装上来电显示电话机。
zhuǎng shàng lái diàn xiǎn shì diàn huà jī

Q : 요사이 이상한 전화만 와.
A : 너 누군지 알아봤어?
Q : 어떻게 알아내지?
A : 발신자표시 전화기를 한 대 설치해 봐.

전화 연결이 되었습니다.

PATTERN DRILL

➡ 电话打通了。
diàn huà dǎ tōng le

_您的电话接通了。
nín de diàn huà jiē tōng le
전화가 연결되었습니다.

_打了很多次都接不通。
dǎ le hěn duō cì dū jiē bù tōng
여러 번 걸었지만 걸리지 않았습니다.

_打了好多次，终于有人接电话了。
dǎ le hǎo duō cì zhōng yú yǒu rén jiē diàn huà le
여러 번 전화했더니 결국 걸리네.

_您的电话接通了，请接三号线。
nín de diàn huà jiē tōng le qǐng jiē sān hào xiàn
전화연결이 되었습니다. 3번입니다.

_电话通了，但是没人接。
diàn huà tōng le dàn shì méi rén jiē
전화연결은 되었는데 받는 사람이 없습니다.

EXample

Q : 李静，你帮我拨王丽家的电话好吗?
lǐ jìng nǐ bāng wǒ bō wáng lì jiā de diàn huà hǎo ma

A : 好的，电话接通了。给你。
hǎo de diàn huà jiē tōng le gěi nǐ

Q : 谢谢!
xiè xie

A : 不谢!
bù xiè

Q : 이정씨, 왕려씨 집에 전화 좀 해줄래?
A : 그래요. 전화연결이 되었습니다. 여기요
Q : 고마워요
A : 천만에요

| 좀 큰 소리로 말해주세요. |

PATTERN DRILL

➡ 请大声点。
qǐng dà shēngdiǎn

请大声点，听不清楚。
qǐng dà shēngdiǎn   tīng bù qīng chu

큰소리로 말씀하세요. 잘 들리지 않아요.

信号太差了，声音很弱。
xìn hào tài chā le   shēng yīn hěn ruò

신호가 너무 약해서 소리가 아주 적네요.

电话有问题听不清楚，声音再大一点好吗?
diàn huà yǒu wèn tí tīng bù qīng chǔ   shēng yīn zài dà yī diǎn hǎo ma

전화기가 고장나서 잘 안 들리니 좀 큰 소리로 말씀해주실래요?

路线不好，以后再打。
lù xiàn bù hǎo   yǐ hòu zài dǎ

회선이 안 좋은 것 같으니 다음에 다시 전화 드릴게요.

声音有点低我听不清楚。
shēng yīn yǒu diǎn dī wǒ tīng bù qīng chǔ

목소리가 작아서 잘 들리지 않네요.

EXample

Q : 你好! 请问李静在吗?
nǐ hǎo   qǐng wèn lǐ jìng zài ma

A : 请大点声，听不清。
qǐng dà diǎn shēng   tīng bù qīng

Q : 路线不好，以后再打。
lù xiàn bù hǎo   yǐ hòu zài dǎ

Q : 안녕하세요, 이정씨 계십니까?
A : 잘 안 들리니 좀 큰 소리로 말씀하세요.
Q : 회선이 안 좋은 것 같으니 다음에 다시 전화 드릴게요.

전화 반갑다.

PATTERN DRILL

➡ 接到电话很高兴。
jiē dào diàn huà hěn gāo xīng

_很高兴接到你的电话。
hěn gāo xīng jiē dào nǐ dè diàn huà

전화 반갑습니다.

_好久没来电话了。
hǎo jiǔ méi lái diàn huà le

오랫동안 전화가 없었군요.

_很高兴听到你的声音。
hěn gāo xīng tīng dào nǐ dè shēng yīn

전화 너무 반갑다.

_谢谢你的电话。
xiè xiè nǐ dè diàn huà

전화 고마워.

_接到你的电话真高兴。
jiē dào nǐ dè diàn huà zhēn gāo xīng

정말 전화 반갑습니다.

_好久没跟你联系了。
hǎo jiǔ méi gēn nǐ lián xì le

오랫동안 연락을 못했어.

EXample

Q : 喂, 李静, 我是王丽。
wèi   lǐ jìng   wǒ shì wáng lì

A : 好久不见, 接到你的电话真高兴。
hǎo jiǔ bù jiàn   jiē dào nǐ dè diàn huà zhēn gāo xīng

Q : 我也是。
wǒ yě shì

Q : 여보세요. 이정아, 난 왕려야.
A : 오랜만이야. 전화 반갑다.
Q : 나도 반가워.

| 용건이 뭐지요? |

PATTERN DRILL

➡ 您有什么事？
nín yǒu shén me shì

这么着急找他，有什么事吗？
zhè me zháo jí zhǎo tā　　yǒu shén me shì ma

왜 급히 그를 찾니, 무슨 급한 일이 있니?

什么事，这么着急。
shén me shì　　zhè me zháo jí

무슨 일이야, 이렇게 급하게?

李静不在家，您找她有事吗？
lǐ jìng bù zài jiā　　nín zhǎo tā yǒu shì ma

이정은 집에 없는데 걔를 무슨 일로 찾으세요?

先生，您找我们经理有何贵干？
xiān shēng　　nín zhǎo wǒ men jīng lǐ yǒu hé guì gān

선생님, 저희 사장님한테 무슨 용건이 있으세요?

丽丽刚出去，找她有啥事儿。
lì lì gāng chū qù　　zhǎo tā yǒu shá shì　r

여여는 금방 나갔는데 무슨 일로 찾아요?

EXample

Q : 喂, 你好! 我找王丽。
wèi　　nǐ hǎo　　wǒ zhǎo wáng lì

A : 她正在接其他电话, 您有什么事？
tā zhèng zài jiē qí tā diàn huà　　nín yǒu shén me shì

Q : 私事。
sī shì

A : 知道了, 打完以后给您联系, 请等一等。
zhī dào le　　dǎ wán yǐ hòu gěi nín lián xì　　qǐng děng yī děng

Q : 여보세요, 안녕하세요. 왕려를 부탁드립니다.
A : 지금 다른 사람과 통화중인데 무슨 용건이세요?
Q : 사적인 일입니다.
A : 알겠습니다. 전화 끝나는 대로 연결해드릴 테니 잠시만 기다리세요.

PATTERN DRILL

➡ 放下电话。
fàng xià diàn huà

_你打得太长了，快放下电话吧。
nǐ dǎ dé tài cháng le　kuài fàng xià diàn huà ba
너무 오래 전화했어. 빨리 끊어.

_今天就打到这里，以后再聊。
jīn tiān jiù dǎ dào zhè lǐ　yǐ hòu zài liáo
오늘 여기까지 하고 다음번에 다시 얘기하자.

_先搁下话筒，我有急事要告诉你。
xiān gē xià huà tǒng　wǒ yǒu jí shì yào gào sù nǐ
일단 먼저 전화기를 내려봐. 중요한 일을 알려줘야 하거든.

_你怎么没完没了地打电话，快把话筒撂下。
nǐ zěn me méi wán méi liǎo de dǎ diàn huà　kuài bǎ huà tǒng liào xià
넌 왜 맨 날 전화통을 안고 있니. 얼른 내려놔.

_你为什么没有听完我的话，就撂下电话了？
nǐ wéi shén me méi yǒu tīng wán wǒ dè huà　jiù liào xià diàn huà le
넌 왜 내 말을 다 듣지도 않고 전화기를 내려놓았니?

_快放下电话吧，我爸爸回来了。
kuài fàng xià diàn huà ba　wǒ bà bà huí lái le
빨리 전화 끊어. 우리 아빠가 오셨어.

EXample

Q : 话筒没放上吗?
huà tǒng méi fàng shàng ma

A : 是, 打完电话忘了放下话筒。
shì　dǎ wán diàn huà wàng le fàng xià huà tǒng

Q : 以后多注意。
yǐ hòu duō zhù yì

Q : 수화기가 내려져 있었어?
A : 그래, 전화하고 나서 수화기 올려놓는 걸 잊었어.
Q : 다음부터 조심해.

➥ 来电话了。
lái diàn huà le

_来电话了，快来接。
lái diàn huà le　kuài lái jiē
전화 왔어. 빨리 받아.

_下午，有人给你来电话了。
xià wǔ　yǒu rén gěi nǐ lái diàn huà le
오후에 누군가가 너에게 전화 왔더라.

_一三五室的李静，有你的电话。
yāo sān wǔ shì de lǐ jìng　yǒu nǐ de diàn huà
135호실 이정씨, 전화 왔어요.

_王梅，你的电话。
wáng méi　nǐ de diàn huà
왕매, 네 전화야.

_李静，电话! 好象是王梅。
lǐ jìng　diàn huà　hǎo xiàng shì wáng méi
이정아, 전화 왔는데 왕매 전화 같아.

Q : 来电话了。
lái diàn huà le

A : 找谁的?
zhǎo shéi de

Q : 是找李静的。
shì zhǎo lǐ jìng de

Q: 전화 왔어.
A: 누굴 찾는 전화니?
Q: 이정을 찾는 전화야.

电话号码是多少？

PATTERN DRILL

➡ 电话号码是多少？
diàn huà hào mǎ shì duō shǎo

电信局在哪儿？
diàn xìn jú zài nǎ r
전화국은 어디 있나요?

在哪里能打国际电话？
zài nǎ lǐ néng dǎ guó jì diàn huà
어디서 국제전화를 할 수 있나요?

你的手机号是多少？
nǐ de shǒu jī hào shì duō shǎo
휴대폰 번호는 몇 번이니?

我的手机号是011-1234-5678。
wǒ de shǒu jī hào shì
내 휴대폰 번호는 011-1234-5678이야.

传真号是多少？
chuánzhēn hào shì duō shǎo
팩스번호는 몇 번이니?

EXample

Q : 你的电话号码是多少？
nǐ de diàn huà hào mǎ shì duō shǎo

A : 家里的还是手机？
jiā lǐ de hái shì shǒu jī

Q : 随便。
suí biàn

A : 我的手机号是011-1234-5678。
wǒ de shǒu jī hào shì

Q : 너의 전화번호는 몇 번이니?
A : 집 전화 아니면 휴대폰?
Q : 아무거나.
A : 휴대폰은 011-1234-5678이야.

| 편지를 쓰다. |

➡ 写信。
xiě xìn

_差不多每星期都给家里写信。
chā bù duō měi xīng qī dū gěi jiā lǐ xiě xìn
거의 주마다 집에 편지를 씁니다.

_你写什么信?
nǐ xiě shén mè xìn
무슨 편지를 쓰고 있니?

_我要给家里写信。
wǒ yào gěi jiā lǐ xiě xìn
집에 편지를 쓰는 중이야.

_他现在正给女朋有写情书。
tā xiàn zài zhèng gěi nǚ péng yǒu xiě qíng shū
그는 여자친구에게 연애편지를 쓰고 있어.

_李静现在呆在宿舍写家书。
lǐ jìng xiàn zài dāi zài sù shè xiě jiā shū
이정은 기숙사에서 집에 편지를 쓰고 있어.

_昨天收到家里来的信，正想给写回信。
zuó tiān shōu dào jiā lǐ lái dè xìn zhèng xiǎng gěi xiě huí xìn
어제 집에서 온 편지를 받았는데 답장을 하려고 해.

Q : 我会想你的。
wǒ huì xiǎng nǐ dè

A : 我也是, 回家以后给你写信。
wǒ yě shì huí jiā yǐ hòu gěi nǐ xiě xìn

Q : 好的, 保持联系。
hǎo dè bǎo chí lián xì

Q : 너 생각할거야
A : 나도 집에 가면 편지 쓸게.
Q : 그래. 자주 연락하자.

PATTERN DRILL

写留言。
xiě liú yán

他出去了，你在这里写个留言吧。
tā chū qù le　nǐ zài zhè lǐ xiě ge liú yán ba
그는 나갔습니다. 여기에 메모 남기세요.

他回来后请把这个留言条交给他。
tā huí lái hòu qǐng bǎ zhè ge liú yán tiáo jiāo gěi tā
그가 돌아오면 이 메모를 전해주세요.

他家没有人，我在门口留了字条。
tā jiā méi yǒu rén　wǒ zài mén kǒu liú le zì tiáo
그의 집에 아무도 없어서 문 앞에 쪽지를 남기고 왔어.

给你写了字条，你看到了吗?
gěi nǐ xiě le zì tiáo　nǐ kàn dào le ma
너에게 쪽지 남겼는데 보았니?

他现在没在家，您给他留个便条吧。
tā xiàn zài méi zài jiā　nín gěi tā liú gè biàn tiáo ba
그는 지금 집에 없으니 메모라도 남겨주세요.

EXample

Q : 你妈妈知道你来我家吗?
nǐ mā mā zhī dào nǐ lái wǒ jiā ma

A : 我给她留了便条。
wǒ gěi tā liú le biàn tiáo

Q : 那还差不多。
nà hái chā bù duō

Q : 너희 엄마는 네가 우리 집에 온 걸 알고 계시니?
A : 내가 간단한 메모를 남겼어.
Q : 그럼 됐어.

PATTERN DRILL

➡ 寄信。
jì xìn

_我要去邮局寄信。
wǒ yào qù yóu jú jì xìn

우체국에 가서 편지를 부쳐야 합니다.

_小姐，我要寄快件。
xiǎo jiě wǒ yào jì kuài jiàn

아가씨, 빠른우편으로 보내려고 하는데요.

_你要寄什么信?
nǐ yào jì shén me xìn

어떤 편지를 부치시게요?

_李静，顺便帮我寄挂号信好吗?
lǐ jìng shùnbiànbāng wǒ jì guà hào xìn hǎo ma

이정아, 등기우편을 좀 부쳐줄래?

_您要寄航空信，还是平信?
nín yào jì hángkōng xìn hái shì píng xìn

항공우편으로 하실 거예요, 아니면 일반편지로 하실 거예요?

_我要去邮信，一起去不去?
wǒ yào qù yóu xìn yī qǐ qù bù qù

편지 부치러 가는데 같이 갈래?

EXample

Q : 你要寄什么信?
nǐ yào jì shén me xìn

A : 我要寄航空信，几天能到目的地?
wǒ yào jì hángkōng xìn jǐ tiān néng dào mù dì dì

Q : 需要一个星期左右。
xū yào yī ge xīng qī zuǒ yòu

Q : 어떤 편지를 부치시겠습니까?
A : 항공우편으로 부탁합니다. 목적지까지 며칠 걸립니까?
Q : 1주일 정도 걸립니다.

PATTERN DRILL

➡ 寄包裹。
　 jì bāo guǒ

我要寄包裹。
wǒ yào jì bāo guǒ
소포를 부치고 싶은데요.

妈妈的生日快到了，我要给她老人家寄礼物。
mā mā dè shēng rì kuài dào le　wǒ yào gěi tā lǎo rén jiā jì lǐ wù
어머니 생신도 얼마 안 남아서 선물을 보내드리려고 합니다.

包装箱一个多少钱?
bāo zhuāngxiāng yī ge duō shǎoqián
포장박스 하나에 얼마예요?

李静考上了研究生, 得给她寄张贺卡。
lǐ jìng kǎo shàng le yán jiū shēng　děi gěi tā jì zhāng hè kǎ
이정이가 대학원에 입학했는데 축하카드를 보내줘야겠어.

你用特快专递给我寄来吧。
nǐ yòng tè kuài zhuān dì gěi wǒ jì lái ba
EMS로 나한테 보내 줘.

EXample

Q : 我要寄包裹。
　　wǒ yào jì bāo guǒ

A : 您先用包装箱包装好。
　　nín xiān yòng bāo zhuāngxiāng bāo zhuāng hǎo

Q : 包装箱一个多少钱?
　　bāo zhuāngxiāng yī ge duō shǎo qián

A : 一个两块。
　　yī ge liǎng kuài

Q : 소포를 부치고 싶은데요
A : 먼저 박스로 포장해주세요
Q : 박스 하나에 얼마예요?
A : 2원입니다.

집에 송금하려고 합니다.

PATTERN DRILL

我要往家里邮钱。
wǒ yào wǎng jiā lǐ yóu qián

_最快的汇款方式是什么？
zuì kuài dè huì kuǎnfāng shì shì shén mè
제일 빠른 송금 방법은 무엇인가요?

_我去银行给分公司汇款。
wǒ qù yín háng gěi fēn gōng sī huì kuǎn
난 은행에 지사로 송금하러 갑니다.

_你给家里寄多少钱？
nǐ gěi jiā lǐ jì duō shǎoqián
넌 집에 송금을 얼마나 했니?

_用电汇，也很方便。
yòngdiàn huì yě hěn fāngbiàn
전신환을 이용하니 매우 편리합니다.

_我要给家里的父母汇款。
wǒ yào gěi jiā lǐ dè fù mǔ huì kuǎn
집의 부모님들께 송금하고 싶습니다.

EXample

Q：李静，你上哪儿？
lǐ jìng nǐ shàng nǎ r

A：我去邮局汇款。
wǒ qù yóu jú huì kuǎn

Q：我正好也去邮局。
wǒ zhèng hǎo yě qù yóu jú

A：那一块儿去吧。
nà yī kuài r qù ba

Q: 이정아, 너 어디 가는 길이니?
A: 우체국에 송금하러 가.
Q: 나도 마침 우체국에 가는 길인데.
A: 그럼 같이 가자.

PATTERN DRILL

➡ 他是个网民
 tā shì ge wǎngmín

随着网络文化的发展，中国的网民越来越多。
suí zhe wǎng luò wén huà dè fā zhǎn zhōng guó dè wǎng mín yuè lái yuè duō

인터넷 문화의 발전과 더불어 중국의 네티즌도 많아지고 있습니다.

他是个很爱上网的网虫。
tā shì ge hěn ài shàngwǎng dè wǎngchóng

그는 인터넷 하기를 좋아하는 네티즌입니다.

他是个网络冲浪者。
tā shì ge wǎng luò chōnglàng zhě

그는 네티즌입니다.

我一有时间就进行网络漫游。
wǒ yī yǒu shí jiān jiù jìn xíng wǎng luò màn yóu

나는 시간이 있으면 인터넷을 합니다.

李明是个地地道道的网虫。
lǐ míng shì ge dì dì dào dào dè wǎngchóng

이명은 인터넷에 푹 빠진 네티즌입니다.

EXample

Q : 你知道中国网民有多少?
 nǐ zhī dào zhōng guó wǎng mín yǒu duō shǎo

A : 不太清楚, 你知道吗?
 bù tài qīng chu nǐ zhī dào ma

Q : 我也不知道。
 wǒ yě bù zhī dào

Q : 넌 중국 네티즌의 인구가 얼마나 되는지 알고 있니?
A : 정확히는 잘 몰라. 넌?
Q : 나도 몰라.

PATTERN DRILL

➡ 他是电脑高手。
tā shì diàn nǎo gāo shǒu

我想建立个人网站。
wǒ xiǎng jiàn lì ge rén wǎngzhàn

개인 사이트를 만들고 싶습니다.

要想加大公司宣传力度应该建立网站。
yào xiǎng jiā dà gōng sī xuānchuán lì dù yīng gaī jiàn lì wǎngzhàn

회사의 홍보 효과를 높이려면 사이트 만들어야 합니다.

我打算考计算机系。
wǒ dǎ suàn kǎo jì suàn jī xì

난 전산학과에 진학하려고 해.

刚学电脑没多久，还不熟练。
gāng xué diàn nǎo méi duō jiǔ hái bù shú liàn

컴퓨터를 배운지 얼마 안 되어서 익숙하지 못해.

有个手提电脑应该很方便。
yǒu ge shǒu tí diàn nǎo yīng gaī hěn fāngbiàn

노트북 한 대 있으면 매우 편리할 텐데.

EXample

Q : 你打算学什么?
nǐ dǎ suàn xué shén me

A : 我想学电脑知识，不知到哪儿去。
wǒ xiǎng xué diàn nǎo zhī shí bù zhī dào nǎ r qù

Q : 到中关村附近，那里有很多学院。
dào zhōngguān cūn fù jìn nà lǐ yǒu hěn duō xué yuàn

Q : 넌 뭘 배울 생각이니?
A : 난 컴퓨터에 대해 배우고 싶은데 어디로 가야 할지 모르겠어.
Q : 중관춘 부근에 가면 거기에 많은 학원들이 있어.

→ 上网。

PATTERN DRILL

➥ 上网。
shàngwǎng

明天上午十点登录, 到时见。
míng tiān shàng wǔ shí diǎn dēng lù dào shí jiàn
내일 오전 10시에 인터넷에서 만나자.

我已经进入网站了, 你呢?
wǒ yǐ jīng jìn rù wǎngzhàn le nǐ ne
난 이미 사이트에 접속했어. 넌?

这些资料借用网络搜索, 会很方便的。
zhè xiē zī liào jiè yòng wǎng luò sōu suǒ huì hěn fāng biàn de
이런 자료들은 인터넷 검색을 통하면 아주 편해.

我告诉你我们公司的网站地址。
wǒ gào sù nǐ wǒ men gōng sī de wǎngzhàn dì zhǐ
우리 회사의 인터넷 사이트 주소를 알려줄게.

你记得上次那个站点的地址吗?
nǐ jì dé shàng cì nà gè zhàndiǎn de dì zhǐ ma
저번에 접속했던 그 사이트 주소 기억하니?

EXample

Q : 你经常上网吗?
nǐ jīng cháng shàng wǎng ma

A : 我经常上网。
wǒ jīng cháng shàng wǎng

Q : 你喜欢进哪个网站?
nǐ xǐ huān jìn nǎ gè wǎngzhàn

A : 我喜欢进yahoo网站。
wǒ xǐ huān jìn yahoo wǎngzhàn

Q : 인터넷은 자주 하니?
A : 자주해.
Q : 어떤 사이트 잘 들어가니?
A : 「야후」 사이트 많이 들어가.

인터넷 채팅을 하다.

PATTERN DRILL

➡ 网上聊天。
wǎngshàng liáo tiān

_你每天都在上网吗?
nǐ měi tiān dū zài shàngwǎng ma
넌 매일 인터넷을 하니?

_我们俩是通过网上交流认识的。
wǒ mén liǎ shì tōng guò wǎngshàng jiāo liú rèn shí dè
우리 두 사람은 인터넷 채팅을 통해 알게 되었어.

_网上交朋友, 也是一种好方法。
wǎngshàng jiāo péng yǒu yě shì yī zhǒng hǎo fāng fǎ
인터넷에서 친구를 사귀는 것은 좋은 방법이야.

_我常常上网聊天。
wǒ chángcháng shàngwǎng liáo tiān
인터넷에서 채팅도 자주 하고 있어요.

_这几天没有事儿, 经常上网闲聊。
zhè jǐ tiān méi yǒu shì r jīng cháng shàngwǎng xián liáo
요즘 특별한 일이 없어서 인터넷에서 자주 대화를 나눕니다.

EXample

Q : 你每天都在上网吗?
nǐ měi tiān dū zài shàngwǎng ma

A : 是的, 每天都在网上聊天。你呢?
shì dè měi tiān dū zài wǎngshàng liáo tiān nǐ ne

Q : 我是偶尔上来。
wǒ shì ǒu ěr shàng lái

Q : 넌 매일 인터넷을 하니?
A : 그래, 매일 인터넷 채팅을 하거든. 넌?
Q : 난 가끔씩 해.

PATTERN DRILL

➡ 发电子邮件。
fā diàn zǐ yóu jiàn

_我常给他发电子邮件。
wǒ cháng gěi tā fā diàn zǐ yóu jiàn

나는 그에게 이메일을 자주 보냅니다.

_我重新注册了一个信箱。
wǒ chóng xīn zhù cè le yí ge xìn xiāng

난 메일 함을 새로 등록했어.

_我的电子邮箱快满了。
wǒ de diàn zǐ yóu xiāng kuài mǎn le

나의 이메일 함은 거의 찼어.

_这两天没有上网，我的信箱满了。
zhè liǎng tiān méi yǒu shàng wǎng   wǒ de xìn xiāng mǎn le

요즘 이메일 확인을 하지 않았더니 메일 함이 꽉 차버렸어.

_现在垃圾邮件来得太多了。
xiàn zài lā jī yóu jiàn lái de tài duō le

요즘 스팸메일이 너무 많이 와.

EXample

Q : 我给你发电子邮件你怎么收不到啊?
wǒ gěi nǐ fā diàn zǐ yóu jiàn nǐ zěn me shōu bù dào ā

A : 我的信箱满了。
wǒ de xìn xiāng mǎn le

Q : 哪来那么多的信?
nǎ lái nà me duō de xìn

A : 有很多垃圾邮件, 该删了。
yǒu hěn duō lā jī yóu jiàn   gāi shān le

Q : 너에게 이메일 보냈는데 왜 받지 못했니?
A : 내 이메일 함이 꽉 찼어.
Q : 어디서 그렇게 많은 이메일이 오니?
A : 스팸메일이 아주 많아. 지워야겠어.

| 컴퓨터에 바이러스가 있어. |

PATTERN DRILL

➡ 电脑有病毒。
diàn nǎo yǒu bìng dú

我的电脑有病毒。
wǒ dè diàn nǎo yǒu bìng dú

내 컴퓨터에 바이러스가 있습니다.

我的电脑染上了病毒。
wǒ dè diàn nǎo rǎn shàng le bìng dú

내 컴퓨터는 바이러스에 감염되었습니다.

给你装上杀毒软件。
gěi nǐ zhuāngshàng shā dú ruǎn jiàn

너에게 바이러스를 치료하는 프로그램 설치해줄게.

网上传播病毒。
wǎng shàngchuán bō bìng dú

인터넷을 통해 바이러스가 퍼집니다.

装一个防火墙软件，以防万一。
zhuāng yī ge fáng huǒ qiáng ruǎn jiàn   yǐ fáng wàn yī

방화벽(인터넷 바이러스 실시간 감시) 프로그램을 설치하여 방지해라.

EXample

Q : 真倒霉，我的电脑染上了病毒。
zhēn dǎo méi   wǒ dè diàn nǎo rǎn shàng le bìng dú

A : 怎么染上的?
zěn me rǎn shàng dè

Q : 上网的时候染上的。
shàngwǎng dè shí hòu rǎn shàng dè

A : 那你装一个防火墙软件。
nà nǐ zhuāng yī ge fáng huǒ qiángruǎn jiàn

Q : 재수 없이 컴퓨터가 바이러스에 감염됐어.
A : 어떻게 감염된 거니?
Q : 인터넷을 하다가 감염됐어.
A : 그럼 방화벽 프로그램을 설치해.

| 인터넷 쇼핑은 아주 편리해. |

PATTERN DRILL

➥ 网上购物很方便。
wǎngshàng gòu wù hěn fāngbiàn

_因特网真是太方便了。
yīn tè wǎngzhēn shì tài fāngbiàn le

인터넷은 참 편리해.

_网上购物可以足不出户。
wǎngshàng gòu wù kě yǐ zú bù chū hù

인터넷 쇼핑은 집을 나가지 않고도 가능합니다.

_你经常利用购物网站吗?
nǐ jīng cháng lì yòng gòu wù wǎngzhàn ma

넌 인터넷 쇼핑을 자주 이용하니?

_使用网上结帐, 实在是太方便了。
shǐ yòngwǎngshàng jié zhàng shí zài shì tài fāngbiàn le

인터넷 뱅킹을 이용하니 너무 편리합니다.

_我经常上网购物, 很方便。
wǒ jīng cháng shàngwǎng gòu wù hěn fāngbiàn

난 인터넷 쇼핑을 자주 이용하는데 매우 편리해.

EXample

Q : 因特网真是太方便了。
yīn tè wǎngzhēn shì tài fāngbiàn le

A : 为什么?
wéi shén me

Q : 可以在网上购物, 送货到家。
kě yǐ zài wǎngshàng gòu wù sòng huò dào jiā

A : 的确, 科技的发展给人们带来了很多方便。
dí què kē jì de fā zhǎn gěi rén men dài lái le hěn duō fāng biàn

Q : 인터넷은 참 편리해.
A : 왜?
Q : 인터넷에서 쇼핑도 할 수 있고, 물건도 집까지 배달해주니까.
A : 그래, 과학기술의 발전이 사람들에게 많은 편리를 주고 있어.

여가에 관한 표현

현대인은 스포츠와 레저가 생활의 일부가 되어 따로 떼어 생각할 수 없을 정도입니다. 서로 관심이 있는 스포츠와 레저, 오락에 관한 대화는 더욱 친밀감을 주므로 여기에 나오는 표현을 잘 익히도록 합시다.

| 너보다 수영을 못해. |

동사 「有」와 부정 표현인 「没有」는 어떤 상황의 기준에 도달하였거나 도달하지 못했을 때 서로 비교를 나타내는 표현으로 보통 의문구나 부정식에 많이 사용됩니다.

PATTERN DRILL

➡ 没有你游得好。
méi yǒu nǐ yóu dé hǎo

_你比我游得好。
nǐ bǐ wǒ yóu de hǎo

당신은 나보다 수영을 더 잘합니다.

_因为刚学游泳没多久，所以游泳游得不太好。
yīn wéi gāng xué yóu yǒng méi duō jiǔ   suǒ yǐ yóu yǒng yóu de bù tài hǎo

수영을 배운지 얼마 되지 않아서 수영을 잘하지 못하는 편이에요.

_听说李静不太会游泳。
tīng shuō lǐ jìng bù tài huì yóu yǒng

듣자니 이정씨는 수영을 잘 못한대.

_我姐姐的游泳水平很差。
wǒ jiě jie dè yóu yǒng shuǐ píng hěn chà

언니의 수영 실력은 형편없습니다.

_王梅可能游泳没有你游得好。
wáng méi kě néng yóu yǒng méi yǒu nǐ yóu de hǎo

왕매는 아마 너보다 수영을 잘 못할 거야.

EXample

Q : 我喜欢游泳、爬山、滑冰。
wǒ xǐ huān yóu yǒng   pá shān   huá bīng

A : 你游泳游得好不好?
nǐ yóu yǒng yóu dé hǎo bù hǎo

Q : 我游得不好，没有你游得好。
wǒ yóu de bù hǎo   méi yǒu nǐ yóu de hǎo

Q : 난 수영, 등산, 스케이팅을 좋아해.
A : 너의 수영실력은 어떠니?
Q : 잘 못해. 너보다 수영을 못해.

| 승산이 있다. |

PATTERN DRILL

➡ 有取胜的可能。
　　yǒu qǔ shèng dè　kě néng

_这场比赛我们队有取胜的可能吗?
　zhè chǎng bǐ sài wǒ mén duì yǒu qǔ shèng dè　kě néng ma
이 경기에서 우리가 승산이 있습니까?

_今天的这场比赛 有可能取胜吗?
　jīn tiān dè zhè chǎng bǐ sài　yǒu kě néng qǔ shèng ma
오늘의 본 게임은 승산이 있어?

_韩国队这几年的实力提高了很多，这次取胜率
　hán guó duì zhè jǐ nián dè shí lì tí gāo le hěn duō　　zhè cì qǔ shèng lù
很高。
hěn gāo
한국팀은 몇 해 사이에 실력이 향상되어 이번 경기에서 승산이 높습니다.

_因为我们队改变了新战术，所以有取胜的把握。
　yīn wéi wǒ mén duì gǎi biàn le xīn zhàn shù　suǒ yǐ yǒu qǔ shèng dè bǎ wò
우리 팀은 새로운 전술을 도입했기 때문에 승산이 있습니다.

_因为对对方非常了解，所以对本次比赛有胜算。
　yīn wéi duì duì fāng fēi cháng liǎo jiě　suǒ yǐ duì běn cì bǐ sài yǒu shèng suàn
상대팀에 대해 잘 알고 있어 이번 게임에 승산이 있습니다.

EXample

Q : 明天排球赛谁跟谁比赛?
　　míng tiān pái qiú sài shéi gēn shéi bǐ sài

A : 是北京队对广东队。
　　shì běi jīng duì duì guǎng dōng duì

Q : 北京队有取胜的可能吗?
　　běi jīng duì yǒu qǔ shèng dè　kě néng ma

Q : 내일 배구시합은 어떤 팀들이 하는 거니?
A : 북경 팀하고 광동 팀이야.
Q : 북경 팀은 승산이 있는 거니?

PATTERN DRILL

➡ 我不想参加。
wǒ bù xiǎng cān jiā

我不想参加明天的活动。
wǒ bù xiǎng cān jiā míng tiān dè huó dòng

나는 내일 활동에 참가하지 않겠어.

我不会参与那种无聊的活动。
wǒ bú huì cān yù nà zhǒng wú liáo dè huó dòng

나는 그런 무의미한 활동에 참가하지 않겠어.

今晚的聚会我没有参加的打算。
jīn wǎn dè jù huì wǒ méi yǒu cān jiā dè dǎ suàn

오늘 저녁 모임에 난 참석하고 싶지 않아.

我不愿意参加没有发展性的任何团体。
wǒ bù yuàn yì cān jiā méi yǒu fā zhǎnxìng dè rèn hé tuán tǐ

난 아무런 발전성이 없는 단체에는 참가하고 싶지 않습니다.

要是有丽丽去，我是绝对不去。
yào shì yǒu lì lì qù wǒ shì jué duì bù qù

만약에 려려가 간다면 난 절대로 가지 않겠어.

EXample

Q : 一起参加 这个团体吧。
yī qǐ cān jiā zhè ge tuán tǐ ba

A : 我不喜欢这种团体，我不想参加。
wǒ bù xǐ huān zhè zhǒng tuán tǐ wǒ bù xiǎng cān jiā

Q : 那好，没有你很遗憾，但你什么时候想加入就告诉
nà hǎo méi yǒu nǐ hěn yí hàn dàn nǐ shén mè shí hòu xiǎng jiā rù jiù gào sù

我。
wǒ

Q: 함께 이 동아리에 가입하는 건 어떠니?
A: 난 이런 동아리는 싫어해. 빠지겠어.
Q: 좋아. 너랑 함께 안 하는 건 유감이지만, 다시 들어오고 싶거든 말해.

这次比赛是平局。

➡ 这次比赛是平局。
zhè cì bǐ sài shì píng jú

_昨晚的那场比赛打成了平局。
zuó wǎn de nà chǎng bǐ sài dǎ chéng le píng jú
어제 저녁의 경기는 무승부로 끝났습니다.

_A队和B队平分秋色。
duì hé duì píng fēn qiū sè
A팀과 B팀은 무승부로 끝났습니다.

_今天的比赛以无胜负告一段落。
jīn tiān de bǐ sài yǐ wú shèng fù gào yī duàn luò
오늘 저녁의 시합은 무승부로 끝났습니다.

_他们两个队这场比赛握手言和了。
tā men liǎng ge duì zhè chǎng bǐ sài wò shǒu yán hé le
그들 두 팀은 무승부로 끝났습니다.

_这两支队的水平差不多。
zhè liǎng zhī duì de shuǐ píng chā bù duō
두 팀의 실력은 막상막하입니다.

_今天这场篮球比赛是很难分出高低的。
jīn tiān zhè chǎng lán qiú bǐ sài shì hěn nán fēn chū gāo dī de
오늘의 농구 경기는 막상막하입니다.

Q : 记得昨天足球比赛的结果吗?
jì dé zuó tiān zú qiú bǐ sài de jié guǒ ma

A : 那场比赛以平局结束了。
nà chǎng bǐ sài yǐ píng jú jié shù le

Q : 真遗憾。
zhēn yí hàn

Q : 어제 축구 경기 결과 기억나니?
A : 그 시합은 무승부로 끝났어.
Q : 정말 안타깝네.

441

完승하다.

PATTERN DRILL

➡ 彻底打败。
chè dǐ dǎ bài

我们队昨天彻底打败了对手。
wǒ mén duì zuó tiān chè dǐ dǎ bài le duì shǒu

어제 우리 팀은 상대 팀을 완승했습니다.

昨天我们队打得落花流水。
zuó tiān wǒ mén duì dǎ dé luò huā liú shuǐ

어제 우리 팀은 상대 팀을 철저하게 무너뜨렸습니다.

昨天的比赛，虎头队完全打败了海豹队。
zuó tiān dè bǐ sài hū tóu duì wánquán dǎ bài le haǐ bào duì

어제 경기에서 「호두」팀은 「해표」팀에 완승을 거두었습니다.

经过两年多的刻苦锻炼，这次彻底击败了上一
jīng guò liǎng nián duō dè kè kǔ duàn liàn zhè cì chè dǐ jī bài le shàng yī

届冠军队。
jiè guān jūn duì

2년 동안의 피는 누력으로 이번에 지난번의 우승 팀에 완승했습니다.

昨天的篮球比赛，　A队赢得非常彻底。
zuó tiān dè lán qiú bǐ sài duì yíng dé fēi cháng chè dǐ

어제의 농구 경기는 A팀이 아주 완벽하게 이겼습니다.

EXample

Q : 你有什么喜事吗?
nǐ yǒu shén mè xǐ shì ma

A : 对啊, 昨天篮球比赛, 我们队彻底打败了对方。
duì ā zuó tiān lán qiú bǐ sài wǒ mén duì chè dǐ dǎ bài le duì fāng

Q : 是吗! 恭喜恭喜!
shì ma gōng xǐ gōng xǐ

Q : 너 무슨 좋은 일 있니?
A : 물론이지. 어제 농구 경기에서 우리 팀이 상대 팀을 완파했어.
Q : 그래. 축하한다.

442

PATTERN DRILL

➡ 比赛还没有结束。
bǐ sài hái méi yǒu jié shù

比赛未结束，还剩十分钟。
bǐ sài wèi jié shù hái shèng shí fēn zhōng

경기는 아직 10분 정도 남아 끝나지 않았습니다.

足球比赛正在进行着，您若想知道结果还需要
zú qiú bǐ sài zhèng zài jìn xíng zhuó nín ruò xiǎng zhī dào jié guǒ hái xū yào

过一会儿。
guò yī huì r

축구 경기는 지금 한창 진행 중이라 결과를 알려면 잠시 후에야 가능합니다.

比赛还没完，您现在是不可以进去的。
bǐ sài hái méi wán nín xiàn zài shì bù kě yǐ jìn qù dè

경기가 아직 끝나지 않았으니 당신은 들어가실 수 없어요.

比赛结果是很难预测的。
bǐ sài jié guǒ shì hěn nán yù cè dè

시합 결과는 예측하기 힘듭니다.

这两个队员的技术都很棒，谁会赢不好说。
zhè liǎng ge duì yuán dè jì shù dū hěn bàng shéi huì yíng bù hǎo shuō

이 두 팀 선수들의 체력이 모두 좋아서 누가 이길 건지는 예측하기 힘듭니다.

EXample

Q: 比赛结束了吗?
bǐ sài jié shù le ma

A: 还剩了两场比赛，还没有完全结束。
hái shèng le liǎng chǎng bǐ sài hái méi yǒu wán quán jié shù

Q: 不知结果会如何?
bù zhī jié guǒ huì rú hé

Q: 시합은 끝난 거니?
A: 아직 두 게임이 더 있으니까, 완전히 끝날 때까지는 끝난 게 아냐.
Q: 결과가 어떨지 궁금하구나.

PATTERN DRILL

➡ 得冠军。
de guān jūn

经过他们队的努力，今天的比赛终于取得了
jīng guò tā mèn duì dè nǔ lì　jīn tiān dè bǐ sài zhōng yú qǔ de le

优胜。
yōu shèng

그들 팀은 노력의 결과로 오늘 시합에서 우승을 했습니다.

不知道上届的冠军能不能卫冕成功。
bù zhī dào shàng jiè dè guān jūn néng bù néng wèi miǎn chéng gōng

지난번의 1등이 계속 자리를 지킬 수 있을지 궁금합니다.

她在这次冠军赛中取得了优胜。
tā zài zhè cì guān jūn sài zhōng qǔ de le yōu shèng

그녀는 이번 챔피언십에서 우승을 거두었어.

比赛以二比一海狮队得第一。
bǐ sài yǐ èr bǐ yī hǎi shī duì dé dì yī

경기는 바다시자 팀이 2대 1로 우승을 했습니다.

海豹队在这几天小组赛的成绩是名列头一名。
hǎi bào duì zài zhè jǐ tiān xiǎo zǔ sài dè chéng jī shì míng liè tóu yī míng

바다표범 팀의 며칠 동안의 조 성적은 1위입니다.

EXample

Q : 她在这次冠军赛中取得了优胜。
tā zài zhè cì guān jūn sài zhōng qǔ dé le yōu shèng

A : 我要去恭喜她。
wǒ yào qù gōng xǐ tā

Q : 咱俩一块儿去吧。
zán liǎ yī kuài r qù ba

Q : 그녀는 이번 챔피언십에서 우승을 거머쥐었어.
A : 그녀를 축하해주러 가야겠어.
Q : 같이 가자.

| 승리하다. | 이기다. |

PATTERN DRILL

➡ 取胜。
qǔ shèng

_若想取胜，需要付出很多的努力。
ruò xiǎng qǔ shèng　　xū yào fù chū hěn duō de nǔ lì
승리하려면 많은 노력을 기울여야 합니다.

_经过努力，在这次比赛上终于击败了对方。
jīng guò nǔ lì　　zài zhè cì bǐ sài shàng zhōng yú jī bài le duì fāng
노력한 결과 이번 경기에서 마침내 상대방을 이겼습니다.

_我们在昨天的比赛以一比零赢了。
wǒ mèn zài zuó tiān de bǐ sài yǐ yī bǐ líng yíng le
우리 팀은 어제의 경기에서 1대 0으로 이겼습니다.

_经过这几个月的锻炼终于击退了竞争者而进
jīng guò zhè jǐ ge yuè de duàn liàn zhōng yú jī tuì le jìng zhēng zhě ér jìn
入决赛。
rù jué sài
몇 개월의 훈련을 통해 마침내 경쟁자를 물리치고 결승에 진출하게 되었습니다.

_今天的排球比赛以三比一打败了对方。
jīn tiān de pái qiú bǐ sài yǐ sān bǐ yī dǎ bài le duì fāng
오늘의 배구 경기에서 3대 1로 상대팀을 이겼습니다.

EXample

Q : 昨天的拳击比赛很精彩。
zuó tiān de quán jī bǐ sài hěn jīng cǎi

A : 比赛一定非常激烈吧。
bǐ sài yī dìng fēi cháng jī liè ba

Q : 是啊，他击退了前一届冠军并取胜了。
shì ā　　tā jī tuì le qián yī jiè guàn jūn bìng qǔ shèng le

Q : 어제 권투 경기가 매우 재밌었어.
A : 시합이 아주 격렬했을 텐데.
Q : 그래, 그는 전 챔피언을 제치고 우승을 했어.

PATTERN DRILL

➡ 获得亚军。
huò de yà jūn

_我们昨天只获得了亚军。
wǒ mèn zuó tiān zhǐ huò de le yà jūn
우리는 어제 2등밖에 못했어.

_他们队名列第三。
tā mèn duì míng liè dì sān
그들 팀은 3등이야.

_尽管尽了全力，但是比赛结果排名第二。
jìn guǎn jìn le quán lì dàn shì bǐ sài jié guǒ pái míng dì èr
비록 최선을 다했으나 결과는 준우승에 그쳤습니다.

_在最后一局输给了冠军。
zài zuì hòu yī jú shū gěi le guān jūn
마지막 라운드에서 우승팀에게 져버렸어.

_排球队在这次比赛上得了第二。
pái qiú duì zài zhè cì bǐ sài shàng de le dì èr
배구 팀은 이번 경기에서 준우승을 거두었습니다.

_他在本次围棋赛上名列第二。
tā zài běn cì wéi qí sài shàng míng liè dì èr
그는 이번 바둑 경기에서 준우승을 거두었습니다.

EXample

Q : 你们队这次比赛打得怎么样?
nǐ mèn duì zhè cì bǐ sài dǎ de zěn mè yàng

A : 我们只得了亚军。
wǒ mèn zhǐ dé le yà jūn

Q : 真遗憾，希望下次能得冠。
zhēn yí hàn xī wàng xià cì néng de guān

Q : 너희 팀의 이번 경기 결과는 어떠니?
A : 우린 준우승밖에 못했어.
Q : 아쉽지만, 다음 경기에서 우승하기를 바래.

| 지다. | 패하다. |

PATTERN DRILL

➥ 输了。
shū le

今天的比赛输了，心理难过。
jīn tiān dè bǐ sài shū le xīn lǐ nán guò
오늘의 경기에 패해서 마음이 괴롭습니다.

轻敌导致了失败。
qīng dí dǎo zhì le shī bài
상대를 얕잡아 보았기에 실패하고 말았어.

由于轻视了对方,反而被对方击败了。
yóu yú qīng shì le duì fāng fǎn ér bèi duì fāng jī bài le
상대를 얕잡아 보았기에 상대 팀에 지고 말았습니다.

我们应该吸取昨天比赛惨败的教训, 努力锻炼
wǒ mèn yīng gāi xī qǔ zuó tiān bǐ sài cǎn bài dè jiào xùn nǔ lì duàn liàn
取得好成绩。
qǔ dé hǎo chéng jī
우리는 어제 경기의 실패를 교훈삼아 열심히 노력하여 좋은 성적을 거둬야 합니다.

尽管尽了全力, 还是 没能赢去年的冠军队。
jìn guǎn jìn le quán lì hái shì méi néng yíng qù nián dè guān jūn duì
최선을 다했으나 작년의 우승 팀을 이기지 못했습니다.

EXample

Q : 今天的比赛结果怎么样?
jīn tiān dè bǐ sài jié guǒ zěn mè yàng

A : 我们队输了。
wǒ mèn duì shū le

Q : 不要伤心, 继续努力会有好成绩的。
bù yào shāng xīn jì xù nǔ lì huì yǒu hǎo chéng jī dè

Q: 오늘 경기 결과는 어떻게 되었어?
A: 우리 팀이 졌어.
Q: 속상해 하지 마. 꾸준히 노력하면 좋은 성적이 있을 거야

연승을 거두다.

PATTERN DRILL

➥ 取得连胜。
qǔ dé liánshèng

昨天的胜利，使我们连胜三场。
zuó tiān dè shèng lì　　shǐ wǒ mén lián shèng sān chǎng

어제의 승리로 우리는 세 번 연속 이겼어.

中国女排取得了五连冠。
zhōng guó nǔ pái qǔ dé le wǔ lián guān

중국 여자배구는 연속 다섯 번 세계우승을 한 적이 있습니다.

虽然连续取胜了三年，但为了下一届还会奋斗的。
suī rán lián xù qǔ shèng le sān nián　　dàn wéi le xià yī jiè hái huì fèn dǒu dè

비록 3연승을 하였으나 다음번 경기를 위해서 노력하겠습니다.

他们三兄弟在今天的运动会连续得冠。
tā mén sān xiōng dì zài jīn tiān dè yùn dòng huì lián xù dé guān

그들 3형제는 오늘 운동회에서 연속 이겼습니다.

连续打败了对方。
lián xù dǎ bài le duì fāng

상대방을 연속 패배시켰습니다.

我们队连续取得两届冠军。
wǒ mén duì lián xù qǔ dé liǎng jiè guān jūn

우리 팀은 연속 두 번 우승했습니다.

EXample

Q : 今天的比赛结果如何?
jīn tiān dè bǐ sài jié guǒ rú hé

A : 乐天队连续赢了飞虎队两次。
lè tiān duì lián xù yíng le fēi hū duì liǎng cì

Q : 乐天队的实力提高了!
lè tiān duì dè shí lì tí gāo le

Q : 오늘 게임 결과는 어땠어?
A : 낙천 팀이 비호 팀을 연속 2번이나 이겼어.
Q : 낙천 팀의 실력이 올랐구나.

| 리드하다. | 앞서고 있다. |

PATTERN DRILL

➡ 领先。
lǐng xiān

我们队以三比一领先。
wǒ men duì yǐ sān bǐ yī lǐng xiān

우리 팀은 3대 1로 앞서고 있어.

北京队是足球联赛的领头羊。
běi jīng duì shì zú qiú lián sài de lǐng tóu yáng

북경 팀은 축구 리그전에서 선두를 달리고 있습니다.

现在李静跑在最前面儿。
xiàn zài lǐ jìng pǎo zài zuì qiánmiàn r

지금 이정은 제일 앞에서 달리고 있습니다.

李静遥遥领先与别的对手拉开了很长的距离。
lǐ jìng yáo yáo lǐng xiān yǔ bié de duì shǒu lā kāi le hěn cháng de jù lí

이정은 다른 선수들을 현격한 차이로 앞서 가고 있습니다.

第一名领先第二名很多。
dì yī míng lǐng xiān dì èr míng hěn duō

1등이 2등을 아주 크게 앞서고 있습니다.

在亚运会里中国队遥遥领先。
zài yà yùn huì lǐ zhōng guó duì yáo yáo lǐng xiān

아시안게임에서 중국 팀은 다른 팀을 크게 앞섰습니다.

EXample

Q : 现在场上比分是多少?
xiàn zài chǎngshàng bǐ fēn shì duō shǎo

A : 比分是三比一，我们队领先。
bǐ fēn shì sān bǐ yī   wǒ men duì lǐng xiān

Q : 希望继续努力，拿到冠军。
xī wàng jì xù nǔ lì   ná dào guàn jūn

Q : 현재 스코어는 어떻게 되니?
A : 점수는 3대 1, 우리 팀이 앞서가고 있어.
Q : 계속 노력하여 챔피언이 되기를 바래.

PATTERN DRILL

➡ 高一筹。
gāo yì chóu

他的围棋水平比我高一筹。
tā dè wéi qí shuǐpíng bǐ wǒ gāo yì chóu

그의 바둑실력은 나보다 한수 위입니다.

老虎队的实力明显在我们队之上。
lǎo hū duì dè shí lì míngxiǎn zài wǒ mèn duì zhī shàng

호랑이 팀의 실력은 우리 팀보다 훨씬 높습니다.

没有想到他会使用这种技术, 真是魔高一尺,
méi yǒu xiǎng dào tā huì shǐ yòng zhè zhǒng jì shù zhēn shì mó gāo yī chǐ

道高一丈。
dào gāo yī zhàng

그가 이런 방법을 사용 할 줄은 몰랐어. 정말 마고일척 도고일장이야.

李静的棋艺比以前更高明了。
lǐ jìng dè qí yì bǐ yǐ qiángēng gāo míng le

이정의 바둑실력은 예전보다 좋아졌어.

实力明显不敌对手, 被打败了。
shí lì míngxiǎn bù dí duì shǒu bèi dǎ bài le

실력이 상대보다 훨씬 낮아 패배했습니다.

EXample

Q : 围棋比赛怎么样了?
wéi qí bǐ sài zěn mè yàng le

A : 大虎赢了。 他比对手高一筹。
dà hū yíng le   tā bǐ duì shǒu gāo yì chóu

Q : 他的棋艺有长进了。
tā dè qí yì yǒu zhǎng jìn le

Q : 바둑 경기는 어찌 되었니?
A : 대호가 이겼어. 그가 상대보다 한 수 위였어.
Q : 대호의 바둑실력이 늘었구나.

| (볼을) 잘 다루지 못한다. |

PATTERN DRILL

➡ 打得不好。
dǎ dé bù hǎo

我的篮球打得不好。
wǒ dè lán qiú dǎ de bù hǎo
저는 농구를 잘 못합니다.

我足球踢得不好。
wǒ zú qiú tī de bù hǎo
저는 축구를 잘 못합니다.

我不会打篮球，你可不可以教教我。
wǒ bù huì dǎ lán qiú　nǐ kě bù kě yǐ jiào jiào wǒ
농구를 할 줄 모르는데, 좀 가르쳐줄 수 없겠니?

刚学没多久，保龄球还不太会打。
gāng xué méi duō jiǔ　bǎo líng qiú hái bù tài huì dǎ
배운지 얼마 안 되어서 볼링을 잘 하지 못해.

我在体育界还是个新手。
wǒ zài tǐ yù jiè hái shì ge xīn shǒu
난 스포츠계에서는 아직도 신참이야.

EXample

Q : 你会打保龄吗?
nǐ huì dǎ bǎo líng ma

A : 学过，但是打得不好。
xué guò　dàn shì dǎ dé bù hǎo

Q : 我也不太会，咱俩一起去练练。
wǒ yě bù tài huì　zán liǎ yī qǐ qù liàn liàn

A : 好吧。
hǎo ba

Q : 넌 볼링을 할 줄 아니?
A : 배웠는데 잘 하지 못해.
Q : 나도 잘 모르는데, 우리 함께 가서 연습 좀 해볼까?
A : 그래.

| 빨리 달리다. |

PATTERN DRILL

➥ 跑的速度很快。
pǎo de sù dù hěn kuài

他跑的速度很快。
tā pǎo de sù dù hěn kuài
그는 아주 빨리 뜁니다.

他太快了，我跟不上。
tā tài kuài le　wǒ gēn bù shàng
그는 너무 빨라서 따라잡기 어렵습니다.

他很能跑，好象一点都不觉得累。
tā hěn néng pǎo　hǎo xiàng yī diǎn dū bù jué dé lèi
그는 달리기도 잘해서 전혀 힘들어하는 것 같지 않았습니다.

她能跑吗?
tā néng pǎo ma
걔 달리기 잘 하니?

他虽然个头小，但跑起来快得不得了。
tā suī rán ge tóu xiǎo　dàn pǎo qǐ lái kuài dé bù dé liǎo
그는 비록 키는 작지만 달리기는 매우 잘합니다.

EXample

Q : 春季运动会的八百米谁愿意跑?
chūn jì yùn dòng huì de bā bǎi mǐ shéi yuàn yì pǎo

A : 我跑得速度慢，李静怎么样?
wǒ pǎo dé sù dù màn　lǐ jìng zěn me yàng

Q : 她能跑吗?
tā néng pǎo ma

A : 她赛跑的速度很快。
tā sài pǎo dé sù dù hěn kuài

Q : 봄철 운동회 때 800미터 달리기는 누가 할 거니?
A : 난 달리기를 못하는데 이정이 어때?
Q : 걔 달리기 잘 하니?
A : 걘 달리기 속도가 매우 빨라.

| 득점하다. |

➡ 得分。
　dé fēn

_A队又得分了，现在比分二比一。
　duì yòu dé fēn le 　xiàn zài bǐ fēn èr bǐ yī
A팀이 또 득점하여 지금 점수는 2대1입니다.

_虎队进了一个球。
　hǔ duì jìn le yí gè qiú
호랑이 팀이 또 골을 넣었습니다.

_刘青在最后关键时刻踢进了一个球。
　liú qīng zài zuì hòu guān jiàn shí kè tī jìn le yī ge qiú
유청 선수는 끝날 즈음에 골 하나를 넣었습니다.

_经过队友们的团结奋战，终于得到了宝贵的一
　jīng guò duì yǒu mèn dè tuán jié fèn zhàn 　zhōng yú dé dào le bǎo guì dè yī
个球。
ge qiú
팀원들의 맹활약으로 귀중한 골 하나를 넣었습니다.

_因为王刚的失误，被进了一个球。
　yīn wéi wáng gāng dè shī wù 　bèi jìn le yī ge qiú
왕강의 실수로 골인되고 말았습니다.

Q : 你们队的总分是多少?
　　nǐ mèn duì dè zǒng fēn shì duō shǎo

A : 加上最后得分，总计二百分。你们队呢?
　　jiā shàng zuì hòu dé fēn 　zǒng jì èr bǎi fēn 　nǐ mèn duì ne

Q : 我们队还没出来结果。
　　wǒ mèn duì hái méi chū lái jié guǒ

Q : 너희 팀의 총점은 얼마니?
A : 마지막 득점까지 포함해서 200점이야. 너희 팀은?
Q : 우리 팀의 점수 결과는 아직 나오지 않았어.

| 흠뻑 빠지다. | 홀딱 반하다. |

➡ 深深吸引住了。
shēnshēn xī yǐn zhù le

我被这首美丽的音乐深深吸引了。
wǒ bèi zhè shǒu měi lì dè yīn lè shēnshēn xī yǐn le
나는 이 아름다운 음악에 흠뻑 반했습니다.

我被这幅画迷住了。
wǒ bèi zhè fú huà mí zhù le
나는 이 그림에 흠뻑 빠졌습니다.

她被这首音乐完全迷住了。
tā bèi zhè shǒu yīn lè wánquán mí zhù le
그는 이 음악에 흠뻑 빠졌습니다.

今天的画展彻底迷住了李静。
jīn tiān dè huà zhǎn chè dǐ mí zhù le lǐ jìng
오늘 미술전시회는 이정을 홀딱 반하게 했습니다.

他被足球勾走了魂儿。
tā bèi zú qiú gōu zǒu le hún r
그는 축구에 완전히 흠뻑 빠졌습니다.

他在这些风景前驻足不前了。
tā zài zhè xiē fēng jǐng qián zhù zú bù qián le
그는 이 경치 앞에서 발길이 떨어지지 않았습니다.

Q : 我好喜欢这幅画。
wǒ hǎo xǐ huān zhè fú huà

A : 是吗?我却没觉得。
shì ma wǒ què méi jué dé

Q : 我被它的神秘深深迷住了。
wǒ bèi tā dè shén mì shēnshēn mí zhù le

Q : 난 이 그림이 너무 좋아.
A : 그래? 난 별로야.
Q : 난 이 그림의 신비로움에 흠뻑 반했어.

| 어떤 프로가 상영되니? |

PATTERN DRILL

➡ 播放什么节目?
bō fàngshén me jié mù

_今晚播放什么节目?
jīn wǎn bō fàngshén me jié mù
오늘 저녁에는 무슨 프로그램이 있습니까?

_今晚演什么电影?
jīn wǎn yǎn shén me diànyǐng
오늘 저녁에 무슨 영화를 상영합니까?

_今天晚上电视上映什么节目?
jīn tiān wǎnshàngdiàn shì shàngyìngshén me jié mù
오늘 저녁 텔레비전에서 어떤 프로그램을 방송하니?

_现在电视播的是什么?
xiàn zài diàn shì bō de shì shén me
지금 방송하고 있는 프로그램은 뭐니?

_今晚电影院演什么电影?
jīn wǎndiànyǐngyuàn yǎn shén me diànyǐng
오늘 저녁 극장에서 어떤 영화를 상영하니?

EXample

Q : 今晚播放什么节目?
jīn wǎn bō fàngshén me jié mù

A : 有电视连续剧"星星在我心"。
yǒudiàn shì lián xù jù xīng xīng zài wǒ xīn

Q : 有意思吗?
yǒu yì si ma

A : 很有意思。
hěn yǒu yì si

Q : 오늘 저녁 어떤 프로그램이 방송되니?
A : 드라마 「별은 내 가슴에」가 있어.
Q : 재미있니?
A : 아주 재미있어.

PATTERN DRILL

➡ 非常喜欢。
fēi cháng xǐ huān

我在假日里非常喜欢到野外旅行。
wǒ zài jiǎ rì lǐ fēi cháng xǐ huān dào yě wài lǚ xíng

나는 휴일에 야외로 놀러 가기를 좋아합니다.

我很想当歌手，但是家里非常反对。
wǒ hěn xiǎng dāng gē shǒu   dàn shì jiā lǐ fēi cháng fǎn duì

난 가수가 되고 싶어 죽을 지경인데, 집에서 반대가 너무 심해.

想去单独旅行想得要命，但是因为种种原因没
xiǎng qù dān dú lǚ xíng xiǎng dé yào mìng   dàn shì yīn wéi zhǒng zhǒng yuán yīn méi

能实现。
néng shí xiàn

단독여행을 하고 싶은 마음은 꿀떡같지만, 여러 가지 이유로 실현되지 못했어.

这幅风景画，我喜欢得不得了。
zhè fú fēng jǐng huà   wǒ xǐ huān dé bù dé liǎo

이 풍경화를 난 너무너무 좋아해.

我十分喜欢唱歌，但是没能成为歌手。
wǒ shí fēn xǐ huān chàng gē   dàn shì méi néng chéng wéi gē shǒu

난 노래 부르기를 무척 좋아하는데 가수는 되지 못했어.

EXample

Q : 你为什么不去做喜欢的拳击?
nǐ wéi shén me bù qù zuò xǐ huān dè quán jī

A : 我想做得要死，但是家里反对。
wǒ xiǎng zuò dé yào sǐ   dàn shì jiā lǐ fǎn duì

Q : 我帮你跟家里人说说?
wǒ bāng nǐ gēn jiā lǐ rén shuō shuō

Q : 넌 왜 좋아하는 복싱을 안 하니?
A : 나는 하고 싶어 죽을 지경인데 집에서 반대해.
Q : 내가 너희 가족들한테 말해볼까?

| 좋아하다. | 선호하다. |

➡ 更喜欢。
gēng xǐ huān

_我喜欢听抒情歌曲，但我更喜欢古典。
wǒ xǐ huān tīng shū qíng gē qū dàn wǒ gēng xǐ huān gǔ diǎn
저는 발라드도 좋아하지만, 클래식을 더 좋아합니다.

_在众多的歌手中 特别喜欢黎明。
zài zhòng duō dè gē shǒu zhōng tè bié xǐ huān lí míng
많은 가수 중에서 특별히 여명을 좋아합니다.

_老师好象都特别偏爱那种认真学习的模范生。
lǎo shī hǎo xiàng dū tè bié piān ài nà zhǒng rèn zhēn xué xí dè mó fàn shēng
선생님들은 모두 공부를 열심히 하는 모범생을 편애하는 것 같습니다.

_我的嗜好是休息天到空气晴朗的野外钓鱼。
wǒ dè shì hǎo shì xiū xī tiān dào kōng qì qíng lǎng dè yě wài diào yú
내 취미는 쉬는 날에 공기 좋은 야외에 나가서 낚시를 하는 것입니다.

_虽然有很多爱好，但最喜欢的是看书。
suī rán yǒu hěn duō ài hǎo dàn zuì xǐ huān dè shì kàn shū
물론 많은 취미가 있지만, 제일 즐기는 건 독서입니다.

Q : 你喜欢香港演员吗?
nǐ xǐ huān xiānggǎng yǎn yuán ma

A : 我很喜欢。
wǒ hěn xǐ huān

Q : 你喜欢刘德华还是黎明?
nǐ xǐ huān liú dé huá hái shì lí míng

A : 我更喜欢周润发。
wǒ gēng xǐ huān zhōu rùn fā

Q : 너 홍콩 배우들을 좋아하니?
A : 아주 좋아해.
Q : 너는 유덕화를 좋아하니, 아니면 여명을 좋아하니?
A : 난 주윤발을 더 좋아해.

→ **产生了兴趣。**

PATTERN DRILL

➡ **产生了兴趣。**
chǎnshēng le xīng qù

我这几天对保龄球产生了兴趣。
wǒ zhè jǐ tiān duì bǎo líng qiú chǎnshēng le xīng qù
저는 볼링에 흥미를 가지게 되었습니다.

我喜欢上了钓鱼。
wǒ xǐ huānshàng le diào yú
나는 낚시에 흥미가 생겼습니다.

她完全被这幅画的魅力所吸引住了。
tā wánquán bèi zhè fú huà dè mèi lì suǒ xī yǐn zhù le
그녀는 이 그림의 매력에 완전히 매료되었습니다.

因为经常与朋友一起锻炼，逐渐对体育有了兴趣。
yīn wéi jīngcháng yǔ péngyǒu yī qǐ duànliàn zhú jiàn duì tǐ yù yǒu le xīng qù
친구랑 자주 운동을 한 관계로 스포츠에 점차 취미를 가지게 되었습니다.

在大街上发现感到有趣的现象。
zài dà jiē shàng fā xiàn gǎn dào yǒu qù dè xiànxiàng
거리에서 재미있는 현상을 발견하였습니다.

我喜欢上了登山。
wǒ xǐ huānshàng le dēngshān
나는 등산을 좋아하게 되었습니다.

EXample

Q : **你丈夫的爱好是什么？**
nǐ zhàng fū dè ài hǎo shì shén mè

A : **他对钓鱼产生了兴趣。 你丈夫呢？**
tā duì diào yú chǎnshēng le xīng qù nǐ zhàng fū ne

Q : **他也喜欢钓鱼。**
tā yě xǐ huān diào yú

Q : 남편의 취미는 뭐니?
A : 그이는 낚시에 취미를 가지게 되었어. 네 남편은?
Q : 그이도 낚시를 좋아해.

PATTERN DRILL

➡ 沉迷于电子游戏。
chén mí yú diàn zǐ yóu xì

每天只沉迷于吃喝玩乐干不成大事。
měi tiān zhǐ chén mí yú chī hē wán lè gān bù chéng dà shì

매일 먹고 놀고 하는 데만 정신이 빠져 있으면 큰일을 하기 힘들어.

对电子游戏上瘾了的李明现在每天晚上都坐
duì diàn zǐ yóu xì shàng yǐn le de lǐ míng xiàn zài měi tiān wǎn shàng dū zuò

在电脑前。
zài diàn nǎo qián

게임에 빠진 이명은 지금도 매일 저녁 컴퓨터 앞에 앉아.

刚开始是朋友陷入了音乐，现在她也一起陷
gāng kāi shǐ shì péng yǒu xiàn rù le yīn lè xiàn zài tā yě yī qǐ xiàn

入进去了。
rù jìn qù le

처음에는 친구가 음악에 빠졌는데, 지금은 그까지 함께 빠져버렸어.

深陷于足球世界的王刚，每天早上起来锻炼身体。
shēn xiàn yú zú qiú shì jiè de wáng gāng měi tiān zǎo shàng qǐ lái duàn liàn shēn tǐ

축구에 빠진 왕강은 매일 아침 일어나서 몸을 단련합니다.

EXample

Q : 刘海天天呆在家里作什么？
liú hǎi tiān tiān dāi zài jiā lǐ zuò shén me

A : 他正沉迷于歌星梦，天天在家练唱歌呢。
tā zhèng chén mí yú gē xīng mèng tiān tiān zài jiā liàn chàng gē ne

Q : 那他不上班了吗？
nà tā bù shàng bān le ma

A : 谁知道？
shéi zhī dào

Q : 유해는 매일 집에서 뭘 하고 있니?
A : 그는 가수 꿈에 빠져서 매일 집에서 노래연습만 하고 있어.
Q : 그럼 출근은 안 한대?
A : 누가 알겠니?

| 내가 좋아하는 타입이다. |

「我所喜欢的类型」은 내가 좋아하는 타입이라는 뜻이지만, 이성 친구를 선택할 때 나의 이상형이라는 뜻으로 쓰이는 경우는 「我的梦中情人」이라고 할 수도 있습니다.

PATTERN DRILL

➡ 我所喜欢的类型
wǒ suǒ xǐ huān de lèi xíng

这首音乐是我喜欢的类型。
zhè shǒu yīn lè shì wǒ xǐ huān de lèi xíng
이 음악은 내가 좋아하는 타입입니다.

她是我的梦中情人。
tā shì wǒ de mèngzhōngqíng rén
그녀는 나의 꿈속의 연인입니다.

我心目中的完美形象是那种有上进心的人。
wǒ xīn mù zhōng de wán měi xíngxiàng shì nà zhǒng yǒu shàng jìn xīn de rén
내가 마음속으로 좋아하는 타입은 진취성이 강한 사람입니다.

他不是我喜欢的类型，我们俩合不来。
tā bú shì wǒ xǐ huān de lèi xíng　wǒ men liǎ hé bù lái
그는 내가 좋아하는 타입이 아니야. 우리 둘은 맞지 않아.

我所喜欢的音乐是古典。
wǒ suǒ xǐ huān de yīn lè shì gǔ diǎn
내가 좋아하는 음악은 클래식입니다.

EXample

Q : 这种音乐不是我所喜欢的。
zhè zhǒng yīn lè bù shì wǒ suǒ xǐ huān de

A : 那你喜欢的是哪一种?
nà nǐ xǐ huān de shì nǎ yī zhǒng

Q : 是古典音乐。
shì gǔ diǎn yīn lè

Q : 이런 음악은 내가 좋아하는 게 아니야.
A : 그럼, 넌 어떤 음악을 좋아하는데?
Q : 클래식 음악을 좋아해.

| 몇 시에 공연이 시작되니? |

PATTERN DRILL

➡ **几点开始演？**
jǐ diǎn kāi shǐ yǎn

_**音乐会几点开始？**
yīn lè huì jǐ diǎn kāi shǐ

음악회는 몇 시부터 시작합니까?

_**电影几点开始演？**
diànyǐng jǐ diǎn kāi shǐ yǎn

영화는 몇 시에 시작합니까?

_**"红高粱"是几点上映？我也想去看。**
hóng gāo liáng shì jǐ diǎnshàngyìng wǒ yě xiǎng qù kàn

「붉은 수수밭」은 몇 시에 방송되니? 나도 보고 싶어.

_**电视连续剧"还珠格格"几点播出？**
diàn shì lián xù jù hái zhū gé gé jǐ diǎn bō chū

드라마「황제의 딸」은 몇 시에 시작하니?

_**电视几点转播今天比赛的实况？**
diàn shì jǐ diǎnzhuǎn bō jīn tiān bǐ sài de shí kuàng

텔레비전에서 몇 시에 오늘 경기를 중계방송하니?

EXample

Q : **你知道"东方时空"几点开始吗？**
nǐ zhī dào dōngfāng shí kōng jǐ diǎn kāi shǐ ma

A : **好象是早上七点多。**
hǎo xiàng shì zǎo shàng qī diǎn duō

Q : **你有电视指南吗？**
nǐ yǒu diàn shì zhǐ nán ma

A : **我这里有一份儿。**
wǒ zhè lǐ yǒu yī fèn r

Q : 너「동방의 시간과 공간」이라는 프로그램을 몇 시에 하는지 알고 있니?
A : 아마 아침 7시쯤일 거야.
Q : 너한테 프로그램 안내가 있니?
A : 여기 하나 있어.

PATTERN DRILL

➡ 没意思。
méi yì sī

_这几天没有好的节目，没意思。
zhè jǐ tiān méi yǒu hǎo de jié mù　méi yì si
요즘은 좋은 프로그램이 없어서 재미없어.

_这几天没事干，真无聊。
zhè jǐ tiān méi shì gān　zhēn wú liáo
요즘은 할 일이 없어서 무척 따분해.

_他厌倦了都市繁忙的生活想去乡下过清闲的日子。
tā yànjuàn le dū shì fán máng de shēng huó xiǎng qù xiāng xià guò qīng xián de rì zi
그는 도시의 복잡한 생활이 싫증나서 시골에 가서 편한 생활을 하려고 합니다.

_今天没有朋友一起玩儿，干什么都没趣。
jīn tiān méi yǒu péng yǒu yī qǐ wán r　gān shén me dū méi qù
오늘은 친구들도 없어서 모든 것이 재미없습니다.

_星期天的早上，爸爸妈妈也都不在家很无聊。
xīng qī tiān de zǎo shàng　bà bà mā mā yě dōu bù zài jiā hěn wú liáo
일요일의 아침에 부모님이 집에 안 계시니 정말 심심합니다.

_这次考试的失利，使他对学习失去了兴趣。
zhè cì kǎo shì de shī lì　shǐ tā duì xué xí shī qù le xīng qù
이번 시험의 실수로 그는 공부에 대한 흥미를 잃어버렸습니다.

EXample

Q : 不能和你们一起去打保龄球。
bù néng hé nǐ men yī qǐ qù dǎ bǎo líng qiú

A : 遗憾啊，你不在就没意思。
yí hàn ā　nǐ bù zài jiù méi yì si

Q : 下次会有机会的。
xià cì huì yǒu jī huì de

Q : 너희들과 볼링을 하러 가지 못하게 되었어.
A : 섭섭한데. 네가 없으면 재미없어.
Q : 다음에 또 기회가 있을 거야.

PATTERN DRILL

➡ 开演唱会
kāi yǎn chàng huì

你去不去刘德华的演唱会?
nǐ qù bú qù liú dé huá dè yǎn chàng huì

유덕화 콘서트에 가지 않겠니?

昨天在广场开了音乐会。
zuó tiān zài guǎngchǎng kāi le yīn lè huì

어제 광장에서 음악회가 열렸습니다.

今年的春节晚会不知会怎么样。
jīn nián dè chūn jié wǎn huì bù zhī huì zěn mè yàng

올해 구정축제 프로그램은 재미있을지 모르겠네.

我有两张音乐会的票一起去吧。
wǒ yǒu liǎngzhāng yīn lè huì dè piào yī qǐ qù ba

나한테 콘서트 입장권 두 장 있는데, 같이 갈래?

今晚电视里有韩中建交十周年歌舞晚会。
jīn wǎndiàn shì lǐ yǒu hán zhōng jiàn jiāo shí zhōunián gē wǔ wǎn huì

오늘 저녁 텔레비전에서 한중수교 10주년 음악회를 방송해.

EXample

Q : 你喜欢看演唱会吗?
nǐ xǐ huān kàn yǎn chàng huì ma

A : 我很喜欢看。
wǒ hěn xǐ huān kàn

Q : 我有两张今晚七点的。
wǒ yǒu liǎngzhāng jīn wǎn qī diǎn dè

A : 太好了!
tài hǎo le

Q : 너 콘서트 좋아하니?
A : 너무 좋아해.
Q : 나한테 오늘 저녁 7시 콘서트 입장권이 두 장 있어.
A : 너무 잘 됐네.

미술 전시회에 가서 구경하다.

PATTERN DRILL

去看画展。
qù kàn huà zhǎn

你去不去李静的画展?
nǐ qù bù qù lǐ jìng de huà zhǎn
이정의 미술전시회에 걸거니?

我当然要去画展了。
wǒ dāng rán yào qù huà zhǎn le
나는 당연히 미술전람회에 갈 겁니다.

听说刘海下个星期五举办个人画展。
tīng shuō liú hǎi xià ge xīng qī wǔ jǔ bàn ge rén huà zhǎn
듣자니 유해 씨가 다음주 금요일에 미술전시회를 한다더라.

一起去看美术展吧。
yī qǐ qù kàn měi shù zhǎn ba
함께 미술전시회를 보러 가자.

这次艺术节会有许多美术品参展。
zhè cì yì shù jié huì yǒu xǔ duō měi shù pǐn cān zhǎn
이번 예술절에 많은 미술작품들이 전시 될 거야.

EXample

Q : 听说你终于要举办画展了, 祝贺你啊!
tīng shuō nǐ zhōng yú yào jǔ bàn huà zhǎn le   zhù hè nǐ ā

A : 谢谢, 我还得多谢你们的帮助呢!
xiè xie   wǒ hái děi duō xiè nǐ men de bāng zhù ne

Q : 哪里, 这是你这几年不断努力的结果啊!
nǎ lǐ   zhè shì nǐ zhè jǐ nián bù duàn nǔ lì de jié guǒ ā

Q : 자네가 미술전시회를 열게 되었다면서? 축하하네.
A : 감사합니다. 여러분들의 도움에 감사드려야죠.
Q : 천만에, 이건 다 자네가 몇 년 동안 계속 노력한 결과지.

PART 14

경제 · 법률에 관한 표현

요즘은 중국의 개방정책으로 거의 자본주의화가 되어 있지만, 정치체제는 역시 사회주의를
표방하고 있으므로 우리의 체제로 생각하고 접촉하면 낭패를 보는 경우가 많습니다. 여기서는
비즈니스 활동에 도움이 될만한 경제와 법률에 관한 표현을 간추려 정리하였습니다.

PATTERN DRILL

➡ 生意怎么样？
shēng yì zěn me yàng

最近生意怎么样？
zuì jìn shēng yì zěn me yàng
요즘 사업은 어때요?

最近买卖怎么样？
zuì jìn mǎi mài zěn me yàng
요즘 장사는 잘 됩니까?

生意做得怎么样？
shēng yì zuò de zěn me yàng
사업은 어때요?

事业有进展吗？
shì yè yǒu jìn zhǎn ma
사업에 진전이 있습니까?

祝你事业成功！
zhù nǐ shì yè chénggōng
사업이 성공하기를 바랍니다.

EXample

Q : 你买卖做得怎么样了？
nǐ mǎi mài zuò de zěn me yàng le

A : 才刚开始。
cái gāng kāi shǐ

Q : 但我看挺兴隆的。
dàn wǒ kàn tǐng xīng lóng de

A : 现在还说不上兴隆不兴隆。
xiàn zài hái shuō bù shàng xīng lóng bù xīng lóng

Q : 사업은 잘 됩니까?
A : 이제 막 시작했는데요
Q : 근런데, 제가 보기에는 꽤 호황인 것 같네요
A : 아직은 호황이라고 할 수 없어요

저도 겨우 본전을 합니다.

PATTERN DRILL

➡ 我也是勉强够本。
wǒ yě shì miǎnqiáng gòu běn

_现在只够维持本钱。
xiàn zài zhǐ gòu wéi chí běn qián
지금은 겨우 본전을 뽑습니다.

_只是够本生意而以。
zhǐ shì gòu běn shēng yì ér yǐ
겨우 본전을 건지는 장사일 뿐입니다.

_因为不景气很难收支平衡。
yīn wéi bù jǐng qì hěn nán shōu zhī píng héng
불경기로 수입과 지출을 맞추기 어렵습니다.

_目前只够够本生意。
mù qián zhǐ gòu gòu běn shēng yì
현재로는 본전 사업밖에 안 됩니다.

_能够本算不错的了。
néng gòu běn suàn bù cuò de le
본전을 하면 괜찮은 겁니다.

EXample

Q : 你生意做得不错嘛!
nǐ shēng yì zuò de bù cuò má

A : 不过是够本生意。
bù guò shì gòu běn shēng yì

Q : 但现在能够本已经很不错了。
dàn xiàn zài néng gòu běn yǐ jīng hěn bù cuò le

A : 说得也对。
shuō de yě duì

Q : 사업이 잘 되네요
A : 겨우 본전을 하는 사업입니다.
Q : 하지만 지금 본전을 할 수 있으면 대단한 거예요
A : 당신 말도 일리가 있네요

467

PATTERN DRILL

➡ 度过难关。
dù guò nán guān

_他度过难关了吗?
tā dù guò nán guān le ma

그는 어려운 고비를 넘겼습니까?

_他还没摆脱困境。
tā hái méi bǎi tuō kùn jìng

그는 아직 곤경에서 벗어나지 못했어요.

_终于看到胜利的曙光了。
zhōng yú kàn dào shèng lì de shǔ guāng le

마침내 성공의 서광이 보입니다.

_目前还没有脱离险境。
mù qián hái méi yǒu tuō lí xiǎn jìng

아직 위험한 고비를 넘기지 못했습니다.

_会雨过天晴的。
huì yǔ guò tiān qíng de

비가 오면 날씨가 개는 법입니다(좋아질 것이다).

EXample

Q : 手术做得怎么样了?
shǒu shù zuò de zěn me yàng le

A : 手术做得很成功。
shǒu shù zuò de hěn chénggōng

Q : 那他已经脱离险境了吧。
nà tā yǐ jīng tuō lí xiǎn jìng le ba

A : 已经脱离危险了。
yǐ jīng tuō lí wēi xiǎn le

Q : 수술은 어떻게 됐어?
A : 아주 성공적이야.
Q : 그럼, 그는 위험한 고비를 넘겼지.
A : 이미 위험을 벗어났어.

PATTERN DRILL

➡ 破产。
pò chǎn

_公司什么时候倒闭的?
gōng sī shén me shí hòu dǎo bì de

회사가 언제 파산했어요?

_公司是不是破产了?
gōng sī shì bú shì pò chǎn le

회사가 파산했잖아요?

_公司因无法偿还债务而宣告破产。
gōng sī yīn wú fǎ cháng hái zhài wù ér xuān gào pò chǎn

회사가 빚을 갚지 못해서 파산을 신청했습니다.

_他的公司关门了。
tā dè gōng sī guānmén le

그의 회사는 문을 닫았습니다.

_他设立的公司因经营不善倒了闭。
tā shè lì dè gōng sī yīn jīng yíng bù shàn dǎo le bì

그가 설립한 회사는 경영부실로 파산되었습니다.

_要是得不到贷款, 只能申请破产。
yào shì dé bù dào dài kuǎn zhǐ néng shēnqǐng pò chǎn

대금을 받지 못하면 파산을 신청할 수밖에 없습니다.

EXample

Q : 我们公司财政状况很不好。
wǒ mén gōng sī cái zhèngzhuàngkuàng hěn bù hǎo

A : 能恢复吗?
néng huī fù ma

Q : 有点困难, 但还不到倒闭的地步。
yǒu diǎn kùn nán dàn hái bù dào dǎo bì dè dì bù

Q : 저희 회사는 재정상황이 매우 안 좋아요
A : 회복이 가능한가요?
Q : 조금 어렵긴 하지만, 파산할 정도까지는 안 됐어요.

| 지불 능력이 있다. |

PATTERN DRILL

➡ 有支付能力。
yǒu zhī fù néng lì

你能承担费用吗?
nǐ néngchéng dān fèi yòng mǎ
비용을 감당할 수 있으세요?

你有支付能力吗?
nǐ yǒu zhī fù néng lì mǎ
지불능력이 있으세요?

我们得检讨你有没有支付能力。
wǒ mèn děi jiǎn tǎo nǐ yǒu méi yǒu zhī fù néng lì
우리는 먼저 당신이 지불능력이 있는지 검토해야 합니다.

您能按期偿还吗?
nín néng àn qī chánghuán ma
제때에 갚을 수 있어요?

我一定如约偿还我所欠下的债务。
wǒ yī dìng rú yuē chánghuán wǒ suǒ qiàn xià de zhài wù
제가 진 빚은 약속대로 꼭 갚겠습니다.

EXample

Q : 我要向银行贷款, 你说它们怎么能给我贷款。
wǒ yào xiàng yín xíng dài kuǎn　　nǐ shuō tā mèn zěn me néng gěi wǒ dài kuǎn

A : 它们首先会检讨一些文件。
tā mèn shǒu xiān huì jiǎn tǎo yī xiē wén jiàn

Q : 都检讨什么?
dū jiǎn tǎo shén me

A : 是看你有没有偿还能力。
shì kàn nǐ yǒu méi yǒu chánghuánnéng lì

Q : 은행에서 대출을 받으려고 하는데, 어떻게 하면 대출을 받을 수 있을까요?
A : 우선 그들은 일부 서류를 검토할 것입니다.
Q : 무엇을 검토하죠?
A : 당신이 상환능력이 있는지를 보는 것입니다.

| 봉급에 의지하여 생활하다. |

PATTERN DRILL

➥ 依靠工资生活。
yī kào gōng zī shēng huó

他是靠什么生活?
tā shì kào shén mè shēng huó

그는 어떻게 생활합니까?

靠着他父母生活。
kào zhe tā fù mǔ shēng huó

그의 부모에 의지하여 생활합니다.

全家人都依靠他一个人生活。
quán jiā rén dōu yī kào tā yí ge rén shēng huó

온 집안 식구가 그 한 사람을 의지하여 삽니다.

他还是靠父母生活。
tā hái shì kào fù mǔ shēng huó

그는 아직도 부모님을 의지하여 살고 있습니다.

他靠着顽强的毅力生存下来了。
tā kào zhuó wánqiáng dè yì lì shēng cún xià lái le

그는 굳은 의지력으로 살아남았습니다.

依靠挣来的工资生活。
yī kào zhēng lái dè gōng zī shēng huó

벌어온 봉급으로 생활합니다.

EXample

Q : 你是怎么生活的?
nǐ shì zěn mè shēng huó dè

A : 靠着我的工资生活。
kào zhuó wǒ dè gōng zī shēng huó

Q : 你现在有工作了吗?
nǐ xiàn zài yǒu gōng zuò le ma

Q : 당신은 어떻게 생활하죠?
A : 저의 봉급으로 생활합니다.
Q : 지금은 일자리가 생겼나요?

| 경쟁이 심하다. |

PATTERN DRILL

➡ 竞争激烈。
jìng zhēng jī liè

听说做买卖也是竞争很激烈。
tīng shuō zuò mǎi mài yě shì jìng zhēng hěn jī liè

장사하는 것도 경쟁이 심하다고 합니다.

都说商场如战场。
dōu shuō shāng chǎng rú zhàn chǎng

사업계는 전쟁과도 같다고들 합니다.

竞争再激烈也不怕。
jìng zhēng zài jī liè yě bù pà

경쟁이 아무리 치열해도 무섭지 않습니다.

通过竞争，我们可以发展。
tōng guò jìng zhēng wǒ mèn kě yǐ fā zhǎn

경쟁을 통해 우리는 발전할 수 있습니다.

我根本竞争不过他。
wǒ gēn běn jìng zhēng bù guò tā

나는 아예 그와는 상대가 안 됩니다.

竞争，我们要大胆面对。
jìng zhēng wǒ mèn yào dà dǎn miàn duì

경쟁을 우리는 대담하게 맞서야 합니다.

EXample

Q : 我们怎么能在激烈竞争中求发展?
wǒ mèn zěn me néng zài jī liè jìng zhēng zhōng qiú fā zhǎn

A : 我们得勇于面对。
wǒ mèn děi yǒng yú miàn duì

Q : 说得对。
shuō dè duì

Q : 우리는 어떻게 해야 치열한 경쟁에서 살아남을 수 있을까요?
A : 우리는 용감히 맞서야 합니다.
Q : 맞습니다.

| 지금 일손이 부족하다. |

PATTERN DRILL

➥ 现在不够。
xiàn zài bú gòu

_你这儿人手够吗?
nǐ zhè r rén shǒu gòu má
여기는 일손이 충분합니까?

_这里需不需要人手?
zhè lǐ xū bù xū yào rén shǒu
여기는 일손이 필요하지 않나요?

_这里不缺人吗?
zhè lǐ bù quē rén ma
여기는 사람이 부족하지 않나요?

_要是缺帮手,我来帮你。
yào shì quē bāng shǒu wǒ lái bāng nǐ
일손이 부족하면 제가 도와드릴게요.

_你要是来,就不愁缺人了。
nǐ yào shì lái jiù bù chóu quē rén le
당신이 오면 사람 걱정은 안 하겠네요.

EXample

Q : 我想明天休息一天,可以吗?
wǒ xiǎng míng tiān xiū xī yī tiān kě yǐ ma

A : 不行,明天有很多事要干呢!
bù xíng míng tiān yǒu hěn duō shì yào gàn ne

Q : 怎么?缺人手吗?
zěn mé quē rén shǒu ma

A : 只有你和我。
zhǐ yǒu nǐ hé wǒ

Q : 저 내일 쉬려고 하는데, 돼요?
A : 안 돼요. 내일 할 일이 많거든요.
Q : 왜요, 일손이 달려요?
A : 당신과 저밖에 없습니다.

PATTERN DRILL

➡ 浪费。
làng fèi

_人们一有钱，就容易过起奢侈的生活。
rén mèn yì yǒu qián　jiù róng yì guò qǐ shē chǐ dè shēng huó
사람들은 돈만 있으면 사치스런 생활을 하기 쉽습니다.

_你好像很浪费，省着点用吧。
nǐ hǎo xiàng hěn làng fèi　shěng zhe diǎn yòng ba
당신은 낭비가 좀 심한 같은데 절약해 쓰세요.

_他在大把大把挥霍金钱。
tā zài dà bǎ dà bǎ huī huò jīn qián
그가 돈을 탕진하고 있습니다.

_他一向很奢侈，我得让他改掉那习惯。
tā yī xiàng hěn shē chǐ　wǒ děi ràng tā gǎi diào nà xí guàn
그는 줄곧 사치스러운데, 그더러 그 습관을 고치라고 해야 되겠어.

_别把钱浪费在玩乐上，你得会节省。
bié bǎ qián làng fèi zài wán lè shàng　nǐ děi huì jié shěng
놀음으로 돈을 낭비하지 마세요. 절약할 줄 알아야 돼요.

_宴会办得太铺张了。
yàn huì bàn dè tài pū zhāng le
잔치를 너무 지나치게 베푼 것 같네요.

EXample

Q : 真谢谢你给我生活费。
zhēn xiè xie nǐ gěi wǒ shēng huó fèi

A : 能省则省，尽量不要浪费。
néng shěng zé shěng　jìn liáng bù yào làng fèi

Q : 明白了。
míng bái le

> Q : 생활비를 주셔서 고맙습니다.
> A : 절약할 수 있으면 절약하고 될수록 낭비하지 마세요.
> Q : 알겠습니다.

| 아끼다. | 절약하다. |

PATTERN DRILL

➡ 节约。
jié yuē

_这是平时节省下来的钱。
zhè shì píng shí jié shěng xià lái dè qián

이것은 평소에 절약하여 모은 돈입니다.

_我们要节约每一滴水。
wǒ mèn yào jié yuē měi yì dī shuǐ

우리는 한 방울의 물이라도 절약해야 합니다.

_节约就是增加收入。
jié yuē jiù shì zēng jiā shōu rù

절약은 바로 수입이 증가하는 것입니다.

_你得学会怎么节省费用。
nǐ děi xué huì zěn mè jié shěng fèi yòng

어떻게 비용을 절약하는지를 배워야 돼.

_这种方法可以减少所需费用。
zhè zhǒng fāng fǎ kě yǐ jiǎn shǎo suǒ xū fèi yòng

이런 방법으로 필요한 비용을 줄일 수 있습니다.

EXample

Q : 你这个月电话费交了多少?
nǐ zhè ge yuè diàn huà fèi jiāo le duō shǎo

A : 200块。
kuài

Q : 你打那么多电话呀! 你得学会节俭。
nǐ dǎ nà mè duō diàn huà yā nǐ děi xué huì jié jiǎn

A : 我真该省一省了。
wǒ zhēn gāi shěng yī shěng le

Q : 이번 달에 전화비를 얼마나 냈니?
A : 200원.
Q : 전화를 그렇게 많이 해? 너 절약하는 것을 배워야 되겠다.
A : 나 정말 절약해야 되겠어.

| 저축하다. |

PATTERN DRILL

➡ 储蓄。
　chǔ xù

你有储蓄的习惯吗?
nǐ yǒu chǔ xù dè xí guàn má
당신은 저축하는 습관이 있나요?

别为我担心，我还有点积蓄。
bié wéi wǒ dān xīn　　wǒ hái yǒu diǎn jī xù
제 걱정은 마세요. 저한테 저축해 놓은 것이 좀 있어요.

我们为了以防万一得储蓄。
wǒ mèn wéi le　yǐ fáng wàn yī děi chǔ xù
만일을 대비해서 저축해야 합니다.

储蓄可应付突如其来的困难。
chǔ xù kě yīng fù tū rú qí lái dè kùn nán
저축은 갑자기 닥치는 어려움을 대비할 수 있습니다.

有了积蓄生活就会有保障，而且还会有自信。
yǒu le　jī　xù shēng huó jiù huì yǒu bǎo zhàng　ér qiě hái hui yǒu zì xìn
저축이 있으면 생활이 안정될 뿐만 아니라 자신감도 생깁니다.

EXample

Q : 你在银行有积蓄吗?
　　nǐ zài yín xíng yǒu jī xù ma

A : 有一点儿。
　　yǒu yī diǎn　r

Q : 你经常储蓄吗?
　　nǐ jīng cháng chǔ xù ma

A : 可以说每个月存一次。
　　kě yǐ shuō měi ge yuè cún yī　cì

Q : 은행에 저축하고 있습니까?
A : 조금 저축합니다.
Q : 자주 저축하십니까?
A : 매월마다 한번씩 한다고 할 수 있습니다.

| 소탐대실. | 적은 것을 탐하여 큰 것을 잃다. |

➡ 贪小失大。
tān xiǎo shī dà

_贪小便宜反会失大。
tān xiǎo pián yi fǎn huì shī dà

작은 것을 탐내면 오히려 큰 것을 잃게 됩니다.

_我们不能因小失大，误了大事。
wǒ mén bù néng yīn xiǎo shī dà wù le dà shì

우리는 작은 것을 탐내 큰일을 망쳐서는 안 됩니다.

_向远处看，就可克服贪小失大的情况。
xiàng yuǎn chù kàn jiù kě kè fú tān xiǎo shī dà de qíng kuàng

멀리 보면 소탐대실의 상황을 극복할 수 있습니다.

_眼光放远点就不会贪小失大。
yǎn guāng fàng yuǎn diǎn jiù bù huì tān xiǎo shī dà

시야를 넓이면 소탐대실할 수 없습니다.

_贪小便宜会误大事。
tān xiǎo pián yi huì wù dà shì

작은 것을 탐내면 큰일을 그르치게 됩니다.

Q : 你有没有过因小失大的时候?
nǐ yǒu méi yǒu guò yīn xiǎo shī dà de shí hòu

A : 当然有过，而且很多。
dāng rán yǒu guò ér qiě hěn duō

Q : 那现在呢?
nà xiàn zài ne

A : 我以以前为教训现在那种情况就少了。
wǒ yǐ yǐ qián wéi jiào xùn xiàn zài nà zhǒng qíng kuàng jiù shǎo le

Q : 작은 것 때문에 큰 것을 잃은 적이 있나요?
A : 당연히 있었죠 그 뿐 아니라 많았어요
Q : 그럼, 지금은요?
A : 저는 이전을 교훈으로 삼아서 지금은 그런 경우가 적어요

PATTERN DRILL

➡ 得利。
dé lì

我保证至少不会吃亏。
wǒ bǎo zhèng zhì shǎo bú huì chī kuī

제가 보증하는데 적어도 손해는 보지 않을 것입니다.

吃亏是福。
chī kuī shì fú

손해를 보는 것은 복이다.

我们生意再不好做也不能不当得利。
wǒ mèn shēng yì zài bù hǎo zuò yě bù néng bù dāng dé lì

우리가 아무리 사업이 잘 안 되더라도 부당하게 이득을 취해서는 안 됩니다.

你那样做会吃亏的，我告诉你怎么办吧。
nǐ nà yàng zuò huì chī kuī dè wǒ gào sù nǐ zěn mè bàn ba

그렇게 하면 손해를 볼 겁니다. 제가 어떻게 해야 되는지를 알려드릴게요.

吃点亏不要紧，重要的是要讲信用。
chī diǎn kuī bù yào jǐn zhòng yào dè shì yào jiǎng xìn yòng

손해를 좀 봐도 괜찮아. 중요한 것은 신용을 지키는 것이야.

EXample

Q : 你知道"吃亏是福"这句话吗?
nǐ zhī dào chī kuī shì fú zhè jù huà ma

A : 当然，这不是苏东坡的名句吗?
dāng rán zhè bù shì sū dōng pō dè míng jù ma

Q : 那你赞同这句话吗?
nà nǐ zàn tóng zhè jù huà ma

A : 我赞同。
wǒ zàn tóng

Q : 「손해보는 것은 복이다」라는 구절을 아세요?
A : 이는 소동파의 명구가 아닙니까?
Q : 그럼, 당신은 이 말에 동감합니까?
A : 동감합니다.

PATTERN DRILL

➡ 情形好转。
qíngxíng hǎo zhuǎn

现在形势有所好转。
xiàn zài xíng shì yǒu suǒ hǎo zhuǎn

지금은 상황이 조금 좋아졌습니다.

现在情况大有好转。
xiàn zài qíngkuàng dà yǒu hǎo zhuǎn

지금은 상황이 많이 좋아졌습니다.

他以前生活很困难，但现在处境好些了。
tā yǐ qián shēng huó hěn kùn nán　dàn xiàn zài chù jìng hǎo xiē le

그는 이전에 생활이 매우 어려웠는데, 지금 처지가 좀 나아졌습니다.

比以前的情形好多了。
bǐ yǐ qián dè qíng xíng hǎo duō le

이전보다 형편이 많이 나아졌습니다.

已经雨过天晴了，我们战胜了困难。
yǐ jīng yǔ guò tiān qíng le　wǒ mén zhàn shèng le kùn nán

이제 좋아졌어. 우리는 어려움을 이겨냈어.

现在形势大有好转，我们得趁机得分。
xiàn zài xíng shì dà yǒu hǎo zhuǎn　wǒ mén děi chèn jī dé fēn

지금 형편이 많이 좋아졌어. 우리는 이 기회를 빌어 득점을 해야 돼.

EXample

Q : 现在还那么困难吗?
xiàn zài hái nà mé kùn nán ma

A : 比起以前的情形现在好多了。
bǐ qǐ yǐ qián dè qíng xíng xiàn zài hǎo duō le

Q : 我真佩服你东山再起的勇气。
wǒ zhēn pèi fú nǐ dōngshān zài qǐ dè yǒng qì

Q : 지금도 그렇게 어려워요?
A : 이전과 비교하면 지금은 형편이 많이 좋아졌습니다.
Q : 저는 정말 당신의 재기할 수 있는 용기에 탄복합니다.

주식이 떨어지다.

PATTERN DRILL

➡ 股价下跌。
gǔ jià xià diē

现在物价涨得很厉害。
xiàn zài wù jià zhǎng de hěn lì hài

지금 물가가 많이 오르고 있습니다.

股市现在呈上升势。
gǔ shì xiàn zài chéng shàng shēng shì

지금 주가가 오르고 있는 추세입니다.

现在股市呈下跌势。
xiàn zài gǔ shì chéng xià diē shì

지금 주식시장은 내림세를 보이고 있습니다.

突破了700点大关。
tū pò le diǎn dà guān

700포인트를 넘어섰습니다.

随着经济复苏, 股市可持续上涨。
suí zhuó jīng jì fù sū gǔ shì kě chí xù shàng zhǎng

경제가 회복됨에 따라 주식시장이 지속적으로 상승할 수 있습니다.

EXample

Q : 今天股市行情如何?
jīn tiān gǔ shì háng qíng rú hé

A : 今天跌得很厉害。
jīn tiān diē dè hěn lì hài

Q : 到几点了?
dào jǐ diǎn le

A : 跌到500点了。
diē dào diǎn le

Q : 오늘 주식시세가 어떻게 되었습니까?
A : 오늘 무척 많이 내렸습니다.
Q : 몇 포인트입니까?
A : 500포인트로 떨어졌습니다.

不足하다.

➡ 不足。
　 bù　zú

_我带的钱不够, 能借我点儿钱吗?
　wǒ dài dè qián bù gòu　néng jiè wǒ diǎn　r qián ma
제가 가진 돈이 부족한데, 돈 좀 빌려주실 수 있어요?

_我带的现金不够。
　wǒ dài dè xiàn jīn bú gòu
제가 가지고 있는 현금이 부족합니다.

_我现在缺点儿钱。
　wǒ xiàn zài quē diǎn ér qián
지금 돈이 좀 부족해요.

_你要有什么不足, 请尽管说。
　nǐ yào yǒu shén mè bù zú　qǐng jìn guǎnshuō
부족한 게 있으면 뭐든지 얘기하세요.

_不足的部分我给你添, 你还是趁机买下来吧。
　bù zú dè bù fēn wǒ gěi nǐ tiān　nǐ hái shì chèn jī mǎi xià lái ba
부족한 부분은 제가 보태겠습니다. 이번 기회에 사 놓으세요.

Q : 我真想买那件衣服。
　　wǒ zhēnxiǎng mǎi nà jiàn yī fú

A : 那买吧。
　　nà mǎi ba

Q : 可我带的钱不够。
　　kě wǒ dài dè qián bù gòu

A : 那我给你买吧!
　　nà wǒ gěi nǐ mǎi ba

　Q : 저 옷을 정말 사고 싶어요
　A : 그럼 사세요.
　Q : 근데 제가 가지고 있는 돈이 부족해요
　A : 그럼 제가 사 드릴게요.

PATTERN DRILL

➡ 经济不景气。
jīng jì bù jǐng qì

我真担心不景气持续下去。
wǒ zhēn dān xīn bù jǐng qì chí xù xià qù
불경기가 계속될까봐 정말 걱정되네요.

别担心，那只是一时的不景气罢了。
bié dān xīn nà zhǐ shì yì shí de bù jǐng qì bà le
걱정하지 마세요. 그것은 일시적인 불경기일 뿐입니다.

因市场不景气，失业人数正在增加。
yīn shì chǎng bù jǐng qì shī yè rén shù zhèng zài zēng jiā
시장의 불경기로 인해 실업자 수가 증가하고 있습니다.

我们能克服不景气带来的困难。
wǒ men néng kè fú bù jǐng qì dài lái de kùn nán
우리는 불경기로 인한 어려움을 극복할 수 있습니다.

市场的不景气只是暂时的，会马上恢复的。
shì chǎng de bù jǐng qì zhǐ shì zàn shí de huì mǎ shàng huī fù de
시장의 불경기는 일시적인 것으로 이제 곧 회복될 것입니다.

又恢复到原来的状态了。
yòu huī fù dào yuán lái de zhuàng tài le
다시 본래의 상태로 회복되었습니다.

EXample

Q : 听说现在失业率正在增加。
tīng shuō xiàn zài shī yè shuài zhèng zài zēng jiā

A : 怎么回事？
zěn me huí shì

Q : 可能是因为经济萧条。
kě néng shì yīn wéi jīng jì xiāo tiáo

Q : 지금 실업률이 높아지고 있대요.
A : 어떻게 된 거죠?
Q : 아마 불경기로 인한 것일 겁니다.

| 겨우 생활하다. | 간신히 생활하다. |

PATTERN DRILL

➡ 勉强度日。
miǎnqiáng dù rì

我现在是勉强度过每一天。
wǒ xiàn zài shì miǎnqiáng dù guò měi yì tiān
저는 지금 간신히 하루하루를 보내고 있어요.

我好容易才度过了艰难的日子。
wǒ hǎo róng yì cái dù guò le jiān nán dè rì zi
저는 근근이 어려운 날들을 보내왔습니다.

他的工资只够他勉强过日子。
tā dè gōng zī zhǐ gòu tā miǎnqiáng guò rì zǐ
그의 봉급으로는 그가 간신히 생활합니다.

好容易才渡过了困难的日子。
hǎo róng yì cái dù guò le kùn nán dè rì zǐ
어려운 날들을 간신히 지냈습니다.

那点收入连养家糊口也困难。
nà diǎn shōu rù lián yǎng jiā hú kǒu yě kùn nán
그렇게 적은 수입으로는 생계유지도 어렵습니다.

EXample

Q : 你怎么现在才跟我联系?
nǐ zěn me xiàn zài cái gēn wǒ lián xì

A : 因为我勉强过日子, 所以一直没能跟你联系。
yīn wéi wǒ miǎnqiáng guò rì zǐ suǒ yǐ yī zhí méi néng gēn nǐ lián xì

Q : 困难的时候就更应该找朋友啊!
kùn nán dè shí hòu jiù gēng yīng gāi zhǎo péng yǒu ā

A : 谢谢, 但那个不太容易。
xiè xie dàn nà ge bù tài róng yì

Q : 왜 이제야 연락해?
A : 어렵게 생활하다보니 줄곧 너와 연락하지 못했어.
Q : 어려울 때일수록 친구를 찾아야지.
A : 고맙구나. 근데 그게 쉽지가 않더구나.

무일푼이다. | 돈이 없다.

PATTERN DRILL

➡ 没有钱。
méi yǒu qián

听说她跟一个很穷的平民结了婚。
tīng shuō tā gēn yí ge hěn qióng dè píng mín jié le hūn
그녀는 아주 가난한 서민과 결혼했대요.

钱有多少并不重要，爱情是胜于一切的。
qián yǒu duō shǎo bìng bú zhòng yào　　ài qíng shì shèng yú yí qiē dè
돈이 얼마가 있냐가 중요하지 않아요. 사랑이야말로 모든 것을 능가하는 것입니다.

我现在手头很紧，暂时不能帮你。
wǒ xiàn zài shǒu tóu hěn jǐn　zàn shí bù néng bāng nǐ
나는 지금 주머니사정이 안 좋아서 잠시 너를 도울 수 없어.

她说她连一分钱也没有，真可怜。
tā shuō tā lián yī fēn qián yě méi yǒu　zhēn kě lián
그녀는 돈이 한 푼도 없다고 했어. 정말 불쌍해.

没钱的日子真不好过，我得去挣钱了。
méi qián dè　rì　zǐ zhēn bù hǎo guò　　wǒ dé　qù zhēng qián le
돈이 없이 생활하기란 여간 어렵지 않구나. 난 돈벌러 가야겠어.

人们再有钱也不能活到永远。
rén mèn zài yǒu qián yě　bù néng huó dào yǒng yuǎn
사람들은 아무리 돈이 많아도 영원히 살 수는 없습니다.

EXample

Q : 你现在生活是不是很困难?
nǐ xiàn zài shēng huó shì bù shì hěn kùn nán

A : 你怎么知道的?
nǐ zěn mé zhī dào dè

Q : 我听说了你丢工作的事。
wǒ tīng shuō le nǐ diū gōng zuò dè shì

Q : 너 지금 생활이 매우 어렵지?
A : 어떻게 알아?
Q : 네가 실직했다는 것을 들었어.

| 흑자가 나다. |

PATTERN DRILL

➡ 出现黑字。
chū xiàn hēi zì

_你们公司今年的收支状况怎么样?
nǐ mèn gōng sī jīn nián dè shōu zhī zhuàngkuàng zěn mè yàng
당신네 회사의 금년 수지 상황은 어떻습니까?

_你们公司目前的财政状况如何?
nǐ mèn gōng sī mù qián dè cái zhèng zhuàngkuàng rú hé
당신네 회사의 현재 재정 상황은 어떻습니까?

_韩国的贸易收支状况如何?
hán guó dè mào yì shōu zhī zhuàngkuàng rú hé
한국의 무역수지 상황은 어때요?

_现在呈赤字, 但马上会转到黑字。
xiàn zài chéng chì zì dàn mǎ shàng huì zhuǎn dào hēi zì
지금은 적자인데 이제 곧 흑자로 바뀔 거예요.

_因经营不善, 现在处于赤字状态。
yīn jīng yíng bù shàn xiàn zài chù yú chì zì zhuàng tài
경영을 잘못하여 지금은 적자 상태에 처해 있습니다.

EXample

Q : 你们公司财政状况怎么样?
nǐ mèn gōng sī cái zhèng zhuàngkuàng zěn mè yàng

A : 现在一时不太好。
xiàn zài yī shí bù tài hǎo

Q : 什么时候能恢复?
shén mè shí hòu néng huī fù

A : 估计到今年年底就能恢复。
gū jì dào jīn nián nián dǐ jiù néng huī fù

Q : 귀사의 재정 상황이 어때요?
A : 지금은 잠시 안 좋아요.
Q : 언제면 회복되죠?
A : 예상컨대 금년 연말이면 회복할 거예요.

| 가격을 조정하다. |

PATTERN DRILL

➡ 调价。
tiáo jià

_价格可以调整一些。
jià gé kě yǐ tiáo zhěng yì xiē
가격은 약간 조정할 수 있어요.

_这是最低价格了，不能再便宜了。
zhè shì zuì dī jià gé le　bù néng zài pián yi liǎo
이는 최저가격입니다. 더 이상 싸게는 못합니다.

_你们提出的价格有些偏高。
nǐ mén tí chū dè jià gé yǒu xiē piān gāo
당신들이 제시한 가격은 약간 높은 편입니다.

_我们的价格在国际市场上也是有竞争力的。
wǒ mén dè jià gé zài guó jì shì chǎngshàng yě shì yǒu jìng zhēng lì dè
우리의 가격은 국제시장에서도 경쟁력이 있습니다.

_要是买卖成交，能给回扣吗?
yào shì mǎi mài chéng jiāo　néng gěi huí kòu ma
거래가 성사되면 리베이트를 줄 수 있나요?

EXample

Q : 这个价格是很公道的。
zhè ge jià gé shì hěn gōng dào dè

A : 但你提出的价格我们不能接受。
dàn nǐ tí chū dè jià gé wǒ mén bù néng jiē shòu

Q : 为了成交，我们可以作些让步。
wéi le chéng jiāo　wǒ mén kě yǐ zuò xiē ràng bù

A : 那我们商量一下吧。
nà wǒ mén shāng liáng yī xià ba

Q : 이 가격은 합리적인 것입니다.
A : 하지만 당신이 부른 가격을 저희는 받아들일 수 없습니다.
Q : 계약 성립을 위해 다소 양보할 수는 있습니다.
A : 그럼 좀 상의해 봅시다.

어떤 지불방식으로 하시겠습니까?

PATTERN DRILL

➡ 用哪种支付方式？
yòng nǎ zhǒng zhī fù fāng shì

_社将以哪种支付方式付款？
shè jiāng yǐ nǎ zhǒng zhī fù fāng shì fù kuǎn

귀사에서는 어떤 방식으로 지불하실 겁니까?

_我们要采用信用证支付方式。
wǒ mèn yào cǎi yòng xìn yòngzhèng zhī fù fāng shì

저희들은 보증신용장 지불방식을 채택할 겁니다.

_我建议采用分期付款方式。
wǒ jiàn yì cǎi yòng fēn qī fù kuǎnfāng shì

분할납부 방식을 채택하시길 권장합니다.

_我们一般采用 T/T 付款方式。
wǒ mèn yī bān cǎi yòng   fù kuǎnfāng shì

우리는 일반적으로 단순송금방식을 채택하고 있습니다.

_请说说你的支付条件。
qǐngshuōshuō nǐ dè zhī fù tiáo jiàn

당신의 지불조건을 얘기해보세요.

_我们不能接受人民币付款方式。
wǒ mèn bù néng jiē shòu rén mín bì fù kuǎnfāng shì

우리는 인민폐 지불방식을 받아들일 수 없습니다.

EXample

Q : 贵社要采用哪种支付方式？
gùi shè yào cǎi yòng nǎ zhǒng zhī fù fāng shì

A : 我们打算采用信用证付款方式。
wǒ mèn dǎ suàn cǎi yòng xìn yòngzhèng fù kuǎnfāng shì

Q : 其他的支付方式怎么样？
qí tā dè zhī fù fāng shì zěn mè yàng

Q : 귀사에서는 어떠한 지불방식을 채택할 거예요?
A : 저희는 신용증 방식으로 하려고 합니다.
Q : 다른 지불방식은 어때요?

→ 签约。

PATTERN DRILL

➡ 签约。
qiān yuē

你们准备签合同了吗?
nǐ mèn zhǔn bèi qiān hé tóng le má
당신들은 계약을 체결할 준비가 되었습니까?

请您仔细审核一下合同书, 看看有没有遗漏的
qǐng nín zǐ xì shěn hé yī xià hé tóng shū   kàn kàn yǒu méi yǒu yí lòu de
地方。
dì fāng
빠진 부분이 있지 않나 계약서를 자세히 보세요.

这项合同什么时候能签署?
zhè xiàng hé tóng shén me shí hòu néng qiān shǔ
이 계약은 언제 계약서에 서명할 수 있습니까?

您要是觉得没问题, 就请在这儿签字。
nín yào shì jué dé méi wèn tí   jiù qǐng zài zhè r qiān zì
당신이 보기에 문제가 없으면 여기에 서명하세요.

签署后, 双方必须严格履行合同。
qiān shǔ hòu   shuāng fāng bì xū yán gé lǚ xíng hé tóng
서명한 후에는 쌍방이 모두 엄격히 계약을 이행해야 합니다.

EXample

Q : 您决定要签署合同了吗?
nín jué dìng yào qiān shǔ hé tóng le ma

A : 决定了。
jué dìng le

Q : 那我们双方赶紧在合同书上签名吧。
nà wǒ mèn shuāng fāng gǎn jǐn zài hé tóng shū shàng qiān míng ba

Q: 계약을 체결할 것을 결정했나요?
A: 결정했어요.
Q: 그럼, 우리 쌍방이 빨리 계약서에 서명합시다.

| 볼모로 잡다. |

PATTERN DRILL

➥ 做筹码。
zuò chóu mǎ

_是不是想利用我?
shì bú shì xiǎng lì yòng wǒ
저를 이용하시려는 거 아닙니까?

_我这才明白我只是你的一个筹码罢了。
wǒ zhè cái míng bái wǒ zhǐ shì nǐ de yí ge chóu mǎ bà le
제가 당신의 하나의 볼모일 뿐이라는 것을 이제야 알았어요.

_你是不是把我当成你的筹码看待?
nǐ shì bú shì bǎ wǒ dāngchéng nǐ de chóu mǎ kàn dài
당신은 저를 당신의 볼모로 보고 있는 것이 아닙니까?

_我有被人利用的感觉。
wǒ yǒu bèi rén lì yòng de gǎn jué
다른 사람한테 이용당한다는 느낌이 듭니다.

_你不要拿感情当游戏。
nǐ bù yào ná gǎn qíngdāng yóu xì
감정을 장난으로 여기지 마세요.

_利用别人不是好习惯。
lì yòng bié rén bù shì hǎo xí guàn
다른 사람을 이용하는 것은 나쁜 습관입니다.

EXample

Q : 你怎么总想利用别人, 不能诚心相待吗?
nǐ zěn me zǒngxiǎng lì yòng bié rén   bù néngchéng xīn xiāng dài ma

A : 我有我的方式。
wǒ yǒu wǒ de fāng shì

Q : 你活得累不累?
nǐ huó de lèi bù lèi

Q : 너 왜 다른 사람을 이용하려고만 해. 진심으로 사람을 대할 수 없어?
A : 난 나의 방식이 있어.
Q : 너 사는 게 피곤하지 않니?

난 이번에 그한테 속았어.

PATTERN DRILL

➡ 我这次上了他的当。
wǒ zhè cì shàng le tā de dàng

你知道吗? 他是个大骗子。
nǐ zhī dào má   tā shì ge dà piàn zi
아세요? 그는 큰 사기꾼입니다.

知道，我也被他骗过很多次。
zhī dào   wǒ yě bèi tā piàn guò hěn duō cì
알고 있습니다. 저도 그한테 많이 속았어요.

我被他的花言巧语给骗了。
wǒ bèi tā de huā yán qiǎo yǔ gěi piàn le
난 그의 감언이설에 속았어.

他在企图骗我。
tā zài qǐ tú piàn wǒ
그가 나를 속이려고 해.

别想骗我了，我都知道。
bié xiǎng piàn wǒ le   wǒ dū zhī dào
나를 속이려 들지 마. 난 다 알아.

我被他受骗了。
wǒ bèi tā shòupiàn le
난 그한테 속아 넘어갔어.

EXample

Q : 广告做得真不错。
guǎng gào zuò de zhēn bù cuò

A : 但广告终究是广告，还得看实物。
dàn guǎng gào zhōng jiū shì guǎng gào   hái děi kàn shí wù

Q : 有道理，被广告骗的人不少。
yǒu dào lǐ   bèi guǎng gào piàn de rén bù shǎo

Q : 광고가 정말 멋져.
A : 그런데 광고는 광고일 뿐이야. 실물을 봐야 돼.
Q : 일리가 있는 말이야. 광고에 속은 사람들이 적지 않지.

PATTERN DRILL

➡ 违反法律。
wéi fǎn fǎ lǜ

你怎么知法犯法呢?
nǐ zěn me zhī fǎ fàn fǎ ne
당신은 왜 법을 알면서 법을 어깁니까?

我不是有意要违背的。
wǒ bú shì yǒu yì yào wéi bèi de
제가 일부러 어리려고 한 것이 아니었습니다.

当心不要侵害别人权益。
dāng xīn bù yào qīn hài bié rén quán yì
타인의 권익에 손상을 주지 않도록 하세요.

你不要做违背他意愿的事。
nǐ bù yào zuò wéi bèi tā yì yuàn de shì
그의 뜻에 위배되는 일을 하지 마세요.

这个违背奥林匹克精神。
zhè gè wéi bèi ào lín pǐ kè jīng shén
이는 올림픽 정신에 위배됩니다.

违反规定是不应该的。
wéi fǎn guī dìng shì bù yīng gāi de
규정을 위반하지 말아야 합니다.

EXample

Q : 听说有些运动员赛前服用违禁药品?
tīng shuō yǒu xiē yùn dòngyuán sài qián fú yòng wéi jìn yào pǐn

A : 对, 真是太不应该了。
duì zhēn shì tài bù yīng gāi le

Q : 那些运动员真是既违反了规定, 也违背了体育精神。
nà xiē yùn dòngyuánzhēn shì jì wéi fǎn le guī dìng yě wéi bèi le tǐ yù jīng shén

Q : 어떤 선수들은 경기 전에 약물을 복용한다면서요?
A : 맞습니다. 정말 너무 부당합니다.
Q : 그런 선수들은 규정을 위반했을 뿐만 아니라, 체육정신도 위배한 것입니다.

법을 준수하다. | 법을 지키다.

PATTERN DRILL

➡ 遵守法律。
zūn shǒu fǎ lù

我对一些规定感到厌烦。
wǒ duì yì xiē guī dìng gǎn dào yàn fán

저는 일부 규정에 대해 싫증을 느낍니다.

但该遵守的就得遵守。
dàn gāi zūn shǒu dè jiù děi zūn shǒu

그러나 지켜야 할 것은 지켜야 합니다.

为了社会安定，我们得遵守一切法规。
wéi le shè huì ān dìng　　wǒ mèn děi zūn shǒu yí qiē fǎ guī

사회의 안정을 위해 우리는 모든 법규를 지켜야 합니다.

我们得严格按法律程序办事。
wǒ mèn děi yán gé àn fǎ lù chéng xù bàn shì

우리는 엄격히 법률 절차에 따라 일을 처리해야 합니다.

我得遵照医生的嘱咐按时服药。
wǒ děi zūn zhào yī shēng dè zhǔ fù àn shí fú yào

나는 의사 선생님의 분부대로 제때에 약을 먹어야 합니다.

EXample

Q : 你怎么不按规定处理此事?
nǐ zěn mè bù àn guī dìng chù lǐ cǐ shì

A : 因为需要。
yīn wéi xū yào

Q : 但规定是人们为了要遵守才制定的。
dàn guī dìng shì rén mèn wéi le yào zūn shǒu cái zhì dìng dè

A : 就因为是人制定的，所以有时侯需要例外。
jiù yīn wéi shì rén zhì dìng dè　　suǒ yǐ yǒu shí jiào xū yào lì wài

Q: 당신 왜 규정에 따라 일을 처리하지 않나요?
A: 필요에 의해서요
Q: 그러나 규정은 사람들이 지키기 위해 만든 겁니다.
A: 바로 사람들이 만든 것이기 때문에 예외도 필요한 겁니다.

여기서는 흡연이 금지되어 있다.

PATTERN DRILL

➡ 这里禁止吸烟。
zhè lǐ jìn zhǐ xī yān

能允许我看一下吗?
néng yǔn xǔ wǒ kàn yí xià má
제가 보도록 허락해주시겠어요?

你怎么没有阻止他呢?
nǐ zěn me méi yǒu zǔ zhǐ tā ní
당신은 왜 그를 저지시키지 않았어요?

不要阻止我的行动。
bù yào zǔ zhǐ wǒ de xíngdòng
저의 행동을 막지 마세요.

这种行为在这里是受禁止的。
zhè zhǒngxíng wéi zài zhè lǐ shì shòu jìn zhǐ de
이런 행위는 여기에서 금지된 것입니다.

我不允许你那么说他。
wǒ bù yǔn xǔ nǐ nà me shuō tā
내가 그를 그렇게 말하는 것을 허락하지 않겠어.

EXample

Q : 这是您的吗?
zhè shì nín de ma

A : 是的。
shì de

Q : 有什么问题吗?
yǒu shén me wèn tí ma

A : 这种药品的出售是依法禁止的。
zhè zhǒng yào pǐn de chū shòu shì yī fǎ jìn zhǐ de

Q : 이것은 당신 것입니까?
A : 그렇습니다.
Q : 무슨 문제가 있어요?
A : 이런 약품을 판매하는 것은 법률에 의해 금지되어 있습니다.

PATTERN DRILL

➡ 接到通知了吗？
jiē dào tōng zhī le ma

会议什么时候开始？接到通知了吗？
huì yì shén me shí hòu kāi shǐ　jiē dào tōng zhī le ma．
회의는 몇 시에 시작합니까, 통지를 받았습니까?

具体时间我到时候会打电话通知您的。
jù tǐ shí jiān wǒ dào shí hòu huì dǎ diàn huà tōng zhī nín de
구체적인 시간은 제가 그 때 전화로 연락드리겠습니다.

请通报一下姓名。
qǐng tōng bào yī xià xìng míng
성함을 좀 얘기해주세요.

我会及时通知你。
wǒ huì jí shí tōng zhī nǐ
제 때에 당신에게 통지할거예요.

向全世界发出了通告。
xiàng quán shì jiè fā chū le tōng gào
전 세계에 통고하였습니다.

你一接到通知就马上给我打电话。
nǐ yī jiē dào tōng zhī jiù mǎ shàng gěi wǒ dǎ diàn huà
통지를 받으면 곧장 저한테 전화하세요.

EXample

Q : 你接到关于会议的通知了吗？
nǐ jiē dào guān yú huì yì de tōng zhī le ma

A : 没有，要开会吗？
méi yǒu　yào kāi huì ma

Q : 明天要开全体员工会议。
míng tiān yào kāi quán tǐ yuán gōng huì yì

Q : 회의에 관한 통지를 받았나요?
A : 아니요, 언제 회의를 합니까?
Q : 내일 전체 직원회의를 연다고 합니다.

| 제가 달갑게 벌을 받겠습니다. |

PATTERN DRILL

➡ 我甘愿受罚。
wǒ gān yuàn shòu fá

他是不是犯了什么罪?
tā shì bú shì fàn le shén me zuì
그가 무슨 죄를 진 게 아니에요?

他只是得到了他应有的惩罚。
tā zhǐ shì dé dào le tā yīng yǒu dè chěng fá
그는 그가 받아야 할 벌을 받았을 뿐입니다.

运营一个组织，得做到赏罚分明。
yùn yíng yí gè zǔ zhī　de zuò dào shǎng fá fēn míng
한 조직의 운영에 있어서 상벌이 분명히 해야 합니다.

犯了法就得得到相应的惩罚。
fàn le fǎ jiù děi dé dào xiāng yīng dè chěng fá
범죄를 저질렀으면 상응하는 벌을 받아야 합니다.

他因他的行为受到了严厉地惩罚。
tā yīn tā dè xíng wéi shòu dào le yán lì de chěng fá
그는 그의 행위로 인해 엄한 처벌을 받았습니다.

EXample

Q : 你知不知道你的行为是错误的。
nǐ zhī bù zhī dào nǐ dè xíng wéi shì cuò wù dè

A : 我知道。
wǒ zhī dào

Q : 你应该为你所做的行为负责。
nǐ yīng gāi wéi nǐ suǒ zuò dè xíng wéi fù zé

A : 好, 我甘愿受罚。
hǎo　wǒ gān yuàn shòu fá

Q : 당신의 행위가 잘못된 것이란 것을 압니까?
A : 압니다.
Q : 당신은 당신이 행한 행위로 인한 처벌을 받아야 합니다.
A : 좋습니다. 제가 달갑게 받겠습니다.

그냥 있을 순 없다.

PATTERN DRILL

➡ 不能不管。
bù néng bù guǎn

_你怎么多管闲事?
nǐ zěn me duō guǎn xián shì

당신은 왜 자신과 상관없는 일에 참견합니까?

_我不能眼睁睁地看着他被挨打。
wǒ bù néng yǎn zhēng zhēng dì kàn zhe tā bèi āi dǎ

저는 그가 맞고 있는 것을 차마 눈뜨고 보고만 있을 수 없습니다.

_我不能看着他受苦不管。
wǒ bù néng kàn zhe tā shòu kǔ bù guǎn

그가 고생하는 것을 보고 그냥 있을 수 없습니다.

_他有困难，我不能袖手旁观。
tā yǒu kùn nán　wǒ bù néng xiù shǒu páng guān

그가 어려움에 처해 있는데 보고만 있을 수 없습니다.

_我才不管呢!
wǒ cái bù guǎn ne

난 관여하기 싫어.

_你别干涉我的生活。
nǐ bié gān shè wǒ de shēng huó

내 생활에 간섭하지 마.

EXample

Q : 你怎么管那么多闲事?
nǐ zěn me guǎn nà me duō xián shì

A : 不是管闲事，他是我朋友，不能看着他犯错误。
bù shì guǎn xián shì　tā shì wǒ péng yǒu　bù néng kàn zhe tā fàn cuò wù

Q : 你说得对。
nǐ shuō de duì

Q : 너 왜 그렇게 쓸데없는 참견을 해?
A : 쓸데없는 참견이 아니야. 그는 내 친구야. 그가 잘못을 저지르는 것을 보고 그냥 있을 수 없어.
Q : 네 말이 옳아.

| 말려들다. |

PATTERN DRILL

➡ 卷进。
juǎn jìn

_你是不是陷入了什么困境?
nǐ shì bú shì xiàn rù le shén me kùn jìng
무슨 곤경에 처한 것은 아닙니까?

_他遇到了一点儿麻烦事。
tā yù dào le yì diǎn er má fán shì
그는 좀 번거로운 일에 처해있습니다.

_他好像陷入了什么困境。
tā hǎo xiàng xiàn rù le shén me kùn jìng
그가 어떤 곤경에 빠진 것 같아.

_你最好不要搅进那些是非。
nǐ zuì hǎo bù yào jiǎo jìn nà xiē shì fēi
가능하면 그러한 시비에 말려들지 마.

_他被一些困难纠缠着呢。
tā bèi yī xiē kùn nán jiū chán zhe ne
그는 어려움에 시달리고 있어.

_要注意言行，以免卷进一些麻烦事中。
yào zhù yì yán xíng yǐ miǎn juǎn jìn yī xiē má fán shì zhōng
번거로운 일에 말려들지 않도록 언행을 조심해라.

EXample

Q : 他怎么显得忧郁?
tā zěn me xiǎn dé yōu yù

A : 他好像陷入了什么困境。
tā hǎo xiàng xiàn rù le shén me kùn jìng

Q : 你知道是什么事吗?
nǐ zhī dào shì shén me shì ma

Q : 그가 우울해 있는 것 같아.
A : 그가 무슨 곤경에 처해 있나봐.
Q : 무슨 일인지 알아?

PATTERN DRILL

➡ 说谎话。
shuō huǎng huà

_你说的话分明是骗人的。
nǐ shuō dè huà fēn míng shì piàn rén dè
당신이 한 말은 분명히 사기입니다.

_你别跟我撒慌了。
nǐ bié gēn wǒ sā huǎng le
저한테 거짓말하지 마세요.

_他怎么跟你撒谎?
tā zěn mè gēn nǐ sā huǎng
그가 왜 너한테 거짓말을 해?

_他分明在说谎。
tā fēn míng zài shuōhuǎng
그가 분명히 거짓말을 하고 있습니다.

_谎言终究要败露。
huǎng yán zhōng jiū yào bài lù
거짓말은 반드시 드러납니다.

_她所说的一切都是谎言。
tā suǒ shuō dè yī qiē dū shì huǎng yán
그가 말한 것은 모든 거짓말입니다.

EXample

Q : 你怎么老说谎话?
nǐ zěn mè lǎo shuōhuǎng huà

A : 我也不知道, 好像成习惯了。
wǒ yě bù zhī dào　hǎo xiàngchéng xí guàn le

Q : 那可不是好习惯。
nà kě bù shì hǎo xí guàn

Q : 넌 왜 늘 거짓말을 해?
A : 나도 모르겠어. 습관이 된 같아.
Q : 그것은 좋은 습관이 아니야.

PATTERN DRILL

➡ 按原则办事。
àn yuán zé bàn shì

我们得按原则处理这事。
wǒ mén děi àn yuán zé chù lǐ zhè shì
우리는 원칙에 따라 이 일을 처리해야 됩니다.

他是有原则的人，不会干出那种事。
tā shì yǒu yuán zé dè rén　bú huì gān chū nà zhǒng shì
그는 원칙을 지키는 사람입니다. 그런 일을 저지를 수 없어요.

原则上，你应该是错的。
yuán zé shàng　nǐ yīng gāi shì cuò dè
원칙적으로 당신이 틀린 것입니다.

他不会违背自己的原则。
tā bù huì wéi bèi zì jǐ dè yuán zé
그는 자신의 원칙을 위배하지 않을 것입니다.

根据平等互惠的原则。
gēn jù píngděng hù huì dè yuán zé
평등호혜의 원칙에 따라.

我们一定要坚持我们的原则。
wǒ mén yī dìng yào jiān chí wǒ mén dè yuán zé
우리는 꼭 우리의 원칙을 견지해야 합니다.

EXample

Q : 我们一向是按原则办事的。
wǒ mén yī xiàng shì àn yuán zé bàn shì dè

A : 没有一点例外吗?
méi yǒu yī diǎn lì wài ma

Q : 那得看情况了。
nà děi kàn qíng kuàng le

Q : 우리는 항상 원칙에 따라 일을 처리합니다.
A : 조그만 예외도 없나요?
Q : 그건 상황을 봐야죠

_카스텔라	蛋糕(dàn gāo)
_칵테일	鸡尾酒(jī wěi jiǔ)
_칼로리	热量(rè liàng)
_KFC	肯德基(kěn dé jī)
_캥거루	袋鼠(dài shǔ)
_커피	咖啡(kā fēi)
_컨테이너	集装箱(jí zhuāng xiāng)
_컴퓨터	电脑(diàn nǎo)
_케이블카	缆车(lǎn chē)
_케이크	蛋糕(dàn gāo)
_콘돔	保险套(bǎoxiǎntào), 避孕套(bí yùn tào)
_콘센트	插座(chā zuò)
_콘크리트	混凝土(hùn níng tǔ)
_콘택트렌즈	隐形眼镜(yǐn xíng yǎn jìng)
_콜라	可乐(kě lè)
_콤바인	联合收割机(lián hé shōu gē jī)
_클럽	俱乐部(jù lè bù)
_크레인	起重机(qǐ zhòng jī)
_타이어	轮胎(lún tāi)
_탭댄스	踢踏舞(tī tà wǔ)
_탱크	坦克(tǎn kè)
_텔레비전	电视(diàn shì)
_토너먼트	淘汰赛(táo tài sài)
_토마토	西红柿(xī hóng shì)
_토스트	烤面包(kǎo miàn bao)

INDEX

049_外貌有什么特征？(외모에 어떤 특징이 있습니까?)

050_看上去苍白。(창백하게 보입니다.)

051_变得认不出来。(몰라보게 변했군요.)

052_你看他的表情。(그의 표정 좀 봐.)

053_脸色变了。(안색이 변했어요.)

054_外貌出众。(외모가 출중하다.)

055_体重增加。(몸무게가 늘다.)

056_变苗条。(날씬해지다.)

057_保持体形。(몸매를 유지하다.)

058_你是做什么工作的？(어떤 일을 합니까?)

059_我是商人。(저는 장사를 합니다.)

060_你是上学的吗？(학교에 다닙니까? / 학생입니까?)

061_工资是多少？(월급은 얼마입니까?)

062_经常加班吗？(잔업은 자주 합니까?)

063_几点上班？(몇 시에 출근합니까?)

064_这次休几天假？(이번 휴가는 며칠이니?)

065_公休日越多越好。(공휴일은 많을수록 좋습니다.)

066_周末打算干什么？(주말은 어떻게 보낼 생각입니까?)

067_从家到公司远吗？(집에서 회사까지 멉니까?)

068_坐公共汽车。(버스를 타다.)

069_碰到上下班高峰时间。(러시아워에 걸리다.)

070_金先生在家吗？(김 선생님은 집에 계십니까?)

071_一点礼物。(조그만 선물입니다.)

072_添麻烦。(폐를 끼치다.)

073_打扰你真不好意思。(폐를 끼쳐드려 미안합니다.)

074_不用特意来看我。(일부러 저를 보러 올 것까지는 없어요.)

075_不瞒您说，～(솔직히 말해서, ～)

076_下次再聊。(다음에 다시 이야기합시다.)

077_请慢走。 (살펴가세요.)

078_谢谢你的招待。 (초대해주셔서 고맙습니다.)

079_不再挽留你了。 (더 이상 만류하지 않겠습니다.)

080_随便一点。 (편히 하세요.)

081_请喝茶。 (차 드세요.)

084_明天星期几？ (내일은 무슨 요일입니까?)

085_今天几号？ (오늘은 며칠입니까?)

086_你星期几回来？ (무슨 요일에 돌아오니?)

087_昨天是礼拜日。 (어제는 일요일이었습니다.)

088_你什么时候儿起床？ (몇 시에 일어납니까?)

089_晚上你做什么？ (저녁에는 뭘 합니까?)

090_现在几点？ (지금 몇 시입니까?)

091_现在是六点三刻。 (지금 6시 45분이야.)

092_你是哪一年出生的？ (당신은 몇 년생입니까?)

093_暑假期间你想干什么？ (여름방학에는 뭘 할거야?)

094_需要多长时间？ (시간이 얼마나 걸립니까?)

095_赶不上火车。 (제시간에 기차를 탈 수 없어.)

096_今天天气很好。 (오늘 날씨는 매우 좋습니다.)

097_今天要下雨。 (오늘은 비가 내립니다.)

098_下连天的阴雨。 (연일 궂은비가 내리다.)

099_刮大风。 (세찬 바람이 불다.)

100_外面有点冷。 (바깥은 약간 춥습니다.)

101_下了第一场雪。 (첫눈이 내렸습니다.)

102_春天终于到了。 (드디어 봄이 왔습니다.)

103_夏天很热。 (여름은 아주 무덥습니다.)

104_枫叶红了。 (단풍이 들다.)

105_去滑雪吧。 (스키를 타러 갑시다.)

106_忽冷忽热。 (갑자기 더웠다가 갑자기 추워지다.)

107_黄沙满天。 (황사가 하늘을 뒤덮다.)

108_雨过天晴。 (비온 뒤에 하늘이 맑게 개이다.)

110_生气。 (화를 내다.)

111_抑制冲动。 (충동을 억제하다.)

112_让人生气。 (화나게 하다.)

113_大吃一惊。 (크게 놀라다.)

114_真可怕。 (정말 무섭다.)

115_恐怖。 (공포에 떨다.)

116_毛骨悚然。 (섬뜩해지다.)

117_不知道该怎么办。 (어찌할 바를 모르다.)

118_太荒唐。 (너무 황당하다.)

119_吓晕。 (놀라서 기절하다.)

120_害羞。 (부끄러워하다.)

121_要知道羞耻。 (창피한 줄 알아야지.)

122_感到惭愧。 (부끄럽게 생각하다.)

123_真遗憾。 (정말 유감스럽다. / 정말 섭섭하다.)

124_真不好意思。 (정말 미안합니다.)

125_非常羡慕。 (몹시 부러워하다.)

126_妒嫉。 (질투하다.)

127_心眼儿坏。 (심술궂다.)

128_小肚量。 (마음이 옹졸하다.)

129_鼻子一酸。 (코가 찡하다.)

130_很烦人。 (몹시 귀찮다.)

131_坐立不安。 (안절부절못하다.)

132_让人头疼。 (골치 아프게 하다.)

133_感动得说不出话来。 (감동하여 목이 메다.)

134_真是受不了。(질색이다.)

135_不能容忍。(참을 수 없다.)

136_心焦。(마음을 졸이다.)

137_因为疼得要死。(아파서 죽겠다.)

138_有没有觉得对不起别人？(다른 사람에게 미안하지도 않아요?)

139_现在放心了。(이제는 안심이다.)

140_要疯了。(미치겠네.)

141_陶醉了。(도취되다.)

144_实话实说。(솔직히 터놓고 말하다.)

145_不要干涉。(간섭하지 마세요.)

146_找借口。(핑계를 대다.)

147_捏造证据。(증거를 날조하다.)

148_可以跟别人说。(다른 사람에게 말해도 괜찮아.)

149_所谓, ～ (말하지면, ～ / 이를테면, ～)

150_意见不合。(의견이 맞지 않다.)

151_踌躇。(주저하다. / 망설이다.)

152_你认为怎么样？(당신은 어떻게 생각합니까?)

153_说要点。(요점을 말하다.)

154_那个不重要。(그건 중요한 게 아닙니다.)

155_简单地说, ～ (간략히 말하지면, ～)

156_回到核心。(핵심으로 돌아가다. / 본론으로 들어가다.)

157_整体来说, ～ (종합적으로 말하면, ～)

158_站在别人的立场。(다른 사람의 입장에 서다.)

159_不算什么。(아무것도 아니다.)

160_说到容易。(말하기는 쉽다.)

161_还要说什么？(더 말해 뭐해?)

162_虽说不上完美, 但还可以。(그런대로 괜찮다.)

163_不再说了。(더 이상 말하지 않겠다.)

164_不可能有。(있을 수 없다.)

165_各有所好。(제 눈에 안경이다.)

166_不是跟你开玩笑。(장난이 아니야.)

167_别瞎说了！(헛소리하지 마.)

168_你没权利指使我。(나에게 이래라 저래라 하지 마.)

169_会找你麻烦的。(너를 귀찮게 할 거야.)

170_我要说一句。(한 마디 하겠습니다.)

171_往好处想。(좋게 생각하세요.)

172_互相帮助。(서로 돕다.)

173_请原谅。(용서하세요.)

174_照顾一次吧。(한번만 봐주세요.)

175_我必须得去吗？(내가 꼭 가야합니까?)

176_注意。(주의하세요.)

177_算了。(됐어. / 그만해.)

178_同意你的意见。(너의 의견에 동의한다.)

179_我也一样。(나도 마찬가지야.)

180_谈得来。(말이 통하다.)

181_好的。(좋습니다.)

182_可以保证。(보증할 수 있다.)

183_没错。(맞습니다.)

184_不足为奇。(대단한 일이 아니다.)

185_绝对不行。(절대 안 된다.)

188_你喜欢吃中国菜吗？(중국요리를 좋아합니까?)

189_这附近有韩式餐厅吗？(이 근처에 한식점이 있습니까?)

190_我要吃汉堡包。(나는 햄버거를 먹겠어.)

191_我要预定。(예약을 부탁합니다.)

192_您要按什么样的标准预定？ (어떤 기준으로 예약할 겁니까?)

193_有空桌吗？ (빈 좌석이 있습니까?)

194_我要换位子。 (좌석을 바꾸고 싶습니다.)

195_我要点菜。 (주문하고 싶습니다.)

196_等一会儿再点。 (좀 있다가 주문하겠습니다.)

197_有本地名菜吗？ (이 지역의 명물요리는 있습니까?)

198_你们喝什么？ (뭘 마시겠습니까?)

199_请烤得嫩点。 (살짝 구워주십시오.)

200_这不是我们点的菜。 (이것은 제가 주문한 것이 아닙니다.)

201_这道菜味道怎么样？ (이 요리는 맛이 어떻습니까?)

202_这道菜很香。 (이 요리는 아주 맛있습니다.)

203_味道奇怪。 (이상한 냄새가 납니다.)

204_没熟。 (덜 익었습니다.)

205_烧焦了。 (다 타버렸습니다.)

206_挑食。 (음식을 가리다.)

207_我要一个碟子。 (접시 하나 주세요.)

208_菜都凉了。 (음식이 다 식었다.)

209_我要打包。 (남은 걸 싸가겠습니다.)

210_吃饱了。 (배가 부르다.)

211_饿死了。 (배가 고프다.)

212_没胃口。 (입맛이 없다. / 입맛이 떨어지다.)

213_吃夜宵。 (밤참을 먹다.)

214_干杯! (건배! / 건배합시다!)

215_喝醉了。 (술에 취하다.)

216_换地方。 (2차 갑시다.)

217_他是酒鬼。 (그 사람은 술고래야.)

218_饭后吃什么点心？ (디저트는 무엇으로 하시겠습니까?)

219_我请客。 (제가 한턱낼게요.)

220_请随便用。 (마음껏 드십시오.)

221_再吃点吧。 (더 드십시오.)

222_谢谢你的款待。 (초대해주셔서 감사합니다.)

223_在哪儿结帐？ (어디서 계산합니까?)

226_今天的列车有座号吗？ (오늘의 열차는 좌석이 있나요?)

227_有特快吗？ (특급열차는 있습니까?)

228_我要换成明天的票。 (내일 표로 바꾸고 싶습니다.)

229_在几号出口检票？ (몇 번 출구에서 개찰합니까?)

230_下一站是哪儿？ (다음 역은 어디입니까?)

231_高速汽车什么时候出发？ (고속버스는 언제 출발합니까?)

232_票价是多少钱？ (운임은 얼마입니까?)

233_车上可以吸烟吗？ (차에서 담배를 피워도 됩니까?)

234_这个座位有人吗？ (이 좌석은 비어 있나요?)

235_有去故宫的公共汽车吗？ (고궁으로 가는 시내버스가 있습니까?)

236_坐几路车？ (몇 번 버스를 타야 합니까?)

237_这附近有地铁站吗？ (이 부근에 지하철역이 있습니까?)

238_在哪儿买票？ (어디서 표를 삽니까?)

239_到站了吗？ (역에 도착했습니까?)

240_去那儿大概多少钱？ (거기까지 요금이 얼마나 나올까요?)

241_我要去北海公园。 (북해공원까지 부탁합니다.)

242_请帮我把行李放上去吧。 (짐 좀 실어주세요.)

243_客轮几点出发？ (여객선은 몇 시에 출발합니까?)

244_船上都有什么样的客舱？ (배에는 어떤 객실이 있습니까?)

245_我晕船。 (저는 뱃멀미를 합니다.)

246_到甲板看风景吧。 (갑판에 가서 경치를 구경해요.)

247_请问这是什么地方？ (이곳은 어디입니까?)

248_附近有派出所吗？ (근처에 파출소가 있습니까?)

249_能再说一遍吗？(다시 한번 말씀해주시겠어요?)

250_我来开车。(제가 차를 몰게요.)

251_我要加油。(기름을 넣고 싶습니다.)

252_现在的速度是多少？(현재 속도는 얼마니?)

253_停车。(차를 세우다.)

254_向前开一点。(앞으로 좀 빼주세요.)

255_交通堵塞。(교통이 막히다.)

256_超速被抓。(과속으로 걸리다.)

257_酒后驾车。(음주운전을 하다.)

258_汽车轮胎暴了。(타이어에 펑크가 났습니다.)

259_请帮我报警。(경찰에 신고해주세요.)

260_我们撞车了。(차가 부딪쳤습니다.)

261_我受伤了。(다쳤습니다.)

262_不是我的责任。(제 책임이 아닙니다.)

264_请问我的座位在哪儿？(제 좌석은 어디에 있나요?)

265_我要喝咖啡。(커피를 마시겠습니다.)

266_有没有韩文报纸？(한국어 신문은 있습니까?)

267_我有点不舒服。(몸이 좀 불편합니다.)

268_飞机几点到达？(비행기는 몇 시에 도착합니까?)

269_航班延误了。(비행기가 연착되었다.)

270_请出示您的机漂。(항공권을 보여주시겠어요?)

271_打算逗留几天？(며칠 머물 예정입니까?)

272_请出示您的护照。(여권을 보여주십시오.)

273_请填入境登记卡。(입국신고서를 기입해주세요.)

274_在哪儿取行李？(짐은 어디서 찾습니까?)

275_我的行李见了。(제 짐이 안 보입니다.)

276_能帮我查一下吗？(한번 확인해주시겠어요?)

277_需要申报吗？(신고해야 합니까?)

278_请打开这个包。(가방을 열어 주세요.)

279_预定。(예약하다.)

280_免税店在哪儿？(면세점은 어디에 있습니까?)

281_我的护照丢了。(여권을 잃어버렸습니다.)

282_我记不清了。(기억이 나지 않습니다.)

283_忘在家里了。(집에 놓고 왔습니다.)

284_在哪儿可以兑换外汇。(어디서 외화를 환전할 수 있나요?)

285_您带现金了吗？(현금은 가지고 계세요?)

286_就要到了。(곧 도착합니다.)

287_游览名胜古迹。(명승고적을 구경하다.)

288_请介绍一下。(설명 좀 부탁드립니다.)

289_还有别的吗？　　　(다른 게 더 있습니까?)

290_这里可以照相吗？(여기서 사진을 찍어도 됩니까?)

291_在哪儿能买到？(어디서 살 수 있습니까?)

292_几点开门？(몇 시에 문을 엽니까?)

293_位于哪个地方？(어느 지역에 위치하고 있습니까?)

294_请给我旅游地图。(관광지도 좀 주세요.)

295_世界闻名。(세계적으로 명성이 있다.)

296_什么时候的？(언제 것입니까?)

297_有多长？(길이는 얼마나 됩니까?)

298_真雄伟啊！(정말 웅장합니다!)

300_我要预定房间。(방을 예약하고 싶습니다.)

301_有什么样的客房？(어떤 방이 있습니까?)

302_房费一天多少钱？(하루에 얼마입니까?)

303_我已经预约了。(저는 이미 예약했습니다.)

304_可以先看一下房间吗？(먼저 방을 볼 수 있습니까?)

305_找不到您的名字。(이름을 찾을 수 없습니다.)

306_请把行李搬到房间去。(짐을 방까지 옮겨주세요.)

307_这个怎么弄？(이것은 어떻게 사용합니까?)

308_我需要客房服务。(룸서비스를 부탁합니다.)

309_我想干洗衣服。(드라이클리닝을 부탁합니다.)

310_请保管房间钥匙。(방 열쇠를 보관해주십시오.)

311_我想寄信。(편지를 부치고 싶습니다.)

312_有人来找您。(어떤 분이 찾아오셨습니다.)

313_能打直播电话吗？(직통전화를 할 수 있나요?)

314_我要打国际长途电话。(국제전화를 하고 싶은데요.)

315_餐厅在哪儿？(식당이 어디 있습니까?)

316_饭店内有夜总会吗？(호텔에 나이트클럽이 있습니까?)

317_房间的钥匙坏了。(방 열쇠가 고장났습니다.)

318_浴室里不出热水。(욕실에 더운 물이 나오지 않습니다.)

319_我要退房。(체크아웃을 부탁합니다.)

320_请给我帐单。(요금명세표를 주십시오.)

321_你家在哪儿？(집은 어디에 있습니까?)

322_你的家乡是哪儿？(고향은 어디입니까?)

323_印象如何？(느낌이 어때요?)

324_欢迎光临我家。(저희 집에 오신 걸 환영합니다.)

325_你家有几个房间？(너의 집은 방이 몇 개야?)

326_你家挺豪华啊。(너의 집은 아주 호화롭구나.)

328_欢迎光临! (어서 오십시오!)

329_这里不讲价。(여기는 정찰제입니다.)

330_您想买点什么？(무엇을 찾으십니까?/무엇을 사시겠습니까?)

331_您要什么颜色的？(어떤 색상을 원하십니까?)

332_我能试试看吗？(한번 입어봐도 될까요?)

333_除此之外，还有别的吗？ (이것 외에 다른 거 또 있나요?)

334_请先付钱。 (선불입니다.)

335_您想要哪个？ (어떤 것을 원하십니까?)

336_能给我换另一件吗？ (다른 걸로 바꿔주실 수 있어요?)

337_怎么卖？ (어떻게 팝니까?)

338_信誉第一，顾客至上！ (신용제일, 고객우선!)

339_明天开始特价大甩卖。 (내일부터 특가대처분합니다.)

340_价钱能不能便宜点？ (좀 싸게 주실 수 없어요?)

341_找您钱。 (거스름돈 받으세요.)

342_能试一下吗？ (입어봐도 될까요?)

343_有没有再小一点儿的？ (좀 더 작은 것은 없어요?)

344_哪个比较好？ (어느 것이 비교적 좋습니까?)

345_这是流行的。 (이것이 유행하는 것입니다.)

346_并不怎么艳。 (별로 화려하지 않습니다.)

347_尺码是多少？ (사이즈는 얼마입니까?)

348_太肥了。 (너무 헐렁하다.)

349_我认为还是，～ (제가 보기에는 아무래도,～)

350_在哪儿出售？ (어디서 팝니까?)

351_是哪位穿的？ (어느 분이 입을 겁니까?)

352_现已售完。 (다 팔렸어요.)

353_这个怎么这么贵？ (이것은 왜 이렇게 비싸죠?)

354_不错是不错，可是买不起。 (괜찮긴 한데 살 돈이 없다.)

355_趁机买一个吧。 (이 기회에 하나 삽시다.)

356_我想定做一套西服。 (양복 한 벌 맞추고 싶습니다.)

357_尺寸是多少？ (치수는 얼마입니까?)

358_品质优良。 (품질이 우수하다.)

359_我看一般。 (제가 보기에는 별로입니다.)

360_这附近有百货公司吗？ (이 근처에 백화점이 있나요?)

361_多少钱? (얼마입니까?)

362_又便宜又好。(싸고 좋습니다.)

363_能不能再便宜点? (좀 더 싸게 안 되겠어요?)

364_价格高。(가격이 비싸다.)

365_能不能打折? (할인은 안 됩니까?)

366_卖给我吧。(저한테 파세요.)

367_一共多少钱? (모두 얼마입니까?)

368_这儿不给赊帐。(외상으로는 안 됩니다.)

369_带着零钱没有? (잔돈 있습니까?)

370_可以用信用卡付钱吗? (신용카드로 계산해도 됩니까?)

372_身体好吗? (건강은 어떠세요?)

373_身体不太好。(몸이 안 좋습니다. / 건강이 안 좋습니다.)

374_生病。(병에 걸리다.)

375_有什么症状? (어떤 증상이 있어요?)

376_身体恢夏。(몸이 회복되다.)

377_病情恶化。(병세가 악화되다.)

378_您哪儿疼? (어디가 아프세요?)

379_你的肌肉都僵硬了。(근육이 뭉쳤어요.)

380_浑身酸痛。(온몸이 쑤시고 아프다.)

381_发热。(열이 나다.)

382_失去感觉。(감각을 잃다.)

383_扭了腰。(허리를 삐다.)

384_扭断了腿。(다리가 부러지다.)

385_手裂了。(손이 트다.)

386_腿肿了。(다리가 붓다.)

387_烫伤了手。(손을 데이다.)

388_呕吐。(구토하다. / 토하다.)

389_发晕。(현기증이 나다. / 어지럽다.)

390_疼痛消失。(통증이 가라앉다.)

391_这药有效果。(이 약은 효과가 있다.)

392_对身体有好处。(몸에 이롭다. / 신체에 유익하다.)

393_请按处方给我配药。(처방대로 약을 조제해주세요.)

394_做健康检查。(건강검진을 받다.)

395_接受综合诊断。(종합진단을 받다.)

396_受手术。(수술을 받다.)

397_住院。(입원하다.)

398_他已经出院了。(그는 이미 퇴원했습니다.)

399_眼睛不好。(눈이 나쁘다.)

400_牙疼。(이가 아프다.)

401_拔牙。(이를 뽑다.)

402_矫正牙齿。(치아교정을 하다.)

403_留下伤疤。(흉터가 남다.)

404_抢救。(응급처지 하다.)

405_擦伤。(피부가 까지다.)

406_嗓子哑。(목이 쉬다.)

PART 12 통신에 관한 표현

408_打电话。(전화를 걸다.)

409_挂断电话。(전화를 끊다.)

410_占线。(통화중이다.)

411_有杂音。(잡음이 난다.)

412_请稍等。(잠시만 기다리세요.)

413_回电话。(다시 전화를 걸다.)

414_转告。(소식을 전하다.)

415_保持联系。(자주 연락하다.)

416_我打错了。(잘못 걸었습니다.)

417_接奇怪的电话。(장난전화를 받다.)

418_电话打通了。(전화 연결이 되었습니다.)

419_请大声点。(좀 큰 소리로 말해주세요.)

420_接到电话很高兴。(전화 반갑다.)

421_您有什么事? (용건이 뭐지요?)

422_放下电话。(전화를 내려놓다.)

423_来电话了。(전화 왔어요.)

424_电话号码是多少? (전화번호는 몇 번이니?)

425_写信。(편지를 쓰다.)

426_写留言。(간단한 메모를 남기다.)

427_寄信。(편지를 부치다.)

428_寄包裹。(소포를 부치다.)

429_我要往家里邮钱。(집에 송금하려고 합니다.)

430_他是个网民。(그는 네티즌이다)

431_他是电脑高手。(그는 컴퓨터 도사야.)

432_上网。(인터넷에 접속하다.)

433_网上聊天。(인터넷 채팅을 하다.)

434_发电子邮件。(이메일을 보내다.)

435_电脑有病毒。(컴퓨터에 바이러스가 있어.)

436_网上购物很方便。(인터넷 쇼핑은 아주 편리해.)

438_没有你游得好。(너보다 수영을 못해.)

439_有取胜的可能。(승산이 있다.)

440_我不想参加。(빠지고 싶다.)

441_这次比赛是平局。(이번 경기는 무승부였다.)

442_彻底打败。(완승하다.)

443_比赛还没有结束。(시합은 아직 끝나지 않았다.)

444_得冠军。(우승을 거두다.)

445_取胜。(승리하다. / 이기다.)

446_获得亚军。(준우승을 거두다.)

447_输了。(지다. / 패하다.)

448_取得连胜。(연승을 거두다.)

449_领先。(리드하다. / 앞서고 있다.)

450_高一筹。(한 수 위다.)

451_打得不好。(「볼을」 잘 다루지 못한다.)

452_跑的速度很快。(빨리 달리다.)

453_得分。(득점하다.)

454_深深吸引住了。(흠뻑 빠지다. / 홀딱 반하다.)

455_播放什么节目？(어떤 프로가 상영되니?)

456_非常喜欢。(몹시 좋아하다.)

457_更喜欢。(좋아하다. / 선호하다.)

458_产生了兴趣。(흥미를 가지게 되었다.)

459_沉迷于电子游戏。(게임에 빠지다.)

460_我所喜欢的类型。(내가 좋아하는 타입이다.)

461_几点开始演？(몇 시에 공연이 시작되니?)

462_没意思。(재미없다.)

463_开演唱会。(콘서트를 열다.)

464_去看画展。(미술 전시회에 가서 구경하다.)

466_生意怎么样？(사업은 어때요?)

467_我也是勉强够本。(저도 겨우 본전을 합니다.)

468_度过难关。(어려운 고비를 벗어나다.)

469_破产。(파산하다.)

470_有支付能力。(지불 능력이 있다.)

471_依靠工资生活。(봉급에 의지하여 생활하다.)

472_竞争激烈。(경쟁이 심하다.)

473_现在不够。(지금 일손이 부족하다.)

474_浪费。(사치하다. / 낭비하다.)

475_节约。(아끼다. / 절약하다.)

476_储蓄。(저축하다.)

477_贪小失大。(소탐대실. / 적은 것을 탐하여 큰 것을 잃다.)

478_得利。(이익을 보다.)

479_情形好转。(상황이 좋아지다.)

480_股价下跌。(주식이 떨어지다.)

481_不足。(부족하다.)

482_经济不景气。(경제가 불경기이다.)

483_勉强渡日。(겨우 생활하다. / 간신히 생활하다.)

484_没有钱。(무일푼이다. / 돈이 없다.)

485_出现黑字。(흑자가 나다.)

486_调价。(가격을 조정하다.)

487_用哪种支付方式？(어떤 지불방식으로 하시겠습니까?)

488_签约。(계약을 체결하다.)

489_做筹码。(볼모로 잡다.)

490_我这次上了他的当。(난 이번에 그한테 속았어.)

491_违反法律。(법을 어기다.)

492_遵守法律。(법을 준수하다. / 법을 지키다.)

493_这里禁止吸烟。(여기서는 흡연이 금지되어 있다.)

494_接到通知了吗？(통지를 받았습니까?)

495_我甘愿受罚。(제가 달갑게 벌을 받겠습니다.)

496_不能不管。(그냥 있을 순 없다.)

497_卷进。(말려들다.)

498_说谎话。(거짓말을 하다.)

499_按原则办事。(원칙대로 하다.)

2획

厂(廠)chǎng
卜(蔔)bǔ
儿(兒)ér
几(幾)jǐ
了(嘹)liǎo, liào, le

3획

干(幹)gān
亏(虧)kuī
才(纔)cái
万(萬)wàn
与(興)yú, yǔ, yù
飞(飛)fēi
马(馬)mǎ
亿(億)yì
个(個)gè
广(广)guǎng
门(門)mén
义(義)yì
习(習)xí
乡(鄉)xiāng

4획

《一》

丰(豐)fēng
开(開)kāi
无(無)wú
韦(韋)wéi
专(專)zhuān
云(雲)yún
艺(藝)yì

厅(廳)tīng
区(區)qū
车(車)chē

《丨》

冈(岡)gāng
贝(貝)bèi
见(見)jiàn

《丿》

气(気)qì
长(長)cháng, zhǎng
仆(僕)pū, pú
币(幣)bì
从(従)cóng, cōng
仑(侖)lún
仓(倉)cāng
风(風)fēng
仅(僅)jǐn
凤(鳳)fèng
乌(烏)wū

《丶》

闩(閂)shuān
为(爲)wéi, wèi
忆(憶)yì
订(訂)dìng
讣(訃)fù
认(認)rèn
记(記)jì

《一》

办(辦)bàn
劝(勸)quàn
双(雙)shuāng
书(書)shū

5획

《一》

击(擊)jī
扑(撲)pū
节(節)jié
术(術)shù
龙(龍)lóng
厉(厲)lì
灭(滅)miè
东(東)dōng
轧(軋)yà, zhá, gá

《丨》

卢(盧)lú
业(業)yè
旧(舊)jiù
帅(帥)shuài
归(歸)guī
叶(葉)yè
号(號)hào
电(電)diàn
叹(嘆)tàn

《丿》

们(們)mén

仪(儀)yí
从(從)cóng
尔(爾)ěr
乐(樂)lè
处(處)chù
鸟(鳥)niǎo
务(務)wù
饥(飢)jī

《丶》

冯(馮)féng, píng
闪(閃)shǎn
兰(蘭)lán
汇(匯)huì
头(頭)tóu
汉(漢)hàn
宁(寧)níng
讦(訐)jié
讨(討)tǎo
写(寫)xiě
让(讓)ràng
礼(禮)lǐ
讫(訖)qì
训(訓)xùn
议(議)yì
讯(訊)xùn
记(記)jì

《一》

队(隊)duì
邓(鄧)dèng
辽(遼)liáo
边(邊)biān
发(發)fā
圣(聖)shèng
对(對)duì
纠(糾)jiū

驭(馭)yù
丝(絲)sī

6획

《一》

动(動)dòng
执(執)zhí
巩(鞏)gǒng
扫(掃)sǎo
扬(揚)yáng
亚(亞)yà
机(機)jī
权(權)quán
过(過)guò
协(協)xié
压(壓)yā
厌(厭)yàn
厍(厙)shè
页(頁)yè
夸(誇)kuā
夺(奪)duó
达(達)dá
夹(夾)jiá, jiā, gā
轨(軌)guǐ
尧(堯)yáo
迈(邁)mài
毕(畢)bì

《丨》

贞(貞)zhēn
师(師)shī
当(當)dāng, dàng
尘(塵)chén
吁(吁)xū, yù
虾(蝦)xiā, hè
虫(蟲)chóng
团(團)tuán

吗(嗎)mǎ
屿(嶼)yǔ
岁(歲)suì
岂(豈)qǐ
则(則)zé
刚(剛)gāng
网(網)wǎng

《丿》

迁(遷)qiān
乔(喬)qiáo
伟(偉)wěi
传(傳)chuán
优(優)yōu
伤(傷)shāng
华(華)huá
伪(僞)wěi
会(會)huì, kuài
杀(殺)shā
众(眾)zhòng
爷(爺)yé
伞(傘)sǎn
创(創)chuàng
杂(雜)zá
负(負)fù

《丶》

壮(壯)zhuàng
冲(衝)chōng
妆(妝)zhuāng
庄(莊)zhuāng
庆(慶)qìng
刘(劉)liú
齐(齊)qí
产(產)chǎn
闭(閉)bì
问(問)wèn

关(關)guān
灯(燈)dēng
汤(湯)tāng
兴(興)xīng, xìng
讲(講)jiǎng
军(軍)jūn
许(許)xǔ
论(論)lùn
讽(諷)fěng
农(農)nóng
设(設)shè
访(訪)fǎng

《コ》
寻(尋)xún
尽(盡)jìn
导(導)dǎo
孙(孫)sūn
妇(婦)fù
妈(媽)mā
戏(戲)xì
观(觀)guān, guàn
欢(歡)huān
买(買)mǎi
红(紅)hóng
驯(馴)xún
约(約)yuē
纪(紀)jì
驰(馳)chí

7획

《一》
寿(壽)shòu
麦(麥)mài
玛(瑪)mǎ
进(進)jìn
远(遠)yuǎn

违(違)wéi
运(運)yùn
坛(壇)tán
坏(壞)huài
扰(擾)rǎo
抢(搶)qiǎng
坟(墳)fén
护(護)hù
块(塊)kuài
声(聲)shēng
报(報)bào
严(嚴)yán
芦(芦)lú
劳(勞)láo
苏(蘇)sū
极(極)jí
杨(楊)yáng
两(兩)liǎng
丽(麗)lì, lí
医(醫)yī
励(勵)lì
还(還)huán, hái
来(來)lái
连(連)lián

《丨》
坚(堅)jiān
时(時)shí
县(縣)xiàn
呕(嘔)ǒu
园(園)yuán
围(圍)wéi
员(員)yuán
听(聽)tīng
呜(嗚)wū
财(財)cái
帐(帳)zhàng

岚(嵐)lán

《丿》
针(針)zhēn
钉(釘)dīng, dìng
乱(亂)luàn
体(體)tǐ, tī
肠(腸)cháng
龟(龜)guī
鸠(鳩)jiū
条(條)tiáo
岛(島)dǎo
饭(飯)fàn
饮(飲)yǐn, yìn
系(系)xì, jì

《丶》
冻(凍)dòng
状(狀)zhuàng
亩(畝)mǔ
库(庫)kù
疗(療)liáo
应(應)yīng, yìng
这(這)zhè
庐(廬)lú
闲(閑)xián
间(間)jiān, jiàn
闷(悶)mèn, mēn
沟(溝)gōu
怀(懷)huái
忧(憂)yōu
穷(窮)qióng
证(證)zhèng
启(啓)qǐ
评(評)píng
补(補)bǔ
识(識)shí, zhì

诉(訴)sù
诊(診)zhěn
词(詞)cí
译(譯)yì

《一》
灵(靈)líng
层(層)céng
迟(遲)chí
张(張)zhāng
阵(陣)zhèn
阳(陽)yáng
阶(階)jiē
阴(陰)yīn
劲(勁)jìn, jìng
鸡(鷄)jī
驱(驅)qū
纱(紗)shā
纳(納)nà
驳(駁)bó
纷(紛)fēn
纸(紙)zhǐ
纺(紡)fǎng
组(組)zǔ

8획

《一》
环(環)huán
责(責)zé
现(現)xiàn
规(規)guī
担(擔)dān
顶(頂)dǐng
势(勢)shì
拨(撥)bō
苹(蘋)píng, pín
范(範)fàn

茎(莖)jīng
柜(櫃)guì
枪(槍)qiāng
构(構)gòu
丧(喪)sāng, sàng
画(畫)huà
枣(棗)zǎo
卖(賣)mài
郁(郁)yù
矿(礦)kuàng
码(碼)mǎ
厕(厠)cè
奋(奮)fèn
态(態)tài
欧(歐)ōu
殴(毆)ōu
垄(壟)lǒng
轰(轟)hōng
顷(頃)qǐng
斩(斬)zhǎn
轮(輪)lún
软(軟)ruǎn

《丨》
齿(齒)chǐ
虏(虜)lǔ
肾(腎)shèn
贤(賢)xián
邮(郵)yóu
国(國)guó
鸣(鳴)míng
罗(羅)luó
岭(嶺)lǐng
败(敗)bài
贩(販)fàn
图(圖)tú
购(購)gòu

《丿》
制(製)zhì
侠(俠)xiá
侦(偵)zhēn
侧(側)cè
侨(僑)qiáo
货(貨)huò
质(質)zhì
径(徑)jìng
邻(鄰)lín
贪(貪)tān
贫(貧)pín
胀((脹)zhàng
胁(脅)xié
鱼(魚)yú
备(備)bèi
饯(餞)jiàn
饰(飾)shì
饱(飽)bǎo
饴(飴)yí

《丶》
变(變)biàn
庞(龐)páng
庙(廟)miào
闹(鬧)nào
单(單)dān
炉(爐)lú
浅(淺)qiǎn
泻(瀉)xi
泼(潑)pō)
泽(澤)zé
怜(憐)lián
学(學)xué
宝(寶)bǎo
宠(寵)chǒng
审(審)shěn

帘(簾)lián
实(實)shí
试(試)shì
诗(詩)shī
诚(誠)chéng
衬(襯)chèn
视(視)shì
话(話)huà
询(詢)xún
该(該)gāi
详(詳)xiáng

《乛》
肃(肅)sù
录(錄)lù
际(際)jì
陆(陸)lù
陈(陳)chén
驾(駕)jià
参(參)cān, shēn
练(練)liàn
绅(紳)shēn
细(細)xì
驶(駛)shǐ
驷(駟)sì
驹(駒)jū
终(終)zhōng
织(織)zhī
驻(駐)zhù
驼(駝)tuó
绍(紹)shào
经(經)jīng
贯(貫)guàn

9획

《一》
项(項)xiàng

挟(挾)xié, jiā
赵(趙)zhào
挡(擋)dǎng
挥(揮)huī
荣(榮)róng
胡(鬍)hú
荫(蔭)yìn, yìn
药(藥)yào
标(標)biāo
栏(欄)lán
树(樹)shù
砖(磚)zhuān
砚(硯)yàn
牵(牽)qiān
鸥(鷗)ōu
残(殘)cán
轻(輕)qīng
鸦(鴉)yā

《丨》
战(戰)zhàn
点(點)diǎn
临(臨)lín
览(覽)lǎn
尝(嘗)cháng
哑(啞)yǎ, yā
显(顯)xiǎn
贵(貴)guì
虽(雖)suī
骂(罵)mà
哗(嘩)huá
响(響)xiǎng
哟(喲)yō, yo
峡(峽)xiá
罚(罰)fá
贱(賤)jiàn
贴(貼)tiē

《丿》
钝(鈍)dùn
钢(鋼)gāng
钥(鑰)yào
选(選)xuǎn
适(適)shì
种(種)zhòng, zhǒng
　　　　chóng
复(復)fù
笃(篤)dǔ
俩(倆)liǎ
贷(貸)dài
顺(順)shùn
须(須)xū
胆(膽)dǎn
胜(勝)shèng
狭(狹)xiá
独(獨)dú
狱(獄)yù
贸(貿)mào
饵(餌)ěr
蚀(蝕)shí
饷(餉)xiǎng
饺(餃)jiǎo
饼(餅)bǐng

《丶》
弯(彎)wān
将(將)jiāng, jiàng
奖(獎)jiǎng
疮(瘡)chuāng
疯(瘋)fēng
亲(親)qīn
闺(閨)guī
闻(聞)wén
闽(閩)mǐn
阁(閣)gé

养(養)yǎng　　蚕(蠶)cán　　鸭(鴨)yā
类(類)lèi　　顽(頑)wán　　晕(暈)yūn, yùn
郑(鄭)zhèng　　盏(盞)zhǎn　　鸯(鴦)yāng
总(總)zǒng　　捞(撈)lāo　　罢(罷)bà, ba
炼(煉)liàn　　载(載)zài, zǎi　　圆(圓)yuán
烁(爍)shuò　　赶(趕)gǎn　　贼(賊)zéi
烂(爛)làn　　盐(鹽)yán　　贿(賄)huì
洁(潔)jié　　损(損)sǔn　　赂(賂)lù
洒(灑)sǎ　　挚(摯)zhì　　脏(臟)zāng
浊(濁)zhuó　　热(熱)rè
测(測)cè　　捣(搗)dǎo　　《丿》
恼(惱)nǎo　　壶(壺)hú　　铁(鐵)tiě
举(舉)jǔ　　聂(聶)niè　　铃(鈴)líng
觉(覺)jué, jiào　　莲(蓮)lián　　铅(鉛)qiān, yán
窃(竊)qiè　　莴(萵)wō　　牺(犧)xī
语(語)yǔ　　获(獲)huò　　敌(敵)dí
袄(襖)ǎo　　恶(惡)è, wù, ě　　积(積)jī
祢(禰)nǐ　　档(檔)dàng　　称(稱)chēng, chèn
误(誤)wù　　桥(橋)qiáo　　笕(筧)jiǎn
说(說)shuō　　样(樣)yàng　　笔(筆)bǐ
昼(晝)zhòu　　贾(賈)gǔ　　债(債)zhài
费(費)fèi　　砾(礫)lì　　借(籍)jiè
逊(遜)xùn　　础(礎)chǔ　　赁(賃)lìn
贺(賀)hè　　顾(顧)gù　　舱(艙)cāng
垒(壘)lěi　　轼(軾)sh)　　耸(聳)sǒng
娇(嬌)jiāo　　轿(轎)jiào　　爱(愛)ài
结(結)jié, jiē　　顿(頓)dùn　　脏(臟)zàng, zāng
骄(驕)jiāo　　毙(斃)bì　　脑(腦)nǎo
骆(駱)luò　　　　脓(膿)nóng
统(統)tǒng　　《丨》　　鸳(鴛)yuān
给(給)gěi, jǐ　　虑(慮)lǜ　　皱(皺)zhòu
绝(絕)jué　　监(監)jiān, jiàn　　饽(餑)bō
　　紧(緊)jǐn　　饿(餓)è

10획　　党(黨)dǎng
《一》　　晒(曬)shài　　《丶》
艳(艷)yàn　　晓(曉)xiǎo　　恋(戀)liàn
帮(幫)bāng　　唠(嘮)lào　　浆(漿)jiāng, jiàng

准(準)zhǔn
资(資)zī
竟(竟)jìng
阅(閱)yuè
烦(煩)fán
烧(燒)shāo
烛(燭)zhú
递(遞)dì
涝(澇)lào
涟(漣)lián
涤(滌)dí
润(潤)rùn
涨(漲)zhǎng
涩(澀)sè
悯(憫)mǐn
宽(寬)kuān
家(家)jiā
宾(賓)bīn
请(請)qǐng
诸(諸)zhū
诽(誹)fěi
课(課)kè
调(調)diào
谅諒liàng
谈(談)(tán)
谊(誼)yì

《乛》

恳(懇)kěn
险(險)xiǎn
剧(劇)jù
难(難)nán, nàn
预(預)yù
绢(絹)juàn
绣(綉)xiù
验(驗)yàn
継(繼)jì

《一》

琐(瑣)suǒ
据(據)jù
职(職)zhí
萝(蘿)luó
萤(螢)yíng
营(營)yíng
萧(蕭)xiāo
梦(夢)mèng
检(檢)jiǎn
聋(聾)lóng
袭(襲)xí
辄(輒)zhé
辅(輔)fǔ
堑(塹)qiàn

《丨》

悬(懸)xuán
啭(囀)zhuán
啮(嚙)niè
累(累)lèi, léi
啸(嘯)xiāo

《丿》

铜(銅)tóng
铭(銘)míng
铲(鏟)chǎn
银(銀)yín
秽(穢)huì
躯(軀)qū
盘(盤)pán
鸽(鴿)gē
领(領)lǐng
脸(臉)liǎn
象(象)xiàng

馄(餛)hún
馆(館)guǎn

《丶》

离(離)lí
痒(癢)yǎng
盖(蓋)gài
断(斷)duàn
兽(獸)shòu
渐(漸)jiàn, jiān
惧(懼)jù
惊(驚)jīg
惨(慘)cǎn
惯(慣)guàn
谋(謀)móu
谍(諜)dié
祸(禍)huò
谒(謁)yè
谗(讒)chán
谚(諺)yàn
谜(謎)mí

《乛》

弹(彈)dàn, tán
颇(頗)pō
颈(頸)jǐng, gěng
绩(績)jī
绪(緒)xù
绮(綺)qǐ
骑(騎)qí
绳(繩)shéng
维(維)wéi
绵(綿)mián
绿(綠)lǜ, lù

《一》

525

蜇(蜇)zhé
联(聯)lián
椤(欏)luó
暂(暫)zàn

《丨》
辈(輩)bèi
辉(輝)huī
遗(遺)yí
喽(嘍)lou, lóu
赐(賜)cì
赔(賠)péi

《丿》
销(銷)xiāo
锁(鎖)suǒ)
锅(鍋)guō)
锈(鏽)xiù
锉(銼)cuò
锐(銳)ruì
鹅(鵝)é
筑(築)zhù, zhú
御(御)yù
腊(臘)là, xī
鲁(魯)lǔ
觞(觴)shāng

《丶》
装(裝)zhuāng
蛮(蠻)mán
阔(闊)kuò
粪(糞)fèn
窜(竄)cuàn
窝(窩)wō
愤(憤)fèn
湿(濕)shī
溃(潰)kuì, huì

湾(灣)wān
裤(褲)kù
谢(謝)xiè
谣(謠)yáo

《乛》
属(屬)shǔ, zhǔ
堕(墮)duò
随(隨)suí
缈(緲)miǎo
缎(緞)duàn
编(編)biān
骗(騙)piàn
骚(騷)sāo

13획

《一》
鹉(鵡)wǔ
摆(擺)bǎi
摊(攤)tān
蓝(藍)lán
蒙(蒙)méng
颐(頤)yí
献(獻)xiàn
楼(樓)lóu
碍(礙)ài
雾(霧)wù
辅(輔)fǔ
缉(緝)jī
输(輸)shū

《丨》
龄(齡)líng
鉴(鑒)jiàn
蜗(蝸)wō
嗳(噯)ǎi, ài

《丿》
错(錯)cuò
锡(錫)xī
锤(錘)chuí
锥(錐)zhuī
锦(錦)jǐn
键(鍵)jiàn
锯(鋸)jù
辞(辭)cí
筹(籌)chóu
签(簽)qiān
简(簡)jiǎn
颔(頷)hàn
腻(膩)nì
腾(騰)téng
颖(穎)yǐng
触(觸)chù

《丶》
酱(醬)jiàng
阙(闕)què, quē
粮(糧)liáng
数(數)shù, shǔ
滟(灩)yàn
满(滿)mǎn
滩(灘)tān
誉(譽)yù
寝(寢)qǐn
谨(謹)jǐn

《乛》
嫒(嬡)ài
缝(縫)féng, fèng

14획

《一》
蔑(蔑)miè

酿(釀)niàng
霁(霽)jì
愿(願)yuàn

《丨》
颗(顆)kē
踊(踴)yǒng
蜡(蠟)là, zhà
蝇(蠅)yíng
蝉(蟬)chán

《丿》
镀(鍍)dù
稳(穩)wěn
鲜(鮮)xiān, xiǎn

《丶》
漓(灕)lí
赛(賽)sà)

《乛》
骡(騾)luó
缨(纓)yīng
缩(縮)suō

《一》
聪(聰)cōng
樯(檣)qiáng
樱(櫻)yīng
飘(飄)piāo
霉(霉)méi

《丨》
题(題)tí

《丿》

鲤(鯉)lǐ
鲫(鯽)jì
馔(饌)zhuàn

《丶》
颜(顏)yán
谵(譫)zhān

《乛》
屦(屨)jù

《一》
薮(藪)sǒu
餍(饜)yān
錾(鏨)zàn
赠(贈)zèng

《丿》
镜(鏡)jìng
镞(鏃)zú
赞(贊)zàn
蓝(藍)lán
鲸(鯨)jīng

《丶》
辩(辯)biàn

《丨》
羁(羈)jī
赡(贍)shàn

《丿》
鹗(鶚)è
鳊(鯿)biān

《丶》
鹫(鷲)jiù
辫(辮)(biàn)
赢(贏)(yíng)
懑(懣)mèn

《乛》
骤(驟)zhòu

鹭(鷺)lù

《丿》
鳎(鰨)tǎ

《丶》
鹰(鷹)yīng

《一》
霭(靄)ǎi

《丿》
籁(籟)lài
鳗(鰻)mán

《丶》
颤(顫)chàn
癣(癬)xuǎn

《丿》
鳞(鱗)lín

_ TOEFL	托福(tuō fú)
_ 트랙터	拖拉机(tuō lā jī)
_ 트럭	卡车(kǎ chē)
_ 트위스트	摇摆舞(yáo bǎi wǔ)
_ 패션모델	时装模特(shí zhuāng mó tè)
_ 패스트푸드	快餐(kuài cān)
_ 팩시밀리	传真机(chuán zhēn jī)
_ 퍼스널 컴퓨터(PC)	个人电脑(gè rén diàn nǎo)
_ 펌프	水泵(shuǐ bèng)
_ 페니실린	青霉素(qīng méi sù)
_ 포스터	海报(hǎi bào)
_ 포커	扑克(pū kè)
_ 포크	叉子(chā zi)
_ 프로듀서	制片人(zhì piàn rén)
_ 플라스틱	塑料(sù liào)
_ 피아노	钢琴(gāng qín)
_ 하드웨어	硬件(yìng jiàn)
_ 하이힐	高根鞋(gāo gēn xié)
_ 핫도그	热狗(rè gǒu)
_ 햄버거	汉堡包(hàn bǎo bāo)
_ 허니문	蜜月(mì yuè)
_ 헬리콥터	直升机(zhí shēng jī)
_ 호르몬	激素(jī sù)
_ 훌라댄스	草裙舞(cǎo qún wǔ)
_ 히스테리	歇斯底里(xī sī dǐ lǐ)